U0107516

湖北省教育厅社会科学研究项目：历代涉宋典故词语汇释

湖北省重点学科立项建设学科成果

历代宋玉典故征引汇纂

高志明◎编著

九州出版社
JIUZHOUPRESS | 全国百佳图书出版单位

图书在版编目（CIP）数据

历代宋玉典故征引汇纂 / 高志明编著. -- 北京 : 九
州出版社，2022.12
ISBN 978-7-5225-1481-9

Ⅰ．①历… Ⅱ．①高… Ⅲ．①宋玉（约前298-约前
222）- 人物研究 Ⅳ．①K825.6

中国版本图书馆CIP数据核字(2022)第231016号

历代宋玉典故征引汇纂

作　　者	高志明　编著	
责任编辑	李　品	
出版发行	九州出版社	
地　　址	北京市西城区阜外大街甲 35 号（100037）	
发行电话	(010)68992190/3/5/6	
网　　址	www.jiuzhoupress.com	
印　　刷	天津奥丰特印刷有限公司	
开　　本	710 毫米 ×1000 毫米　16 开	
印　　张	32	
字　　数	491 千字	
版　　次	2024 年 1 月第 1 版	
印　　次	2024 年 1 月第 1 次印刷	
书　　号	ISBN 978-7-5225-1481-9	
定　　价	89.00 元	

★版权所有　侵权必究★

编写说明

　　用典不仅是一种修辞手段，更是中国文化积淀与传承的重要方式。典故一旦被前贤创造，便会在历代语境下呈放射式或连锁式引申。但不管语义如何衍射甚至重构，我们只要回到典故产生的历史文本，便能深刻理解当下典故引用的互文意义，在深层次处洞察文人骚客的寄寓之意。所以，按照克里斯蒂娃的"互文"理论，古代文学作品的用典作为一种文化代码，凝结了群体的心理认同，古今互文，以见今人类古人之情。

　　宋玉是战国末期楚国伟大的辞赋家，自刘勰以"屈宋"对举高扬宋玉的文学地位，"屈宋"就成为知名文人的标杆，《新唐书·杜审言传》："吾文章当得屈、宋作衙官，吾笔当得王羲之北面。"杜甫更是在《醉时歌》中言："先生有道出羲黄，先生有才过屈宋。"以"才过屈宋"来盛赞宋玉的文学才华，中国文学史上逐渐开始屈原、宋玉并称。宋玉的传世之作大致有《九辩》《神女赋》《高唐赋》《对楚王问》《大言赋》《小言赋》《风赋》《讽赋》《钓赋》《舞赋》和《招魂》等，约十多篇。其中《九辩》《登徒子好色赋》《高唐赋》《神女赋》《风赋》等名篇，更是影响古今，享誉中外，在中国文学发展史上占有不可或缺的地位。学者罗漫先生曾指出：从中国文学的总体系统看，"宋玉符号"同时具有抒情与描述两种功能，可以广泛流通在诗歌、散文尤其是通俗化程度较高的戏曲、小说领域，比"屈原符号"的使用领域宽广得多。这才使得宋玉在文学史上获得了与屈原并称的地位。能创造一套符号以影响文学史的作家并不多，至于影响的深远与广泛，更属寥寥！①

　　关于宋玉的影响与传播，自两汉以来，其文学方式有：1. 作品辑集的传播；2. 使事用典的传播，如魏晋以来宋玉典故在诗文词曲小说中的运用，这是宋玉作品的传播渠道。后世文人墨客吟诗填词、写文作赋，经常援引、化

---

① 罗漫：《宋玉的文学贡献与历史地位》，《中南民族大学学报》1995 年第 4 期，第 90 页。

用宋玉辞赋的词句，学习、借鉴、模仿其作品或描述、品评其本人的例子不胜枚举，宋玉及其作品中的许多故事、情感在历代文人的引用中浓缩为典故或成语，光以"宋玉"之名入诗文凭吊怀古的就多达一百六十余首（篇）。据不完全统计，仅《中国典故大辞典》《常用典故词典》等工具书就收录了相关成语、典故（含变体）至少一百二十多个。像宋玉悲秋、邻女窥墙、高唐神女、巫山云雨、阳春白雪、下里巴人、倚天长剑、登徒子、楚臣江枫等高频成语典故及其变体，在历代文人骚客的诗文引用中更是异常广泛（详见本书）。这些典故或成语，所产生的诸多变体或引申意义，多是历代诗文反复引用才固定下来，成为宋玉给予后世文学影响的明证。搜集编纂这些典故，从文学史角度可从中窥见宋玉对中国文学的深远影响，从汉语史角度可从中窥见宋玉及其辞赋的语言对后世书面语言的影响，从文学批评角度可见文学史上意象的演变与历代文人及其心态的互动关系，有助于我们认识中国文学史的发展细节。

本汇编以吴广平先生《宋玉集》为版本依据，每篇辞赋的题旨解释也从吴先生说，予以引证。本书是对历代诗文征引宋玉辞赋典故的汇辑，对于典故的解释，完全从宋玉辞赋文本的语境出发，进行总结阐释，不做历史的考证与语义追索。

目　录

第一章 九 辩

《九辩》简介

《九辩》借悲秋抒发"贫士失职而志不平"的感慨，塑造出一个命途坎坷、怀才不遇、憔悴自怜的才士形象。其中有对楚国腐朽政治情状的揭露，如："谓骐骥兮安归？谓凤凰兮安栖？变古易俗兮世衰，今之相者兮举肥"，但总体上缺乏屈原式的深广的忧愤和追求理想的巨大热情；篇中还有对个人失意的不满，但没有屈原那样高傲的自信和不屈的对抗精神，反而以清高为掩饰，屈服于社会势力的压迫："处浊世而显荣兮，非余心之所乐；与其无义而有名兮，宁处穷而守高"。当然，我们可以推想，宋玉可能不像屈原那样具有与王室同宗的贵族血统，在显赫的政治地位上经历人生剧变，他很可能像习凿齿《襄阳耆旧记》所说的那样，只是楚国的一名"小臣"，因此心态便与屈原不同。不管怎么说，《九辩》的哀愁，主要是一种狭小的、压抑的哀愁，基调是"惆怅兮而私自怜"。他的文才，他的怀才不遇的遭遇和牢骚，乃至他的见秋景而生哀的抒情模式，都吸引了后世文人，并写出许多伤春悲秋的文赋诗词。

《九辩》基本典故词语

第一节 宋玉悲秋

一、典出

"宋玉悲秋"，典出宋玉《九辩》："悲哉秋之为气也！萧瑟兮草木摇落而变衰，憭栗兮若在远行，登山临水兮送将归，……皇天平分四时兮，窃独悲此廪秋。……靓杪秋之遥夜兮，心缭悷而有哀。"

二、简释

原文大意是：悲凉啊，秋天的气氛！萧萧瑟瑟啊，草木枯黄将凋零。《九辩》是一首长篇抒情诗，借悲秋来抒写"贫士失职"的"不平"，并在一定程度上揭露了现实的黑暗。诗中悲秋感怀的主题和借秋景以抒孤零之情的手法，对后代诗歌创作产生了深远的影响，宋玉因此被誉为中国文学"悲秋"之祖。自汉武帝《秋风辞》之后，如曹丕的《燕歌行》、曹植的《秋思》、夏侯湛的《秋可哀》《秋夕哀》、江逌的《咏秋》、湛方生的《秋夜诗》、何瑾的《悲秋夜》等，都与《九辩》一脉相承；此后继踵而作者，也代不乏人。杜甫《咏怀古迹五首》："摇落深知宋玉悲，风流儒雅亦吾师"即本此。

三、变体（或不同典形）

宋玉悲、宋玉伤怀、宋玉含凄、宋玉怨、宋玉登山、悲同楚大夫、悲秋

四、历代引用与释义

📚 宋玉悲秋

唐·李群玉《九日》："年年羞见菊花开，十度悲秋上楚台。……行云永绝襄王梦，野水偏伤宋玉怀。"

> 　**注**：此处借"宋玉悲秋"来形容秋色悲凉，感伤人生年华易逝，境遇凄苦。

唐·李郢《早秋书怀》："高梧一叶坠凉天，宋玉悲秋泪洒然。"

> 　**注**：此处描写了秋天的典型特征。作者望萧萧而下的木叶，悲从中来，抒发了悲秋苦病的情思。

唐·唐彦谦《秋日感怀》："溪上芙蓉映醉颜，悲秋宋玉鬓毛斑。"

> 　**注**：此处为晚秋时节作者望见溪中的残荷枯叶，激起意中所触，感伤人生年华易逝，境遇凄苦。

唐·元稹《酬孝甫见赠十首·其一》："宋玉秋来（一作悲秋）续楚词，阴铿官漫足闲诗。"

> 　**注**：此句引用"宋玉悲秋""阴铿"等典故，寄寓自己怀才不遇的感慨之情。

唐·杜甫《奉汉中王手札》："悲秋宋玉宅，失路武陵源。"

> 　**注**：此处记峡中景况。悲宋玉，王在归州。失武陵，公未之楚。俱崖口，两地多山。异石根，彼此分手矣。夷音、鬼物，压蛮俗之丑恶，自伤独居夔州也。

唐·杨巨源《登宁州城楼》："宋玉本悲秋，今朝更上楼。"

> 　**注**：此句是作者凭栏远眺。对闯入眼帘引起乡思的凄凉秋景感怀不已。

唐·羊士谔《暇日适值澄霁江亭游宴》："振卧淮阳病，悲秋宋玉文。"

> 　**注**：此处作者感慨万物逢秋而衰败，感怀羁旅乡愁、年老多病。

宋·姚宽《下章安杜渎·其六》："秋兴悲秋俱有赋，安仁宋玉是前生。"

宋·张辑《琐窗寒·怀旧寄林七膳部》："向此时感旧，非关宋玉，悲秋情绪。"

宋·李处权《送粹伯弟亲迎兼简宣卿龙图》:"悲秋宋玉已销魂,忍听阳关共十分。"

> **注**:以上三例为作者悲秋感怀。

宋·张守《李道士惠诗次韵·其二》:"爱日王符空着论,悲秋宋玉漫征词。"

宋·白玉蟾《悲秋辞》:"感今慨昔令人愁,乃知宋玉非悲秋。"

> **注**:以上两例是作者引用"宋玉悲秋"抒发感时伤怀的情思。

宋·张纲《念奴娇·次韵李公显木樨》:"多情宋玉,值西风摇落,悲秋时节。"

> **注**:此句中作者以冷落凄凉的秋景作为衬托来表达怀才不遇、不受朝廷赏识的思想感情。

宋·柳永《雪梅香》:"动悲秋情绪,当时宋玉应同。"

> **注**:此句意为"当年宋玉因悲秋而写《九辩》的悲秋情怀应该是一样的吧",是抒发柳永的相思之情。

宋·黄庭坚《和世弼中秋月咏怀》:"江山于人端有助,君不见至今宋玉传悲秋。"

> **注**:此句中作者引用"宋玉悲秋"抒发忧国忧民的思想感情。

宋·曾丰《方罢残热忽值新凉喜而赋反悲秋》:"宋玉所悲吾所喜,长哦聊复发秋声。"

宋·释文珦《爱秋》:"宋玉悲秋我爱秋,清秋行乐胜春游。"

> **注**:以上两例中,作者引用"宋玉悲秋",一反常调,另辟蹊径,讴歌秋日的美好。

宋·陆游《立秋后作》："宋玉悲秋千载后，诗人例有早秋诗。"

> **注**：此处引用"宋玉悲秋"，抒发作者旷达的人生观。

宋·陆游《悲秋》："已惊白发冯唐老，又起清秋宋玉悲。"

> **注**：此处引用"宋玉悲秋"以抒发作者人老仍忧国，渴望建功立业，但不受国家赏识的悲苦情绪。

宋·佚名《望江南·立秋日晓作》："老去悲秋如宋玉，病来止酒似渊明。"

> **注**：此处引用"宋玉悲秋"抒发作者久病缠身、孤苦无依的思想感情。

宋·白玉蟾《悲秋》："鲈鱼莼菜季鹰兴，鸿雁芦花宋玉愁。"

> **注**：此处作者引用"宋玉悲秋"抒发深切的思乡之情。

宋·赵蕃《晚秋郊居·其二》："宋玉悲秋殆我欺，江南摇落定何时。"

> **注**：此处引用"宋玉悲秋"抒发作者谪居他乡、漂泊无依的悲苦。

宋·姜特立《门前柳》："悲秋宋玉宅，学舞楚王宫。"

宋·陈允平《丁香结》："料凄凉宋玉，悲秋恨、此际怎忍。"

宋·韩淲《感兴·其三》："徒夸扇枕黄香好，肯道悲秋宋玉愁。"

宋·高观国《清平乐·秋叶》："寄语多情宋玉，悲秋得似宜秋。"

宋·陈与义《夜雨》："独无宋玉悲歌念，但喜新凉入酒杯。"

宋·赵善括《水调歌头·和黄舜举吴门二咏》："极目暮云合，宋玉正悲秋。"

宋·赵希逢《和暮秋闻雁有怀·其二》："有腹夫谁肯贮愁，笑他宋玉浪悲秋。"

宋·范成大《夜泊归州州有宋玉宅、昭君台》："细和悲秋赋，遥怜出塞情。"

宋·王十朋《过秭归》："况经宋玉悲秋处，不独秋悲冬亦悲。"

宋·彭耜《十二时慢》："总是悲秋意。问宋玉、当日如何，对此凄凉风月，怎生存济。"

宋·范成大《宋玉宅》："悲秋人去语难工，摇落空山草木风。"

宋·钱惟演（一作刘筠诗）《宋玉》："悲秋终古情难尽，障袂何时望可来。"

宋·韩淲《浣溪沙·秋思》："宋玉悲秋合反骚，陶潜把菊任持醪。"

宋·张玉娘《晚楼凝思》："自是病多松宝钏，不因宋玉故悲秋。"

宋末元初·仇远《朋酒》："朱云难作吏，宋玉易悲秋。"

元·白朴《小石调·恼煞人幺篇》："宋玉悲秋愁闷，江淹梦笔寂寞。"

元·安熙《次韵荅王仲安》："林宗自忧世，宋玉祇悲秋。"

元·宋褧《摸鱼儿·至元六年二月望日登安陆白云楼楼今为分宪公廨城中有楚大夫宋玉故宅与池其井名琉璃井有兰台故基》："却邂逅、春深不识悲秋苦。"

元·马致远《破幽梦孤雁汉宫秋·梁州第七》："我虽是见宰相似文王施礼，一头地离明妃，早宋玉悲秋。"

元·许有孚《摸鱼儿》："正宋玉悲秋，桓温种木，妨我远游趣。"

明·谢榛《宋德完转海南方伯诗以寄怀》："君才今宋玉……无复悲秋意，登台望赤霄。"

明·张萱《秋日园居口号六十章·其十七》："披裘曳杖歌西颢，宋玉悲秋空懆懆。"

明·张萱《秋日园居口号六十章·其四十八》："年来宋玉不悲秋，莫遣黄花比人瘦。"

明·张家玉《悲秋》："凉回宋玉悲难写，愁剧张衡咏亦无。"

明·严而舒《秋日志感次和畬素思明府·其一》："不用悲秋怀宋玉，暂随鸥鹭与忘机。"

明·卢龙云《又和次杜秋兴·其六》："留滞周南欲白头，休疑宋玉易悲秋。"

明·石存礼《秋怀·其二》："溪上芙蓉映醉颜，悲秋宋玉鬓成斑。"

明·石宝《寄兄次韵二首·其二》："兴比渊明能止酒，愁如宋玉未悲秋。"

明·胡俨《病中秋思·其二》："仲宣长作客，宋玉独悲秋。"

明·程敏政《自断石与司训黄伦汝彝及亲契汪锭克成族孙乙汰万并载竹筏沿溪泛至流塘饮詹贵存中家道中联句·其四》："沧浪一曲悠然去，不数悲秋宋玉才。"

明·李梦阳《狱雨·其一》："浔阳李白何如此，宋玉悲秋未是哀。"

明·陆深《秋兴·其一》："不知宋玉才多少，只赋悲秋已自工。"

明·谢榛《雨雹有感呈宋大参》："于今宋玉夜无寐，岂待落木方悲秋。"

明·岳正《送任方伯之湖广》："应信阳春真有脚，不烦宋玉更悲秋。"

明·江源《舟中漫兴·其二》："满前摇落皆堪赋，谁谓悲秋宋玉工。"

明·张宪《秋梦引》："多情宋玉正悲秋，故放香魂入秋梦。"

明·王天性《又九日·其二》："纵无宋玉悲秋赋，还敢题糕浪自夸。"

明·朱诚泳《悲秋》："暗改潘安鬓，明添宋玉愁。"

明·邓云霄《悲秋十八咏·秋枫》："悲缠宋玉招魂句，恨结寒山半夜钟。"

明末清初·屈大均《赋得摇落深知宋玉悲·其一》："无端宋玉始悲秋，萧瑟长令异代愁。"

明末清初·屈大均《赋得摇落深知宋玉悲·其四》："大招亦解惊魂魄，岂似悲秋易断肠。"

明末清初·屈大均《赋得摇落深知宋玉悲·其八》："一自悲秋成九辩，至今哀怨满星沙。"

明末清初·尤侗《沁园春·释愁》："奈悲秋宋玉，不堪长恨。"

清·黄永《沁园春·悲秋》："宋玉言之，春女多思，秋士多悲。"

清·曹家达《废墟秋眺·其二》："宋玉悲秋意，将归无奈何。"

清·陈维崧《小诺皋·夏雨》："今夜楼中，明朝篷底，便潇湘、宋玉悲秋，未必此情堪比。"

清·吕迪《秋怀》："懒卧元龙百尺楼，如闻宋玉惯悲秋。"

清·吴陈琬《九日陪西陂先生暨诸君登毗卢阁饮樵沙道院》："宋玉懒悲

秋，重九期无旷。"

清·张洵佳《秋斋杂感（十六首录三）·其三》："悲秋宋玉工词令，谱出新声当乐章。"

清·李学曾《和祁惟学秋怀作柬林廷光年兄》："谁道多情惟宋玉，闲来我亦赋悲秋。"

清·洪亮吉《偶成为陈太守廷庆赋·其一》："悲秋宋玉支离甚，况复登临送远人。"

清·田雯《读庾开府集题六绝句为倪舍人鲁玉》："草荒宋玉悲秋宅，老忆乡关更不堪。"

清·胡天游《闻阊》："帝所会应无宋玉，白榆凋尽不悲秋。"

清·蒋士铨《玉交枝》："露浓风小。碎情怀，千条万条。悲秋宋玉空年少。苦十载，笼头破帽。"

清·翁同龢《次韵刘石香寄怀二首·其一》："万众天涯同怅望，岂容宋玉独悲秋。"

清·王松《步瑶京族弟〈书感〉元韵》："登高宋玉独悲秋，世事徒烦作杞忧！"

清·赵由仪《秋日西城远眺》："登台我亦悲秋客，作赋长余宋玉情。"

清·曹家达《和郑生璞存（翼崇）挽李鉴堂先生绝句》："可怜宋玉悲秋后，谁向湘潭吊屈平。"

清·樊增祥《绮罗香》："悲秋谁似宋玉，聊借筒杯送酒，绮怀同遣。"

清末民初·易顺鼎《丁丑重九前四日为余二十初度，制此书感，时在辰阳道中 其七 石榴花》："引清尊避了筝琶闹。酒醒来何处今宵。尽悲秋宋玉犹年少。怕唫成九辩宾先凋。"

清末近代·许南英《乙未秋日游丁家絜园·其三》："非是陶潜能卜宅，剧怜宋玉善悲秋。"

清·郑国藩《再和陈孟卿送春叠前韵·其二 》："地隔阳关偏怯晓，人非宋玉莫悲秋。"

清末近代·杨玉衔《念奴娇·落叶，追和冯君木》："洞庭波阔，问悲秋宋玉，赋情何许。"

清末近代·杨易《渡江云·初秋》："问近来、悲秋宋玉，可否异从前。"

清·傅熊湘《水龙吟·辛亥海上作》："算王粲登楼，悲秋宋玉，都未省，心中意。"

近现代·刘鹏年《高阳台》："悲秋宋玉应难赋，甚心情、暗损腰围。"

近现代·刘家传《齐天乐 祖洛任教湘大赋此代柬》："赋恨江郎，悲秋宋玉，都与斯文同贱。"

近现代·许家惺《七夕和姜启忠·其一》："惟愿傅严能作雨，愧非宋玉敢悲秋。"

近现代·溥儒《八声甘州》："无复悲秋宋玉，谁共话潇湘。"

近现代·唐圭璋《浣溪沙·其十》："飘零宋玉自悲秋。"

近现代·王韶生《鹧鸪天·落叶》："遥知宋玉悲秋感，九辩歌成诉不平。"

近现代·程千帆《得石曜书却寄二首·其一》："未死东坡真似梦，悲秋宋玉待招魂。"

近现代·章士钊《水龙吟·王半塘逝世三十六周年，集席上作示朱琴可》："而今宋玉，临江换得，杉湖清绝……平生只在，悲秋庚子，伤春吴越。"

> **注**：此处作者引用"宋玉悲秋"为用典抒情、悲秋感怀。

宋玉伤怀

唐·李群玉《九日》："行云永绝襄王梦，野水偏伤宋玉怀。"

明·王恭《题陆太守瞿塘日暮图》："山花不省襄王梦，野鸟何知宋玉怀。"

明·王鏊《奉次杨靳二阁老见寿之韵》："杜陵卧病伤今雨，宋玉怀人感暮秋。"

> **注**：此处"宋玉伤怀"用来抒发内心的凄苦、孤独及思乡之情。

📚 宋玉含凄

唐·许浑《早秋韶阳夜雨》:"宋玉含凄梦亦惊,芙蓉山响一猿声。"

明·江源《秋思·其二》:"陈琳草奏才还在,宋玉含凄梦亦惊。"

> 注:以上两例中,用"宋玉含凄"来表现诗人内心漂泊无依的感伤。

📚 宋玉怨

唐·畅当《别卢纶》:"我有新秋泪,非关宋玉悲。"

> 注:此处引用"宋玉怨"表达与友人的离别之情。

唐·李嘉佑《暮秋迁客增思寄京华》:"宋玉怨三秋,张衡复四愁。"

> 注:此处引用"宋玉怨"来抒发诗人寄居他乡、漂泊孤寂的心境及对家乡、亲人的思念之情。

唐·李白《赠易秀才》:"地远虞翻老,秋深宋玉悲。"

> 注:此句意为:"秋风萧瑟,深深撼动似宋玉一样的悲怀。"作者感物伤怀,抒发了对时光蹉跎的惋惜之情,表现了他飘逸潇洒、狂放不羁的性格。

唐·李端《赠岐山姜明府》:"马卿兼病老,宋玉对秋悲。"

> 注:此处引用"宋玉怨"来抒发悲秋悯人的情绪,感慨美好生活的无常,细腻含蓄而婉转地表达了作者的复杂情感。

唐·李端《送司空文明归江上旧居》:"江风正摇落,宋玉莫登山。"

> 注:此处引用"宋玉怨"表达与友人分别时的离情别绪、依依不舍之情。

唐·杨巨源《秋日登亭赠薛侍御》:"梁王旧客皆能赋,今日因何独怨秋。"

> 注：此处引用"宋玉怨"来抒发作者的羁旅之苦以及厌恶战争、对国家民族命运的担忧。

唐·王维《赋得秋日悬清光》："宋玉登高怨，张衡望远愁。"

> 注：此句用典，渲染一种悲凉的气氛，古人以悲秋为传统，故此联亦有点题之意。全诗展现了对仕宦之向往，表达了积极乐观的人生态度。

明·彭日贞《和黎美周过张乔故居·其一》："朱粉可怜尘土尽，断肠宋玉怨东墙。"

> 注：此处为作者探访故人张乔故居时怀人伤己。

📚 悲同楚大夫

唐·杜甫《地隅》："丧乱秦公子，悲凉楚大夫。"

唐·罗隐《杜陵秋思》："只闻斥逐张公子，不觉悲同楚大夫。"

> 注：此处书写如宋玉般的失意悲怀，抒发作者怀才不遇的感伤。

📚 宋玉悲

唐·杜甫《咏怀古迹五首·其二》："摇落深知宋玉悲，风流儒雅亦吾师。"

> 注：此句意为："落叶飘零是深知宋玉的悲哀，他的风流儒雅堪当我的老师。"此诗是作者亲临实地凭吊后写成的。它把历史陈迹和诗人哀伤交融在一起，深刻地表现了主题。诗人瞻仰宋玉旧宅怀念宋玉，从而联想到自己的身世，表现了诗人对宋玉的崇拜，并为宋玉死后被人曲解而鸣不平。

唐·杜甫《雨》："直觉巫山暮，兼催宋玉悲。"

> 注：此处引用"宋玉悲"来抒发作者对漂泊流离的悲伤，

对生灵涂炭的悲悯。

唐·杜甫《赠易秀才》:"地远虞翻老,秋深宋玉悲。"

> 注:作者引用"宋玉悲"来劝勉友人不要蹉跎时光,表达与友人的惺惺相惜、高山流水的知音之情。

唐·杜甫《垂白》(一作《白首》):"垂白冯唐老,清秋宋玉悲。"

> 注:此处引用"冯唐易老""宋玉悲"这两个典故,来表达漂泊无依、居无定所、疾病缠身抑郁不得志的悲痛之情。

唐·畅当《别卢纶》:"我有新秋泪,非关宋玉悲。"

> 注:此句中作者感时伤怀,表达了与友人的离情别绪。

唐·温庭筠《寄岳州李外郎远》:"含嚬不语坐持颐,天远楼高宋玉悲。"

> 注:此句中作者感时伤怀、怀念友人。

宋·李甲《望云涯引》:"宋玉悲怀,未信金樽消得。"

> 注:此处引用"宋玉悲"表达作者的万千愁绪只能借酒来浇了,含蓄地表达作者内心之悲苦。

宋·陆游《悲秋》:"已惊白发冯唐老,又起清秋宋玉悲。"

> 注:此处引用"冯唐老""宋玉悲"两个典故来抒发作者报国无门、怀才不遇的无奈之情。

宋·陆游《秋风亭拜寇莱公遗像》:"江上秋风宋玉悲,长官手自葺茅茨。"

> 注:此诗为作者凭吊古人遗迹所写。此处引用"宋玉悲"既凝练点出了登秋风亭时的环境气氛:秋风的萧瑟,落叶的飘零,草树的枯败;又反映了诗人内心的感受:自己因力主抗金而被罢官,赋闲四年,现在迫于生计不得不讨一官半职,却又

被发派到穷乡僻壤的夔州去担任一个小小的通判。秋风袭人，寒气刺骨，怎不生出人生穷途、报国无门的长叹呢？表达了自己雄图犹在、壮心不已的爱国情怀。

宋·陆游《秋兴》："流光冉冉迫崦嵫，常抱秋风宋玉悲。"

> **注**：此处抒发作者已至暮年、壮志难酬，怀抱未展；国土沦丧，战事未宁。也暗含无奈和苦闷之情。

宋·释文珦《秋色》："对此凄凉景，能无宋玉悲。"

> **注**：此处引用"宋玉悲"寓情于景，抒发作者孤独郁闷之感。

宋·孔平仲《寄孙元忠·其二十》："摇落深知宋玉悲，东流之外西日微。"

> **注**：此处寓情于景，抒发人生的苦闷与感叹，渴望归隐田园寄情山水。

宋·李纲《秋思十首·其一》："那知宋玉悲，肯洒杨朱泪。"

> **注**：此句意为："哪里知道宋玉的悲苦，会不会为担心误入歧途而感伤忧虑。"此处为作者游览山水乘兴而作，抒发作者内心旷达的喜悦之情。

宋·张侃《秋日闲居十首·其四》："眼力所尽处，不特宋玉悲。"

> **注**：此处引用"宋玉悲"来抒发人生的苦闷与感叹。

宋·陈著《次韵张子华九日长诗》："秋无宋玉悲，春无少陵伤。"

> **注**：此处引用"宋玉悲"和"少陵伤"两个典故来抒发作者的旷达超然之情。

宋·陆游《秋日怀东湖》："故知岁暮常多感，不独当年宋玉悲。"

> **注**：此处引用"宋玉悲"抒发作者的颠沛流离、漂泊无依之苦。

宋·周文璞《吴中秋日》："斗鸡走狗爱丝喜，临水登山宋玉悲。"

> **注**：此处引用"宋玉悲""临水登山"两个典故抒发作者寄情山水悠然自得的思想感情。

宋·丁世昌《次虞仲房司马送秋韵》："往来毕竟乘除法，何用年年宋玉悲。"

> **注**：此处引用"宋玉悲"抒发作者旷达超然的思想感情。

宋·李吕《象之晚坐有感次韵》："丈夫不作宋玉悲，珍重陶潜菊一枝。"

> **注**：此处引用"宋玉悲"表达了作者高尚的思想品格和乐观向上的思想感情。

宋·刘鹭《馆中新蝉》："摇落何须宋玉悲，齐亭遗恨莫沾衣。"

宋·许及之《题张野夫所藏颜持约大招图》："颜君思似龙眠苦，贾赋伤于宋玉悲。"

> **注**：以上两例引用"宋玉悲"抒发了诗人伤感之情。

宋·赵汝燧《秋居》："入得秋来爽，何烦宋玉悲。"

> **注**：此句意指秋高气爽，无宋玉之悲。

宋·李纲《秋怀·其十九》："眼前今古泪交颐，天远楼高宋玉悲。"

> **注**：此句为作者凭吊历史古迹、悲秋感怀。

宋·李纲《咏怀十六韵》："喜近清秋节，那为宋玉悲。"

> **注**：此句为中秋佳节之际、悲秋气氛之浓。

宋·辛弃疾《踏莎行·庚戌中秋后二夕带湖篆冈小酌》："是谁秋到便凄凉？当年宋玉悲如许。"

> **注**：此处用设问的方式否定了一般文人见秋即悲的孱弱之情。辛弃疾之所谓"悲秋"，不同于传统文人纯粹感慨时序的变迁与个人身世的没落，而暗含了政治寄托的深意。

宋·王之道《清江引用苏养直韵示王觉民》："请君地作宋玉悲，来赋江楼望明月。"

宋·王之道《秋兴八首追和杜老》："辘轳世态一枰棋，销得秋来宋玉悲。"

宋·释文珦《和卢推官中秋遇雨》："宋玉悲潜长，安仁鬓亦衰。"

宋·张耒《水仙花叶如金灯而加柔泽花浅黄其干如萱草秋》："只疑湘水绡机女，来伴清秋宋玉悲。"

宋·韩淲《昌甫诗来言九日是悼亡之日因答和及紫芝是日过城下·其四》："秋来季月溪南路，独往空歌宋玉悲。"

宋·韩淲《秋日郊行题崇福寺大井》："允矣原宪贫，异哉宋玉悲。"

宋·韩淲《寄秋塘》："塘上客谁来，宁作宋玉悲。"

金·周昂《新秋》："宋玉悲摇落，安仁愧老苍。"

> **注**：此处引用"宋玉悲"抒发诗人悲秋的思想感情。

元·马谦斋《中吕·快活三过朝天子四边静》："啸月吟情，凌云豪气，岂当怀宋玉悲！"

元·许有壬《摸鱼儿》："西风又动商吕。九原宋玉悲何及，付与短歌长句。"

元·刘菘《寒夜感兴和廖子所二首·其二》："未赋潘安兴，仍怀宋玉悲。"

元·陆文圭《中秋见海》："倚窗索笑空妹媚，汝解能宽宋玉悲。"

元末明初·袁凯《江上早秋（丙申岁作）》："干戈此日连秋色，头白尤多宋玉悲。"

明·杨慎《赋得千山红树图送杨茂之》："摇落深知宋玉悲，登山临水送将归。"

明·黎景义《旅秋·其三》："浮生已悟庄周梦，摇落深知宋玉悲。"

明·谢榛《立秋夜有感》："宋玉悲何晚，嵇康计亦疏。"

明·王弘海《乞归候旨集杜·其四》："吏情更觉沧洲远，摇落深知宋玉悲。"

明·顾清《颁历后谒陵过清河望僧庐有怀蔡东轩郡尉》："成仙合自萧郎分，抚景偏多宋玉悲。"

明·刘基《秋日即事（八首）》："秋气萧条宋玉悲，西风唯有雁相宜。"

明·顾璘《登清凉寺后西塞山亭四首·其三》："山阁难禁宋玉悲，六朝遗恨满残碑。"

明·王慎中《和李司业懋钦登庐山石耳峰读空同先生之诗作》："张衡不负扬云待，屈子能令宋玉悲。"

明·丘浚《秋窗诗为羊城义士袁鉴作》："孤高远慕伯夷圣，摇落不作宋玉悲。"

明·祁顺《秋夜言怀次高克明韵·其一》："如何宋玉悲摇落，也把才情学屈骚。"

明·何巩道《次答汪镈石·其一》："粤台自有明明月，作赋无劳宋玉悲。"

元末明初·汪广洋《忆建业》："纵得陶潜酒，难浇宋玉悲。"

明·孟洋《山居杂兴·其二》："不作陶翁醉，能无宋玉悲。"

明·宗臣《寄元美二首·其二》："风雨相如病，江山宋玉悲。"

明·谢榛《信夫宅》："因思绝代刘伶颂，莫遣高秋宋玉悲。"

明·苏景熙《赠杨亦琳韩芬男》："自言此曲识者稀，屈原已死宋玉悲。"

明·苏葵《秋日漫兴三首·其一》："子山赋何为，宋玉悲徒然。"

明·释函可《同社中诸子赋百韵》："骚续屈平怨，赋添宋玉悲。"

明·杨慎《送雷时若还蜀兼寄刘参之》："闲居已怀宋玉悲，况是登山复临水。"

明·杨巍《秋园杂兴·其二》："独爱陶家酒，绝无宋玉悲。"

明·蔡庸《徐氏席上闻歌有感·其一》："自从梦隔巫山雨，赢得秋风宋玉悲。"

明·孙承恩《秋日旅兴·其二》："懒慵未上匡衡疏，摇落先添宋玉悲。"

明·孙蕡《巫峡秋怀·其六》："艰虞不涉王阳道，摇落宁知宋玉悲。"

明·袁宗道《挽周老师九首·其七》："不尽羊昙泪，无穷宋玉悲。"

明·陈履《怀袁京兆文谷》："栖迟自笑冯唐老，萧瑟谁堪宋玉悲。"

明·高拱《秋声》："奔腾欲动欧公赋，坎坷应添宋玉悲。"

明·张家玉《悲秋》："凉回宋玉悲难写，愁剧张衡咏亦无。"

明·张萱《舟行怀友人李明宇集杜句》："不见李生久，兼摧宋玉悲。"

明·黄忠《中秋对月和南皋》："老爱坡翁放，谁堪宋玉悲。"

元末明初·陶宗仪《己巳七夕立秋次胡万山韵》："头童齿豁鬓毛衰，老大徒添宋玉悲。"

清·申涵光《寄宋吏部玉叔》："风雨常怀宋玉悲，岳云海树远离离。"

清·吴锭《九月五日初雪》："宋玉悲遥夜，袁安怅索居。"

清·冒禹书《秋来》："感时实下江州泪，触目空多宋玉悲。"

清·华炳泰《秋深》："行吟不到销魂地，肯信当年宋玉悲。"

清·曹家达《送郭三十三竹汀之天津四首·其二》："未到山阳感，焉知宋玉悲。"

清·舒拉《书壮悔堂文集诗后》："梁园宾客杳难追，一卷名山欲付谁。"

清·熊琏《百字令·跋黄艮男先生金西志馀》："宋玉悲哉秋欲老，独有招魂词赋。"

清·王竹修《落叶》："凋零早动苏髯赋，飘泊还增宋玉悲。"

清·乾隆皇帝《昆明湖泛舟·其三》："无将惬意清秋景，遮莫仍怀宋玉悲。"

明末清初·屈大均《赋得摇落深知宋玉悲·其二》："萧条草木变衰时，秋气悲哉汝更悲。"

明末清初·屈大均《赋得摇落深知宋玉悲·其四》："大招亦解惊魂魄，岂似悲秋易断肠。"

明末清初·屈大均《赋得摇落深知宋玉悲·其五》："秭归乡里满梧楸，宋玉悲深此地秋。"

明末清初·屈大均《赋得摇落深知宋玉悲·其六》："生悲楚地元多怨，

死恨秋天不肯明。"

明末清初·屈大均《赋得摇落深知宋玉悲·其八》:"一自悲秋成九辩,至今哀怨满星沙。"

清·林占梅《初晴,祭扫青草湖有感,归成四律以写哀衷·其二》:"作赋江淹常写恨,多情宋玉为兴悲。只今凄寂妆楼下,深院无人属阿谁。"

五、附注

《九辩》是一首长篇抒情诗,借悲秋来抒写"贫士失职"的"不平",并在一定程度上揭露了现实的黑暗。诗中悲秋感怀的主题和借秋景以抒孤零之情的手法,对后代诗歌创作产生了深远的影响,宋玉因此被誉为中国文学"悲秋"之祖。如宋人吕伯恭所说:"骚人故悲秋,《九辩》三楚。"屈原与宋玉的辞赋有一个共同的特点:作品中反复唱响催人泪下的调子,始终跳动着凄婉哀伤旋律,这种情调通过参差的句式和"兮"字表达出来,更是一唱三叹、往复不绝。屈原的《九歌》是一首人与神、神与神之间的恋歌,其实质在于以这种美丽的恋情,传达出人生际遇的无常,反复吟唱着一种深重的失落感和无法排遣的忧伤与惆怅。宋玉把屈原的这种悲情继承下来,并在作品中充分展现。

《九辩》开篇以"悲哉!秋之为气也。萧瑟兮,草木摇落而变衰"起笔,极写秋意之凉、秋景之悲,从而衬托出失意之人内心的孤独、凄凉情绪,展现出一个胸怀壮志的士人老而无成的失落情怀,整篇诗作都笼罩在秋的凄凉和衰的悲哀之中。我们从诗中感受到的不仅仅是诗人一个人的悲哀与不幸,也是那个时代的写照,听到的是楚人们沉重而悲哀的浩叹。

这一典故最为著名,在六朝辞赋、唐诗、宋词中使用极为广泛,并在使用时基本不离典故的本事本义,可是在五代两宋艳词中却完完全全走了样,如辛弃疾"夜月楼台"用之颇有认同宋玉确有男女情事瓜葛之嫌,陈允平"尘拥妆台"用之借以烘托怜悯思春女子之情,周邦彦"画烛寻欢去"用之则猜测宋玉悲秋中也有欢爱离别之愁。

第二节　登山临水

一、典出

"登山临水"，典出宋玉《楚辞·九辨》："憭栗兮若在远行，登山临水兮送将归。"

二、简释

原文大意是：凄凄凉凉，好像是孤单的游子在远行；又像登上高山，靠近水边，送别故人将踏上归程。后来，人们就用成语"登山临水"及其变体"临水登山、登山涉水"来形容游览山水名胜，也指长途跋涉。

三、变体（或不同典形）

临水登山、登山涉水

四、历代引用与释义

📚登山临水

魏晋·潘岳《秋兴赋》："萧瑟兮草木摇落而变衰，慄栗兮若在远行，登山临水送将归。"

> **注**：此处在嗟叹四时的基础上，以宋玉《九辨》中悲秋的名句为契机，抒发自己对"秋日之可哀"的独特理解，表达了对达官显贵们的轻蔑和自己处境的愤懑，从而表达了归隐避祸的决心。

魏晋·郭遐《赠嵇康诗三首·其二》："宋玉哀登山，临水送将归。"

> **注**：此句借"登山临水"抒发作者渴望归隐山林的思想感情。

唐·吕岩《七言》："讨论穷经深莫究，登山临水杳无看。"

> **注**：此句借"登山临水"刻画了一位仙风道骨、德高望重的老者形象。

唐·武昌妓《续韦蟾句》："悲莫悲兮生别离，登山临水送将归。"

> **注**：此句意为登山临水送别友人，抒发离别之痛，表达与友人的离别之情。

唐·白居易《将归渭村先寄舍弟》："咏月嘲风先要减，登山临水亦宜稀。"

> **注**：此句为白居易对其弟白行简情深意长的勉励，劝导他少行谈情说爱、游山戏水之事。

唐·白居易《赠皇甫六张十五李二十三宾客》："幸陪散秩闲居日，好是登山临水时。"

> **注**：此句是作者说自己目前官职不高、为官清闲，想要与友人一同登山临水游乐一番。

唐·郎士元《赠韦司直》："昨日风光还入户，登山临水意何如。"

> **注**：此句运用了反衬手法（即以乐景衬哀情）。诗人因安史之乱而满怀愁绪，即使春光明媚，也无心欣赏，是用美好的春光衬托内心的愁绪，更显愁绪之深。

唐·白居易《龙门下作》："筋力不将诸处用，登山临水咏诗行。"

> **注**：此处用以抒发作者被贬后悲感交加、郁郁寡欢，却仍然忧国忧民的思想感情。

唐·白居易《和高仆射罢节度让尚书授少保分司喜遂游山水之作》："暂

辞八座罢双旌，便作登山临水行。"

> **注**：作者借山水之乐来排遣谪居生活的苦闷。

宋·辛弃疾《忆王孙（集句）》："登山临水送将归，悲莫悲兮生别离。"

> **注**：作者借用"登山临水"点出送别之意，抒发与友人的离别之痛，也含有跋山涉水依依惜别之情。

宋·张先《临江仙（高平调）》："自古伤心惟远别，登山临水迟留。"

> **注**：此句意为登山临水送别友人，抒发离别之痛，表达与友人的离别之情。

宋·贺铸《六州歌头·少年侠气》："恨登山临水，手寄七弦桐，目送归鸿。"

> **注**：此句借"登山临水"描绘了一个思欲报国而请缨无路的"奇男子"形象，抒发了作者忧国忧民、却报国无门的无奈与悲愤。

宋·柳永《曲玉管·陇首云飞》："每登山临水，惹起平生心事，一场消黯，永日无言，却下层楼。"

> **注**：此句意指作者登高怀远，触景伤情，感叹羁旅行役生活的愁苦，抒发无限相思之情。

宋·邵雍《登山临水吟》："非无仁智斯为乐，少有登临不惮劳。"

> **注**：此处为作者自谦之语，意为较少地游览山水名胜。

宋·杨万里《念奴娇·上章乞休致，戏作念奴娇以自贺》："登山临水，作诗三首两首。"

> **注**：此处为作者游览山水后所题。

宋·周邦彦《丁香结（商调）》："登山临水，此恨自古，销磨不尽。"

> 注：此处借"登山临水"怀念故国，表达作者热爱祖国山河的情怀。

宋·刘镇《木兰花慢》："襟怀静吞八表，莫登山临水易惊秋。"

> 注：此处借"登山临水"表达作者的悲秋之感与怀乡思亲之情。

宋·释文珦《不留尘物》："淡饭粗衣随处乐，登山临水一身轻。"

> 注：此处引用"登山临水"表达了作者追求自由、安于清贫、隐逸山野、洁身自好、远离官场、超脱世俗的美好情操。

宋·丘崈《沁园春·雨趣轻寒》："动天涯羁思，登山临水，惊心节物，极目烟埃。"

> 注：此处引用"登山临水"表达作者对官场生活的强烈厌倦，对田园风光的热爱，以及游览山水的欣喜之情。

宋·吕胜己《满江红·忆惜西来》："正迤逦、登山临水，未磋行役。"

> 注：此处用"登山临水"表达作者的故园之思。

宋·汪莘《乳燕飞 / 贺新郎》："想见登山临水处，醉把茱萸盘礴。"

> 注：此处用"登山临水"表达作者游览山水时的轻松愉悦之情。

宋·刘克庄《贺新郎·老去光阴驶》："尚喜暮年腰脚健，不碍登山临水。"

> 注：此处用"登山临水"表达作者老当益壮、醉情山水之乐。

宋·吴潜《水调歌头·榆塞脱忧责》："日日登山临水，夜夜早眠晏起，岂得不便宜。"

> **注**：此处用"登山临水"表达作者游览山水之乐。

宋·李昴英《水龙吟·唱恭初意如何》："向高秋初度，同时有菊，淡相对、风霜里。最癖登山临水。"

> **注**：此处用"登山临水"表达作者寻幽探胜、游览山水之乐。

宋·陈袭善《渔家傲·鹫岭峰前阑独倚》："登山临水年年是。常记同来今独至。"

> **注**：作者独游鹫岭峰，触景生情。此处用以表达作者的思念之情。

宋·刘克庄《贺新郎》："傍人错会渊明意，笑斯翁、皇皇汲汲，登山临水。"

> **注**：此句中作者以陶潜自况，用陶潜语假托"旁人错会"，又引用宋玉"登山临水"表明自己意在闲适。

宋·李昴英《贺新郎·丙辰自寿、游景泰小隐作》："纵遨游、登山临水，散人一个。"

> **注**：此处借"登山临水"表达作者游览山水的闲适之情。

宋·李昴英《水龙吟·癸丑江西持宪自寿》："最癖登山临水。"

> **注**：此处表达作者喜爱游览山水。

宋·梅尧臣《途中寄上尚书晏相公二十韵》："登山临水昔感别，身作旅人安得宜。"

> **注**：此处借用"登山临水"意指送别友人，抒发离别之痛，表达与友人的离别之情。

宋·陈著《剡县解雨五龙潭等处送神辞》："登山临水兮送将，神亦劳止兮归安故乡。"

> 注：此处借用"登山临水"意指送别友人，抒发离别之痛，表达与友人的离别之情。

宋·戴复古《会稽山中》："若使山中无杜宇，登山临水定忘归。"

> 注：此处用"登山临水忘归"描绘诗人流连忘返于山水之间，以及对田园风光的热爱之情。

宋·邓肃《和谢吏部铁字韵三十四首·送成彦尉邵武三首》："登山临水两超然，刻烛千篇对夫子。"

> 注：此处用于抒发作者游览山水时深感超然于物外。

宋·朱敦儒《念奴娇·约友中秋游长桥，魏倅·邦式不预，作念奴娇，和其韵》："素秋天气，是登山临水，昔人悲处。"

> 注：此处用以描述作者与友人在中秋佳节一同游览山水，抒发了感怀之情。

宋·黄庭坚《写真自赞五首》："若乃登山临水，喜见清扬，岂以优孟为孙叔敖，虎贲似蔡中郎者耶。"

> 注：此处用以表达游览山水之后突然释怀的思想感情。

宋·袁去华《水龙吟·九日次前韵》："儿辈何知，更休说似，登山临水。"

> 注：此处为作者览历史古迹抒发吊古伤今的感慨。

元·元好问《西园》："登山临水祛烦忧，物色无端生暮愁。"

> 注：此句先以西园清秋美景起兴，触景生愁，引起对北宋覆亡的回忆，含蓄地表现了对金朝国势艰危的忧虑。

金·王特起《喜迁莺》："登山临水。正桂岭瘴开，苹洲风起。"

> 注：此处用"登山临水"描绘作者游览山水之后对过去欢

情的回忆与感伤。

金·李俊民《瑞鹤仙·其二·弟李经略生朝》："不如归去，乐取闲身，登山临水。"

> 注：此处用以抒发作者渴望归隐避祸、游览山水。

元·张翥《声声慢》："我亦从来多感，但登山临水，慷慨愁生。"

> 注：此处用"登山临水"抒发作者的愁绪，以及游览山水后的酣畅淋漓之感。

元·许有壬《闲居杂诗·其四》："登山临水今非客，病酒愁花又过春。"

> 注：此处形容作者久病床前枯木又逢春，感慨当初身强体壮时登山临水的场景，今时不同往日，表达对时光的感怀。

元·欧阳玄《夜宿寺前农家》："老子漫游吾漫送，登山临水澹忘归。"

> 注：作者用朴素自然的语言描写了夜宿农家饭后独自出门漫步，流连忘返于山林之间，忘了归期。

元末明初·丁鹤年《武馀清乐为致仕尹将军赋》："汗马功成即引年，登山临水小游仙。"

> 注：此处是对尹将军辞官回家颐养天年游览山水的祝贺。

元·尹延高《寄叶紫霞》："六印何如二顷高，登山临水足逍遥。"

> 注：此处用以表达作者逍遥于山水之间的欣喜之情。

元·郭钰《赠刘子伦》："登山临水憺忘归，听雨看云颇愁绝。"

> 注：此处用以表达徜徉于游览山水，忧愁断绝，突然释怀的思想感情。

元·王庭筠《水调歌头》："飞雁白云千里，况是登山临水，无赖客思家。"

> **注**：此句抒写诗人登蓬山，见落日残亭、飞雁归乡而引发的怀乡情思与羁旅之愁。

元·安熙《太常引·和王治书仲安》："登山临水，望花随柳，独此未消磨。"

> **注**：此处表达作者游历山水、喜爱田园风光的思想感情。

元·王结《木兰花慢·送李公敏》："长安两年行客，更登山临水送将归。"

> **注**：此处借用"登山临水"表达与友人的离别之情，空灵而有余叹，自然而又情真。

明末清初·王夫之《蝶恋花·其八》："旧是杜陵飘泊处。登山临水伤心句。"

> **注**：此处为作者游览杜甫遗迹，目睹景物，抒发吊古伤今的感慨。

明·杨慎《赋得千山红树图送杨茂之》："摇落深知宋玉悲，登山临水送将归。"

> **注**：此处引用"宋玉悲""登山临水"等典故，表达与友人的离别之情，真切而动人。

明·杨士奇《惜别行送朱存礼致仕归鄱阳》："积金堆玉岂暇顾，登山临水常忘归。"

> **注**：此处用于描写流连忘返于山水之乐。

明·江源《秋思·其四》："岐路辛勤终日有，登山临水复何如。"

> **注**：此处主要描写作者漂泊在外凄凉孤寂的心境，以及对家乡、亲人的思念。

明·屈士煊《始安道中始安今广西平乐府·其一》："登山临水意何穷，

度索临橦径复通。"

> 注：此处描写作者寻胜探幽之景象，抒发了宁静闲适、悠然自得的心境。

明·胡应麟《白榆歌别司马汪公归婺中》："乐极悲来将奈何，登山临水哀情多，倚风老泪双滂沱。"

> 注：此句即事抒怀，抒发作者的落寞惆怅之情。

明·区大相《昨游姑蔑徐氏园见林开先题壁兹过上饶费氏馆见朱贞吉留题凄然有作》："登山临水几心伤，问柳寻花亦断肠。"

> 注：此处为作者游览姑蔑徐氏园后所题，故人已去，形单影只，抒发对友人的怀念。

明·张弼《登东山送冯掌教·其一》："落木风高白雁飞，登山临水送将归。"

> 注：此句借山河相隔，表达与挚友分别时的离情别绪、依依不舍之情。

明·梁储《题画》："登山临水送将归，去住心情只自知。"

> 注：此处表达与挚友分别时的离情别绪、依依不舍之情。

明·陈谟《戏赠归洪》："舞雪回风歌窈窕，登山临水意逡巡。"

> 注：此处为作者久客异乡、缅怀故里的感怀。

明·张羽《荒村无四邻茅斋深夜雨田犬时一鸣厨人时中语》："登山临水兴，惟有阿通知。"

> 注：此处形容作者流连忘返于山林之间。

明·董其昌《送冯咸甫》："画里拈将楚客词，登山临水送新知。"

> 注：此处为作者缅怀故人之思。

明·黄仲昭《题林君长荣幽居和姨夫方先生韵》："教子暇时携酒伴，登山临水乐何如。"

> **注**：此处形容作者闲暇时寄情山水的宁静闲适之情。

明·杨士奇《归至清河》："登山临水多高兴，未抵抽毫侍禁闱。"

> **注**：此处描写作者随从君主出行，醉情于山水之间，不用遵从宫禁的喜悦之情。

明·胡俨《归田四时乐》："袅袅西风芳草歇，登山临水伤离别。"

> **注**：此处描写作者于山水之间抒发羁旅相思之情。

明·郭之奇《舟滞大通得同使宋今础书知至广济相需多日》："登山临水方悲远，暮雨朝云复赋高。"

> **注**：此处借"登山临水"抒发作者内心的孤独、凄凉。

明·陈霆《苏武慢·下第时作以下（共四首）》："登山临水，弄月吟风，舒啸响惊云秒。"

> **注**：此处借"登山临水"描绘了宁静雅致的田园生活，烘托了空旷、寂寥、萧瑟的景物环境，抒发作者钟情山水的情怀。

明·祁顺《和林克全韵三首·其三》："是别离君更切，登山临水送将归。"

> **注**：此处表达作者与挚友分别时的离情别绪和依依不舍。

明·祁顺《山水图为杨地官宗嗣题二首·其一》："何日功成便赋归，登山临水重题诗。"

> **注**：此处为表达作者渴望建功立业、荣归故里的思想感情。

明·沈周《雕牙杖头歌》："一步一举无敢忘，与铿相生八百霜，登山临水吾何妨。"

> **注**：此处借用"登山临水"抒发作者与好友的深厚情谊。

明·江源《桃源分司次沈仲律先生题壁三首·其二》："登山临水兴悠然，安得闲行作地仙。"

> **注**：此处借"登山临水"抒发作者寄情山水悠然自得的心境。

明·杨时英《秋兴·其一》："登山临水增惆怅，翘首高天一雁横。"

> **注**：此处借"登山临水"抒发对萧瑟秋景的感伤。

明·欧必元《送陈孔信游燕》："登山临水高吟咏，题诗作赋溢缥缃。"

> **注**：此句讲述作者与好友一同出行游玩，吟诗作赋，表达作者的喜悦之情。

明·黎民表《同黄全之梁思立黄公绍陈忠甫访安期生石室》："登山临水不尽醉，枉作高阳一竖儒。"

> **注**：此处表达作者寄情山水悠然自得的喜悦之情。

明·霍与瑕《步韵送古林何老先生北上·其六》："登山临水太从容，踏尽寒梅岁律终。"

> **注**：此处表达作者流连忘返于山水之间欣然自得的心情。

明·边贡《赵南渚席上送秦凤山分体得柏梁》："登山临水时一呼，白马青衫光照。"

> **注**：作者通过描绘秦凤山雄伟磅礴的气象，热情赞美了其神奇秀丽的景色，流露出了对祖国山河的热爱之情。表达了诗人不怕困难、敢攀顶峰、俯视一切的雄心和气概，以及卓然独立、兼济天下的豪情壮志。

明·释今摄《秋蝉·其一》："残月晓风偏入梦，登山临水倍堪思。"

> **注**：此处借"登山临水"抒发对萧瑟秋景的感伤，感叹人间知音难觅。

明·龚敩《为朱允升题盘谷序后》："黟上先生旧隐居，登山临水乐何如。"

> **注**：此处表达作者探访历史遗迹怡然自乐的心情。

明·邓云霄《送陈秘书还楚》："登山临水远将归，木叶萧萧四牡騑。"

> **注**：此处借"登山临水"表达作者与挚友分别时的离情别绪和依依不舍。

明末清初·陆求可《意难忘》："漫登山临水，立尽斜阳。"

> **注**：此句描写作者游览山水时看到夕阳西下、残阳如血的景象。

清·顾太清《西江月·光绪二年午日，梦游夕阳寺》："登山临水乐如何。好梦焉能长作。"

> **注**：此处表达作者游览山水怡然自乐的心情。

清·陆耀遹《三月十五夜泊彭蠡同于丕登大鸡山》："兴尽重寻下渚船，登山临水总堪怜。"

> **注**：此处是对作者跋涉山水的描述。

清·曹贞吉《贺新郎·其一·送周雪客南归》："送将归、登山临水，离情难遣。"

> **注**：此句借"登山临水"表达作者与挚友分别时的离情别绪和依依不舍。

明末清初·尤侗《贺新郎·其十·九日再和》："怅悲秋、他乡何处？登山临水。"

> **注**：此处为作者久客异乡、思念家乡的感怀。

清·黄景仁《将之京师杂别（六首选一）》："翛与归鸿共北征，登山临水黯愁生。"

> **注**：此处借"登山临水"抒发客居他乡的游子漂泊凄凉孤寂的心境以及对家乡亲人的思念。

清·曹家达《秋日偶成》："登山临水送天涯，无限秋光转物华。"

> **注**：此处借"登山临水"抒发对萧瑟秋景的感伤。

清·曹家达《章莆云有伤逝四首和以绝句而推广之·其十一·章雨琴慎清》："正是秋风感摇落，登山临水送将归。"

> **注**：此处借"登山临水"抒发对萧瑟秋景的感伤，以及与挚友分别时的离情别绪、依依不舍之情。

清·顾贞立《凤凰台上忆吹箫·初七日雨》："莫去登山临水，料俱是、落木枯杨。"

> **注**：此处借"登山临水"抒发对萧瑟秋景的感伤。

清·王昌麟《秋感·其二》："客里逢秋梦不安，登山临水送归难。"

> **注**：此处表达与好友分别时的离愁别绪、想象分别后的孤寂、落寞、惆怅之情。

明末清初·陆求可《风流子》："波起洞庭，气吞云梦，登山临水，远送将归。"

> **注**：此处是对离别场景的描绘，作者登山临水赶来送行的情景，朴素自然地表达出作者对好友朴实、真诚的情感。

清·顾贞立《满江红·楚黄署中闻警》："恰又是、将归送别，登山临水。"

> **注**：此处借"登山临水"表达作者与挚友分别时的离情别绪、依依不舍。

清·陈维崧《念奴娇·送子万弟携五弟之睢阳并令二弟三弟四弟同和他

日一展齐纨便成聚首也》："悲哉秋也，况登山临水，黯然欲别。"

> **注**：此处借"登山临水"抒发对萧瑟秋景的感伤以及与挚友分别时的离情别绪、依依不舍。

清·顾太清《台城路·六月廿六，云姜招游尺五庄看荷花。是日许金桥郎席题词，遂用其韵》："登山临水寄兴，叹茫茫千古，多少恩怨。"

> **注**：此处作者咏史抒怀，表达了作者关注历史和人生的旷达之心。

📚 临水登山

魏晋·张野《木兰花慢·送柳汤佐之覃怀总管任》："几度批风抹月，几番临水登山。"

> **注**：此处为作者怀念年少时与旧友无忧无虑、嬉戏打闹的时光，朴素自然地表达出作者对好友朴实、真诚的情感。

南北朝·袁淑《买陂塘》："休俙倦，算临水登山，此恨年年有。"

> **注**：此处借"临水登山"抒发对萧瑟秋景的感伤。

唐·刘禹锡《酬马大夫登涯口戌见寄》（一作《酬海南马大夫》）："新辞将印拂朝缨，临水登山四体轻。"

> **注**：此处借"临水登山"抒发客居他乡、一人独居的漂泊孤寂的心境。

唐·张乔《甘露寺僧房》："临水登山路，重寻旅思劳。"

> **注**：此处为作者登山跋涉于甘露寺，看见葱郁的竹林、远处忽明忽暗的灯火以及天上的明月，不禁触发了内心深处的羁旅乡愁。

唐·尚颜《怀智栖上人》："临水登山自有期，不同游子暮何之。"

> 注：此处为作者在游览山水时抒发怀念友人之情。

唐·贯休《陪冯使君游六首·锦沙墩》："临水登山兴自奇，锦沙墩上最多时。"

> 注：此处用以描绘作者与友人一同游览山水，怡然自乐的心情。

宋·苏轼《哨遍·为米折腰》："但知临水登山啸咏，自引壶觞自醉。"

> 注：苏轼在仕途中挫伤累累，太需要解脱。此处描写了归来游赏之趣、田园之乐以及家人相聚之欢，抒发了作者旷达乐观、超然物外的情怀。

宋·杨万里《归去来兮引》："独临水登山，舒啸更哦诗。"

> 注：此处表达作者流连于山水之间，超然于物外、洒脱自如的思想感情。

宋·陆游《秋夜怀吴中》："更堪临水登山处，正是浮家泛宅时。"

> 注：此处为描写作者漂泊不定、孤独寂寥的景象，抒发作者客居他乡的游子漂泊凉孤寂的心境及对家乡亲人的思念。

宋·王安石《春日席上》："十年流落负归期，临水登山客有思。"

> 注：此处为作者抒发漂泊他乡、怀念亲人的思想感情。

宋·陆游《雨后殊有秋意》："爱君忧国孤臣泪，临水登山节士心。"

> 注：此处深沉地表达了作者收复国土、报效祖国的壮志和矢志不渝的精神，向读者展示了诗人的一片赤胆忠心。

宋·刘季孙《将至济源府先寄姜明府》："读书学剑全相误，临水登山独未忘。"

> 注：此处表达作者怡然自娱于山水之间的思想感情。

宋·陆游《青村寺》:"十年淹泊望修门,临水登山几断魂。"

> **注**:此处抒发了作者漂泊异乡的羁旅乡愁。

宋·陈杰《送中斋过家入燕》:"向多临水登山赋,不尽还家去国情。"

> **注**:此处抒发了作者忧国忧民、渴望保家卫国的决心。

宋·张耒《归马二首》:"临水登山悲楚客,烹鸡酌酒爱诸仙。"

> **注**:此处表达作者流连于山水之间,超然于物外、洒脱自如的思想感情。

宋·张耒《局中听雨》:"临水登山送归语,怜君解有许多情。"

> **注**:此处借"登山临水"抒发作者与挚友分别时的离情别绪、依依不舍。

宋·张栻《送宇文正甫》:"重来能复几句余,临水登山又送渠。"

> **注**:此处抒发作者归隐于山林之间寄情山水田园时对友人的思念之情。

宋·周必大《次韵杨廷秀待制二首》:"十年不侍殿东头,临水登山隐者流。"

> **注**:此处抒发作者归隐于山林之间仍心系国事,对国家、民族命运的担忧之情。

宋·周文璞《吴中秋日》:"斗鸡走狗爱丝喜,临水登山宋玉悲。"

> **注**:此处借"登山临水"抒发对萧瑟秋景的感伤以及与挚友分别时的离情别绪、依依不舍。

宋·邓肃《邂逅宇文》:"临水登山万里来,却向春围饮墨水。"

> **注**:此处抒发作者罢归居家后对国家、民族前途命运的担忧。

宋·释文珦《登临写兴》："临水登山送此生，禽猿个个尽忘情。"

> **注**：此处抒发作者流连于山水之间，超然于物外、洒脱自如的思想感情。

宋·释行海《和浩师书事》："临水登山情亦懒，枕书闲向北窗眠。"

> **注**：此处抒发作者流连于山水之间，超然于物外、洒脱自如的思想感情。

宋·苏泂《次韵高似之秘书谢薛书记七月二十七日早桂》："唤回临水登山意，恼乱熏天扑地香。"

> **注**：此处描写作者醉情山水之间，烦恼忧愁被自然万物净化。

宋·杨万里《送周元吉显谟左司将漕湖北三首》："临水登山公别我，青鞋布袜我从公。"

> **注**：此处抒发作者与友人离别时的依依不舍之情。

宋·沈与求《次韵河阳张先父秀才》："浮家泛宅三年梦，临水登山万里心。"

> **注**：此处为描写作者漂泊不定、孤独寂寥的景象，抒发作者客居他乡的漂泊孤寂的心境及对家乡亲人的思念。

宋·彭汝砺《答赵正夫》："风波久与故人违，临水登山百尔思。"

> **注**：此处抒发分别多年以后，历经沧桑与老友再次相逢的欣喜之情。

金·王渥《游蓝田》："蹇予懒散本真性，临水登山此生足。"

> **注**：此处抒发悠然于山水之间的欣喜之情。

元·陈樵《北山别业三十八咏·其二十四·北峰》："名山何事穷幽僻，

临水登山已称情。"

> **注**：此处描写作者游览山水寻胜探幽时看到的桃花源般的美景。

明·马如玉《茅山道中送邢使君之西湖》："寻常一样天边月，临水登山望不同。"

> **注**：此处描述作者跋涉山水、怡然自乐的心情。

明·唐之淳《送白先生还越》："问船回马丹阳郭，临水登山白苎衣。"

> **注**：此处描写作者入朝为官、挂念父母的思想感情。

明·霍与瑕《走笔谢齐太衢戴浑庵·其一》："何因清昼陪侍，临水登山步虚。"

> **注**：此处反映了诗人在消息隔绝、久盼却音讯不至时的迫切心情，抒发漂泊他乡、怀念亲人的思想感情。

明·刘基《磨石冈作》："西风忽卷残阳出，临水登山忘却归。"

> **注**：此处抒发作者流连于山水之间，超然于物外、洒脱自如的思想感情。

元末明初·蓝仁《云松邀往翁源足疾不果行》："临水登山兴已非，客来扶杖强相依。"

> **注**：此处描述作者跋涉山水、怡然自乐的心情。

明·王绂《月夜舟中酒后写呈胡祭酒兼同行诸公》："嗟予年少尝好游，临水登山日无暇。"

> **注**：此处描绘作者与友人一同游览山水，怡然自乐的心情。

明末清初·王夫之《秋兴》："临水登山悲郢客，守庚炼己老丹房。"

明末清初·王夫之《广落花诗三十首·其八》："临水登山皆荐泪，定情意不在双蛾。"

明·吴孟旸《辛丑冬曹能始过客孝若斋中因遍游吴兴诸山歌》："君胡为兮乐吾土，临水登山吊今古。"

> **注**：此处为作者游览历史古迹，抒发吊古伤今的感慨。

清·张鹏翮《如意而归》："临水登山兴未休，闲身乐世更何忧？"

> **注**：此处抒发作者流连于山水之间，抛万千烦恼于脑后的思想感情。

清·蒋士铨《探春慢》："临水登山，寻花踏月，鹤鹿衔芝相引。"

> **注**：此处用"登山临水"表达作者寻幽探胜、游览山水之乐。

清·聂树楷《金缕曲·客自蜀归，贻一湘竹杖，铜为首尾，启之可作旱烟管用。戏赋》："临水登山堪济胜，步慵时，不碍身斜倚。"

> **注**：此处描写作者老当益壮执竹杖游览山水。

清·宋琬《沁园春·其三》："正日思归，临水登山，云胡不归？"

> **注**：此处抒发漂泊他乡、思念亲人的思想感情。

清·李振钧《西梁山晚眺和友人韵·其二》："吞吴望蜀神如在，临水登山客未归。"

> **注**：此处为作者游览历史古迹，抒发吊古伤今的感慨。

清·林旭《柳屏问刻诗·其二》："清风明月无穷物，临水登山自得之。"

> **注**：此处抒发作者流连于山水之间，超然于物外、洒脱自如的思想感情。

清·洪炳文《齐天乐·江右署中新春书怀》："临水登山，倚栏每独自延伫。"

> 注：此处通过描写登楼远眺，凭今吊古所引起的无限感慨，抒发了诗人抑郁已久的悲愤之情。

清·郭曾炘《客有询近作者书此示之》："临水登山行已老，吟风弄月复偕谁。"

> 注：此处借"临水登山"抒发作者对时光易逝、青春不再的感叹。

明末清初·屈大均《赋得摇落深知宋玉悲·其五》："临水登山归莫送，汨罗南望断离愁。"

> 注：此处借"登山临水"抒发对作者与挚友分别时的依依不舍之情。

📚 登山涉水

宋·释子淳《颂古一〇一首》："此树不从天地生，登山涉水承渠力。"

> 注：此处为作者历史古迹，抒发吊古伤今的感慨。

元·朱希晦《藤杖赠西原道人》："登山涉水览幽胜，意倦未必忘归期。"

> 注：此处抒发作者流连于山水之间，超然于物外、洒脱自如的思想感情。

明·李流芳《有僧欲礼清凉而未决来索予诗戏书四绝句·其四》："自是凡夫心执着，登山涉水费资粮。"

> 注：此处是对作者跋涉山水的描述。

清·黄永《沁园春·悲秋》："除非是，且登山涉水，打马飞杯。"

> 注：此处借"登山临水"抒发对萧瑟秋景的感伤。

第三节　薄寒中人

一、典出

"薄寒中人"，典出宋玉《九辩》："憯凄增欷兮，薄寒之中人。"

二、简释

薄寒：轻微的寒气。中人：伤人。诗句大意是：凄凄凉凉的天气让人叹息不已，微寒侵袭人的身体。典故含义：指轻微的寒气也能伤害人的身体。也比喻人在衰老或患难之中时经不住轻微的打击。

三、历代引用与释义

📖 **薄寒中人**

宋·苏轼《九日黄楼作》："薄寒中人老可畏，热酒浇肠气先压。"

> **注**：此处指人中了寒气。

宋·洪咨夔《沁园春·用周潜夫韵》："秋气悲哉，薄寒中人，皇皇何之。"

> **注**：此处指秋天天气转凉，容易着凉受风寒。

宋·敖陶孙《用香字遗李恭叔》："薄寒中人曳两縰，独吟猗那遗我将。"

> **注**：此句描写了漂泊无依的苦吟诗人形象，表达作者的孤独无助之情。

宋·洪朋《岁莫》："后山入夜风转急，薄寒中人灯更孤。"

> **注**：此处为描写入夜后寒风骤起，灯下诗人单薄的身影，

> 抒发诗人的孤单寂寞之情。

宋·韩淲《次韵昌甫九日》："薄寒中人秋气清，山能高绝水能平。"

> **注**：此处为描写秋天的晚上夜气清凉，很容易受风寒。

宋·韩淲《雨后骤冷凄然》："天高气萧瑟，薄薄寒中人。"

> **注**：此处形容秋雨过后天气骤冷，身体容易受到风寒侵袭。

宋·韩淲《阮郎归·客有举词者，因以其韵赋之》："小楼秋霁碧阑干，中人初薄寒。"

> **注**：此处描写诗人在秋日雨后天晴时站在高楼上倚靠着翠绿色的栏杆眺望远方，突然感到凉意侵袭。

宋·毛滂《比得寒疾用道士养生法治其内郡幕徐天隐遗以柴胡桔梗教作汤服之疾间作小诗以寄》："薄寒能中人，毛立噤齿牙。"

> **注**：此处为形容江南地区寒冷、潮湿。

宋·赵蕃《寄怀章衢州辛越州》："风高已木落，薄寒能中人。"

> **注**：此处说明秋天草木凋零、秋风萧瑟，容易受寒风侵袭。

明·张慎言《石塘白云洞》："薄寒中人暾始煜，苒苒云华稠可匊。"

> **注**：此处指经受风寒。

明·袁华《赋得佳人晓妆》："鸟啼琐窗曙，薄寒犹中人。"

> **注**：此处说明清晨鸟儿啼叫、太阳升起时，有些许凉意。

明·钱宰《豫让桥》："薄寒中人思栗憭，烈气黯黯梢晴霄。"

> **注**：此处用于比喻作者在患难之中时经不住轻微的打击。

明末清初·钱谦益《后饮酒七首·其四》："秋风多惨凄，中人如痎痁。薄寒肤疹粟，增歔体伸欠。"

> **注**：此句描写秋风萧瑟凄寒，容易患上疲症、皮肤受寒，容易起鸡皮疙瘩。

清·吴藻《寿楼春》："渐觉轻罗称体，薄寒中人。谁似我、双蛾鼙。"

> **注**：此处作者是在说明自己的身体状况每况愈下，体质弱，体重像丝织品一样轻。

清·彭孙遹《秋感》："薄寒中人肌，禅衾不堪揽。"

> **注**：此处用以说明秋天萧瑟寒冷，单薄的衣物不足以御寒。

清·王士禛《阆中感兴·其二》："巴树小摇落，薄寒初中人。"

> **注**：此处用以说明巴树树叶摇落飘零之际，是秋季到来的信号，此时初感寒意。

近现代·龙榆生《瑞鹤仙》："入春快晴，桃柳争发，一夕凄风忽起，薄寒中人，念乱思乡，漫谱此阕。"

> **注**：此处形容寒气侵袭人的身体。

第四节　圆凿方枘

一、典出

"圆凿方枘"，典出宋玉《九辩》："圆凿而方枘兮，吾固知其鉏铻而难入。"

二、简释

凿：榫眼。枘：榫头。诗句大意是：方榫头遇到了圆圆的榫眼，我本来就知道他们会格格不入。后来就用"圆凿方枘"及其变体"方凿圆枘、方枘圆凿"来比喻两者不相投合，格格不入。

三、变体（或不同典形）

方凿圆枘、方枘圆凿

四、历代引用与释义

圆凿方枘

宋·周行己《次韵李十七僧宜见过兼简杜思诚》："圆凿事方枘，固知不相谋。"

> **注**：此处用"圆凿方枘"比喻"道不同不相为谋"的哲思。

宋·周行己《奉酬天复古风》："吾以此应世，方枘入圆凿。"

> **注**：此处用"圆凿方枘"迂回地说明此应世方法不通。

明·童轩《思美人赋》："觊圆凿而方枘兮，宜乎锄铻而难投。"

/>

> 注：此处用"圆凿方枘"表达作者报国无门、怀才不遇、抑郁不得志的思想情怀。

明·李伟《岳麓》："圆凿受方枘，初心本无辨。"

> 注：此处用"圆凿方枘"表达作者尽管仕途上挫折不断，但仍不忘初心、砥砺前行的志向。

清·赵之谦《再去温州蔡枳篱同年以诗赠行依韵答之己巳十一月初一日也》："方枘入圆凿，一纵交数横。"

> 注：此处用"圆凿方枘"比喻仕途坎坷。

清·黄任《感兴·其二》："方枘纳圆凿，其势必龃龉。"

> 注：此处用"圆凿方枘"形容意见不合。

近现代·冯振《离诗二首》："方枘纳圆凿，焉得不龃龉。"

> 注：此处用"圆凿方枘"表达作者对时政的看法。

📚 方凿圆枘

南北朝·刘孝绰《答何记室诗》："纷余似凿枘，方圆殊未工。"
唐·寒山《诗三百三首·其四十五》："圆凿而方枘，悲哉空尔为。"

> 注：此处作者用"方枘圆凿"隐喻做事不讲究方法、不符合事物规律，终究是徒劳无功。

唐·元稹《献荥阳公诗五十韵（并启）》："轮辕呈曲直，凿枘取方圆。"
宋·廖行之《题苏璩觉斋·其一》："不随凿枘辨方圆，安用蓍龟考未然。"
宋·廖行之《次韵酬宋伯潜·其二》："青衫良助君衣彩，圆凿何嫌我枘方。"
宋·李之仪《次韵君俞兼简少孙·其一》："能忘枘凿方圆异，许接风云变化新。"

宋·苏辙《次韵答孔武仲》："未肯尺寻分枉直，日知凿枘有方圆。"

宋·章甫《次吕伯恭见寄韵》："鲁钝不如锥处囊，嗜好凿圆投枘方。"

宋·赵鼎臣《既和时敏止茶诗矣而允迪所饷犹未及请再次韵求之》："钩绳异曲直，凿枘殊圆方。"

宋·释正觉《参头智舒与众行者写师像求赞》："偏正机轮，方圆枘凿。"

宋·陈造《再次韵赠高宾王·其二》："虞卿与世得穷愁，枘凿方圆岂易投。"

宋·陈造《送叶主簿楚州应钱帅之招》："圆方殊枘凿，寂默忍羁旅。"

宋·陈文蔚《寄题吴子似所居·其一》："读书亭超然得我心，枘凿非方圆。"

宋·周紫芝《次韵和答圆明老师·其一》："平生作剧谩逢场，枘凿由来苦未当。"

宋·释智愚《无准和尚禅者请赞仍侍立赞》："愚移圆就方则辛，抑方为圆则苦。枘凿不相入，是无准门户。"

宋·程公许《岷峨叹》："凿方何能入枘圆，使少贬之宁不然。"

宋·吕陶《送范尧夫》："尺寻难枉直，凿枘自方圆。"

宋·朱松《宿禅寂院》："调卑弦急诚龃龉，凿圆枘方尤阔疏。"

元末明初·胡布《弱岁二首·其一》："圆方乖枘凿，德恶各持端。"

元末明初·胡布《拟得墙欲高行》："广庭倚力柱梁一，丑百恶圆凿枘方。"

元末明初·唐桂芳《后山植华有感》："长短鹤凫随物好，方圆枘凿合时难。"

元末明初·苏伯衡《赠徐季子》："所好者竽鼓者瑟，犹枘以方凿以圆。"

明·林俊《赠项秉仁》："己属典刑酬仕学，未烦枘凿计方圆。"

明·李伟《岳麓》："圆凿受方枘，初心本无辨。"

明·胡应麟《寄赵相国一百韵》："圆方违凿枘，甘苦狎糟醨。"

明·郭登《楸子树》："方圆凿枘苦难入，冠非夸角强触斜。"

明·郭登《九日喜家人寄书至秉常相过问慰与之共饮至醉述怀有作斐然成章》："臭味异熏莸，方圆如枘凿。"

明·宋璲《寄章允载兼柬项思复》："枘凿乖方圆，甘遭世俗卖。"

明·韩上桂《述怀诗呈左方伯积斋王公》："器空暌凿枘，手岂辨方圆。"

明末清初·钱谦益《续次敬仲韵·其二》："毕箕风雨难凭准，枘凿方圆费弥缝。"

清·陈恭尹《有约惠州偶以事不即往月夜独坐奉怀王使君子千三首其三》："从来不朽者，枘凿有方圆。"

清·仝轨《得新城王阮亭书》："同工而异曲，枘凿谁方圆。"

清·田雯《和杨龟山此日不再得》："勿谓大隗迷，凿枘划圆方。"

清·田雯《赠吴园次五百字》："先生跫然来，方圆化枘凿。"

清·陈维崧《方竹杖歌为莱阳董樵赋》："方圆枘凿不相入，尔持此杖胡为哉？"

清·黄任《感兴·其二》："方枘纳圆凿，其势必龃龉。"

清·黄遵宪《述怀再呈霭人樵野丈其三》："枘凿殊方圆，如何可尝试？"

清·乾隆皇帝《咏规矩》："直引曲转旋，方圆随意所。枘凿纵不入，恶此机变侣。"

清末近代·吴研因《流离篇》："因政见虽枘凿，教育尚钻研。"

近现代·冯振《离诗二首》："方枘纳圆凿，焉得不龃龉。"

近现代·盛世英《杂感·其四》："朱丝绳直素冰凉，枘凿方圆好自量。"

当代·张月宇《记事》："何言枘凿得圆方，羽檄犹驰万里疆。"

第五节 平分秋色

一、典出

"平分秋色"，典出宋玉《九辩》："皇天平分四时兮，窃独悲此廪秋。"

二、简释

原文大意：老天平分春夏秋冬四季，独有这凄冷的秋天让我悲伤。成语含义：指中秋时分。中秋为农历八月十五日，因居秋季三个月之中，恰为秋天平分之处。亦用于平均分配好处，也比喻双方各得一半，不分高低，表示平局。

三、变体（或不同典形）

秋色平分

四、历代引用与释义

📖 平分秋色

宋·李朴《中秋》："平分秋色一轮满，长伴云衢千里明。"

> **注**：此处用"平分秋色"意谓月亮像一面镜子般升起来，天上中秋之夜的满月，美得可以和整个天际相媲美。

宋·朱敦儒《念奴娇·垂虹亭》："放船纵棹，趁吴江风露，平分秋色。"

> **注**：此处用"平分秋色"描写作者月夜泛舟江上所见的幽美秋景。

宋·章甫《次韵中秋郡署红梅早开·其二》："平分秋色官梅早，特为调羹鼎鼐来。"

> **注**：此处用"平分秋色"指官府所种的梅花在秋季就开花，与秋季许多花一同平分秋色。

元·王行《中秋张来仪宅赏月》："适当平分秋色夜，赏月邀朋同盍簪。"

> **注**：此处用"平分秋色"形容夜色迷人之际，和好友们一同在月下饮酒赋诗。

明·韩日瓒《秋夜黄逢一载酒见过同樊孟泰水部李伯襄吉士家伯兄明府分韵得开字》："平分秋色帝城开，问月谁当载酒来。"

> **注**：此处用"平分秋色"赞美京城月色。

明·孙植《中秋鸳湖泛月》："尊酒移舟笑语欢，平分秋色满江干。"

> **注**：此处用"平分秋色"形容夜色迷人之际，和好友们一同在月下泛舟饮酒。

明·符锡《奉和曾宪长瑞鹤诗三首·其一》："合与芝亭并传胜，平分秋色老梧桐。"

> **注**：此处用"平分秋色"勾勒出一个深秋的轮廓，深深地透露出季节和环境的气氛。

明·王弘诲《九月雪中对菊适王广文送酒侑以秋雪歌次韵奉答》："今年雪白与花黄，平分秋色不相降。"

> **注**：此处用"平分秋色"说明此年九月飞雪，雪花与菊花一同在秋季争奇斗艳、平分秋色。

明末清初·王夫之《贺新郎·中秋大病不得与从游诸子觞月吟此慰之》："是人间、平分秋色，桂香新酿。"

> **注**：此处用"平分秋色"说明新酿造的桂花酒醇厚柔和、余香长久，可以与人间的其他美味相媲美。

明·史谨《谢克一蒋院判送菊》："远辱高情怜白首，平分秋色过丹房。"

> 注：此处用"平分秋色"来赞美菊花。

明·李全昌《中秋雨中赴酌见复弟有感》："平分秋色凭谁判，但对华筵剪烛灰。"

> 注：此处用戏谑的手法笑谈嫦娥未来赴约，请求他人来主持公道。

明·李孙宸《同诸子过欧虞部蓬园水阁》："空林半入山樵道，曲径平分野犊眠。槛外潮声翻夕照，篱前秋色散荒烟。"

> 注：此处引用"平分秋色"描绘了一幅阡陌曲折、炊烟袅袅的秋季乡村图。

明·邓云霄《中秋泛月篇》："江南秋色正平分，雨霁天空澹片云。"

> 注：此处描绘了一幅美丽的江南秋景图，雨过天晴的江南，天空飘着几朵云彩，显出恬静、安然的样子。

明末清初·彭孙贻《中秋后一夕朱生新婚于蒋以篚乞诗因赠》："平分秋色问婵娟，月半初过月又圆。"

> 注：此处用"平分秋色"展现秋季的夜晚在皎洁月色下显得深邃且动人。

明末清初·李雯《满庭芳·中秋》："此夜平分秋色，金波转、纨扇初凉。"

> 注：此处用以形容秋季到来之时，月光在地面上转动，拿着纨扇初感凉意。

明末清初·陆求可《念奴娇·中秋无月》："平分秋色。正年年此日，中秋佳节。"

> 注：此处用以形容秋季到来之时。

明末清初·冯元仲《法曲献仙音·寿某翁》："金粟香飘，银河影泻，秋色平分一半。"

> 注：此处用以描绘秋天的美好景象，金黄的板栗香飘十里，夜色像银河般一泻千里。

清·钱孟钿《中秋待月以平分秋色一轮满分韵得色字》："影娥池冷镜奁尘，天外徒横秋一色。"

> 注：此处用以形容秋季的夜色迷人苍茫。

清·顾太清《金风玉露相逢曲·丙寅中秋，是日秋分》："吹来何处桂花香，恰今日、平分秋色。"

> 注：此处用以表明秋季到来，桂花飘香的景象。

清·洪繻《中秋暴风纪事》："平分秋色何处看，海风吹立海弥弥。"

> 注：此处用以描述中秋时节，海风呼啸、海水弥漫的样子。

清末近代·沈泽棠《贺新郎·中秋夕同云癯作》："映晴空、平分秋色，清光如洗。"

> 注：此处用以形容秋天天空高旷明朗的样子。

📚 秋色平分

宋·王十朋《季令生日（八月十四）》："人间秋色平分际，天上冰轮欲满时。"

> 注：此处用以形容中秋到来之际，就是月圆之时。

宋·陆游《浪淘沙令·丹阳浮玉亭席上作》："何况今朝秋色里，身是行人。……一江离恨恰平分。"

> 注：此处用以描绘与友人间的离别。秋风萧瑟、草木摇落之际，陆游将别故人而远去。即景抒情，谓离别的江水犹如眼

前的江水那么多，一半给你，一半给我。如此描写，把离别时的愁绪形象化、具体化。

宋·赵长卿《水调歌头·中秋》："今夕知何夕，秋色正平分。"

注：此处用以表明此时正值中秋之际。

宋末元初·林景熙《陶山十咏和邓牧心·其四·陶宴岭》："笑拂青萝问隐君，千岩秋色此平分。"

注：此处用以形容隐居之处的秋景风光秀丽。

元·翟思忠《练湖秋日即事·其一》："秋色平分上下湖，西风猎猎颤菰蒲。"

注：此处描绘了秋日湖水和山川相映衬的秀丽景色。

元末明初·蓝仁《题南山秋色》："南山一片秋色，老子半间白云。他日瓢中酒熟，竹林风月平分。"

注：此处用以描绘秋天的美好景象，作者在山林之中饮酒赋诗，观竹烟波月、望白云悠悠。

明·张萱《奉读陆令公重构白鹤峰坡仙思无邪斋告成佳赋数百言见示时乙亥之秋八月既望也率尔裁谢》："半幅鹅溪数竿玉，好将秋色笑平分。"

注：此处用以作书致谢中秋佳节到来之际，友人所赠的丝绢和玉器。

明·何吾驺《代柬答伍国开·其二》："每忆垂杨秋色里，一翻凉雨话平分。"

注：此处写作者每每回忆起垂杨镇的秋天，就能联想到那场绵绵秋雨。

明·吴宽《八月十六日夜对月简仲山（仲山以十四夜携酒过饮值天阴）》："秋色平分昨夜过，才看月好淡星河。"

> **注**：此处"秋色平分"指代八月十五中秋佳节。

明·张天赋《中秋承刘斋默李和山有约不来病怀一律》："秋色平分月正高，故人千里秪神交。"

> **注**：此处形容中秋佳节满月如镜，高挂天空。

明·李孙宸《贵池舟中中秋夜月·其二》："海上月华原自别，夜深秋色已平分。"

> **注**：此处形容中秋佳节，泛舟游行、月色迷人。

明·江源《中秋雨夜书感》："秋色平分夜，寒堂独坐时。"

> **注**：此处意为中秋节的晚上，作者独自一人在堂前久坐。

明·江源《安仁舟中中秋对月》："秋色平分此夜幽，月华随处照孤舟。"

> **注**：此处意为中秋节的晚上，夜色幽幽，月光照射在江面的小舟上。

明·江源《十二月词十二首复次官汝清韵·其八》："看看秋色此平分，何处笙歌入夜闻。"

> **注**：此处意为在苍茫夜色中，听到了美妙动人的笙歌。

明·石宝《中秋前一夜西涯先生召诸生会饮命题试月》："九旬秋色平分处，一夜清光未满时。"

> **注**：此处意为八月十五中秋佳节到来前夕，月还未圆。

明·童轩《丙寅中秋对月》："秋色平分月正圆，南楼清兴浩无边。"

> **注**：此处形容中秋佳节之时，月亮又大又圆。

明·杭济《中秋对月次韵》："百年秋色平分夜，一片归心万里家。"

> **注**：此处用以表达中秋佳节之际望月兴叹，思念远方的亲人，渴望与家人团聚的思想感情。

明·王弘诲《贺邑侯陈元周生子》："秋色平分弥诞近，掌珠明月许同看。"

> **注**：此处意为中秋佳节之际，祝贺好友喜得贵子。

明·胡应麟《同茅平仲登甘露寺绝顶作》："秋色平分瓜步远，暮烟斜合景阳孤。"

> **注**：此处用以描绘炊烟袅袅、夕阳西下的景象。

明·梁元柱《中秋区几蘧亲家招同家昭有兄泛饮运河》："潞河清泛好，秋色正平分。"

> **注**：此处意为中秋佳节之际，与兄长一同在潞河饮酒，河水清澈无比的景象。

明·袁臂《德州中秋同姑苏徐觉予西湖张克壮对月》："程途过半方知远，秋色平分倍觉辉。"

> **注**：此处为赞赏中秋月色亮洁迷人。

明·邓云霄《吴门秋月·其二》："秋色平分一镜开，恍疑身世在瑶台。"

> **注**：此处为赞赏中秋月色迷人。

明·邓云霄《燕京中秋·其一》："秋色平分中夜月，风光偏借此宵晴。"

> **注**：此处形容中秋月色明朗。

明·邓云霄《浔江中秋八首·其二·署左江篆，行部舟中作》："秋色平分雨后天，黄涛落尽水澄鲜。"

> **注**：此处意为中秋微雨过后，江水清新无比，生机勃勃。

明·郭之奇《仲秋三日送节马上口占别今础四首其三》："与君此地舟车别，秋色平分近远同。"

> **注**：此处用以描绘与友人间的离别。

明·胡应麟《中秋夜大学士赵公招集待月赋谢》："长廊秋色转斜曛，握手平津上客群。酒出天厨容并醉，羹调帝座许平分。"

> 注：此处用以形容中秋夜色迷人，和好友们一同宴饮。

明·钱月龄《中秋》："桂魄风清散夜氛，人间秋色正平分。"

> 注：此处形容中秋到来之际，在风清月朗的夜晚桂花花香四溢、沁人心脾。

清·严金清《塞上中秋口占》："秋色平分千里外，旅愁都付一杯中。"

> 注：此处形容中秋佳节到来之际，作者绵绵不断的羁旅乡愁。

清·全祖望《漳浦黄忠烈公夫人蔡氏写生画卷诗·其一》："有美漳茶，秋色平分。"

> 注：此处说明中秋时节正是品尝漳州茶之时。

清·张令仪《烛影摇红·中秋夜同诸姊弟酌月于蠹窗，复步至读易楼，因成小词》："秋色平分，恰天上良宵三五。"

> 注：此处用以描绘作者与诸姊弟在窗前月下小酌的良辰美景，表达作者的欣喜之情。

清·徐汉倬《渡江云·云川阁坐雨同杜紫纶、华予思作（见词综二十二）》："江南秋色凭君取，更平分、座上清狂。"

> 注：此处用以描绘中秋时秋高气爽，和好友们一同宴饮的场景。

清·缪珠荪《醉花阴·中秋》："扶醉话西风，天上人间，秋色平分乍。"

> 注：此处极写天气清爽，醉里仿佛身处人间与天空之间一般。

清·蒋士铨《水调歌头·其五》："乔木广留嘉荫，丛桂浓堆别业，秋色正平分。"

> **注**：此处形容中秋时乔木枝叶繁茂，绿树成荫，一丛一丛的桂花香气扑鼻。

清·郑用锡《秒夜感怀》："秋色平分日，园亭迹渐稀。"

> **注**：此处是作者触景生情，借日渐萧条的秋景抒发羁旅乡愁。

清·郑文焯《蓦山溪》："渔樵争席，输与海鸥闲，秋色里，许平分，早办为邻计。"

> **注**：此处用"秋色平分"描绘了秋高气爽之际有人在打鱼砍柴、远处的海鸥在夕阳下飞翔着的田园风光。描绘了大自然的美景，表达了作者对大自然的喜爱之情。

清·陈宝琛《南楼令中秋莹园待月》："秋色正平分，天风吹海云。"

> **注**：此处用"秋色平分"描绘了中秋之际，天高旷远、秋高气爽的景象。

清末近代·黄浚《秋日纵游汤山翠微玉泉诸胜得诗·其九》："隔岭钟声出岭云，岭头秋色树平分。"

> **注**：此处用"秋色平分"形容汤山秋季层林尽染、秋高气爽的美好景象。

近现代·徐蕴华《中秋对月寄佩忍师粤东》："天香朗散霏金粟，秋色平分划绛河。"

> **注**：此处用"秋色平分"形容中秋佳节之际，板栗飘香、风清月朗。

第六节　不自料

一、典出

"不自料"，典出宋玉《九辩》："窃不自料而愿忠兮，或黜点而污之。"

二、简释

本句的意思是：不自思量只想着效忠，竟有人用秽语把我污蔑。

三、历代引用与释义

📚 不自料

"不自料"，不自量、没有估量料想到。

宋·宋庠《留别知郡职方杨员外》："仆尝不自料，奋迹希时英。"

> 注：此处指作者没有料想到自己会如此渴望英才。

宋·张耒《临文》："少狂不自料，遇事形文章。"

> 注：此处指作者年少轻狂，遇到不良社会现状时，通过写文章来表达自己的观点。

宋·晁冲之《法一以余所赠墨为不佳》："草堂老人不自料，亦藏一饼夸精妙。"

> 注：此处夸赞杜甫超然物外，不为功名利禄所束缚。

宋·曾巩《冬望》："嗟予计真不自料，欲挽白日之西颓。"

> 注：此处指自不量力。

宋·陆游《予出蜀日尝遣僧则华乞签于射洪陆使君祠使君》："少壮不自料，慷慨志四方。"

> **注**：此处指年少轻狂。

明·方孝孺《闲居感怀·其七》："得时不自料，岁晚良可怜。"

> **注**：此处指得到时机时，自己还蒙在鼓里。

明·李梦阳《快阁引》："阴晴仓卒不自料，万事恍惚谁能猜。"

> **注**：此处指料想不到变化无常的天气。

明·郭之奇《七哀章哭宋尔孚·其七》："嗟今之人亦多端而胶加，窃不自料长咨嗟。"

> **注**：此处是作者感叹自己没有料想到当世之人乖戾、多面、复杂，为此叹息不已。

清·厉鹗《清明后一日同大宗敬身西颢圣几游城东顾氏庄》："节去有馀兴，行吟不自料。"

> **注**：此处指作者心情愉快，情不自禁地吟诵起来。

清·张洵佳《二十六日朔风逾紧小女捧盆就火俄闻塞窣声》："此虫不死于寒反死于热，不特予不及料，即虫亦不自料也。"

> **注**：此处表示作者对虫子在炎炎夏日中死亡的感叹。

清·汤右曾《途中两臂疾甚戏作一篇》："少年万事不自料，纵意初凉好时节。"

> **注**：此处指少年无忧无虑。

第七节　九重城

一、典出

"九重城"，典出宋玉《九辩》："君之门以九重。"

二、简释

君王的大门却有九重阻挡。成语含义：指宫禁，因天子之居有门九重。

三、变体

君子门九重

四、历代引用与释义

📚 九重城

南北朝·张正见《赋得日中市朝满诗》："尘飞三市路，盖入九重城。"

> 注："九重城"，指京城长安。

唐·杨师道《阙题》："汉家伊洛九重城，御路浮桥万里平。"

> 注："九重城"，指京城长安。

唐·克符道者《双林桂》："身受龙华三会主，捶开凤阁九重城。"

> 注："九重城"，指京城长安。此处意为皇宫内的楼阁华丽无比。

唐·崔峒《书情上苏州韦使君兼呈吴县李明府》："谁念献书来万里，君王深在九重城。"

> 注："九重城"，指京城长安。此处意为不远万里向朝廷进献书籍。

唐·崔涂《泛楚江》："九重城外家书远，百里洲前客棹还。"

> 注："九重城"，指京城长安。此处意为崔涂入朝为官，家书远达。

唐·崔澹《逸句》："九重城里春来早，百尺楼头日落迟。"

> 注："九重城"，指京城长安。此处意为京城的春天到来得较早。

唐·李益《八月十五夜宣上人独游安国寺山庭院步人迟明将至因话昨宵乘兴联句》："九重城接天花界，三五秋生一夜风。"

> 注："九重城"，指京城长安。此处表明游玩地点，即作者在位于长安城长乐坊以东的安国寺。

唐·张昔《小苑春望宫池柳色》："遥分万条柳，回出九重城。"

> 注："九重城"，指京城长安。此句描写春天来了，杨柳依依，京城春意盎然的样子。

唐·徐振《雷塘》："九重城阙悲凉尽，一聚园林怨恨长。"

> 注："九重城"，指京城长安。此处意为秋风萧瑟，京城外悲凉荒芜的景象。

唐·施肩吾《上礼部侍郎陈情》："九重城里无亲识，八百人中独姓施。"

> 注："九重城"，指京城长安。此句表达了作者独在异乡思乡怀亲之情。

唐·李郢《茶山贡焙歌》："谏官不谏何由闻，九重城里虽玉食。"

> 注："九重城"，指京城长安。此处意为作者虽然在朝为官

享受着锦衣玉食的生活，但仍需体恤民情，积极进谏，表达了作者忧国忧民的情怀。

唐·杜审言《除夜有怀》："还将万亿寿，更谒九重城。"

注："九重城"，指京城长安。此处表达了在除夕夜对国家的美好祝愿。

唐·王铎《谒梓潼张恶子庙》："夜雨龙抛三尺匣，春云凤入九重城。"

注："九重城"，指京城长安。诗句意为一场夜雨过后，长安的春天来了。

唐·白居易《代琵琶弟子谢女师曹供奉寄新调弄谱》："琵琶师在九重城，忽得书来喜且惊。"

注："九重城"，指京城长安。此处意为演奏琵琶的乐师在朝为官，忽然有家书来报欣喜不已的心情。

唐·薛能《折杨柳十首·其七》："和风烟树（一作'雨'）九重城，夹路春阴十万营。"

注："九重城"，指京城长安。此处意为在京城长安种植的柳树，以及通往京畿卫戍部队驻地的道路两旁的官柳，浓密如烟、生机勃勃。

唐·吴融《雪后过昭应》："路过章台气象宽，九重城阙在云端。"

注："九重城"，指京城长安。此句意为章台宫高大宏伟壮观，直入云霄。

唐·白居易《和荅诗十首·其三·荅桐花》："我思五丁力，拔入九重城。"

注："九重城"，指京城长安。此句意味着作者渴望入朝为官、为国效力。

唐·白居易《长恨歌》："九重城阙烟尘生，千乘万骑西南行。"

> 　　**注**："九重城"，指京城长安。此句意为长安城外，玄宗带领杨贵妃等出延秋门向西南方向逃走。

唐末宋初·徐铉《纳后夕侍宴又三绝·其一》："四海未知春色至，今宵先入九重城。"

> 　　**注**："九重城"，指京城汴京。此句意为京城气候温暖，入春早。

宋·侯寘《阮郎归·其三·为张丞寿》："狨鞍长傍九重城。"

> 　　**注**："九重城"，指京城汴京。此句意为边境纠纷不断，朝廷深受其害。

宋·杨徽之《逸句》："春归万年树，月满九重城。"

> 　　**注**："九重城"，指京城汴京。此句形容京城夜色好。

宋·丁谓《又五言十韵》："摇摇千里棹，眷眷九重城。"

> 　　**注**："九重城"，指京城汴京。此句表达将要离开京城时依依不舍的心情。

宋·刘敞《雪中与长文景仁会西阁》："屯云紫微阁，叠壁九重城。"

> 　　**注**："九重城"，指京城汴京。此句形容京城山雨欲来风满楼的景象，比喻局势剧变前夕的迹象和气氛。

宋·刘敞《迎春花·其一》："秾李繁桃刮眼明，东风先入九重城。"

> 　　**注**："九重城"，指京城汴京。此句意为春天到了，京城内桃树李树竞相开放的景象。

宋·宋白《宫词·其四》："十二楼前御柳垂，九重城里百花时。"

> 　　**注**："九重城"，指京城汴京。此句意为春天到了，京城内杨柳垂垂风袅袅，百花竞相开放的景象。

宋·刘弇《再用前韵酬达夫·其二》："九重城阙凤凰楼，金碧觚棱晓日浮。"

> **注**："九重城"，指京城汴京。此句为描写皇宫的城阙在朝阳照射下金碧辉煌，雄伟壮观的样子。

宋·赵佶《散花词·其三》："天风随御驾，吹满九重城。"

> **注**："九重城"，指京城汴京。此句为皇上出行时的环境描写，意为整个京城都在刮风。

宋·赵佶《宫词·其五十五》："九重城阙壮端门，雾色荣光瑞景分。"

> **注**："九重城"，指京城汴京。此句为描写皇宫的雄伟壮阔、恢宏气派。

宋·岳珂《望北关门》："万里云开瑞日明，雕甍遥接九重城。"

> **注**："九重城"，指京城汴京。此句为描写京城日出之景，瑞兆明亮太阳拨开云雾徐徐升起，照耀在京城雕镂纹饰的殿亭屋脊上。

宋·晏殊《临江仙》："待君归觐九重城。帝宸思旧，朝夕奉皇明。"

> **注**："九重城"，指京城汴京，此处代指皇帝。此词为作者送别范仲淹之作，意为待你回去觐见侍奉皇帝时，再怀想旧时的美好光景。

宋·晏几道《临江仙·其三》："云鸿相约处，烟雾九重城。"

> **注**："九重城"，指京城汴京。此词是晏几道监颍昌许田镇三年任满即将离别时所作。他与云、鸿两位歌姬相离别，相约再次相见的地方，在烟雾缭绕的京城。

宋·李质《艮岳百咏·环山馆》："开户忽惊千仞翠，凭高方见九重城。"

> **注**："九重城"，指京城汴京。此句意用夸张的手法突出描

> 写环山馆风景优美，一开门就可以看见绿水青山；地势高耸，站在那儿就可以瞭望到京城。

宋·柳开《逸句》："九重城阙新天子，万卷诗书老舍人。"

> 注："九重城"，指京城汴京。此句意为当权者变动，新帝登基。

宋·王禹偁《南郊大礼诗·其五》："九重城阙天将曙，百万人家户不扃。"

> 注："九重城"，指京城汴京。此句为在描写京城城内百姓安家立业、国泰民安的状况。

宋·胡宿《上苑》："回瞻葱郁气，遥覆九重城。"

> 注："九重城"，指京城汴京。此句为描绘春天京城草木青翠茂盛的样子。

宋·释宗杲《偈颂一百六十首·其八十九》："善法堂前瑞气新，天书来自九重城。"

> 注："九重城"，指京城汴京。

宋·释昙华《偈颂六十首·其五十三》："全家既达九重城，母子忻欢仰天力。"

> 注："九重城"，指京城汴京。此句描写了母子二人到达京城后的欢喜。

宋·韩维《雪中同邻几出游》："九重城阙寒光外，百万人家喜气中。"

> 注："九重城"，指京城汴京。此处为诗人与友人雪后出行，为京城内的万家灯火景象所感叹。

宋·陆游《诉衷情令·其二》："青衫初入九重城。"

> **注**："九重城"，指京城汴京。此处为作者初到京城的描写。

宋·项安世《次韵张直阁对雨》："九重城里作山园，隔尽红尘一世喧。"

> **注**："九重城"，指京城汴京。此句意为在繁华的京城内偏安一隅，仿若隔绝尘世。

宋·项安世《风水洞》："不解九重城里路，有人尘土化衣裾。"

> **注**："九重城"，指京城汴京。此句意为到达京城路途遥远、风尘仆仆。

宋·项安世《留别南湖·其二 》："九重城里尘如海，只有南湖一片霜。"

> **注**："九重城"，指京城汴京。此处意为在京城追求功名利禄令人烦忧，怀念在南湖时清心寡欲的日子。

宋·项安世《都下次韵酬松阳叶叔文》："九重城里得斯人，一笑洗尽衣中尘。"

> **注**："九重城"，指京城汴京。此处意为在京城遇到宜人的伴侣，一笑解千忧。

宋·释慧开《谢佛眼师号》："皇恩颁自九重城，雨露才沾草木荣。"

宋·释智愚《颂古一百首·其六十七》："辽空一箭九重城，雪老门风尽有声。"

宋·释智愚《颂古》："别有一机恢佛租，九重城里动龙颜。"

宋·释智愚《出山古像赞》："金钟夜击九重城，六载归来改瘦形。"

宋·释智愚《径山西寮众老郎请赞》："挨到凌霄八十四，谁知名重九重城。"

宋·韩淲《朝中措·赵倅约玉楼溪小集，不及往，因寄一曲》："到九重城里，才华好觑吾君。"

> **注**："九重城"，指京城汴京。

宋·王称《驾幸大学扈从有作兼似胄监诸博士》："金舆旦出九重城,璧水风云气色清。"

金·赵秉文《陇州进黄鹦鹉应制》："九重城里骈莺舌,百子池边借鹄裳。"

金·段克己《满江红·其一·过汴梁故宫城二首》："渐烟尘、飞度九重城,蒙金阙。"

> 注:"九重城",指京城,上京会宁府。

元·耶律楚材《和武川严亚之见寄五首·其一》："扈从銮舆三万里,谟谋凤阙九重城。"

元·吴莱《岁初喜大人回自岭南遂携儿谔北行送之·其一》："风沙千里道,雨露九重城。"

元·廖大圭《闻莺》:花榭柳台听得惯,金衣好去九重城。

> 注:"九重城",指元大都(今北京)。

元末明初·刘崧《送北平省都事樊仲郢赍洪武七年正旦贺表上南京二首·其二》："淮海东南是帝京,五云缭绕九重城。"

元末明初·瞿佑《天魔舞》："九重城阙烟尘飞,一榻之外无可依。"

元末明初·邓雅《早朝》："九重城阙五云中,万国衣冠拜衮龙。"

元末明初·邓雅《南津夜泊》："妙音仿佛奏韶濩,九重城阙高嵯峨。"

明·严嵩《奉和少傅桂翁阁莲六花之作》："九重城隔金扉路,六萼莲开玉井花。"

明·卢龙云《补谪入京集句》："迢递山河拥帝京,君王深在九重城。"

明·文彭《出京承徐相公赠诗次韵酬谢》："五云楼阁九重城,瞻望何殊万里程。"

明·杨士奇《玉楼春·大雪志喜》："九重城阙晃清辉,一统山河含淑气。"

明·释宗泐《送陈中复许写予真》："九重城外征车远,一曲湖边钓艇闲。"

明·释宗泐《题天童万松图》："只今九重城里住，梦魂夜夜鄞江东。"

明·沈周《田家咏·其二》："愿随天风吹，吹达九重城。"

明·陈献章《出潞河·其三》："此时心一寸，飞入九重城。"

明·顾璘《上下诸峰间作·其二》："试傍紫霄瞻绛阙，崔巍如见九重城。"

明·陆深《邀甫川少宰过报国寺送吕泾野致仕》："秦川一水隔，天远九重城。"

明·陆深《戊戌冬至南郊礼成庆成宴乐章·其二十·新水令》："五云深护九重城。"

明·黄廷用《赠王道长之留都》："更喜圣皇容直气，谏书频到九重城。"

明·郭谏臣《雨后自都门赴昌平途中览胜漫赋》："紫塞北临千里碛，玉河南绕九重城。"

明·郭谏臣《登报国寺毗卢阁》："万顷烟霞天外落，九重城阙望中分。"

明·李贽《赠利西泰》："回头十万里，举目九重城。"

明·邓林《送福建祝副使入觐》："九重城阙郁崔嵬，万国诸侯玉帛来。"

明·郑真《玉山李道会颜则求着福庆观记以黄谷二十六咏见示用韵以寄·其七》："上帝尊居深虎豹，青云高拥九重城。"

> **注**：此处指明朝京城南京。

清·何淡如《贺黄应尧中举联》："帖报九重城，字写泥金，不知风信何来，似比驿梅传更早；"

清·查慎行《冒雨至香山晚宿来青轩》："九重城阙微茫外，一气风云吐纳间。"

清·查慎行《初七日太和殿传胪恭纪》："九霄台阁九重城，胪唱亲听第四声。"

清·纳兰性德《景山》："削成千仞势，高出九重城。"

清末近代·吴研因《流离篇》："谁言九重城，便尔倒坤乾。"

> **注**：此处指清朝京城北京。

当代·张涤华《游仙诗二十首·其八》："九重城阙望中开，一昔惊闻玉柝催。"

当代·陈仁德《赴广东诗词学会二十周年庆典街头得句》："九重城阙生云气，一派波澜接海潮。"

> **注**：此处指北平。

当代·程滨《木兰花》："九重城外秋风满。"

> **注**：此处意指皇宫外的秋景。

第八节　伏　骥

一、典出

"伏骥"，典出宋玉《九辩》："骐骥伏匿而不见兮，凤凰高飞而不下。"

二、简释

诗句大意是：骏马啊应当向哪儿归依？凤凰啊应当在哪儿栖居？成语含义：比喻贤者隐居不仕。

三、变体（或不同典形）

老骥伏枥、骥伏盐车

四、历代引用与释义。

📚 **伏骥**

宋·李新《杂言二章送柳慎徽赴道州教授·其一》："黄阁有造父，伏骥起编栈。"

> **注**：此处用"伏骥"说明丞相府里有一位擅于驾驭马车的使者，隐居起来夜以继日地编织马栈。

宋·曾丰《长至寿广西提刑吴大卿》："十年伏骥起北漠，万里飞鸾度南湘。"

> **注**：此处用"伏骥"形容一个人为了完成艰巨的任务，忍受暂时的艰辛。

元·范梈《赠陈提举》："离鸿苦事风霜急，伏骥深心道路亲。"

> **注**：此处用"伏骥"表明作者隐居不仕，但仍心系亲友。

明·张萱《恩诏赐复冠带县大夫雨中携酒赐贺赋此呈谢·其六》："击壶歌伏骥，拔剑听鸣鸡。"

> **注**：此句用"伏骥"形容喝酒时敲打酒杯，借以抒发作者的壮怀或不平之情。

明·卢龙云《张廷尉以覃恩追赠其父如己官》："昔年空伏骥，岐路且亡羊。"

> **注**：此处用"伏骥"抒发作者因早年隐居不仕，步入歧途而一无成就的感慨。

明·张羽（凤举）《用韵答钱邑博孔易三首·其一》："才同伏骥堪先致，史继悲麟会晚修。"

> **注**：此处用"伏骥"表明作者对才华与隐居修行者不相上下的人的仰慕之情。

明·王汝玉《送人复任合浦县簿》："盐车非伏骥，篱枳暂栖鸾。"

> **注**：此处作者用"伏骥"来说明处境困厄之处不是贤者隐居修行之所。

明·李贤（原德）《和陶诗·其四·荣木》："世无伯乐，盐车伏骥。"

> **注**：此处用"伏骥"说明世上如果没有伯乐的话，有贤才者将会怀才不遇、处境困厄。

清·冒禹书《满江红》："老我岁华如伏骥，怜卿薄命同飘叶。"

> **注**：此处作者用"伏骥"自比，形容自己年事已高，如同常年隐居的人一样。

清·杜关《自寿诗十二首其九》："伏骥犹看芳草去，栖鸦不定故林飞。"

> **注**：此处用"伏骥"说明隐居不仕的人仍然有追求美好事物的向往。

清·金朝觐《和沈香馀原韵（名承瑞）》："谁怜伏骥堪长策，难薄雕虫是小才。"

> **注**：此处用"伏骥"表明作者认为谁都不会去怜悯那些因经受不住威势而常年隐居不仕的人。

清·黄人《莺啼序·仍和梦窗韵》："叹我亦、青袍如草，饱受风霜，伏骥空悲，听鸡慵舞。"

> **注**：此处用来形容隐居不仕的人凄凉悲伤的心情。

清末近代·刘永济《朝中措》："杜老曾经伏骥，苏仙向此蟠龙。"

> **注**：此处用"伏骥"说明杜甫曾经隐居不仕。

📚 老骥伏枥

魏晋·曹操《龟虽寿》："老骥伏枥，志在千里；"

> **注**：此处用"老骥伏枥"来表达曹操虽然年老但仍雄心壮志驰骋于千里之外，奋发思进的心永不止息的志向。

宋·周孚《以老骥伏枥志在千里为韵作八小诗赠伯永·其二》："收驹汧渭间，谁识此老骥。伏枥我何伤，着鞭渠可畏。"

> **注**：以老骥伏枥志在千里勉励后生。

宋·强至《依韵答吴殿丞应之见寄》："老骥伏枥鸣，使看驽骀步。"

> **注**：此处用"老骥伏枥"表明作者曹操老当益壮、锐意进取的精神面貌。

宋·赵蕃《归计未成不胜家山之思用元明山谷唱酬韵寄成父》："老骥伏枥志千里，壮士悲歌泣数行。"

> 注：此处用"老骥伏枥"抒发要有永不停止的理想追求和积极进取的精神。

宋·饶节《上范谦叔左丞求退》："老骥伏枥志千里，烈士暮年心不已。"

> 注：此处表明即使到了老年，奋发进取的雄心依旧不能止息。表达了乐观奋发，自强不息，积极向上的思想感情。

宋·苏辙《明日安厚卿强几圣复召饮醉次前韵》："长鲸渴水求入海，老骥伏枥思就车。"

> 注：这里用"老骥伏枥"表明自己虽年老但仍有雄心壮志，渴望建功立业、受到朝廷重用。

宋·陆游《闻虏乱有感》："羞为老骥伏枥悲，宁作枯鱼过河泣。"

> 注：此句用"老骥伏枥"表明作者为那些对年老仍有雄心壮志感到羞愧的人感到悲哀，只愿誓死进击，不顾及失败，以此来报效祖国。

元·岑安卿《出门偶赋》："老骥伏枥风萧萧，饥鹰侧目看青霄。"

> 注：此句用"老骥伏枥"表示作者虽年老但仍矢志不渝，即使秋风萧瑟、风烛残年之际仍苦读诗书。

明·庞嵩《贺朱碧山赞画成罗旁功》："老骥伏枥志千里，况在青春鬓未斑。"

> 注：用"老骥伏枥"来表明即使自己日后年老但雄心壮志仍会驰骋于千里之外，奋发思进的心永不止息，更何况现如今正青春年少。

明·韩上桂《送袁伯膺归会稽》："斗间紫气占非常，老骥伏枥转昂藏。"

> 注：此句用"老骥伏枥"描写那些年老但仍有雄心壮志的人仪表雄伟、器宇不凡的样子。

明·凌云翰《画马为顾彦明赋》："老骥伏枥志千里，烈士松心同不已。"

> 注：此处表明即使到了老年，奋发进取的雄心依旧不能止息。表达了乐观奋发、自强不息、积极向上的思想感情。

明·王佐（汝学）《老骥行》："老骥伏枥官厩里，八尺身长老龙体。"

> 注：此处用"老骥伏枥"表达作者老当益壮、锐意进取的精神面貌。

明·郑善夫《长歌行》："老骥伏枥志千里，绨袍百结吾不耻。"

> 注：此处用"老骥伏枥"表示作者虽年老但矢志不渝，即使年老体衰、衣服破烂不堪也不感到耻辱。

明·杨慎《射虎图为箬溪都宪题》："老骥伏枥悲鸣苦，壮士哀歌泪如雨。"

> 注：此处用"老骥伏枥"抒发要有永不停止的理想追求和积极进取精神。

明·胡直《使君行送别》："不见老骥伏枥思千里，不闻烈士暮年心未已。"

> 注：此句意为到了老年，没有老当益壮、锐意进取的志向。此处抒发作者内心的唏嘘与无奈。

清·佚名《门联》："老骥伏枥；流莺比邻。"

> 注：因左邻为马房，右邻为妓馆，故有此联。

清·丘逢甲《放歌与陈伯贞》："南飞乌鹊栖无枝，老骥伏枥悲鸣时。"

> 注：此处用"老骥伏枥"描写作者年老但仍有一番雄心壮志，无奈报国无门、只能叹息不已悲愤痛哭。

清·徐时栋《全侍御画马行》："铜马不出泥马徂，老骥伏枥哀龙驹。"

> **注**：此处用"老骥伏枥"来表明自己年老但仍有雄心壮志，以此来哀悼那些英雄豪杰之士。

🔖 骥伏盐车

"骥伏盐车"指才华遭到抑制，处境困厄。

宋·吕本中《问晁伯宇疾·其二》："取骥伏盐车，更欲絷其足。"

> **注**：此处作者用"骥伏盐车"抒发其怀才不遇、处境困厄的思想感情。

宋·张耒《蹇驴》："骥伏盐车饥不行，疲牛与尔饱平生。"

> **注**：此处作者用"骥伏盐车"暗指自己抑郁不得志，处境艰难的情形。

宋·赵蕃《远斋和示疏字韵四诗复用韵并呈子肃·其一》："可使鸾凰栖枳棘，未应骐骥伏盐车。"

> **注**：此处借用"鸾凰栖枳"和"骥伏盐车"两个典故，引申为躁乱芜杂的环境不是图大计的场所，应当另寻他计。

宋·赵蕃《向监税以前韵见贻复用韵答之》："骐骥伏盐车，驽骀空满厩。"

> **注**：此句意为好马和劣马一同在马厩里生活劳作，借以抒发作者怀才不遇、壮志难酬的感伤。

宋·黄庭坚《次韵晁补之廖正一赠答诗》："骥伏盐车不称情，轻裘肥马凤凰城。"

> **注**：此句意为即使生活阔绰，穿着轻暖的皮袄，骑着肥壮的好马，但没有遇到能够赏识自己才华的人，内心依然不能称心如意。抒发了作者对知音难觅、怀才不遇的感慨。

明·屠应埈《高阳行赠范司成菁山》："先生岂是百里才，骥伏盐车垂两耳。"

> **注**：此句写作者对友人虽具有一定的才能，但始终怀才不遇的感慨。

清·赖绍尧《次韵答痴仙》："骐骥伏盐车，穷年困衔勒。"

> **注**：此处作者用"骐骥盐车"抒发自己才华遭到抑制，处境困厄的思想感情。

第九节　沉　寥

一、典出

"沉寥"，典出宋玉《九辩》："沉寥兮天高而气清。"

二、简释

"沉寥"亦作"沉漻"。王逸注："沉寥，旷荡空虚也。或曰，沉寥犹萧条。萧条，无云貌。"历代引用多用来表示清朗空旷的样子或天气，但因王逸注中有萧条含义，故注也可引申为指心情寂寞孤独。

三、历代引用与释义

📖 沉寥

南北朝·释惠令《和受戒诗》："沉寥秋气爽，摇落寒林疏。"

南北朝·江淹《学梁王兔园赋》："仰望沉寥兮数千尺。"

> **注**：此句意为秋空辽阔旷荡、空气清爽，秋日树叶寥落，林子也就空疏起来。诗句描述的是秋天的景象。

明·刘基《独冷先生传》："风萧萧兮吹我衣，高寥沉漻兮逝将安归。"

明末清初·钱谦益《后观棋绝句》："寂寞枯枰响沉漻，秦淮秋老咽寒潮。"

清·魏源《默觚上·学篇五》："圣人之睥天下，犹空谷之于万物也，沉寥之气满乎中而鞳鞳之声应乎外。"

明末清初·屈大均《赋得摇落深知宋玉悲·其三》："三闾尸谏因同姓，千载魂归为哲王。辛苦大夫歌九变，沉寥天气感潇湘。"

唐·陆龟蒙、皮日休《寒夜联句》:"我思方沉寥,君词复凄切。"

唐·韦庄《抚盈歌》:"銮舆去兮萧屑,七丝断兮沉寥。"

注:本句是形容心情寂寞孤独。

第十节　天高气清

一、典出

"天高气清"，典出宋玉《九辩》："沈寥兮天高而气清。"

二、简释

诗句大意是：天气清朗，天空空旷而又清凉。成语含义：形容天空高远，气候清爽。

三、变体（或不同典形）

天高气清、天高气爽、秋高气爽

四、历代引用与释义

📚 天高气清

唐·魏徵《郊庙歌辞·五郊乐章白帝商音》："白藏应节，天高气清。"

> **注**：此处指秋天天空高远，气候清朗、凉爽宜人。

唐·元稹《会真诗三十韵》："气清兰蕊馥，肤润玉肌丰。"

> **注**：此处描写美女的体貌形态，气息似花蕊一般清香，皮肤温润如玉。

唐·杜甫《夜》（一作《秋夜客舍》）："露下天高秋水清，空山独夜旅魂惊。"

> **注**：此处指夜露降下，秋空高远，江水澄清，作者深夜在

寂静的山林中感慨独在他乡的思乡之情。

宋·刘跂《夜坐示儿侄·其一》："露下天高秋气清，北书不到雁无情。"

> **注**：此处指在凉爽高旷的秋季，大雁南飞，作者表达对家乡的思念。

宋·李纲《秋雨初霁天高气清独游山间意欣然乐之因和渊明游斜川诗以纪其事》："雨馀秋气清，策杖成独游。"

> **注**：此处指秋雨过后山谷空旷清新，作者欣然独游于山间。

宋·王十朋《秋日山林即事次叔父宝印师韵·其一》："天高气清水碧色，明月相映光如琼。"

> **注**：此句是对秋季山林里的景色进行描写，山林空旷清新，溪水清澈碧绿。明月映照着幽静的山林，像玉石一样闪闪发光。

宋·程珌《寿皇子·其一》："秋分维何，天高气清。"

> **注**：此处为设问，"秋天是怎么样的呢？"答句是天空高远，气候清朗、凉爽宜人。

元·卢琦《存与堂》："天高海气清，地静山色蟠。"

> **注**：此句是对在莆阳东沙村隐居不仕的贤才居住环境的描写：处于深山之中，气候凉爽山路崎岖环绕。

元·宋褧《九日再会饮如舟亭分韵得异字约赋廿句》："天高气清莫菊节，攘袂奋发湖海士。"

> **注**：此处指重阳时分天空高远，气候清朗，作者与好友一同饮酒赋诗，其乐融融的样子。

元末明初·刘崧《游金精夜宿桃阁余与郑同夫张灯置酒且饮且吟命田仲颖书之余二人饮益豪吟益奇赵伯友从旁醉卧闻喧笑声忽跃起大呼好句好句仲颖亦时时瞌睡不应罗孟文从旁大笑不已道士姜近竹以继烛不给先退矣追明缀

之得五十韵》：“木落秋容净，天高旦气清。”

> **注**：此处指晚秋时节，草木凋零、景色萧条，但依然有天空高远、气候清爽的感觉。

明·郭奎《客枕》：“客枕睡不着，天高秋气清。”

> **注**：此处指作者在旅途中过夜无眠，看到窗外天空高远、空气清新的景象。

明·张岳《观瀑八景为孙性甫咏双泉》：“天高山气清，野静夕霏彻。”

> **注**：此处为作者在观瀑时对周边景色的描写，天空高远洁净、气候清爽宜人，田野静谧无声，只有那傍晚的雾霭在天边环绕。

明·郭玙娘《村居》：“萧萧芦荻烟云外，况值天高露气清。”

> **注**：此处为作者对村居外景色的描写，秋天露水降下、秋风清爽宜人，吹得芦荻萧萧作响。

明·何景明《平溪》：“徙倚平溪馆，天高秋气清。”

> **注**：此处为作者在平溪馆前徘徊时对景物的描写，天空高远，气候清朗宜人。

明·区越《中秋·其三》：“风定天高秋气清，天心月到十分明。”

> **注**：此处为作者在中秋佳节心境的描写，风来水面、月到天心，都有着清凉明净的意味，只有怀着微细的心情才能体会，一般人是无法知道的。

明·张憬《秋日宴海昌硖石东山》：“东山此日会儒英，霜落天高秋气清。”

> **注**：此句描写作者宴聚英才那日，霜水融落、秋高气爽。

明·薛瑄《荥阳咏古八首·其三》："日迥天高秋气清，登临怀古倍多情。"

> **注**：诗句描写的是秋高气爽时节，作者登临浏览古迹、思绪万千。

明·李攀龙《效阮公·其二》："日照月临，天高气清。"

> **注**：此处描写了天空高旷、日月同辉的景象。

明·陶安《赠李盘居》："有客骨气清，南来自仙都。……天高秋气肃，鸿雁来宾初。"

> **注**：此句记述在秋高气爽的季节，有一位仙风道骨的客人来到。

明·郭谏臣《九日江州诸公相约登高不果》："木落天高秋气清，黄花开满九江城。"

> **注**：此处描绘了秋天草木凋零、天空呈现空旷的样子，黄花在九江城内遍地开放。

明·刘基《短歌行》："凉风西来天气清，云飞水落山峥嵘。"

> **注**：此处指秋天来了，气候清爽宜人，远处高峻的山峰云雾缭绕、流水潺潺。

清·王均元《赋得月过楼台桂子清得清字》："月下楼台迥，氤氲一气清。"

> **注**：在月光照耀下，诗人登高望远，只见亭台楼阁处的流水烟云弥漫，朦朦胧胧。

清·李雍来《夕感》："河淡天高望雁迟，气清露重夜何其。"

> **注**：此处对秋天景色进行描绘：河水清澈洁净、大雁于空中盘旋，夜露降下，气候清爽宜人。

清·定源《焦山同王柳村先生哲嗣小村作》:"策杖登峰顶,天高秋气清。"

> **注**:此句描写秋高气爽时节作者拄杖攀登山峰。

清·张问陶《蟋蟀吟秋燕飞·其一·蟋蟀吟》(壬寅):"天高秋气清,尔胡多不平。"

> **注**:在这秋高气爽的时节,边境屡遭胡人侵犯。作者在此处表达了忧国忧民的思想感情。

清·罗润璋《延泉夜泊》:"露重天高霜气清,满江流水浩无声。"

> **注**:此处指秋天露水浓重、寒霜融化、气候清爽宜人,滔滔江水连绵不绝。

清·陈廷敬《自南村径石院抵九仙台》:"只今画者谁其匹,天高气清风寥栗。"

> **注**:此处指秋季天空空旷寂寥。

第二章 登徒子好色赋

《九辩·登徒子好色赋》简介

赋中写登徒子在楚王面前诋毁宋玉好色，宋玉则以东家邻女至美而其不动心为例说明他并不好色。又以登徒子妻奇丑无比，登徒子却和她生了五个孩子，反驳说登徒子才好色。其实，作者是根据《离骚》"众女嫉余之蛾眉兮，谣诼谓余以善淫"推而广之，指斥嫉贤妒能的谗巧小人。同时，借章华大夫的"'发乎情，止乎礼'来假以为辞，讽于淫也"（李善《文选》注），曲折地表达讽谏楚王之意。

此赋极尽刻画之能事，如："增之一分则太长，减之一分则太短；着粉则太白，施朱则太赤"，"眉如翠羽，肌如白雪，腰如束素，齿如含贝"。这种方法，继承了前人，如《诗经·卫风·硕人》："手如柔荑，肤如凝脂，领如蝤蛴，齿如瓠犀，螓首蛾眉"，只是此赋的描写更细腻更极尽刻画形容之能事。

《登徒子好色赋》问世以后，登徒子便成了好色之徒的代称。然而只要细读此文，就不难发现，登徒子既不追逐美女，又从不见异思迁，始终不嫌弃他那位容貌丑陋的妻子，这实在非常难得。登徒子在夫妻生活方面感情如此专一，绝非好色之徒所能办得到的，其实此赋中登徒子，说他是一个谗巧小人还可，说其好色，则有些令人啼笑皆非。

第一节　邻女窥墙

一、典出

"邻女窥墙"，典出宋玉《登徒子好色赋》：玉曰："天下之佳人莫若楚国，楚国之丽者莫若臣里，臣里之美者莫若臣东家之子。东家之子，增之一分则太长，减之一分则太短，着粉则太白，施朱则太赤。眉如翠羽，肌如白雪，腰如束素，齿如含贝。嫣然一笑，惑阳城，迷下蔡。然此女登墙窥臣三年，至今未许也。"

二、简释

原文大意是：宋玉对楚襄王说，天下的佳人没有比得过楚国的，而楚国的娇娘要数我家乡的最好，我家乡的美人之中最拔尖的，就是我东邻之女。这位姑娘，身材适度，不高不矮，肤色也天生好看，不用擦粉抹胭脂；眉毛、皮肤、腰身、牙齿，没有一处不美。她微微一笑的时候，那漂亮更是难以形容，阳城、下蔡二县那些花花公子见了，无不为之倾倒，为之迷乱！可是，就是这样一位绝世佳人，常常攀上墙头来偷看我（宋玉），已经整整三年，我也不为之动心。后遂以"邻女窥墙"的变体"三年窥墙、东墙窥宋、窥宋东墙、三年送目、窥宋、窥玉"等来写女子对男子的倾心爱慕，亦写对美好事物的渴求；以"东邻、东家、邻墙、宋玉东邻、宋玉邻、宋家邻、宋邻、宋玉墙"等来指称多情美人或写犹如多情美人一样的事物，亦用于指女子寄情之所；以"破阳城、迷下蔡、下蔡迷"等来写女子的艳丽迷人、事物的美不胜收。

三、变体（或不同典形）

楚女窥墙、东墙窥宋、东邻女、东家女、东墙女、东邻、东家、东墙、登墙、窥宋东墙、窥宋、窥玉、邻家女子、邻家小妇、邻墙、邻女、邻媛、宋玉东邻、宋玉东墙、宋玉邻、宋家邻、宋家东、宋玉墙、宋邻、宋墙、三年窥墙 、三年送目

四、历代引用与释义

📚 楚女窥墙

唐·李商隐《无题》："鸿雁高天凤玉迎，峡云巫雨伴君行。笙歌一路蓬莱去，楚女窥墙欲煽情。"

元·李裕《次宋编修显夫南陌诗四十韵》："凄迷千日酒，惆怅五云轩。楚女窥墙日，文园病渴年。"

📚 东墙窥宋

元·姚燧《新水令·冬怨》："悔当日东墙窥宋，有心教夫婿乘龙。见如今天寒地冻，知他共何人陪奉。"

📚 东邻女

唐·薛逢《追昔行》："曾窥帝里东邻女，自比桃花镜中许。一朝嫁得征戍儿，荷戈千里防秋去。"

唐·鲍溶《东邻女》："双飞鹧鸪春影斜，美人盘金衣上花。身为父母几时客，一生知向何人家。"

宋·刘克庄《广游女》："振笛深宫侧，夫人若罔知。可怜东邻女，三载隔墙窥。"

宋·杨无咎《夜行船》："夹岸绮罗欢聚。看喧喧、彩舟来去。晴放湖光，雨添山色，谁识总相宜处。输与骚人知胜趣。醉临流、戏评坡句。若把西湖比西子，这东湖、似东邻女。"

宋·李弥逊《十样花》："繁杏枝头春聚。艳态最娇娆，堪比并，东邻女。红梅何足数。陌上风光浓处。日暖山樱红露。"

宋·赵长卿《探春令》:"疏篱横出,绿枝斜露,笑盈盈地。悄一似、初睹东邻女,有无限、风流意。"

宋·邵博《题司马相如琴台》:"手弹南风琴,心调东邻女。杂身慷保中,初不忌笑侮。"

宋·汪晫《贺新郎》:"待草万言书上阙,似忧端、倚柱东邻女。卿相事,未易许。渔歌且和芙蓉渚。又何须、淫辞媟语,诃风诋雨。"

宋·苏轼《被酒独行遍至子云威徽先觉四黎之舍三首》:"符老风情奈老何,朱颜减尽鬓丝多,投梭每困东邻女,换扇惟逢春梦婆。"

宋·苏轼《台头寺送宋希元》:"三年不顾东邻女,二顷方求负郭田。"

宋·翁森《采桑》:"采桑子,采桑子,朝去采桑日已曙,暮去采桑云欲雨。桑叶郁茂寒露眉,桑枝屈曲勾破衣。大妇年年忧蚕饥,小妇忙忙催叶归。东邻女,对西邻。道蚕眠起较迟早,已觉官吏促早缫。新丝二月已卖了,卖了新丝更栽桑。"

宋·陆游《戏赠》:"帘幕阴阴昼漏迟,鹅黄雪白络新丝。只应笑杀东邻女,不见秋千到拆时。"

📚 东家女（子、处子）

唐·李群玉《戏赠魏十四》:"兰浦秋来烟雨深,几多情思在琴心。知君调得东家子,早晚和鸣入锦衾。"

唐·梁锽《观王美人海图障子》:"宋玉东家女,常怀物外多。自从图渤海,谁为觅湘娥。白鹭栖脂粉,颒鲂跃绮罗。仍怜转娇眼,别恨一横波。"

清·林学衡《艳体·其一》:"东家处子三年怨,南国佳人绝代容。"

📚 东墙女

元·李致远《南吕·一枝花·孤闷》:"东墙女空窥宋玉,西厢月却就崔姝。"

📚 东邻

汉·司马相如《美人赋》:"臣之东邻,有一女子,云发丰艳,蛾眉皓齿,颜盛色茂,景曜光起。恒翘翘而西顾,欲留臣而共止。登垣而望臣,三年于兹矣,臣弃而不许。"

南北朝·徐陵《玉台新咏·序》："至如东邻巧笑，来侍寝于更衣；西子微矉，得横陈于甲帐。"

唐·沈佺期《夜游》："南陌青丝骑，东邻红粉妆。管弦遥辨曲，罗绮暗闻香。人拥行歌路，车攒斗舞场。"

唐·骆宾王《咏美人在天津桥》："美女出东邻，容与上天津。整衣香满路，移步袜生尘。水下看妆影，眉头画月新。寄言曹子建，个是洛川神。"

唐·朱泽《嘲郭凝素》："三春桃李本无言，苦被残阳鸟雀喧。借问东邻效西子，何如郭素拟王轩。"

唐·李白《效古·其二》："自古有秀色，西施与东邻。蛾眉不可妒，况乃效其矉。"

唐·王琚《美女篇》："东邻美女实名倡，绝代容华无比方。浓纤得中非短长，红素天生谁饰妆。"

唐·施肩吾《春日钱塘杂兴·二首》："路逢邻妇遥相问，小小如今学养蚕。西邻年少问东邻，柳岸花堤几处新。"

唐·吴融《春晚书怀》："未达东邻还绝想，不劳南浦更销魂。晚来虽共残莺约，争奈风凄又雨昏。"

唐·陆长源《答东野夷门雪》："好丹与素道不同，失意得途事皆别。东邻少年乐未央，南客思归肠欲绝。千里长河冰复冰，云鸿冥冥楚山雪。"

唐·韦应物《逢杨开府》："少事武皇帝，无赖恃恩私。身作里中横，家藏亡命儿。朝持樗蒲局，暮窃东邻姬。司隶不敢捕，立在白玉墀。"

唐·白居易《感情》："中庭晒服玩，忽见故乡履。昔赠我者谁？东邻婵娟子。因思赠时语，特用结终始。永愿如履綦，双行复双止。"

唐·白居易《劝酒》："身年三十未入仕，仰望东邻安可期。一朝逸翮乘风势，金榜高张登上第。春闱未了冬登科，九万抟风谁与继。"

唐·白居易《招东邻》："小榼二升酒，新簟六尺床。能来夜话否，池畔欲秋凉。"

唐·佚名《杂曲歌辞·浣沙女》："南陌春风早，东邻去日斜。千花开瑞锦，香扑美人车。"

唐·司马扎《蚕女》："东邻女新嫁，照镜弄蛾眉。"

唐·刘绮庄《共佳人守岁》：“桂华穷北陆，荆艳作东邻。残妆欲送晓，薄衣已迎春。举袖争流雪，分歌竞绕尘。不应将共醉，年去远催人。”

唐·鱼玄机《光、威、哀姊妹三人少孤而始妍乃有是作》：“昔闻南国容华少，今日东邻姊妹三。妆阁相看鹦鹉赋，碧窗应绣凤凰衫。红芳满院参差折，绿醑盈杯次第衔。”

唐·刘禹锡《柳絮》：“飘飏南陌起东邻，漠漠蒙蒙暗度春。花巷暖随轻舞蝶，玉楼晴拂艳妆人。”

唐·刘禹锡《墙阴歌》：“白日左右浮天潢，朝晡影入东西墙。昔为儿童在阴戏，当时意小觉日长。东邻侯家吹笙簧，随阴促促移象床。”

唐·王濯《清明日赐百僚新火》：“谁怜一寒士，犹望照东邻。”

唐·韩浚《清明日赐百僚新火》：“应怜萤聚夜，瞻望及东邻。”

唐·段成式《戏高侍御七首》：“花恨红腰柳妒眉，东邻墙短不曾窥。”

唐·万楚《杂曲歌辞·茱萸女》：“山阴柳家女，九日采茱萸。复得东邻伴，双为陌上姝。”

唐·宋济《东邻美人歌》：“花暖江城斜日阴，莺啼绣户晓云深。春风不道珠帘隔，传得歌声与客心。”

唐·杜牧《偶作》：“才子风流咏晓霞，倚楼吟住日初斜。惊杀东邻绣床女，错将黄晕压檀花。”

唐·郑谷《贫女吟》：“尘压鸳鸯废锦机，满头空插丽春枝。东邻舞妓多金翠，笑剪灯花学画眉。”

唐·韩偓《无题》：“乐府降清唱，宫厨减食珍。防闲襟并敛，忍妒泪休匀。宿饮愁萦梦，春寒瘦着人。手持双豆蔻，的的为东邻。”

唐末宋初·徐铉《正初答钟郎中见招》：“高斋迟景雪初晴，风拂乔枝待早莺。南省郎官名籍籍，东邻妓女字英英。流年倏忽成陈事，春物依稀有旧情。新岁相思自过访，不烦虚左远相迎。”

唐末五代·阎选《浣溪沙》：“寂寞流苏冷绣茵，倚屏山枕惹香尘，小庭花露泣浓春。刘阮信非仙洞客，嫦娥终是月中人，此生无路访东邻。”

宋·欧阳修《渔家傲》：“东邻期约尝佳酝。漏短日长人乍困。裙腰减尽柔肌损。一撮眉尖千叠恨。慵整顿。黄梅雨细多闲闷。”

宋·向滈《虞美人》："酒阑攲枕新凉夜。断尽人肠也。西风吹起许多愁。不道沈腰潘鬓、不禁秋。　　如今病也无人管。真个难消遣。东邻一笑直千金。争奈茂陵情分、在文君。"

宋·王之望《减字木兰花·代人戏赠》："珠帘乍见。云雨无踪空有怨。锦字新词。青鸟衔来恼暗期。　　桃溪得路。直到仙家留客处。今日东邻。远忆当年窥宋人。"

宋·刘将孙《摸鱼儿·用前韵调敬德》："留春住，买得绿波南浦。黄金□散如土。蔷薇洞口三生路，无奈春光顿阻。新□绪，也待见东邻，花艳墙低处。东风看取。便娇送飞梭，半摧编贝，笑咏尚高古。"

宋·晏殊《破阵子·春景》："巧笑东邻女伴，采桑径里逢迎。疑怪昨宵春梦好，原是今斗草赢。"

> **注**：以"东邻"和"斗草"写实，活泼天真、纯洁无瑕的少女形象跃然纸上。

宋·秦观《南乡子》："妙手写徽真，水翦双眸点绛唇，疑是昔年窥宋玉。东邻，只露墙头一半身。　　往事已酸辛，谁记当年翠黛颦，尽道有些堪恨处。无情，任是无情也动人。"

> **注**：秦观此词用宋玉自喻，以东邻喻恋人，追述当年的情爱，将宋玉与东邻的故事随意引申。[①]

宋·黄庭坚《绣带子/好女儿》："小院一枝梅。冲破晓寒开。晚到芳园游戏，满袖带香回。玉酒覆银杯。尽醉去、犹待重来。东邻何事，惊吹怨笛，雪片成堆。"

宋·李石《雨中花慢》："最好是、四娘桃李，约近东邻。别后使君须鬓，十分白了三分。是人笑道，醉中文字，更要红裙。"

宋·王之道《朝欢》："前村昨夜访梅花，东邻休更夸容色。清欢那易得。明朝乌鹊升南极。带随车、黄垆咫尺，莫作山河隔。"

宋·向子諲《浣溪沙》："冰雪肌肤不受尘。脸桃眉柳暖生春。手搓梅子

---

① 刘刚：《论五代两宋艳词》，《鞍山师院学报》2009 年第 5 期，第 27 页。

笑迎人。欲语又休无限思，暂来还去不胜颦。梦随蝴蝶过东邻。"

宋·陈师道《南乡子》："风絮落东邻。点缀繁枝旋化尘。关锁玉楼巢燕子，冥冥。桃李摧残不见春。　　流转到如今。翡翠生儿翠作衿。花样腰身官样立，婷婷。困倚阑干一欠伸。"

宋·侯寘《瑞鹤仙》："□莺喧燕宿。似东邻北里，都无贞淑。高情恨蹙。欢何时、重见桂菊。又谁知、天上黄姑，扫尽晚春馀俗。"

宋·刘克庄《满江红》："叹出群风韵，背时装束，竞爱东邻姬傅粉，谁怜空谷人如玉。笑林逋、何逊漫为诗，无人读。"

宋·刘克庄《满江红》："体质翻嫌西子白，浓妆却笑东邻赤。尽重重、帘幕不能遮，香消息。寒日短，霜飞急。未摇落，须怜惜。"

宋·魏了翁《满江红》："彼美人兮，不肯为、时人妆束。空自爱、北窗睡美，东邻醅熟。不道有人成离索，直教无计分膏馥。望鹤飞、不到暮云高，阑干曲。驹在谷，人金玉。"

宋·苏轼《蝶恋花》："别酒劝君君一醉，清润潘郎，又是何郎婿。记取钗头新利市。莫将分付东邻子。回首长安佳丽地，三十年前，我是风流帅。"

宋·贺铸《邻妙／玉楼春》："张灯结绮笼驰道。六六洞天连夜到。韶华吹断紫云回，怊怅人间新梦觉。倾城犹记东邻妙。尊酒相逢留一笑。"

宋·贺铸《群玉轩》："□□□复旧东邻，风月夜，怜取眼前人。"

宋·吴文英《西江月》："枝袅一痕雪在，叶藏几豆春浓。玉奴最晚嫁东风。来结梨花幽梦。香力添熏罗被，瘦肌犹怯冰绡。绿阴青子老溪桥。羞见东邻娇小。"

宋·吴文英《倦寻芳》："念窈窕、东邻深巷，灯外歌沈，月上花浅。梦雨离云，点点漏壶清怨。珠络香销空念往，纱窗人老羞相见。"

宋·吴文英《三姝媚·过都城旧居有感》："紫曲门荒，沿败井、风摇青蔓。对语东邻，犹是曾巢，谢堂双燕。"

宋·张炎《声声慢》："烟堤小舫，雨屋深灯，春衫惯染京尘。舞柳歌桃，心事暗恼东邻。浑疑夜窗梦蝶，到如今、犹宿花阴。待唤起，甚江蓠摇落，化作秋声。"

宋·张炎《石州慢》："依约镜中春，又无端轻别。痴绝。汉皋何处，解佩何人，底须情切。空引东邻，遗恨丁香空结。十年旧梦，谩馀恍惚云窗，可怜不是当时蝶。深夜醉醒来，好一庭风月。"

宋·张炎《烛影摇红》："想东邻、偷窥笑眼。欲寻无处，暗掐新声，银屏斜掩。一片云闲，那知顾曲周郎怨。看花犹自未分明，毕竟何时见。已信仙缘较浅。谩凝思、风帘倒卷。出门一笑，月落江横，数峰天远。"

宋·陆游《鹧鸪天》："梳发金盘剩一窝。画眉鸾镜晕双蛾。人间何处无春到，只有伊家独占多。微步处，奈娇何。春衫初换曲尘罗。东邻斗草归来晚，忘却新传子夜歌。"

宋·李处全《菩萨蛮》："杜鹃只管催归去。知渠教我归何处。故国泪生痕。那堪枕上闻。严装吾已具。泛宅吴中路。弭棹唤东邻。江东日暮云。"

金·李俊民《集古戏书》："春风何处有佳期，花满西园月满池。料得也应怜宋玉，东邻墙短不曾窥。"

元·邵亨贞《浣溪沙·折花士女图》："折得幽花见似人。沉吟无语不胜春。采香径里袜生尘。浓绿正迷湘北渚，软红不入宋东邻。一春幽恨几回新。"

元·邵亨贞《西河·一春索居味殊恶》："如今巷陌踏青时，故人去杳。杏花不在宋东邻，苔墙犹自围绕。凤鞋次第又斗草。暗凄凉、前度怀抱。病后不禁愁恼。怕西园、路湿残红如埽。空忆花前纤腰袅。"

元·元好问《江梅引》："墙头红杏粉光匀。宋东邻。见郎频。肠断城南，消息未全真。拾得杨花双泪落，江水阔，年年燕语新。"

元·元好问《鹧鸪天·中秋雨夕，同钦叔饮乐府宋宜家》："着意朝云复暮云。良宵留住宋东邻。玄霜玉杵期无定，高烛明妆赏更新。团扇曲，画梁尘。万家秋气一家春。月光不照金尊里，只为夭绕醉得。"

元·白朴《木兰花慢》："展春风图画，恍人世、有神仙。爱手捻荼蘼，香间韵远，广袖垂肩。东邻几番亲见，意丹青、无地着婵娟。"

明·徐渭《握锥郎》："东墙桃花各有主，肯使西家共个春。楚国才芳无宋玉，东邻如花女独宿。"

清·龚自珍《逆旅》："名场阅历莽无涯，心史纵横自一家。秋气不惊堂内燕，夕阳还恋路旁鸦。东邻耄老难为妾，古木根深不似花。何日冥鸿踪迹遂，美人经卷葬年华。"

五、附注

学者景凯旋①认为唐诗人抒发艳情,常以宋玉典故"东邻"喻美女歌伎,此类诗篇,就其意指大抵又有三种情形。

（一）用"东邻"典,明言是写歌伎的。伎者,妓也。唐代指歌舞女艺人时,二字往往通用。如沈佺期《夜游》："南陌青丝骑,东邻红粉妆。管弦遥辩曲,罗绮暗闻香。"王琚《美女篇》："东邻美女实名倡,绝代容华无比方。浓纤得中非短长,红素天生谁饰妆。"李白《白纻辞》："扬清歌,发皓齿,北方佳人东邻子。"宋济《东邻美人歌》："花暖江城斜日阴,莺啼绣户晓云深。春风不道珠帘隔,传得歌声与客心。"李贺《箜篌引》："北里有贤兄,东邻有小姑。"郑谷《贫女吟》："尘压鸳鸯废锦机,满头空插丽春枝。东邻舞妓多金翠,笑剪灯花学画眉。"以上诗或称"倡妓",或咏乐舞,显然是写歌妓。又如,白居易《劝酒》："东邻高楼色未改,主人云亡息犹在。金玉车马一不存,朱门更有何人待。"徐夤《尚书筵中咏红手帕》："鹤绫三尺晓霞浓,送与东家二八容。罗带绣裙轻好系,藕丝红缕细初缝。"徐铉《正初答钟朗中见招》："高斋迟景雪初晴,风拂乔枝待早莺。南省郎官名籍籍,东邻妓女字英英。"以上诗写宴饮之欢。唐代官妓发达,歌妓须应召赴宴,其身份虽低微,但在唐代士人的诗酒宴乐中,却是不可或缺的点缀。

歌妓如果属于官妓或营妓,按照唐制,她们除了应召为官吏提供乐舞外,还有侍寝的义务。如段成式《戏高侍御》："花恨红腮柳妒眉,东邻墙短不曾窥。犹怜最小分瓜日,奈许迎春得藕时。"李群玉《戏赠魏十四》："兰浦秋来烟雨深,几多情思在琴心。知君调得东家子,早晚和鸣入锦衾。"便写出了这一层关系。

（二）用"东邻"典,写歌妓而未明言的。如韦应物《逢杨开府》："朝持樗蒲局,暮窃东邻姬。司隶不敢捕,立在白玉墀。"刘禹锡《柳絮》："飘飏南阳起东邻,漠漠蒙蒙暗度春。花巷暖随轻舞蝶,玉楼晴拂艳妆人。"梁

① 景凯旋:《从元稹〈会真诗〉的用典看崔莺莺的身份》,《古典文学知识》2006年第2期,第38—42页。

锽《观王美人海图障子》："宋玉东家女，常怀物外多。自从图渤海，谁为觅湘娥。"鲍溶《东邻女》："双飞鹧鸪春影斜，美人盘金衣上花。身为父母几时客，一生知向何人家。"鱼玄机《光威哀姊妹三人少孤而始妍乃有是作》："昔闻南国容华少，今日东邻姊妹三。妆阁相看鹦鹉赋，碧窗应绣凤凰衫。"罗虬《比红儿诗之十六》："笔底如风思涌泉，赋中休谩说婵娟。红儿若在东家住，不得登墙尔许年。"这些诗虽未明言所咏女子的身份，但从诗人的身份，诗歌的内容，以及所咏女子的美艳才华看，诗句应当是咏歌妓的。比如，据罗虬诗序，诗中的红儿即为一官妓。

孙棨《北里志》载《题妓王福娘墙》："寒绣衣裳饷阿娇，新团香兽不禁烧。东邻起样裙腰阔，剩蹙黄金线几条。"刘兼《寄长安郑员外》："当初花下三秦客，只有天涯二老身。乘醉几同游北内，寻芳多共谒东邻。"这里的"东邻"一词已经成为以卖淫为生的女性的代名词。唐代士人生活放荡，或召妓宴乐，或冶游北里，于此可见一斑。北里即长安平康里，为唐时官妓与私妓聚居之地，贵族子弟、新进举子，往往狎游其间。

（三）用"东邻"典，但不能确定是写歌妓的。如骆宾王《咏美人在天津桥》："美女出东邻，容与上天津。整衣香满路，移步袜生尘。"白居易《感情》："中庭晒服玩，忽见故乡履。昔赠我者谁，东邻婵娟子。"施肩吾《春日钱塘杂兴》："西邻年少问东邻，柳岸花堤几处新。昨夜雨多春水阔，隔江桃叶唤何人。"杜牧《偶作》："才子风流咏晓霞，倚楼吟住日初斜。惊杀东邻绣床女，错将黄晕压檀花。"万楚《茱萸女》："山阴柳家女，九日采茱萸。复得东邻伴，双为陌上姝。"薛逢《追昔行》："青春枉向镜中老，白发虚从愁里生。曾窥帝里东邻女，自比桃花镜中许。"从这些诗歌的内容看，或是咏相识的女性，或是咏下层妇女，所以很难说"东邻"一词在这里是用典，还是仅仅为方位词。但有一点可以肯定，即诗中女性皆为平民女子。

📖 东墙

唐·黄滔《别友人》："莫恨东墙下，频伤命不通。苦心如有感，他日自推公。雨夜扁舟发，花时别酒空。越山烟翠在，终愧卧云翁。"

唐·徐寅《蕉叶》："绿绮新裁织女机，摆风摇日影离披。只因青帝行春罢，闲倚东墙卓翠旗。"

唐·权德舆《杂言和常州李员外副使春日戏题十首》："雨歇风轻一院香，红芳绿草接东墙。春衣试出当轩立，定被邻家暗断肠。"

唐·陈陶《竹十一首》："谁识雌雄九成律，子乔丹井在深涯。燕燕雏时紫米香，野溪羞色过东墙。"

唐·黄滔《投刑部裴郎中》："拜首敢将诚吐血，蜕形唯待诺如金。"

唐·李商隐《楚宫》："王昌且在东墙住，未越金堂得免嫌。"

宋·欧阳修《望江南 / 忆江南》："江南蝶，斜日一双双。身似何郎全傅粉，心如韩寿爱偷香。天赋与轻狂。　微雨后，薄翅腻烟光。才伴游蜂来小院，又随飞絮过东墙。长是为花忙。"

宋·李元膺《鹧鸪天》："寂寞秋千两绣旗。日长花影转阶迟。燕惊午梦周遮语，蝶困春游落拓飞。思往事，入颦眉。柳梢阴重又当时。薄情风絮难拘束，飞过东墙不肯归。"

宋·苏轼《定风波》："雨洗娟娟嫩叶光。风吹细细绿筠香。秀色乱侵书帙晚。帘卷。清阴微过酒尊凉。人画竹身肥拥肿。何用。先生落笔胜萧郎。记得小轩岑寂夜。廊下。月和疏影上东墙。"

宋·苏轼《减字木兰花》："回风落景。散乱东墙疏竹影。满坐清微。入袖寒泉不湿衣。梦回酒醒。百尺飞澜鸣碧井。雪洒冰麾。散落佳人白玉肌。"

宋·徐俯《虞美人》："梅花元自江南得。还醉江南客。雪中雨里为谁香。闻道数枝清笑、出东墙。多情宋玉还知否。梁苑无寻处。胭脂为萼玉为肌。却恨恼人桃杏、不同时。"

宋·徐俯《南歌子》："细蕊黄金嫩，繁花白雪香。共谁连璧向河阳。自是不须汤饼、试何郎。婀娜拢松髻，轻盈淡薄妆。莫令韩寿在伊傍。便逐游蜂惊蝶、过东墙。"

宋·王安中《小重山》："橡烛乘珠清漏长。醉痕衫袖湿，有馀香。红牙双捧旋排行。将歌处，相向更催妆。　明月映东墙。海棠花径密，进流光。迟留春笋缓催汤。兰堂静，人已候虚廊。"

宋·向子諲《南歌子》："梁苑千花乱，隋堤一水长。眼前风物总悲凉。何况眉头心上、不相忘。因梦聊携手，凭书续断肠。已惊蝴蝶过东墙。更被风吹鸿雁、不成行。"

宋·王灼《清平乐》："坠红飘絮。收拾春归去。长恨春归无觅处。心事顾谁分付。卢家小苑回塘。于飞多少鸳鸯。纵使东墙隔断，莫愁应念王昌。"

宋·赵长卿《念奴娇》："试问夜已何其，呼童起看，月上东墙未。"

宋·程垓《眼儿媚》："一枝烟雨瘦东墙。真个断人肠。不为天寒日暮，谁怜水远山长。"

宋·彭元逊《临江仙》："自结床头麈尾，角巾坐枕孤松。片云承日过山东。起听荷叶雨，行受芷花风。　　无客同羹莼菜，有人为剥莲蓬。东墙年少未从容。何因知我意，吹笛月明中。"

宋·吴礼之《蝶恋花》："满地落红初过雨。绿树成阴，紫燕风前舞。烟草低迷萦小路。昼长人静扃朱户。　　沈水香销新剪苎。敧枕朦胧，花底闻莺语。春梦又还随柳絮。等闲飞过东墙去。"

宋·刘辰翁《水龙吟》："何须银烛红妆，菜花总是曾留处。流觞事远，绕梁歌断，题红人去。绕蝶东墙，啼莺修竹，疏蝉高树。叹一春风雨，归来抱膝，怀往昔、自凄楚。　　遥望东门柳下，梦参差、欲归幽路。断红芳草，连空积水，凭高坠雾。水洗铜驼。"

宋·刘辰翁《祝英台近》："看师师、成蝶蝶。蹙尽不成叠。欲试搔头，花重怎堪捻。是谁抛过东墙，今无赤凤，梦得似、那人身捷。　　年时腊。曾笑梅梢和豆，去月忽如荚。便向龙门，无复钏金接。待教开到琼林，阆仙重见，又谁念、昆明前劫。"

宋·张炎《南乡子》："歌扇锦连枝。问着东风已不知。怪底楼前多种柳，相思。那叶浑如旧样眉。　　醉里眼都迷。遮莫东墙带笑窥。行到寻常游冶处，慵归。只道看花似向时。"

宋·张炎《渔家傲》："辛苦移家聊处静。扫除花径歌声趁。也学维摩闲示病。迂疏甚。松风两耳和衣枕。　　颇倦扶筇寻捷径。东墙蔼蔼红香盛。少待摇人波自定。蓬壶近。且呼白鹤招韩令。"

宋·黄庭坚《次韵韩川奉祠西太乙宫四首》："泰坛下瑞云黄，雨师洒道尘香。便面犹承坠露，金钲半吐东墙。"

宋·黄庭坚《重答》："莫怪东墙掷果频，沈郎眉宇正青春。自言多病腰围减，依旧琼林照映人。"

宋·敖陶孙《再次徐先辈二首》："每思辞北阙，真欲老东墙。"

宋·蔡襄《王台驿见晚李花有感》："玉京仙子爱春芳，弄遍琼枝嗅尽香。祇有此花知旧意，又随风色过东墙。"

宋·晁补之《喜文潜自淮南归招饮西冈呈坐客》："平时花发值此客，随分东墙有春色。"

金·李俊民《襄阳咏史·其八·宋玉宅》："离骚经里见文章，水绿山青是楚乡。往事一场巫峡梦，秋风摇落在东墙。"

宋·程公许《又省闱锁宿十月三日夜月独酌》："两月重来月又圆，寺钟惊梦五更残。此情谁遣啼雅觉，飞过东墙代诉寒。"

宋·范成大《淳熙五年四月二日，直宿玉堂，怀旧二绝句》："桂海冰天老岁华，直庐重上玉皇家。当年曾识青青鬓，惟有东墙一架花。"

宋·葛立方《题卧屏十八花·酴醾》："玉骨檀心不肯妆，牵丝引蔓过东墙。政须把酒酬清艳，莫待幽香閟枕囊。"

宋·李处权《温其示梅诗用韵为谢兼简士特》："可喜刘郎鬓未霜，能容宋玉近东墙。自知老眼无春事，谁意穷途得放光。前日桃园真有路，何时兰室可无香。便须一醉经千日，免和人间寸寸肠。"

宋·吕祖谦《游丝》："游丝浩荡醉春光，倚赖微风故故长。几度莺声留欲住，又随飞絮过东墙。"

宋·牟𪩘《次韵仲实秋夜》："犀首累佩印，陋矣不足论。老我罕出户，东墙甘曝暄。"

宋·毛滂《红梅》："何处曾临阿母池，浑将绛雪点寒枝。东墙羞颊逢谁笑，南国酡颜强自持。几过风霜仍好色，半呼桃杏听群儿。青春独养和症状味，不为黄蜂饱蜜脾。"

宋·张耒《晁二家有海棠去岁花开晁二呼杜卿家小娃歌舞》："颇疑蜂蝶过邻家，知是东墙去岁花。骏马无因迎小妾，鸱夷何用强随车。"

元·元好问《虞美人》："花心苦被春摇荡。粉艳娇相向。隔帘微雨送幽香。未羡寒梅，疏影月昏黄。芳温一念何时忘。笑了还惆怅。无端开近宋东墙。"

元·吴激《风流子·中州乐府以上赵万里辑本金吴激东山》："念兰楫嫩漪,向吴南浦,杏花微雨,窥宋东墙。"

元·王恽《木兰花慢·赋芙蓉杏花》："听夜来微雨,甚一霎,过东墙。爱活色生香,芙蓉标格,暖贮春光。"

元·吴澄《渡江云·揭浩齐送春》："问春春道何曾去,任蜂蝶、飞过东墙。君看取,年年潘令河阳。"

元·王实甫《西厢记》第三本《张君瑞害相思》第一折："使小生目视东墙,恨不得腋翅于妆台左右,患成思渴,垂命有日。"

元·姚遂《新水令·冬怨》："悔当日东墙窥宋,有心教夫婿乘龙。见如今天寒地冻,知他共何人陪奉。"

明·汤显祖《牡丹亭》第二出《言怀(三学士)》："无萤凿偏了邻家,甚东墙不许人窥。"

明·唐寅《花月吟效连珠体十一首·其二》："月转东墙花影重,花迎月魄若为容。多情月照花间露,解语花摇月下风。云破月窥花好处,夜深花睡月明中。人生几度花和月?月色花香处处同。"

清·纳兰性德《眼儿媚·咏梅》："莫把琼花比澹妆,谁似白霓裳。别样清幽,自然标格,莫近东墙。　　冰肌玉骨天分付,兼付与凄凉。可怜遥夜,冷烟和月,疏影横窗。"

近现代·陈寅恪《无题·咏张群内阁》："写尽相思千万纸,东墙消息费沉吟。"

🗎 登墙

唐·吴融《宋玉宅》："穿径早曾闻客住,登墙岂复见人窥。"

唐·罗虬《比红儿》："红儿若在东家住,不得登墙尔许年。"

唐·徐黄《和仆射二十四丈牡丹八韵》："羞杀登墙女,饶将解佩人。"

宋·真德秀《欧阳四门集》："自世之学者离道而为文,于是以文自命者知黼黻其言而不知金玉其行,工骚者有登墙之丑,能赋者有涤器之污。"

🗎 窥宋东墙

宋·谢懋《风入松》："老年长忆少年狂。宿粉栖香。自怜独得东君意,有三年、窥宋东墙。笑无落花红影，醉眠芳草斜阳。　　事随春梦去悠扬。休去思量。近来眼底无姚魏，有谁更、管领年芳。换得河阳衰鬓，一帘烟雨梅黄。"

📚 窥宋

唐·罗隐《粉》："郎若姓何应解傅，女能窥宋不劳施。"

唐·吴融《即席十韵》："住处方窥宋，平生未嫁卢。"

唐·李商隐《高花》："花将人共笑，篱外露繁枝。宋玉临江宅，墙低不碍窥。"

宋·柳永《玉蝴蝶》："忆情牵，粉墙曾恁，窥宋三年。"

宋·杨无咎《蓦山溪》："天姿雅素，不管群芳妒。微笑倚春风，似窥宋、墙头凝伫。一春花草，陡觉更无香，悬绣帐，结罗巾，谁更熏沈炷。"

宋·刘辰翁《酹江月／念奴娇》："岁寒相命，算人间、除了梅花无物。窥宋三年又不是，草草东邻凿壁。偃蹇风前，沉吟竹外，直待天骄雪。"

清·乾隆皇帝《老少年》："点缀山根与水涯，雁来时节发芳华。非英灼灼宁非卉，是叶飘飘都是花。十样锦铺胜西地，一竿竹倚出东家。傍人莫讶轻窥宋，还笑悲秋怆自嗟。"

> **注**：此花"窥宋"并非轻浮，而是"还笑"悲秋之宋玉未见秋季盛开如春花蓬勃的"老少年"。

清·纪昀《阅微草堂笔记·槐西杂志二》："一书生家有园亭，夜雨独坐。忽一女子搴帘入，自云家在墙外，窥宋已久，今冒雨相就。"

📚 邻女

唐·房玄龄《晋书·顾恺之传》："尝悦一邻女，挑之弗从，乃图其形于壁，以棘针钉其心，女遂患心痛。恺之因致其情，女从之，遂密去针而愈。"

唐·白居易《邻女》："娉婷十五胜天仙，白日姮娥早地莲。何处闲教鹦鹉语，碧纱窗下绣床前。"

> **注**：少女的天仙容貌以及窗下床前与鹦鹉相戏的娇憨悄态平和地托出，历历如在目前。

唐·白居易《寄皇甫七》："孟夏爱吾庐，陶潜语不虚。花樽飘落酒，风案展开书。邻女偷新果，家僮漉小鱼。不知皇甫七，池上兴何如？"

唐·白居易《偶吟》："里巷多通水，林园尽不扃。松身为外户，池面是中庭。元氏诗三峡，陈家酒一瓶。醉来狂发咏，邻女映篱听。"

唐·孙棨《题妓王福娘墙》："移壁回窗费几朝，指镮偷解博红椒。无端斗草输邻女，更被拈将玉步摇。"

唐·李涉《听邻女吟》："含情遥夜几人知，闲咏风流小谢诗。还似霓旌下烟露，月边吹落上清词。"

唐·鱼玄机《赠邻女》："羞日遮罗袖，愁春懒起妆。易求无价宝，难得有心郎。枕上潜垂泪，花间暗断肠。自能窥宋玉，何必恨王昌。"

> **注**：此诗写女子思春，诗中的宋玉是美男子的代称，将其与轻浮的"王昌"对举，赞赏宋玉守正的君子行为。

唐·李白《咏邻女东窗海石榴》："鲁女东窗下，海榴世所稀。珊瑚映绿水，未足比光辉。清香随风发，落日好鸟归。愿为东南枝，低举拂罗衣。无由一攀折，引领望金扉。"

唐·张潮《采莲词》："朝出沙头日正红，晚来云起半江中，赖逢邻女曾相识，并着连舟不畏风？"

> **注**：这首诗匠心独运，第三、四句转而写人，狂风袭来，小船摇摆不定，大有颠覆之势，危急时刻，幸遇相识的邻女，两舟并靠在一起，就不怕狂风恶浪了，塑造了一位有胆识的邻女形象。

宋·蒋捷《女冠子·元夕》："但梦里隐隐，钿车罗帕。吴笺银粉砑。待把旧家风景，写成闲话。笑绿鬟邻女，倚窗犹唱，夕阳西下。"

宋·陆游《春晚》："雨足人家插稻秧，蚕生邻女采桑黄。万花扫迹春将暮，百草吹香日正长。"

宋·刘克庄《莺粟》："初疑邻女施未染，又似宫嫔剪彩成。白白红红千万朵，不如雪外一枝横。"

宋·周濆《逢邻女》："日高邻女笑相逢，慢束罗裙半露胸。莫向秋池照绿水，参差羞杀白芙蓉。"

宋·吴泳《寿梁漕》："王母之桃庄生椿，宁如洙泗一字仁。原言福星当紫宸，光照邻女长无贫。"

宋·杨适《梅》："冷冷疏疏雪里春，不轻吹笛付伶伦。出墙幽独窥邻女，临水横斜览镜人。"

宋·杨冠卿《公无渡河》："曲终哀怨写筌篌，邻女为君双堕泪。"

宋·袁燮《林寺丞许惠桂花》："虽复施朱未嫌赤，定知邻女难同班。"

明·黄尚质《采茶女》："结束乌椎髻，携筐去采茶。归逢邻女笑，也插杜鹃花。"

> **注**：质朴无华、清新明丽、生动活泼的采茶女，跃然纸上。

《聊斋志异》中的邻女：

> 邻女少妇，争承迎之。母择吉为之合卺，而终恐为鬼物，窃于日中窥之，形影殊无少异。
>
> ——《婴宁》
>
> 会女郎过，少年目送之，问为谁，对以"邻女"。少年曰："艳丽如此，神情何可畏？"
>
> ——《侠女》
>
> 广平冯翁有一子，字相如，父子俱诸生。翁年近六旬，性方鲠，而家屡空。数年间，媪与子妇又相继逝，井臼自操之。一夜，相如坐月下，忽见东邻女自墙上来窥。视之，美；近之，微笑；招以手，不来亦不去。固请之，乃梯而过，遂共寝处。问其姓名，曰："妾邻女红玉也。"生大爱悦，与订永好，女诺之。夜夜往来，约半年许。……女曰："实告君，昔言邻女者，妄也，妾实狐。适宵行，见儿啼谷中，抱养于秦。闻大难既息，故携来与君团聚耳。"

——《红玉》

又数日，西巷中吕媪来，谓母曰："邻女董蕙芳，孤而无依，自愿为贤郎妇，胡勿纳？"母以所疑为逃亡具白之。吕曰："乌有是？如有乖谬，咎在老身。"天明出门，则茅庐依旧。母子共奇之。媪诣吕所，将迹所由。入门，先谢其媒合之德，吕讶云："久不拜访，何邻女之曾托乎？"

——《蕙芳》

女低吟曰："闲阶桃花取次开，昨日踏青小约未应乖。付嘱东邻女伴少待莫相催，着得凤头鞋子即当来。"

——《阿英》

适芳云姊妹赴邻女之约，王得间，急引明，绸缪备至。当晚，觉小腹微痛，痛已而前阴尽肿。

——《仙人岛》

一夕夫妻款洽，仲戏问："阴世有佳人否？"女思良久，答曰："未见。惟邻女葳灵仙，群以为美；顾貌亦犹人，要善修饰耳。与妾往还最久，心中窃鄙其激荡也。如欲见之，顷刻可致。但此等人，未可招惹。"

——《湘裙》

若毛大者：刁猾无籍，市井凶徒。被邻女之投梭，滢心不死；伺狂童之入巷，贼智忽生。

——《胭脂》

妾家不远，近在西邻。

——《林四娘》

📚 邻媛

宋·杨忆《宋玉》："兰台清吹拂冠緌，薜草新居对渺弥。丽赋朝云无处所，羁怀秋气动赍咨。三年送目愁邻媛，七泽迷魂怨楚辞。独有江南哀句在，更传余恨到黄旗。"

◈ 邻家小妇

宋·苏辙《次韵秦观梅花》："未开素质夜先明，半落清香春更好。邻家小妇学闲媚，靓妆惟有长眉扫。孤芳已与飞霰竞，结子仍先百花老。苦遭横笛乳飞英，不见游人醉芳草。可怜物性空自知，羞作繁华助芒昊。"

◈ 邻家女子

宋·赵旭《鹧鸪天》："黄草遮寒最不宜。况兼久敝色如灰。肩穿袖破花成缕、可奈金风早晚吹。　才挂体，泪沾衣。出门羞见旧相知。邻家女子低声问，觅与奴糊隔帛儿。"

明·冯梦龙《二刻拍案惊奇》："心下思量道：不知邻家有这等美貌女子！"

◈ 邻家诸女

清·俞达《青楼梦·第十四回》："邻家少妇斗新妆，粉晕红腮语吐芳。欢及邻家诸女伴，隔溪解唱采菱歌。"

◈ 邻家有女

近代·苏曼殊《断鸿零雁记》："静坐窗间，读《唐五代词》，适邻家有女，亦于斯时当窗刺绣。"

◈ 宋玉东邻

宋·姜特立《朝中措》："十分天赋好精神。宫样小腰身，迷却阳城下蔡，未饶宋玉东邻。　不堪回首，高堂去梦，楚峡归云。从此好寻夫婿，有书频寄鸿鳞。"

宋·史远道《独脚令》："墙头梅蕊一枝新。宋玉东邻算未真。折与冰姿绰约人。怯霜晨。桃李纷纷不当春。"

宋·晁端礼《清平乐》："琐窗朱户。曾是娇眠处。只有余香留得住。满地花钿翠羽。　三年宋玉东邻。断肠月夕烟春。看取画屏深处，题诗欲付何人。"

明·汤显祖《牡丹亭》第二十八出《幽媾·红衲袄》："若问俺妆台何处也，则刚刚在宋玉东邻第几家。"

明·韩上桂《当筵曲·其一》："思王南渚怨曾缄，宋玉东邻望欲馋。锦带乍披藏密结，罗襦初卸表春衫。　贪看宝镜鸾雏舞，喜听雕梁燕子喃。银箭暗将元魄去，画楼翻见赤轮衔。"

明·杨慎《浣溪沙·其一》："宋玉东邻芳草软，江淹南浦落花干。抱云勾雪近灯看。"

清·顾贞观《一剪梅》："一道银墙界粉真。宋玉东邻，阮籍西邻。好花如雾看难亲，镜里分身，画里全身。　收拾风光卧锦茵。病渴前春，病酒今春。剧怜莺语太殷勤，昨日归人，明日离人。"

明末清初·李雯《临江仙·柬友》："不觉新愁催彩燕，难忘宋玉东邻。梅花已梦晓云深。借君玉指上，弹出凤求音。"

📚 宋玉东墙

明·王骥德《男王后·第二折·上小楼》："念臣妾萍踪流浪，谢圣主恩波浩荡，却将个宋玉东墙，错猜做神女高唐，生扭做飞燕昭阳，恰正好入洞房。唤女郎，妇随夫唱，则愿得待欢娱万年无恙。"

明·佩蘅子《吴江雪·第一回》："男无宋玉东墙之事，女绝司马琴心之托，便是家门之幸、父母之乐。"

📚 宋玉东家

唐·王硕《和三乡诗》："莫教才子偏惆怅，宋玉东家是旧邻。"

唐·梁锽《观王美人海图障子》："宋玉东家女，常怀物外多。"

📚 宋玉窥墙

清·李渔《蜃中楼·双订》："我前日在书本上面看见那潘安掷果，宋玉窥墙的故事，甚是疑心，难道人间世上，就有这样标致男子。"

📚 宋玉墙

唐·霍总《关山月》："珠珑翡翠床，白皙侍中郎。五日来花下，双童问道傍。到门车马狭，连夜管弦长。每笑东家子，窥他宋玉墙。"

唐·罗隐《桃花》："暖触衣襟漠漠香，间梅遮柳不胜芳。数枝艳拂文君酒，半里红欹宋玉墙。尽日无人疑怅望，有时经雨乍凄凉。旧山山下还如此，回首东风一断肠。"

唐·唐彦谦《离鸾》："闻道离鸾思故乡，也知情愿嫁王昌。尘埃一别杨朱路，风月三年宋玉墙。下疾不成双点泪，断多难到九回肠。庭前佳树名栀子，试结同心寄谢娘。"

宋·晏几道《清平乐》："莺来燕去。宋玉墙东路。草草幽欢能几度。便有系人心处。　碧天秋月无端。别来长照关山。一点恹恹谁会，依前凭暖阑干。"

> **注**：晏几道之词以婉约闻名，前阕忆昔日幽欢，后阕抒别后思念，淡语浓情，意切绵远。需要注意的是，"宋玉墙东路"在词中被写成了"幽欢"之地，这与《登徒子好色赋》所记本事风马牛不相及。

宋·黄庭坚《西江月》："宋玉短墙东畔，桃源落日西斜。浓妆下绣帘遮，鼓笛相催清夜。"

> **注**：黄庭坚此词所写是一位姣好可爱的舞女，所引宋玉事不过是衬托舞女的场景，但"宋玉短墙东畔"的用典也不是闲笔，有"登墙窥臣"暗送秋波之意，用典尚遵循本事本义，略有引申，宋玉本事是"至今未许"，而词中墙东之人是"娇学男儿拜谢"，让人不禁联想，宋玉或许与东邻女子也有人所未知的风流韵事。

宋·向子諲《浣溪沙》："绿绕红围宋玉墙。幽兰林下正芬芳。桃花气暖玉生香。　谁道广平心似铁，艳妆高韵两难忘。苏州老矣不能狂。"

> **注**：此词描述的是友人聚会，从"谁道广平心似铁，艳妆高韵两难忘，苏州老矣不能狂"三句看，此次相聚当有女子佐酒，古人称之为狎妓，因此，"绿绕红围宋玉墙"的所指极有可能是歌馆舞榭一类的场所。

宋·赵令畤《蝶恋花·商调第一》："丽质仙娥生月殿。谪向人间，未免凡情乱。宋玉墙东流美盼。乱花深处曾相见。　　密意浓欢方有便。不奈浮名，旋遣轻分散。最恨多才情太薄。等闲不念离人怨。"

宋·晁补之《青玉案》："三年宋玉墙东畔。怪相见、常低面。一曲文君芳心乱。"

宋·周邦彦《蝶恋花》："美盼低迷情宛转。爱雨怜云，渐觉宽金钏。桃李香苞秋不展。深心黯黯谁能见。　　宋玉墙高才一觑。絮乱丝繁，苦隔春风面。歌板未终风色便。梦为蝴蝶留芳甸。"

宋·向子諲《减字木兰花》："腊前雪里。几处梅梢初破蕊。年后江边。是处花开晚更妍。绝知春意。不耐愁何心与醉。更有难忘。宋玉墙头婉婉香。"

宋·杨泽民《花犯》："百花中，夭桃秀色，堪餐作珍味。武陵溪上，□宋玉墙头，全胜姝丽。去年此日佳人倚。凝情心暗喜。恨未得、合欢鸳帐，归来犹半被。"

宋·敖陶孙《再次徐先辈二首》："谁窥扬雄宅，谁窥宋玉墙。乡英殊磊磊，俗物自茫茫。被厉三精剑，宁神百蕴香。"

宋·胡寅《和用明梅十三绝》："的皪轻临宋玉墙，世间颜色尽凡妆。病夫欲作天花观，无奈时时得暗香。"

宋·宋祁《秋园见蝶》："扑粉曾过宋玉墙，一身生计托流芳。不须长结东风怨，秋菊春兰各有香。"

宋·赵世昌《落花》："绿珠楼下堪惆怅，宋玉墙头又别离。"

📖 宋家东

南北朝·简文帝《和湘东王名士悦倾城》："虽居李城北，住在宋家东。"

> **注**：诗中的"李城北"当指邯郸、中山一带，此地秦汉以来倡优群集，歌舞曼妙。梁简文帝写此诗，以"虽居李城北"咏歌妓身份，以"住在宋家东"咏歌妓与名士的关系，正与其诗歌的题目相符。
>
> 梁简文帝诗外，以"宋家东""东邻"喻美女的尚有几篇，如徐陵《玉台新咏·序》："至如东邻巧笑，来侍寝于更衣；西

子微蹇，得横陈于甲帐。"卷七丘巨源《听邻妓》："贵里临倡
馆，东邻鼓吹台。"卷八刘缓《敬酬刘长史咏名士悦倾城》："经
共陈王戏，曾与宋家邻。"值得注意的是，这些诗文用典延续了
宋玉赋中"东家之子"的含义，但其身份已有所变化，由邻女
变为倡伎的代称。

唐·元稹《春词·其一》："春来频到宋家东，垂袖开怀待好风。莺藏柳
暗无人语，惟有墙花满树红。"

唐·元稹《会真诗三十韵》："因游李城北，偶向宋家东。"

五代·冯延巳《舞春风》："严妆才罢怨春风，粉墙画壁宋家东。"

唐·崔涯《杂嘲》："二年不到宋家东，阿母深居僻巷中。含泪向人羞不
语，琵琶弦断倚屏风。"

> **注**：唐人诗中，"宋家东"一词基本上是袭用梁简文帝的喻
> 义，主要代称活跃在歌馆酒楼的歌妓类女子。

📖 宋玉邻

唐·徐夤《忆牡丹》："宋玉邻边腮正嫩，文君机上锦初裁。"

📖 宋家邻

唐·方干《赠美人四首》："昔岁曾为萧史伴，今朝应作宋家邻。"

📖 宋墙

唐·李中《桃花》："只应红杏是知音，灼灼偏宜间竹阴。几树半开金谷
晓，一溪齐绽武陵深。艳舒百叶时皆重，子熟千年事莫寻。谁步宋墙明月
下，好香和影上衣襟。"

五代·冯延巳《采桑子》："小堂深静无人到，满院春风，惆怅墙东，一
树樱花带雨红。"

宋·黄庭坚《次韵赏梅》："安知宋玉在邻墙，笑立春晴照粉光。"

宋·李吕《临江仙》："家在宋墙东畔住，流莺时送芳音。窃香解佩两沉
沉。都缘些子事，过却许多春。　　日上花梢初睡起，绣衣闲纵金针。错将

黄晕压檀心。见人羞不语，偷把泪珠匀。"

宋·陈东《西江月》："风动一轩花竹，琅玕青锦熏笼。怜才自是宋墙东。更识琴心挑弄。　　暮雨乍收寒浅，朝云又起春浓。冰肌玉骨信俱融。不比巫山闲梦。"

宋·廖莹中《个侬》："休问望宋墙高，窥韩路隔。寻寻觅觅。又暮雨凝碧。"

元·王恽《江城子·赋拜月图》："一枝繁杏宋墙东。翠帷重。卷春风。留得残妆，帘月拜玲珑。"

清·陶贞怀《天雨花》："兄却是怨人太甚，那首诗中，哪有一字及方才之子？就是姮娥宋墙，云飞雨散，无非道明月秋庭之意。"

📚 宋邻

宋·贺铸《花心动》："醉眼渐迷，花拂墙低，误认宋邻偷顾。"

宋·贺铸《清平乐·之二》："宋邻东畔，明月关深院。"

六、附注

宋玉研究专家刘刚认为，魏晋以来，在诗歌、词曲、辞赋、散文中出现了宋玉悲秋、宋玉风流、宋玉东墙、宋玉才情等涉宋玉典故，在宋玉的作品与典故的传播中起到了推波助澜的作用。宋玉典故在唐代类书或笔记中就有记述，清代则注重宋玉词语。后世，在民间宋玉接受中，出现了一种视宋玉为风流浪子的看法，扭曲了宋玉形象，干扰了人们对宋玉及其作品的正确解读，其不良影响不可小觑。据研究，这种看法源起于中晚唐的艳诗，如白居易《卢侍御小妓乞诗座上留赠》说："郁金香汗裛歌巾，山石榴花染舞裙。好似文君还对酒，胜于神女不归云。梦中那及觉时见，宋玉荆王应羡君。"在描写小妓的姣好时，用宋玉荆王为映衬。又如李涉《遇湖州妓宋态宜二首·其一》说："曾识云仙至小时，芙蓉头上绾青丝。当时惊觉高唐梦，唯有如今宋玉知。"在描写名妓宋态宜时借宋玉自比，宋玉在诗中已成为女子的须眉知己。至于李群玉《赠人》说："曾留宋玉旧衣裳，惹得巫山梦里香。云雨无情难领管，任他别嫁楚襄王。"虽说是用宋玉事表述己意，而宋玉则俨然是巫山神女的暗恋者，神女与楚襄王人神梦恋的第三者。① 在宋代词家柳永、苏轼之前，词以艳词为主，在柳永以慢词写羁旅、苏轼创豪放抒豪情而后，艳词仍非常流行，就是豪放派词人亦偶有所作。艳词出现后，文人们便很少用诗来抒写艳情，宋诗中描写艳情内容者非常少见，大概两宋的文人将艳情的内容都留给当时被称为艳科的词去作了。由于艳词以描写女性和男女情爱为内容，曾赋写过巫山神女、东邻美女、主人之女、宫廷舞女等女性形象的宋玉自然成为词家使事用典的史料。又由于词家使事用典多不顾典故的本事本义，唯借以诉自家情怀而已，常随意引申，甚或断章取义，宋玉的形象便自然地在艳词中被写走了样。更由于词是以歌唱的形式传播的，超越了文字于案头传播的局限，传播范围更为广泛，因此词对宋玉接受的误导性影响要比诗歌更大，宋玉在民间接受中的负面影响，就是这样扩大化的。

宋·吕滨老《浪淘沙》："凉露洗秋空，菊径鸣蛩，水晶帘外月玲珑。烛蕊双悬似玉，簌簌啼红。　宋玉墙东，醉袖摇风，心随月影入帘拢。戏着锦茵天样远，一段愁浓。"

吕滨老的这首词写的是醉中的痴心梦想，上阕描写踏月去约会，下阕写醉后想入非非。"宋玉墙东"在这里是指女子的住所，是作者预想"戏着锦茵"的地方。如此用宋玉典故真真是全不顾本事，不仅离题太远了，而且将宋玉推向了风月场、风流乡。

"东邻女"与"宋玉墙"两个典故都出自宋玉的《登徒子好色赋》"东邻女"即赋中所说的"东家之子"，这是个"嫣然一笑，惑阳城，迷下蔡"的绝美女子；"宋玉墙"是从"此女登墙窥臣三年"句中化出，本指"东家之子"窥视宋玉的处所。这两个典故在宋代已被广泛使用，元曲基本沿袭了宋人的用法，不过意义有所引申。

在五代两宋艳词家笔下，宋玉典故的本事本义被随意地引申，甚至从宋玉事出发随意地联想、任意地发挥，致使宋玉故事节外生枝，衍生出许多影

---

① 刘刚：《论五代两宋艳词使用宋玉典故对宋玉接受之影响》，《鞍山师范学院学报》2009年第5期，第26—31页。

响宋玉清誉的事项。^①

宋玉东墙，这个典故出《登徒子好色赋》此为宋玉自辩之作，大意是说，宋玉东家女子乃"天下之佳人"，"此女登墙窥臣三年，至今未许也。"此事说明了两件事：一、那东家子虽对宋玉有爱慕之情，但绝非水性杨花者流；二、宋玉对东家子既未动心，更无非分之想。此事自六朝以来多为诗赋家引用，遂成典故，然而其意仅借以言说美女而已。但是，这个典故在五代两宋的艳词中，不仅东墙女子借指轻浮女子，宋玉所喻的男子也是既窥视东墙、又梦想与之同床共枕的风流浪子，东墙之地也成了偷情幽会、花天酒地的场所。如黄庭坚的"宋玉短墙东畔"、秦观的"妙乎写徽真"、周邦彦的"美盼低迷情婉转"用宋玉东墙的典故都是男人窥看女人，与本事完全相悖；而晁补之的"三年宋玉墙东畔"、吕滨老的"凉露洗秋空"不只是男人窥看女人，而且颇有几分想入非非；至于晏几道的"莺来燕去"、向子諲的"绿绕红围宋玉墙"，前者东墙喻指幽会处，而后者更指花天酒地的文人狎妓之地。^②

元末明初·贾仲名《萧淑兰情寄菩萨蛮·第四折·水仙子》："是、是、是，东邻女曾窥宋玉垣；喜、喜、喜，果相逢翡翠银花幔；早、早、早，同心带扣双挽结交欢。"

此段描写一位女子对一位才子的大胆追求，此曲"东邻女"就是女子自比，而"宋玉垣"即"宋玉墙"，是以借代的修辞手法指女子追求的男子。两个典故连用，命意与本事同。

元·戴善夫《陶学士醉写风光好·第二折·隔尾》："我则道他喜居苦志颜回巷，却元来爱近多情宋玉墙。"

此曲用"多情宋玉墙"，是"宋玉多情"与"宋玉墙"两个典故的叠用，但指的是风月场所。"宋玉墙"是两宋艳词中使用频率最高的一个宋玉典故，黄庭坚、秦观、晏几道、晁补之、周邦彦、吕滨老、向子諲都曾有所使用，虽具体所指颇有差异，但总体指向却都与男女约会的处所有关。

---

① ②刘刚：《论五代两宋艳词使用宋玉典故对宋玉接受之影响》，《鞍山师院学报》2009年第5期，第30页。

③刘刚：《元曲中宋玉典故的语义语用分析与元代的民间宋玉接受》，《襄樊学院学报》2011年第1期，第54页。

元·李致远《南吕·一枝花·孤闷·梁州》：“东墙女空窥宋玉，西厢月却就崔姝。”

“东墙女”即“东邻女”，此典取自《登徒子好色赋》“此女登墙窥臣三年，至今未许也”句意，然而并非是按宋玉作赋的本义顺着叙说，而是站在那女子的立场上怨恨宋玉对自己的不理不睬。关于这个义指，应当与下句“西厢月却就崔姝”合看，如此可知，“东墙女”爱慕“宋玉”，“宋玉”全不理睬，“却就崔姝”。据此，“东墙女”指代的女子是个专一的情痴，而“宋玉”所喻指的男人则移情别恋。此处“宋玉”之用虽也作为女性偶像出现，但字里行间却流露出女子对这个偶像的嗔怨。

以上三例表示的义项是：（一）用“东邻女”之典，指用情专一的女子，取义于典故本事中东家之子钟情于宋玉的表述，与宋人以之指美女，取义于东家之子美丽绝伦的描写颇为不同；（二）“宋玉垣”是以处所代指人物，是承袭了宋人的用法。当是典故的活用，在宋人艳词中未见这种用法；（三）“宋玉墙”指风月场所，则是承袭了宋人的用法。注意这里“东邻女”所指的变化，也证明了元曲使用宋玉典故向艳情倾斜的趋势，而“宋玉墙”借以指人的活用，又证明了元人丰富宋玉典故义项的主观意识。

第二节　惑阳城迷下蔡

一、典出

"惑阳城迷下蔡"，典出宋玉《登徒子好色赋》："嫣然一笑，惑阳城，迷下蔡。"

二、简释

诗句的大意是：美丽的笑容，迷惑了阳城、下蔡所有的贵族子弟。以"嫣然"形容女子笑容之美，流传久远，至今仍被沿用。

三、变体（或不同典形）

阳城迷惑、迷下蔡、惑阳城、阳城、下蔡

四、历代引用与释义

📖 惑阳城迷下蔡

有时"下蔡""阳城"叠用，皆表达女子颜容娇媚，人易受其蛊惑之意。

宋·苏轼《续丽人行》："若教回首却嫣然，阳城下蔡俱风靡。"

宋·苏轼《浣溪沙·席上赠楚守田待制小鬟》："学画鸦儿正妙年，阳城下蔡困嫣然。凭君莫唱短因缘。　雾帐吹笙香嬲嬲，霜庭按舞月娟娟。曲终红袖落双缠。"

宋·周紫芝《水龙吟·题梦云轩》："玉佩烟鬟飞动，炯星眸、人间相遇。嫣然一笑，阳城下蔡，尽成惊顾。蕙帐春浓，兰衾日暖，未成行雨。但丁宁莫似，阳台梦断，又随风去。"

宋·黄庭坚《走答明略适尧民来相约奉谒故篇末及之》："省庭无人与争

长，主司得之如受赏。东家一笑市尽倾，略无下蔡与阳城。生珠之水砂砾润，生玉之山草木荣。"

宋·姜特立《朝中措·送人》："十分天赋好精神。宫样小腰身。迷却阳城下蔡，未饶宋玉东邻。　　不堪回首，高唐去梦，楚峡归云。从此好寻夫婿，有书频寄鸿鳞。"

元·汤舜民《南吕·一枝花·赠明时秀》："迷下蔡惑阳城的妩媚，赴高唐谪广寒的风标。"

注：引用宋玉典故以形容妓女明时秀的妩媚。

明·刘溥《寄金陵李公子敬中》："至为歌诗极工致，远惑阳城迷下蔡。大篇三峡泄春涛，小篇孤屿鸣寒濑。"

明·邓云霄《拟古杂体十九首并序·其十九·当垆曲》："豆蔻枝头花未吐，芳心一点轻于露。槽边瀺瀺滴酴醾，迷杀阳城下蔡儿。"

注：清·周中孚《郑堂札记》卷四考证李延年所谓"倾城倾国"即来自《登徒子好色赋》中的"嫣然一笑，惑阳城迷下蔡"之意。

清·赵文楷《石柏山房诗存·阳城·题解》："宿州城南即所谓'惑阳城迷下蔡'者也。"

清·章藻功《思绮堂文集》卷二《笑赋》："既迷下蔡又惑阳城，悦褒姒以征兵，周亡有兆。"

清·王韬《淞滨琐话》卷七《谈艳上》："玉骨冰肌，丰神俊逸。某太史一见怜之曰：观其一笑百媚，真可惑阳城迷下蔡矣，不知将来谁家郎可消受也。"

清·贺贻孙《水田居文集》卷四："近者愚人之所倾国破老，惑阳城迷下蔡，捐躯命以殉之者也。"

清·随缘下士《林兰香》卷四："笑本无意，人必说'惑阳城迷下蔡'，动人情了。"

当代·佚名《剑横江湖风云录》："看着易古风高大的身影，与近可感受到易古风急促的心跳声，林菀狡黠地笑了一声。这一笑，如春风醉人，是那样地迷人，惑阳城迷下蔡。"

📚 下蔡

"下蔡"也称"迷下蔡"，形容女子艳丽迷人。

魏晋·阮籍《咏怀》："猗靡情欢爱，千载不相忘。倾城迷下蔡，容好结中肠。感激生忧思，萱草树兰房。"

南北朝·徐陵《春情》："年芳袖里出，春色黛中安。欲知迷下蔡，先将过上兰。"

唐·吴融《即席十韵》："城堪迷下蔡，台合上姑苏。"

唐·韩偓《偶见》："千金莫惜旱莲生，一笑从教下蔡倾。"

唐·李商隐《夜思》："古有阳台梦，今多下蔡倡。"

唐·李商隐《思贤顿》："不见华胥梦，空闻下蔡迷。"

唐·李商隐《赠歌妓二首》："水精如意玉连环，下蔡城危莫破颜。"

唐·温庭筠《春暮宴罢寄宋寿先辈》："苏小风姿迷下蔡，马卿才调似临邛。谁怜芳草生三径，参佐桥西陆士龙。"

📚 阳城

唐·吴融《倒次元韵》："阳城迷处笑，京兆画时嚬。"

唐·罗虬《比红儿诗》："一笑阳城人便惑，何堪教见杜红儿。"

唐·赵嘏《昔昔盐二十首·恒敛千金笑》："早惑阳城客，今悲华锦筵。"

唐·李商隐《镜槛》："隐忍阳城笑，喧传郢市歌。"

唐·李商隐《无题》："春风自共何人笑，枉破阳城十万家。"

> 注：东汉·班固《汉书·外戚传》："延年性知音，善歌舞，武帝爱之，每为新声变曲，闻者莫不感动。延年侍上，起舞歌曰：'北方有佳人，绝世而独立。一顾倾人城，再顾倾人国！宁不知倾城与倾国，佳人难再得！'上叹息曰：'善。世岂有此人乎！'"

据郑良树先生考证[①]，歌中"倾城""倾国"出典有二：一是出自《诗·大雅·瞻卬》中的"哲夫成城，哲妇倾城"；一是宋玉的《登徒子好色赋》中的"惑阳城，迷下蔡"。比较上述二典，郑先生认为，李延年之"倾城""倾国"，与其说典出《大雅》之"成国""乱国"之反面，表达对妇女的否定，不如说典自宋赋更适当，因为宋赋中同样以欣赏的口吻描写了楚国美女容貌与风采的风华绝代。按此说，则汉武帝时代流传的宋赋中已有《登徒子好色赋》一篇，并为李延年和汉武帝所共知共晓。

---

① 郑良树：《论宋玉集》，《文献》1995 年第 4 期，第 3—20 页。

第三节　登徒子

一、典出

"登徒子"，典出宋玉《登徒子好色赋》："登徒子则不然。其妻蓬头挛耳，齞唇历齿，旁行踽偻，又疥且痔。登徒子悦之，使有五子。王孰察之，谁为好色者矣。"

二、简释

原文故事大意是：至于登徒大夫，就和我（宋玉）截然不同了。他的妻子头发乱，耳朵斜，嘴唇裂，牙齿缺，走起路来腰弓背驼、一瘸一拐的，浑身满是疥疮，还患有严重的痔疮。而登徒大夫却很喜欢她，已经同她生了五个孩子了。大王您看，究竟是谁好色，这不是再明白不过了吗？楚襄王听了宋玉一番申说，觉得似乎有些道理，也就不再追究了。后来人们就把"登徒子"作为好色者的代表，称谗言为"登徒言"。《登徒子好色赋》问世以后，登徒子便成了好色之徒的代称。然而只要细读此文，就不难发现，登徒子既不追逐美女，又从不见异思迁，始终不嫌弃他那位容貌丑陋的妻子，这实在非常难得。登徒子在夫妻生活方面感情如此专一，绝非好色之徒所能办到，因而有实事求是地加以澄清的必要。

三、变体（或不同典形）

登徒

四、历代引用与释义

📚 登徒

唐·李白《感遇其四》："宋玉事楚王，立身本高洁。巫山赋彩云，郢路歌白雪。举国莫能和，巴人皆卷舌。一感登徒言，恩情遂中绝。"

> **注**：此处"登徒"指造谣中伤之人。

宋·佚名《名贤集》："但是登徒者，都是福薄人。"

明·徐渭《握锥郎》诗："小臣不比登徒辈，似隔银河路几千。"

> **注**：此处"登徒"指好色之徒，贬义。

当代·粤剧《搜书院》第二场："问良心，如朗月，不是浪子登徒。"

> **注**：此处"登徒"代指无良之辈。

📚 登徒子

唐·元稹《会真记》："登徒子，非好色者，是有淫行耳。"

宋·刘克庄《杂咏一百首·东家女》："神女登徒子，微词未必然。感襄通一梦，窥玉费三年。"

宋·李洪《题潘岳掷果图》："锦绣文才貌甚都，冶容乱掷果盈车。披图宜鉴登徒子，折齿犹胜谢幼舆。"

元·岑安卿《题王氏三芗图》："吾闻登徒子，好色耽伛偻。又闻海上翁，逐臭慕腥腐。"

明·徐渭《唐伯虎画崔氏且题次其韵》："嫁后形容难不老，画中临榻也应陈。虎头亦是登徒子，特取妖娇动世人。"

明·徐渭《曲序》："余独以为反登徒子莫如君，独其声艳耳。"

清·蒲松龄《聊斋志异·胭脂》："（宿介）蹈盆成括杀身之道，成登徒子好色之名。"

第四节　齞唇历齿

一、典出

"齞唇历齿"，典出宋玉《登徒子好色赋》："其妻蓬头挛耳，齞唇历齿，旁行踽偻，又疥且痔。"

二、简释

挛（音同"峦"）耳：蜷耳朵。齞（音同"验"）唇：遮不住牙齿的嘴唇。历齿：稀疏不齐的牙齿。李善注："《说文》曰：齞，张口见齿也；历，犹疏。"后用"齞历"形容面容丑陋。旁行：走路歪歪斜斜。踽偻（音同"举吕"）：驼背。这几句大意是：头发蓬乱，耳朵蜷曲，豁嘴唇，露着稀稀拉拉的牙齿，驼着背，走起路来歪歪斜斜。这几句是宋玉形容登徒子妻子的丑样子。宋玉为了在楚王面前给自己辩护，采用诡辩的方法，摆出荒唐的论据，攻击登徒子"好色"，理由是登徒子连他的丑老婆都爱，致使登徒子蒙受"好色"的不白之冤，两千多年来"登徒子"竟成了"好色之徒"的代名词。但登徒子妻子的丑模样，的确也是文学作品中丑女的艺术典型。在生活和艺术中，美与丑是相辅相成、互为依存的，它们作为人类感性心理的两极，常共存于文学艺术家的笔下，丑可以起到陪衬和突出美的作用。这些奇丑、奇美的人物，使文学艺术作品显得丰富多彩，充满生命力。

三、变体（含不同典形）

历齿、齞唇

四、历代引用与释义

📚 龂唇历齿

明·黄淳耀《燕姬叹》："东家寒女方待年，眼看琵琶过别船。古井波澜誓不起，龂唇历齿无人怜。"

📚 历齿

南北朝·范晔《后汉书·列女传·王霸妻》："我儿曹蓬发历齿，未知礼则。"

南北朝·庾信《竹枝赋》："鹤发鸡皮，蓬头历齿。"

南北朝·何逊《聊作百一体诗》："灵辄困桑下。于陵拾李蟠。历齿方嗟贱。炙背岂知豪。佣畊乏旅力。"

宋·曹勋《鹧鸪天·咏枨》："盐胜雪，喜初尝。微酸历齿助新妆。直须满劝三山酒，更喜持杯云水乡。"

宋·陈杰《故人家》："蓬头历齿王霸子，葛帔练裙任昉儿。世绪何妨有凋落，若敖羊舌正堪悲。"

宋·苏洞《哭小侄梅老》："梅胡不佳实，飘谢许危脆。更医再而三，历齿一十二。留之苦不可，去我何乃易。而父真断肠，汝伯重垂涕。"

明·叶春及《金陵寄内·其一》："畏途牢落己忘机，旧学荒凉叹昨非。览胜欲寻白鹿洞，题缄寄与乐羊妻。田耕沥脚天常旱，粟尽瓶中我未疲。正赖宿瘤将历齿，莫教岁暮泣牛衣。"

明·袁宏道《寿毕侍御两尊人》："花外红绡白雪垂，豸袍如火映春厄。皋桥祗有齐眉伴，彭泽唯闻历齿儿。玉树种成千亩实，鹓雏栖遍万年枝。黄山石上青松老，闲看仙人数局棋。"

明·黎遂球《至南都呈大宗伯李小湾先生》："龙门尽仰知名士，鲤对曾看历齿儿。感激延陵犹挂剑，将无有道愧题碑。"

明末清初·屈大均《贫居口占·其二》："膝下黄头历齿多，休惭儿子且高歌。七旬始得完婚嫁，五岳其如欲往何。"

清·王士禄《木兰花令·其一·茫茫》："诗书赢得妻孥泣。孺仲妻贤真莫及。蓬头历齿任痴儿，有目何烦知六七。"

清·全祖望《星斋远我出山，且盛夸我用世之才以相歆，动其意为我贫也，率赋答之·其三》："三旬九食古人事，此是儒生分所甘。淡与泊遭良有会，我因吾丧不须参。问妻能叶归田乐，顾子宁为历齿惭。一曲商歌孤唱罢，犹堪援筆奏馀酣。"

清·陆震《沁园春·客东亭，夜梦亡姊，枕上赋此》："念儿幼、愚騃长未婚。况蓬头历齿，尤怜弱女，画眉梳发，待倩何人。嘱汝毋忘，归言而妇，少小相依莫更嗔。今重记，觉言犹在耳，泪尚沾巾。"

清·钮琇《觚剩·蛟桥幻遇》："若君妇，则历齿蓬头，既疥且痔。"

第五节　恰到好处

一、典出

"恰到好处"，典出宋玉《登徒子好色赋》："东家之子，增之一分则太长，减之一分则太短；着粉则太白，施朱则太赤。"

二、简释

这句话意为：我邻居家的姑娘是我家乡最美的女子。那位姑娘要身材有身材，那身材如果若增加一分则太高，减掉一分则太短。那脸庞根本就用不着涂脂抹粉，如果涂上脂粉就显得太白了，加上朱红又显得太红了宋玉创造这个故事是说邻家女子美得恰到好处。后来比喻做的事情或事物恰如其分，掌握得非常好，到了最适合最恰当的地步。

三、历代引用与释义

清·王士禛《带经常诗话》："元倡如初写黄庭；恰到好处；诸名士和作皆不触及。"

民国·徐珂《清稗类钞·饮食类·邱子明嗜工夫茶》："过生则嫩，过熟则老，必如初写《黄庭》，恰到好处。"

> **注**：此句是说烹茶之水，总要恰到好处才能调出适合的颜色。

现当代·朱自清《经典常谈·春秋三传·第六》："只是平心静气的说，紧要关头却不放松一步；真所谓恰到好处。"

现当代·秦牧《花城·海阔天空的散文领域》："而作者运用的词汇呢，又是最恰到好处，栩栩传神的。"

第六节　嫣然一笑

一、典出

"嫣然一笑"，典出宋玉《登徒子好色赋》："嫣然一笑，惑阳城，迷下蔡。"

二、简释

嫣然，笑得很美的样子（指女性），或形容女子笑得很美。以"嫣然"形容女子笑容之美，流传至今，引用颇广。诸如网络文学"女神范儿"：嫣然一笑，惑阳城，迷下蔡，迷醉众人。《风华绝代凌王妃》第一一〇章：惑阳城、迷下蔡——仇无心复仇之路。奇书网：小说《我成了一只白狐》第四十八章：嫣然一笑，惑阳城，迷下蔡。

三、变体

嫣然

四、历代引用与释义

📚 嫣然一笑

宋·苏轼《寓居定惠院之东杂花满山有海棠一株土人不知贵也》："江城地瘴藩草木，只有名花苦幽独。嫣然一笑竹篱间，桃李漫山总粗俗。"

宋·贺铸《惜奴娇·玉立佳人》："绿绮芳尊，映花月、东山道。正要。个卿卿、嫣然一笑。"

宋·王炎《雨后继成二绝》："水摇山影绿沉沉，雨打花光故恼人。赖有海棠倾国色，嫣然一笑解留春。"

宋·王炎《题周功甫总领石溪三亭·嫣然亭》："桃花结子杏花落，蛱蝶飞来绕新绿。胭脂如醉春意浓，嫣然一笑桃杏俗。蔷薇之露不浣衣，玉颊仿佛生颒姿。"

宋·王炎《念奴娇·海棠时过江潭》："簌簌轻红飞一片，便觉临风凄恻。莫道无情，嫣然一笑，也似曾相识。惜花无主，自怜身是行客。"

宋·丘葵《和心泉问柳》："初晓晴曦为写真，嫣然一笑换鞚。缘谁青眼终无语，学得黄金不济贫。"

宋·楼钥《鲍清卿病目不赴竹院之集诗寄坐客次韵》："从教雨洗烟脂淡，小摘何妨供把握。夜阑烧烛照春睡，靓妆如在结椅阁。墙头西望烂蜀锦，嫣然一笑无声乐。"

宋·沈端节《念奴娇·湖山照影》："雾薄阴轻初睡足，宝幄画屏香袅。醉态天真，半羞微敛，未肯都开了。嫣然一笑，此时风度尤好。"

宋·沈端节《满庭芳·雾薄阴轻》："须信东君注意，花神会、别有看持。群英外，嫣然一笑，富贵出天姿。"

宋·汪莘《点绛唇·数朵芙蕖》："数朵芙蕖，嫣然一笑凌清晓。谢家池沼。秋景偏宜少。"

宋·彭泰翁《念奴娇·九华惊觉》："应是未了尘缘，重来迟暮，草草西风客。莺燕无情庭院悄，愁满阑干苔积。宫锦尊前，霓裳月下，梦亦无消息。嫣然一笑，江南如此风日。"

宋末元初·周密《齐天乐·东风又入江南岸》："竹外凝情，墙阴照影，谁见嫣然一笑。吟香未了。怕玉管西楼，一声霜晓。花自多情，看花人自老。"

宋·程珌《念奴娇·嫣然一笑》："嫣然一笑，向烛花光下，经年才见。欲语还羞如有恨，方得东君一盼。　　天意无情，更教微雨，香泪流丹脸。今朝霁色，笙歌初沸庭院。"

宋·黄公度《一剪梅》："长是年年，雪约霜期。嫣然一笑百花迟。调鼎行看，结子黄时。"

宋·王之道《一剪梅·风揭珠帘夜气清》："劝酒嫣然一笑倾。细意端相，无限娉婷。"

宋·王之道《朝中措·从来寒食半阴晴》："海棠枝上，朱唇翠袖，欲斗轻盈。须藉嫣然一笑，醉吟同过清明。"

宋·王十朋《点绛唇·嘉香海棠》："丝蕊垂垂，嫣然一笑新妆就。锦亭前后。燕子来时候。"

宋·侯寘《瑞鹤仙》："嫣然态，倚修竹。纵青门瓜美，江陵橘老，怎比无穷剩馥。"

宋·葛长庚《酹江月 / 念奴娇》："孤村篱落，玉亭亭、为问何其清瘦。欲语还愁谁索笑，临水嫣然自照。甘受凄凉，不求识赏，风致何高妙。"

宋·葛胜仲《浣溪沙·赏梅》："东阁郎官巧写真。西湖处士妙传神。嫣然一笑腊前春。斗好虽无冰骨女，相宜幸是雪髯人。且烦疏影入清尊。"

宋·葛立方《满庭芳·庾信何愁》："庾信何愁，休文何瘦，范叔一见何寒。梅花酷似，索笑画檐看。便肯嫣然一笑，疏篱上、玉脸冰颜。须勤赏，莫教青子，半著树头酸。"

宋·张元干《清平乐·明珠翠羽》："兰桡飞取归来。愁眉待得伊开。相见嫣然一笑，眼波先入郎怀。"

宋·周紫芝《渔家傲·夜饮木芙蓉下》："月黑天寒花欲睡。移灯影落清尊里。唤醒妖红明晚翠。如有意。嫣然一笑知谁会。"

元·元好问《玉楼春》："楚娘最瘦腰围小，会看新声歌水调。已看天上驻行云，更向花间留晚照。倾城不博嫣然笑，剩破千金犹恨少。"

元·刘敏中《沁园春·和省中诸公秋日海棠韵》："花有花时，何事兹花，待开便开。看嫣然一笑，秋容也媚，问之不语，春意潜回。"

元·王奕《水调歌头·和陆放翁多景楼》："过东鲁，登北固，感春秋。抵掌嫣然一笑，莫枉少陵愁。说甚萧锅曹石，古矣苏吟米画，黑白满盘收。对水注杯酒，为我向东流。"

元·姚燧《烛影摇红，新齐肃政李元让座闲赋二首录呈》："际天长，怅蜀栈青螺，锦江难浣。千古惊魂，泛兰转蕙光风暖。嫣然一笑尚倾城，桃李空繁满。银烛春宵苦短。愿青轩、流光缓缓。"

元·邵亨贞《沁园春·其二》："端正窥帘，曹腾凭枕，睥睨檀郎长是青。销凝久，待嫣然一顾，密意将成。"

元·无名氏《梧桐叶》第四折："都只在嫣然一笑中，偷把幽情送。"

📖 嫣然

"嫣然",形容女子美好的样貌,娇媚的笑态。

南北朝·沈约《四时白纻歌·夏白纻》:"嫣然宛转乱心神,非子之故欲谁因。"

唐·白居易《霓裳羽衣舞歌》:"飘然转旋回雪轻,嫣然纵送游龙惊。小垂手后柳无力,斜曳裾时云欲生。"

宋·欧阳修《啼鸟》:"花能嫣然顾我笑,鸟劝我饮非无情。身闲酒美惜光景,唯恐鸟散花飘零。"

> **注**:欧阳修在政治斗争中曾多次被流言中伤,这次又遭诬陷被贬知滁州,所以他每闻那些如簧之巧舌,憎恶之心便即时生起。然而,山城寂寞,美人歌舞全无。诗人无法消磨时光,于是只好以酒浇愁,醉与花鸟为朋。因为"花能嫣然顾我笑,鸟劝我饮非无情",这种拟人的手法,是诗人聊以自慰之语,表明作者的心境已经由激动而归于平静。

宋·苏轼《续丽人行》:"若教回首却嫣然,阳城下蔡俱风靡。"

宋·苏轼《浣溪沙·席上赠楚守田待制小鬟》:"学画鸦儿正妙年,阳城下蔡困嫣然。凭君莫唱短因缘。 雾帐吹笙香嫋嫋,霜庭按舞月娟娟。曲终红袖落双缠。"

宋·王之道《小重山》:"花艳嫣然照坐红。池光高下见,木芙蓉。相从款款莫匆匆。新酿熟,浮瓮碧香浓。 倚槛送飞鸿。登高时节近,菊披风。笑谈今喜一杯同。揉金蕊,和露入杯中。"

宋·曾纡《念奴娇·江城春晚》:"江城春晚,正海棠临水,嫣然幽独。秀色天姿真富贵,何必金盘华屋。"

宋·林正大《满江红》:"梅花幽独。揩病眼、佳人何许,嫣然空谷。"

宋·贺铸《木兰花》:"嫣然何啻千金价,意远态闲难入画。"

宋·贺铸《行路难·缚虎手》:"酌大斗,更为寿,青鬓长青古无有。笑嫣然,舞翩然,当垆秦女十五语如弦。遗音能记秋风曲,事去千年犹恨促。"

宋·贺铸《雁后归·临江仙人日席上作·三之一》:"巧剪合欢罗胜子,

钗头春意翩翩。艳歌浅拜笑嫣然。愿郎宜此酒。行乐驻华年。"

宋·贺铸《临江仙·暂假临淮东道主》："行拥一舟称浪士，五湖春水如天。越人相顾足嫣然。何须绣被，来伴拥蓑眠。"

宋·张抡《临江仙》："雕玉阑干深院静，嫣然凝笑西风。曲屏须占一枝红。且图醉枕，香到梦魂中。"

宋·佚名《满庭芳》："别有烟红露绿，嫣然笑、管领东君。还知否，天香国色，独步殿馀春。"

宋·范成大《红梅》："满城桃李各嫣然，寂寞倾城在空谷。"

宋·林淳《减字木兰花·嫣然笑粲》："嫣然笑粲。醉靥融滋春意烂。侍宴终宵。欢动帘帏酒易消。　　尊前狂客。惊见蕊仙新谪籍。珠阖深关。丹就同归海上山。"

宋·姜夔《念奴娇》："翠叶吹凉，玉容销酒，更洒菰蒲雨。嫣然摇动，冷香飞上诗句。日暮，青盖亭亭，情人不见，争忍凌波去？"

宋·尤袤《瑞鹧鸪·海棠》："两行芳蕊傍溪阴，一笑嫣然抵万金。火齐照林光灼灼，彤霞射水影沉沉。"

宋·洪适《眼儿媚》："体轻飞燕，歌欺樊素，压尽芳菲。花前一盼嫣然媚，滟滟举金卮。断肠狂客，只愁径醉，银漏催归。"

宋·洪适《鹧鸪天》："心已老，眼重明。嫣然国色带朝酲。耳边听得兰亭曲，一咏流觞已有名。"

宋·陈深《虞美人·题玉环玩书图》："玉搔斜压乌云堕。拄颊看书卧。开元天子惜娉婷。一笑嫣然何事、便倾城。马嵬风雨归时路。艳骨销黄土。"

宋·毛并《燕山亭》："暖霭辉迟，雨过夜来，帘外春风徐转。霞散锦舒，密映窥，亭亭万枝开遍。一笑嫣然，犹记有、画图曾见。无伴。"

宋·吕胜己《虞美人·咏菊》："邯郸奏罢宫中乐。邂逅同杯酌。老来花酒制颓龄。为爱嫣然娇靥、斗盈盈。"

宋·蔡伸《一剪梅》："回按凌波，舞袖弓弯。曲罢凝娇整翠鬟。玉笋持杯，巧笑嫣然。"

宋·蔡伸《清平乐》："南窗月满。绣被堆香暖。苦恨春宵更漏短。应讶郎归又晚。征帆初落桥边。迎门一笑嫣然。今夜流霞共酌，何妨金盏垂莲。"

宋·李曾伯《满江红》："才过新正，能几日、海棠开了。将谓是、睡犹未足，嫣然何笑。一片殷红新锦样，天机知费春多少。"

宋·方千里《蝶恋花·翠浪蓝光新雨后》："栊雾梳烟晴色透。照影回风，一段嫣然秀。白下门东空引首。藏鸦枝叶长怀旧。"

宋·朱熹《题周氏溪园三首·其三·嫣然亭》："手种篱间树，枝繁不忍删。新亭最佳处，胜日共欢颜。景晏春红浅，雨馀寒翠潜。光风回巧笑，桃李任漫山。"

宋·汪藻《春日》："一春略无十日晴，处处浮云将雨行。野田春水碧于镜，人影渡傍鸥不惊。桃花嫣然出篱笑，似开未开最有情。茅茨烟暝客衣湿，破梦午鸡啼一声。"

宋·汪元量《汉宫春》："玉砌雕栏。见吴宫西子，一笑嫣然。舞困人间半，艳粉争妍。"

宋·刘辰翁《声声慢》："西风坠绿。唤起春娇，嫣然困倚修竹。落帽人来，花艳乍惊郎目。"

宋·刘辰翁《满江红》："藉甚不禁君再顾，嫣然却记渠初拆。黯销魂、欲尽更堪怜，终难得。犹记是，卿卿惜。空复见，谁谁摘。"

宋·辛弃疾《瑞鹤仙·赋梅》："雁霜寒透幕。正护月云轻，嫩冰犹薄。溪奁照梳掠。想含香弄粉，艳妆难学。玉肌瘦弱。更重重、龙绡衬着。倚东风，一笑嫣然，转盼万花羞落。"

宋·董颖《薄媚》："素肌纤弱，不胜罗绮。鸾镜畔、粉面淡匀，梨花一朵琼壶里。嫣然意态娇春，寸眸剪水。斜鬟松翠。"

宋·史浩《水龙吟·雪中蓓蕾嫣然》："雪中蓓蕾嫣然，美人莫恨春容少。化工消息，只须些子，阳和便了。"

宋·陈亮《采桑子》："桃花已作东风笑，小蕊嫣然。春色暄妍。缓步烟霞到洞天。一杯满泻蒲桃绿，且共留连。醉倒花前，也占红香影里眠。"

明·王錂《春芜记·瞥见》："纤腰束素更嫣然，并香肩瑶阶踏遍。"

明·陈子龙《念奴娇·春雪咏兰》："问天何意，到春深，千里龙山飞雪？解佩凌波人不见，漫说蕊珠宫阙。楚殿烟微，湘潭月冷，料得都攀折。嫣然幽谷，只愁又听啼鴂。"

> **注**：作者以空谷幽兰自拟，用《离骚》"恐鹈鴂之先鸣兮，使夫百草为之不芳"的典故，表达他的伤时之情。作者在清顺治二年（1645）松江起义兵败后，曾一度隐居，此处"嫣然幽谷"即指作者无奈避居之所。

清·顾太清《临江仙·清明前一日种海棠》："万点猩红将吐萼，嫣然迥出凡尘。移来古寺种朱门。明朝寒食了，又是一年春。　细干柔条才数尺，千寻起自微因。绿云蔽日树轮囷。成阴结子后，记取种花人。"

清·沈复《浮生六记·闺房记乐》："至乾隆庚子正月二十二日花烛之夕，见瘦怯身材依然如昔，头巾既揭，相视嫣然。"

清·蒲松龄《聊斋志异·白秋练》："生初闻而惊，移灯视女，则病态含娇，秋波自流，略致讯诘，嫣然微笑。"

清·蒲松龄《聊斋志异·阿纤》："视之，年十六七，窈窕秀弱，风致嫣然。"

清·蒲松龄《聊斋志异·婴宁》："母令与少女同寝止，昧爽即来省问，操女红精巧绝伦。但善笑，禁之亦不可止。然笑嫣然，狂而不损其媚。人皆乐之。"

清·曹雪芹、高鹗《红楼梦·第一一〇回》："回头又看宝琴等也都是淡素妆饰，丰韵嫣然。"

近现代·王国维《蝶恋花·窈窕燕姬年十五》："窈窕燕姬年十五，惯曳长裾，不作纤纤步。众里嫣然通一顾，人间颜色如尘土。　一树亭亭花乍吐，除却天然，欲赠浑无语。当面吴娘夸善舞，可怜总被腰肢误。"

近现代·顾随《临江仙》："今吾非故我，明日是新年。见说小梅依旧，灯前转盼嫣然。争知人正倚屏山。一双金屈戌，十二玉阑干。"

当代·杨沫《青春之歌·第一章》："而最漂亮的还是她那双忧郁的嫣然动人的眼睛。"

当代·佚名："语笑嫣然的小姐姐，一条米色连衣裙外搭开衫，美丽大方优雅。小姐姐身上穿的这件针织的毛衣，带有绒毛的设计，看上去更加的保暖。"

第三章　高唐赋

《高唐赋》简介

　　《高唐赋》写的是楚怀王梦中遇巫山高唐神女的故事。文章以写景为主，主要铺叙了巫山的自然景观，是一篇描写巫山胜景的美文。赋中写高山、激流、密林、芳草、惊禽、危石，以及祠神、田猎，无不刻意形容，穷极工巧。此篇以及后面的《神女赋》，想象丰富，气势磅礴，意境深远，形象生动。语言变化尤多，文中有骈句，有散句，有俪语，有韵语，交错运用，辞藻纷披。最后以"思万方，忧国害"数句，点出作者的规谏之意。宋玉在赋文中鼓励襄王往会神女，与神女交欢，希望借此达到政治清明、民族振兴、国家富强以及个人身心强健、延年益寿的目的。同时，由衷赞美山河大地的宏伟壮丽和欣欣向荣的美好景象，赞美由神女所化的云雨给世界带来的生机和活力。

第一节 高唐神女

一、典出

"高唐神女"，典出宋玉《高唐赋》：玉曰："昔者先王尝游高唐，怠而昼寝，梦见一妇人曰：'妾，巫山之女也。为高唐之客。闻君游高唐，愿荐枕席。'王因幸之。"

二、简释

赋文大意是宋玉回答："从前先王曾经游览高唐观，感到困倦，白天就睡着了，梦见一个女子，她说：'我是巫山之女，高唐之客，听说大王游览高唐观，愿为你侍寝。'先王于是宠幸了她。"巫山神女：相传是赤帝之女，名瑶姬，未嫁而卒，葬于湖北云梦巫山之阳。楚怀王游高唐，昼寝，梦与其神相遇，自称"巫山之女"。见宋玉《高唐赋》序及李善注。后世多以巫山神女泛指美女、多情女子。

宋陈德武《清平乐·咏雨》词："经旬一见通宵，恍如身在蓝桥，记与巫山神女，不禁暮暮朝朝。"郭沫若《屈原》第四幕："把南后恭维得无以复加，说她是巫山神女下凡。"巫山神女为五方天帝中南方赤帝之女，在中国历代诗文中，慢慢积淀成为一种排解不开的"巫山神女情结"，文人们的心目中这种情结的内涵是丰富而深刻的。自有此情结以后，中国文化中对女性的态度，除了"昵"之外，又增添了一分"敬"。比如，贾宝玉对于女性的态度便是"昵而敬之"。神女的梦幻特点，已经超越了女性的本义。此时，原先描写女性的文本，指向了超女性的含义：如美好的理想、人生的追求等等。

三、变体（或不同典形）

巫山神女、神女生涯、楚王神女

四、历代引用与释义

📖 巫山神女

唐·刘禹锡《巫山神女庙》："巫山十二郁苍苍，片石亭亭号女郎。"

> 注：此诗是唐代诗人刘禹锡创作的一首七言律诗。首联写实景，描写巫山神女峰的奇秀景色和神女的美丽形象；颔联颈联写虚景，出于作者想象，写神女的姿态，奇幻动人，妙在似与不似之间；尾联斥神话传说之诞妄，而语意委婉，使人自悟。最后诗人提出，天上美丽的神女，为什么要到人间来与楚襄王相会呢？这四句诗既写出了神女峰在不同时间的美景，又写出了神女的美丽形象。既表现了对神女的歌颂，也表示了对庸俗的君王的轻视，问题提得大胆、新奇，表现了诗人的进步思想，将神女峰的景色描绘与神女的形象紧密结合。

唐·刘方平《巫山神女》："神女藏难识，巫山秀莫群。"

> 注：此处用该典故描绘沿途的美景，表达对历史的沉思。

唐·孟浩然《送王七慰松滋得阳台云》："君不见巫山神女作行云，霏红沓翠晓氛氲。"

> 注：此处用典旨在咏巫山神女，对宋玉所创造的故事做还原性的想象，但是作为送别诗如此写作，具有明显的戏谑意味，这表明巫山神女至盛唐变为寻常题材，文人以此打趣。

宋·陆游《入蜀记》："过巫山凝真观，谒妙用真人祠。真人即世所谓巫山神女也。"

> 注：宋孝宗干道五年（1169），陆游被任为夔州（今重庆奉

节）通判，次年闰五月赴任。陆游一路饱览江山之美，寻访名胜古迹，并将所见所闻所感付之笔下，成《入蜀记》六卷。这里选了其中两则。前者重点描绘了巴东白云亭的幽奇绝境；后者写神女峰的纤丽奇峭及有关的神话传说。虽着墨不多，但绘声绘色，生动传神。此处用该典故着重表达了神女峰的胜景。

宋·唐耜《题巫山神女庙》："楚泽隐巫山，翠壁开鸿蒙。万流束长峡，怒浪日簸舂。"

注：此处用典表达了对巫山神女峰的赞美。

宋·华镇《巫山神女诗》："巫娥美无度，绰约姑射伦。冰雪照肌骨，被服丹霞裙。"

注：此处借用巫山神女的美好的容颜来赞美其高贵的品格，为后面神态外貌的描写张本。

宋·陈著《雪寒》："巫山神女女欲回车，滕六留云布玉华。"

注：此诗主要写的是寒冬凛冽的天气，后句的"滕六"指的是传说中的雪神，所以前一句的"巫山神女"指的是中国古代神话中的人物，曾经护佑楚民族，助禹治水。此处用该典故赋予寒冬天气以神奇色彩。

宋·张玉娘《玉女摇仙佩·秋情》："不作高唐赋。笑巫山神女，行云朝暮。"

注：此句讥笑巫山神女朝朝暮暮在阳台之下的白白等待，实际上是笑自己的痴情相待。

宋·吴简言《题巫山神女庙》："惆怅巫娥事不平，当时一梦是虚成。"

注：本诗旨在为神女鸣不平，责怪宋玉饶舌，虚言神女梦就襄王，使她蒙冤不白，跳进长江也洗不清。此处用该典故反映出诗人崇尚神女冰清玉洁品质的心情。

宋·陈德武《清平乐·咏雨》："记与巫山神女，不禁暮暮朝朝。"

> **注**：词中写到了江南细雨细密如丝之状，写到了细雨的经旬不停之绵延，也写到巫山神女行雨，眼前之雨与历史旧典相牵合，注入作者浓重的生命意识，将雨意象在文化积淀过程中蕴含的生命力量加以提升，传达出了宋代词人心目中给雨意象投入的二度情感信息。

明末清初·屈大均《巫山词·其七》："巫山神女湘君似，好色都于讽谏宜。"

> **注**：巫山神女本是原始女神象征的自然体现，但在礼教之风日盛的后世，此处用典故旨在说神女荒淫，甚至将其比拟成妖鬼，成了被非议的对象，以此来表达诗人敢于讽谏的可贵品质。

近现代·郭沫若《屈原·第四幕》："把南后恭维得无以复加，说她是巫山神女下凡，说她是天下第一，国色无双，把楚王和南后都说得不亦可乎……"

> **注**：这段话是钓者说给屈原听的，此处"南后"指的是战国时期楚怀王的宠妃，旨在表明南后郑袖的美丽，也是在突出张仪是一个巧言令色的小人形象。

📚 高唐神女

唐·繁知一《书巫山神女祠》："为报高唐神女道，速排云雨候清词。"

> **注**：宋人阮阅在《诗话总龟》中记录：白居易此去三峡，源于赴忠州刺史任。而繁知一先一步赶到诗人必游之地——巫山神女祠，在粉壁上写了此诗。白居易到此注意到了此诗，遂邀请繁知一相见。但白居易并未留题，而是告诉繁知一，昔日刘禹锡前来巫山，见粉壁上有许多佳作，不敢留题，认为沈佺期、王无竞、皇甫冉四人同题诗《巫山高》留题最佳。白居易

与繁知一素不相识，且二人差距巨大，只因见繁知一留题巫山便将其找来，与其谈论刘禹锡对巫山留题诗的评赏，无疑是将繁知一视为文友。

宋·间丘泳《次袁说友巫山十二峰二十五韵》："长江高唐神女峡，万里昆仑分一枝。"

> **注**：此处"高唐神女峡"泛指长江，借此来说明巫山的历史渊源悠久。

宋·司马光《介甫作巫山高命光属和勉率成篇真不知量》："云是高唐神女之所处，至今暮雨常萧萧。"

> **注**："高唐神女之所处"指的是高唐观，此处用典旨在借史抒怀。

宋·杨绘《句·其六》："高唐神女兰供泽，姑射仙人雪莹肌。"

> **注**：此处用该典故旨在说明供奉高唐神女的地方的香气迷人，以此来烘托神女美丽动人。

元·冯子振《鹦鹉曲·城南秋思》："新凉时节城南住。灯火诵鲁国尼父。到秋来宋玉生悲，不赋高唐云雨。一声声只在芭蕉，断送别离人去。甚河桥柳树全疏，恨正在长亭短处……奈何不悟似流泉。别后相逢，再约一千年……笑元亮谋生，秋多菊在，唯……山丛桂人如玉，何用为云为雨……凭谁寄语。正宋玉悲秋，桓温种……须忙罢钓……"

> **注**：此处用"高唐云雨"再次强调"宋玉悲秋"的典故，旨在突出该曲悲秋的主旨。

明·尹台《浙行台山石红梅甚奇酒中赋呈蒙泉》："高唐神女酣丹幄，洛浦仙妃倚绛纱。便与暖云成异锦，共君裁赋颂春华。"

> **注**："丹幄"和"绛纱"都是指红纱，该典故用借代的手法来赞咏红梅的美丽。

明·王彦泓《劝驾词·其十二》："寄语高唐神女道，清词吟遍等卿来。"

> **注**：此处用该典故旨在劝友人任职。

明·岑征《秋云》："高唐神女妒，莫向楚台飞。"

> **注**：此处用该典故渲染了秋天肃杀的气氛，表达了作者浓浓的悲秋情怀。

清·宋琬《高唐神女妒·其二》："吾家宋玉自多才，曾赋高唐神女来。"

> **注**：此处用该典故表明宋玉才华过人，曾写下《高唐赋》和《神女赋》这样优秀的传世作品，更深层的意味是借宋玉其人其事表达了自己怀才不遇的慨叹。

📚 神女生涯

唐·李商隐《无题·重帏深下莫愁堂》："神女生涯原是梦，小姑居处本无郎。"

> **注**：作者在此意指：追思往事，巫山神女那样的遇合本就是一场幻梦；直到现在，清溪小姑仍是独处无郎，终身无托。作者以清溪小姑自喻，表达了自己对爱情的执着追求。

清·柳如是《雨中游断桥》："神女生涯倘是梦，何妨风雨照婵娟。"

> **注**：此句化用李商隐的"神女生涯原是梦"诗意，此诗写于陈子龙、柳如是分手后的第三年，与钱谦益相知的前夕，此时诗人往来江南之间，结交了不少风流名士。诗人渴望寻求知己而不可得，此诗曲折地反映了此时这种复杂的心境。神女生涯如果是一场梦的话，诗人不惮风雨相催，只求能有天涯之际："千里共婵娟"。

清·元恺《解蹀躞·雨中过小孤山》："却怜神女生涯，变作小姑暮雨，遍将云酿。"

> **注**：此处暗指美女自荐枕席。

清·史承谦《解蹀躞》："清昼翠凤离披，想他神女生涯，自来如此。"

> **注**："神女"代指作者日思夜想的女子，据此诗可知应是青楼女子。

清·程颂万《买陂塘·其三》："便神女生涯，非关梦里，梦也可能再。"

> **注**：此处用该典故旨在说明像巫山神女那样的事早晚都是一场梦，现实中是不可能实现的，表达了作者失意怅惘的思想感情。

📖 楚王神女

三国·曹植《洛神赋》："古人有言：斯水之神，名曰宓妃。感宋玉对楚王神女之事，遂作斯赋。"

> **注**：此处用该典故叙述了《洛神赋》的创作背景，赋予该作品以神秘色彩。

唐·李白《观元丹丘坐巫山屏风》："锦衾瑶席何寂寂，楚王神女徒盈盈。"

> **注**：此诗是一首题画诗，作者由眼前见到的四川巫山县的美景联想到与此地有关的典故，诗人的笔墨使人如临画中景。

宋·汪元量《神女祠》："楚王神女知何在，云锁巫山十二峰。"

> **注**：神女祠，即巫山县东的神女庙，表达了作者对往事的追思。

明·高启《竹枝歌》："峡中自古多情地，楚王神女在山阴。"

> **注**：此处"峡"指的是三峡，诗人由三峡不禁想到与此有关的典故，以"楚王神女"的典故回应上一句"多情地"。

五、附注

《高唐赋》《神女赋》中的"巫山神女情结"，可谓揭示了中国文人及至全人类心灵共有的隐秘和骚动，开创了中国文学中以人神相恋的情感叙述原型和结构模式，成为中国文人一代代反复吟唱的主题，在中国文学史上形成了非正统的却是排山倒海式的滚滚洪流——"巫山神女情结现象"。由此可以窥见宋玉及其作品的深远意义和影响。[1]

宋玉的"巫山神女情结"是在礼教文明背景下产生的，也必然与礼教文明（伦理道德）相始终。它道出了礼教文明下文人们深层次的人性苦闷，以及要释放苦闷的共同心声。在诗、词、曲、赋、小说、戏曲各个领域形成了"巫山神女情结"的滚滚洪流。这就是"巫山神女情结现象"。通过对这一现象进行粗略梳理可以发现，"巫山神女情结"再现于后世文学的三大系列之中：在梁萧统《文选》编纂与流传之前（《高唐》《神女》二赋全文首见于该书），文人的"巫山神女情结"主要寄托在"赋"体文学中，《文选》流传之后，则主要呈现在诗词系列和小说戏曲系列中。宋玉之后，以人神之恋来发泄巫山神女情结的赋体文学不绝如缕，而且几乎一律是对《高唐》《神女》二赋的模仿。基本模式可概括为：邂逅神女—美丽多情—相恋—含恨分离。但比《高唐赋》《神女赋》多了一点曲折，即多了一个男子（自己）对神女的追求过程。傅毅《舞赋》的序文便是从宋玉为襄王赋完"高唐之事"开始的。今见较早的纯模仿之作是汉末建安年间杨修、王粲、陈琳、应场等的同题《神女赋》，而曹植的《洛神赋》（作于魏黄初三年）是这类模仿之作中的翘楚，虽然《洛神赋》从情节模式到语言措辞都可清晰地看到对宋玉《神女赋》的模仿痕迹，但其对洛神和自己的心理刻画却相当细腻生动，其艺术感染力超过了宋玉的赋。洛神宓妃就是巫山神女的"置换变形"。阮籍《清思赋》，谢灵运《江妃赋》以及江淹《江上神女赋》皆与《洛神赋》同一机杼。值得注意的是晋·张敏的《神女赋》写神女智琼下凡主动向弦超求爱以及人神"极长夜之欢情"的描写，已显出后来人神（鬼）恋爱小说、戏曲的基本

---

[1] 李定广、徐可超：《论中国文人的"巫山神女情结"》，《复旦学报（社会科学版）》2002年第5期，第122—117页。

叙述模式。

历代以《巫山高》《巫山神女庙》《巫山女》《高唐云》《朝云引》为题的诗不胜枚举，仅郭茂倩《乐府诗集》所载文人《巫山高》一题就有数十首，唐宋词中有《巫山一段云》《高阳台》《阳台梦》《阳台路》等词调。

另一方面，由于道德意识的审查，文人们便巧妙使用巫山神女典故或有关的比喻、暗示性词语，如高唐、阳台、朝云、云雨、巫山、巫云、楚雨、楚云、峡云、楚梦……将人间美女比作"巫山神女"，或暗指与巫山神女相关的性爱行为。这类诗词曲可谓汗牛充栋。大众熟悉的名句诸如：

"一枝红艳露凝香，云雨巫山枉断肠。"（李白《清平调》）

"江山故宅空文藻，云雨荒台岂梦思。"（杜甫《咏怀古迹五首》）

"来如春梦几多时，去似朝云无觅处。"（白居易《花非花》）

"曾经沧海难为水，除却巫山不是云。"（元稹《离思》）

"神女生涯原是梦，小姑居处本无郎。"（李商隐《无题》）

"油壁香车不再逢，峡云无迹任西东。"（晏殊《寓意》）

……

叶舒宪先生在《高唐神女与维纳斯》一书中列出"云雨"家族的不同表达措辞四十六种[①]，"巫梦"类措辞二十二种，并罗列了唐宋元明清诗词曲句例数百句。据笔者粗略计算，涉及巫山神女的唐诗中，仅李商隐一人就有二十多首。而作为爱情载体的唐宋词就更无法统计了，翻开任何一个男性词人的集子，都可以找到巫山神女的影子。真可谓枝繁叶茂，乃至渗透到中国人的日常生活用语之中，使"朝云""高唐""阳台""巫山"成了爱情的代名词，"云雨""荐枕席"成了性爱活动的专用隐喻语。

---

① ②叶舒宪：《高唐神女与维纳斯》，中国社会科学出版社，1997，第336、413页。

第二节　朝云暮雨

一、典出

"朝云暮雨"，典出宋玉《〈高唐赋〉序》："楚襄王与宋玉游云梦之台，望高唐之观。其上有云气变化无穷。玉谓此气为朝云，并对王说，过去先王曾游高唐，怠而昼寝，梦见一妇人，自称是巫山之女，愿侍王枕席，王因幸之。巫山之女临去时说：'妾在巫山之阳，高丘之阻，旦为朝云，暮为行雨，朝朝暮暮，阳台之下。'"

二、简释

早上是云，晚上是雨，原指神女的早晚变化，代指楚怀王在高唐梦见巫山神女，并与之一夜欢情的故事。后比喻男女间的情爱欢合；另外一种说法指的是自然界的云云雨雨。

三、变体（或不同典形）

握雨携云

四、历代引用与释义

📖 朝云暮雨

唐·李白《寄远十一首》："美人美人兮归去来，莫作朝云暮雨兮飞阳台。"

> **注**：此处意在劝其归来，莫作他乡之欢爱，以此暗指自己希望得到明君的重用。

唐·李治《感兴》："朝云暮雨镇相随，去雁来人有返期。"

> **注**：此乃作者借女子口吻作的怨情诗，体现了作者对美好爱情的执着追求，此处用典喻指男女遇合。

唐·孟郊《悼亡》："朝云暮雨成古墟，萧萧野竹风吹亚。"

> **注**：此诗是悼念亡妻之作，句意是"生前恩爱的妻子长眠在坟墓中，夜风把萧萧的竹枝吹得低垂"。此处的"朝云暮雨"指的是男女遇合。

唐·韩偓《六言三首》："朝云暮雨会合，罗袜秀被逢迎。"

> **注**：此诗直接写"狎客"和妓女的欢好。

唐·李商隐《楚宫二首》："朝云暮雨长相接，犹自君王恨见稀。"

> **注**：此句谓朝云暮雨、晨夕常见，仍然不能满足其欲望。指的是楚王只是沉迷声色，并不关心国家大事，最终导致楚国灭亡。作者用此典寄讽深婉，意在言外。

唐·刘禹锡《杂曲歌辞·杨柳枝》："巫山巫峡杨柳多，朝云暮雨远相和。"

> **注**：此处"朝云暮雨"用的是原意，即巫山神女兴云降雨。以此暗指巫峡气候湿度大，常年薄雾萦绕，颇具神秘色彩。

唐·张子容《巫山》："朝云暮雨连天暗，神女知来是几峰。"

> **注**：早晨云雾缭绕弥漫，晚上不停地下雨，连天阴暗，不知那巫山神女从第几个山峰上下来？此处指的是自然界的云雨现象。

宋·柳永《迷仙引·才过笄年》："免教人见妾，朝云暮雨。"

> **注**：意思是我要永远抛弃那些烟花伴侣，免得叫人看见我，说我朝云暮雨。此处喻指歌妓的爱情不长久，这首词通过一位歌舞艺伎对她的知心人剖诉衷曲，表达了沦落风尘的女子迫切

盼望从良的愿望。

宋·陆游《三峡歌》："朝云暮雨浑虚语，一夜猿啼明月中。"

> **注**：此处"朝云暮雨"是说巫峡多云雨，此处用典指的是自然界的云雨现象。

宋·辛弃疾《贺新郎》："画栋珠帘当日事，不见朝云暮雨。"

> **注**：本词写于淳熙八年（1181）夏，此时的辛弃疾已经屡次调任，辗转多地，重回江西之后，登上滕王阁，怀古伤今，写下了这篇词作。此句意思是"昔日热闹非凡的盛会已然不复存在，只剩下了空荡的楼阁，连当时陪伴画栋珠帘的朝云暮雨都不在了"，此处用"朝云暮雨"指自然界气候的变化致使景色发生变化，意指滕王阁的美景已今非往昔了。

宋·张玉娘《山之高·三章》："朝云暮雨心去来，千里相思共明月。"

> **注**：该诗句的意思是"别后的这些日子，正如楚襄王梦中奇遇巫山神女所相约的'朝为行云，暮为行雨'似的，我的心追随着你、牵挂着你，我想你也一定和我一样，虽然遥隔千山万水，但是共赏明月的时候一定可以感知到彼此的思念。"此处"朝云暮雨"指的是男女遇合，表达了对楚襄王和神女遇合的赞美，进一步表达与爱人心心相印的感情。

元·关汉卿《望江亭中秋切鲙》："我想着香闺少女，但生的嫩色娇颜，都只爱朝云暮雨，那个肯凤只鸾单？"

> **注**：此处"朝云暮雨"指的是男女遇合，与后文的"凤只鸾单"形成鲜明的对比。

元·贯云石《双调·殿前欢》："朝云暮雨，都变了梦里阳台。"

> **注**：此处"朝云暮雨"指的是男女遇合。女子回味着从前的云情雨意，伤怀与他的一切都变成了梦里阳台，表现出思妇

对往昔恋情的不堪回首。

元·胡祗遹《沉醉东风·赠妓朱帘秀》:"一片闲云任卷舒,挂尽朝云暮雨。"

> **注**:朱帘秀是元大德年间的名妓,此句描绘出了妓女朱帘秀潇洒不羁、看破红尘却又应对自如的姿态,此处借喻时人对于歌妓反复无常的情感。

明·顾允成《酒色财气四吟·其二》:"色不迷人人自迷,朝云暮雨狐绥绥。"

> **注**:此处"朝云暮雨"指的是男女遇合。

📚 握雨携云

元·王实甫《崔莺莺待月西厢下》:"不争你握雨携云,常使我提心在口。"

> **注**:此处婉指男女合欢。

元·徐琰《蟾宫曲·青楼十咏》:"向珊瑚枕上交欢,握雨携云,倒凤颠鸾。"

> **注**:此处喻指男女合欢。

第三节　巫山云雨

一、典出

　　"巫山云雨"，典出宋玉《高唐赋》序：昔者楚襄王与宋玉游于云梦之台，望高唐之观，其上独有云气，崒兮直上，忽兮改容，须臾之间，变化无穷。王问玉曰："此何气也？"玉对曰："所谓朝云者也。"王曰："何谓朝云？"玉曰："昔者先王尝游高唐，怠而昼寝，梦见一妇人曰：'妾，巫山之女也。为高唐之客。闻君游高唐，愿荐枕席。'王因幸之。去而辞曰：'妾在巫山之阳，高丘之阻，旦为朝云，暮为行雨。朝朝暮暮，阳台之下。'旦朝视之，如言。故为立庙，号曰'朝云'。"

二、简释

　　《高唐赋》序，讲了这样一个故事：以前楚怀王曾经游览高唐，玩累了便睡着了，梦见一位年轻貌美的女子。她说自己是巫山之女，愿意献出枕头席子供楚王享用。楚王听出了弦外之音，立即宠幸了那位巫山神女。她临别告诉楚王，再想找自己的话，记住就在巫山，早晨她是汇聚而来的云霞，晚上则是飘飘洒洒的细雨。第二天早晨一看，果如她所说，所以就建庙纪念，起名"朝云庙"。语言常有神奇变化，如《红楼梦》中就有多处"云雨"用语，来谈论男女间的性爱，只是换成了隐晦又文雅的说法而已。后来的小说、故事也常如此效法使用，于是"巫山云雨"或拆开"巫山"和"云雨"单用时，就生出了男女缠绵情爱的另外含义了。

三、变体（或不同典形）

　　阳台云雨、云雨、云朝雨暮、行云行雨、为云为雨、云情雨意、暮雨朝云、雨云、行雨行云、为雨为云、行云、梦云、梦雨、阳台荐枕、荐枕等，或写男女之情，或写美女，或写幻化无端、变化莫测；亦用于写自然界的云情雨态。

四、历代引用与释义

📖 巫山云雨

唐·张说《荆州亭入朝》："巫山云雨峡，湘水洞庭波。"

> **注**：此处是说巫峡多云雨，导致气候湿润。

唐·权德舆《杂兴五首》："巫山云雨洛川神，珠襻香腰稳称身。"

> **注**：此句写出了这位姑娘之美艳，起句赞其容貌，连用两位女神来比她。巫山云雨，指宋玉《神女赋》中的山中女神；洛川神，指曹植《洛神赋》中的水中女神。此句用典，就是告诉读者，这位姑娘之美艳，犹如宋玉、曹植所描写的女神。

唐·李白《江上寄巴东故人》："汉水波浪远，巫山云雨飞。"

> **注**：此二句场景恢宏，以"汉水波浪"和"巫山云雨"暗喻诗人自己与巴东故人各自所在地域。时诗人已到江夏，江夏所在地，正对汉水入江口岸，而巴东故人却在为巫山云雨所阻隔之夔州城。一"远"一"飞"，描画出二人分手之后，各自身处异地，被峡江大山阻隔的情形，作者如今与老朋友天各一方，表达了对朋友深深的思念。

五代·和凝《何满子》："目断巫山云雨，空教残梦依依。"

> **注**：回想曾经的点点滴滴，作者内心无限感慨，而如今只是大梦一场空，早已是物是人非。此处"巫山云雨"表达了对曾经如胶似漆的美好爱情的怀念。

宋·白玉蟾《不赴宴赠丘妓》："白鸥不入鸳鸯社，梦破巫山云雨空。"

> **注**：此处用典表达了对曾经与丘妓在一起的美好已经一去

不复返，幻梦已经醒了。

宋·薛师石《纪梦曲》："敛容正笑发一言，不识巫山云雨恨。"

注：此处"巫山云雨"喻指曾经的缠绵情意，当初识不破，现在只剩无限的怀念。

宋·姚铉《曹娥庙碑》："行人到此自恭肃，不似巫山云雨祠。"

注：曹娥是东汉有名的孝女，此句通过巫山神女祠和曹娥庙的鲜明对比，表达了时人重孝的社会风气。

元·汤舜民《湘妃游月宫·春闺情》："平安信阻蓝桥风波汹汹，团圆梦隔巫山云雨重重。"

明·徐𤊟《梦》："锦水烟波阔，巫山云雨微。"

注：以上两例指的是自然界的云雨。

明·徐𤊟《送丁亨文进士司理召陵·其二》："楚甸峰峦天际杳，巫山云雨梦中生。"

注：诗人看着朋友步步高升，发自内心地祝贺朋友终于实现了仕宦梦。此处的"巫山云雨"喻指作者心中美好的幻想——仕宦梦。

明·陆深《望夫石》："巫山云雨梦，空伴楚王飞。"

注：此处借用楚王梦神女事，自述遥梦巴东故人。

明·张元凯《春思曲二首·其一》："绣帏一人春无限，朝暮巫山云雨中。"

注：此处"巫山云雨"喻指曾经的缠绵情意，表达了爱情的美好。

明·邓云霄《和贫妇吟十首·其九·梦觉》："春梦乘风远寄将，巫山云雨过辽阳。"

> **注**：此典表达了作者对曾经美好爱情的怀念。

明·张家玉《广陵行为林伯隆赠太康校书》："十二巫山云雨度，三千阆苑鹤笙调。"

> **注**：此处指的是男女的缠绵情义。

明·程敏政《刘阮遇仙图为提督河道杨克敏通政赋》："天潢牛女漫暌隔，巫山云雨何荒唐。"

明末清初·屈大均《赋得摇落深知宋玉悲·其三》："楚水兰荪从此盛，巫山云雨至今香。"

清·陈肇兴《无题·其四》："巫山云雨记曾迷，绣被鸳鸯两两栖。"

> **注**：以上三例指男女遇合。

近现代·毛泽东《水调歌头·游泳》："更立西江石壁，截断巫山云雨，高峡出平湖。"

> **注**：此处实指巫山的气候湿润。

📚 阳台云雨

唐·李白《出妓金陵子呈卢六四首》："楼中见我金陵子，何似阳台云雨人。"

> **注**：此处用典喻指歌妓金陵子的美貌。

五代·韩熙载《书歌妓泥金带》："风柳摇摇无定枝，阳台云雨梦中归。"

宋·李好古《沙门岛张生煮海》："那里也阳台云雨踪，不比那秦楼风月丛。"

宋·赵善括《水调歌头·奉饯冠之之行》："休问南楼风月，且念阳台云雨，几日却重来。"

宋·蔡伸《菩萨蛮》："心事暗相期。阳台云雨迷。"

> **注**：以上四例指男女遇合。

元·王子一《刘晨阮肇误入桃源》："身在天台花树丛，梦入阳台云雨踪。"

> 注：此处代指楚王与神女相见的那个场景，云雨迷蒙，很美好。

元·乔吉《杜牧之诗酒扬州梦》："我则道阳台云雨去无踪，今夜个乘欢宠，山也有相逢。"

> 注：此处指男女遇合。

元·薛昂夫《南吕·一枝花·赠小园春些》："楚阳台云雨无三尺，桃源洞光阴减九十。"

> 注：此处指自然界的云情雨态。

元·佚名《商调·集贤宾·彩云收凤台》："路迢迢雾锁桃源洞，团圆梦总成空，楚阳台云雨无踪。"

> 注：此处指男女遇合的美好祝愿。

清·罗秀惠《艳体·其一》："樱口脂香吮舌尖，阳台云雨梦魂添。"

> 注：此处指男女遇合。

📚 云雨

魏晋·陆机《文赋》："配沾润于云雨，象变化乎鬼神。"

> 注：此处指的是自然界的云雨。

唐·李白《清平调·其二》："一枝秾艳露凝香，云雨巫山枉断肠。"

> 注：写楚王遇神女的虚妄，衬托贵妃之沐实惠。

唐·李白《襄阳歌》："襄王云雨今安在？江水东流猿夜声。"

> 注：句意是"楚襄王的云雨之梦哪里去了？在这静静的夜晚所能见到的只有月下的江水，所听到的只有夜猿的悲啼之声。

> 此处用典故暗指男女遇合。"

唐·杜甫《偶题》："郁郁星辰剑，苍苍云雨池。"

> **注**：句意是"我这颗忧伤沉闷的心啊，就如狱屋基下埋藏的宝剑虽闪紫光而未现；犹如茫无边际池水中一条困守的蛟龙，不得云雨如何飞腾。"此处云雨指的是自然界的气象。

唐·杜甫《咏怀古迹五首·其二》："江山故宅空文藻，云雨荒台岂梦思。"

> **注**：句意是只在故居里徒然留下斐然文采，巫山云雨旧事难道只是说梦？"云雨荒台"指的是宋玉赋里面的阳台云雨，诗人瞩目江山，怅望古迹，吊宋玉，抒己怀，以千古知音写不遇之悲，体验深切。

唐·郑畋《马嵬坡》："玄宗回马杨妃死，云雨难忘日月新。"

> **注**：句意是"玄宗返回长安杨贵妃早已死，旧时恩爱难忘国家开始振兴。"此处"云雨"指的是从前唐明皇与杨贵妃的遇合。

唐·崔道融《溪上遇雨二首》："忽惊云雨在头上，却是山前晚照明。"

> **注**：句意"我正悠然欣赏大自然这一奇观时，忽然大吃一惊——滚滚的乌云挟带着狂风骤雨，已泻到了我的头上！不过我却意外地发现：前山青翠的山峰上，映照着一抹夕阳的余晖！"此处"云雨"指的是自然界的天气变化，作者实是为写雨而写雨，从一种自然现象的观察玩味中发现某种奇特情致。

唐·李商隐《有感》："一自高唐赋成后，楚天云雨尽堪疑。"

> **注**：句意是"自从那惊世名作《高唐赋》写成传开之后，有关楚天云雨的诗章被认为全都可疑。"此处的"楚天云雨"指表现男女爱情的作品，后以云雨指代男女合欢之事。

唐·李商隐《过楚宫》:"巫峡迢迢旧楚宫，至今云雨暗丹枫。"

> **注**：句意是"绵长高峻的巫峡，靠近旧日的楚宫。到今天巫山云雨，依然遮暗了丹枫。"此处用典指的是自然界的风云变幻。

唐·李群玉《赠人》:"云雨无情难管领，任他别嫁楚襄王。"

> **注**：句意是"男女有情无情很难把握，任由她另又嫁给楚襄王。""云雨情"指男女间的私情。

唐·李存勖《阳台梦·薄罗衫子金泥凤》:"楚天云雨却相和，又入阳台梦。"

> **注**：此处指的是男女遇合。

唐·王昌龄《送柴侍御》:"青山一道同云雨，明月何曾是两乡。"

> **注**：句意是"两地的青山同承云朵荫蔽、雨露润泽，同顶一轮明月又何曾身处两地呢？"此处的云雨指的是自然界的云雨。

唐·李珣《巫山一段云·古庙依青嶂》:"云雨朝还暮，烟花春复秋。"

> **注**：句意是"巫山从早到晚雨迷云轻，春去秋来花开花落，岁月就这般流逝。"此处的云雨指的是自然界的风云变幻。

宋·晏几道《清平乐·留人不住》:"此后锦书休寄，画楼云雨无凭。"

> **注**：句意是"从此后休要寄锦书再诉衷情，画楼里的欢娱不过是一场春梦，那山盟海誓毕竟空口无凭。"此处的"云雨"指的是男女遇合。

宋·苏轼《江城子·前瞻马耳九仙山》:"莫使匆匆云雨散，今夜里，月婵娟。"

> **注**：句意是"不要让云彩匆匆地消散，今夜里会有美好的

月光。""云雨"指的是自然界的云雨。

宋·柳永《集贤宾·小楼深巷狂游遍》:"近来云雨忽西东,诮恼损情惊。"

> 注:结合整首词的思想感情可知此处的"云雨"指的是男女遇合。

宋·柳永《婆罗门令·昨宵里恁和衣睡》:"空床展转重追想,云雨梦、任敧枕难继。"

> 注:主人公辗转反侧,夜不成寐,竟连重温云雨旧梦也都杳不可得。"云雨"指的是男女遇合。

宋·王质《八声甘州·读诸葛武侯传》:"使一曹三马,云雨动蛟龙。"

> 注:句意是"曹氏大权被司马氏家掌握,司马氏集团如蛟龙之逢云雨,顺顺当当地发展壮大。"此处用典喻指自然界的云雨变化。

宋·苏轼《一斛珠·洛城春晚》:"自惜风流云雨散,关山有限情无限。"

> 注:句意是"你我二人青梅竹马,情深谊笃。而今面对着的是离别之后风流云散的现实。纵然关隘山岭阻隔你我,但爱情则是无法隔断的。"此处"云雨"指的是男女之间的感情。

宋·幼卿《浪淘沙·极目楚天空》:"极目楚天空,云雨无踪,漫留遗恨锁眉峰。"

> 注:此处用典指的是自然界的云雨。

宋·苏轼《祝英台近·挂轻帆》:"谁念萦损襄王,何曾梦云雨。"

> 注:此处指的是男女遇合。

宋·赵企《感皇恩·骑马踏红尘》:"未成云雨梦,巫山晓。"

> **注**：此处"云雨"指的是男女遇合。

近现代·毛泽东《水调歌头·游泳》："更立西江石壁，截断巫山云雨。"

> **注**：句意是"更有西江边上的石头崖壁，它高耸挺立，直插云霄，好像能将巫山的云和雨截断一样。"这句词极言地势之高峭。"云雨"指的是自然界的风雨。

🗂 云朝雨暮

宋·贺铸《断湘弦·万年欢》："不间云朝雨暮，向西楼、南馆留连。"

> **注**：此处指的是男女遇合。

宋·叶阊《摸鱼儿·倚熏风》："几度云朝雨暮。"

> **注**：此处指的是指男女欢会之时。

清·吴绡《鹊桥仙·步少游韵》："羲和若肯做人情，成就它、云朝雨暮。"

> **注**：此处指的是男欢女爱。

🗂 行云行雨

宋·解昉《阳台梦》："千里行云行雨。"

> **注**：此处指的是男女遇合的美好时光。

宋·辛弃疾《水龙吟·昔时曾有佳人》："看行云行雨，朝朝暮暮，阳台下、襄王侧。"

> **注**：此处用的是典故的原意，写楚襄王与高唐神女梦中幽会事。

宋·黄庭坚《再和元礼春怀十首》："行云行雨迷三峡，归凤求凰振九苞。"

宋·王铚《巫山高》："行云行雨终不来，岁月人间几朝暮。"

> **注**：以上两例指的是自然界的云雨现象。

宋·袁去华《思佳客·王宰席上赠歌姬》："绝胜想象高唐赋，浪作行云行雨猜。"

> **注**：此处用典借高唐神女遇楚襄王之事暗指男女遇合。

元·耶律铸《纪归梦·其一》："千秋万古兰窗蝶，只属行云行雨人。"

元·张翥《春从天上来·同王继学宪使赋》："付行云行雨，楚尾吴。"

元·张可久《双调·折桂令·村庵即事掩》："倾城倾国越西子梨梨枣枣，行云行雨楚巫娥暮暮朝朝。"

元·乔吉《双调·水仙子·廉香林南园》："宜行云行雨阳台上。"

元末明初·张昱《别春次杨州成廷圭韵》："为晋为秦花几度，行云行雨日千回。"

> **注**：以上五例指的是男女遇合。

元·吴景奎《念奴娇·寄萧善之》："神女梦，寒生嫉妒，特地行云行雨。"

> **注**：典出宋玉《高唐赋》写楚襄王与高唐神女梦中幽会事，此处用的是典故的原意。

元·周巽《竹枝歌十首·其六》："行云行雨几朝暮，不见台前神女来。"

> **注**：典出宋玉《高唐赋》写楚襄王与高唐神女梦中幽会事，此处用的是典故的原意。

元·耶律楚材《辛巳闰月西域山城值雨》："又向茅亭留一宿，行云行雨本无情。"

> **注**：此处指的是自然界的云雨现象。

明·张元凯《观舞篇》："漫将长袖拂芳尘，自是行云行雨身。"

明末清初·屈大均《一落索·落花二首·其一》："梦中相似，行云行雨总无情，教宋玉、空悲泪。"

清·乾隆皇帝《李伯时蜀江图歌》："行云行雨识高唐，雄风披处兰台毁。"

清·曾廉《一萼红·题三峡放舟图》："见说高唐好梦，尽行云行雨，忙了襄王。"

> **注**：以上四例用高唐神女的典故喻指男欢女爱。

为云为雨

唐·刘希夷《公子行》："倾国倾城汉武帝，为云为雨楚襄王。"

元·许有孚《摸鱼子》："小山丛桂人如玉，何用为云为雨。"

> **注**：以上两例喻指男欢女爱之事。

云情雨意

宋·蔡伸《念奴娇》："海约山盟，云情雨意，何日教心足。"

> **注**：此处指的是男女遇合。

宋·张先《清平乐·大石调》："云情雨意空深。"

宋·袁去华《浣溪沙》："云情雨意两茫茫。"

宋·赵长卿《簇水》："云情雨意，似十二巫山旧。"

元·高明《蔡伯喈琵琶记》（旦白）："解元，云情雨意，虽可抛两月之夫妻；雪鬓霜鬟，更不念八旬之父母。"

明·张萱《巫霞诗为钱唐友人马稚彬赠妓赋》："疑是阳台一片霞，云情雨意难凭据。"

> **注**：以上五例用典指的是男女之情。

清·华章《天香》："何限云情雨意，引渺渺予怀向天际。"

> **注**：此处典故喻指男女遇合。

◈ 暮雨朝云

宋·潘牥《南乡子·题南剑州妓馆》："惟有旧时山共水，依然，暮雨朝云去不还。"

> **注**：此处指男女欢会之情。

宋·贺铸《小梅花》："不知暮雨朝云、何山岑。"

> **注**：此处指的是男女遇合。

元·马致远《巫山庙》："暮雨迎，朝云送，暮雨朝云去无踪。襄王谩说阳台梦。云来也是空，雨来也是空，怎捱十二峰。"

◈ 雨云

唐·李商隐《杜工部蜀中离席》："座中醉客延醒客，江上晴云杂雨云。"

> **注**：结合全诗可知这句说的是蜀中人士对国家政治前途或漠然不问，或忧虑不已；而松州、雪岭的军事形势变幻不定，时紧时弛。此处的"云雨"隐喻政治风云阴晴不定。

唐·李商隐《晋昌晚归马上赠》："城闲烟草遍，村暗云雨回。"

> **注**：此处的云雨指的是自然界的风雨。

五代·李煜《菩萨蛮·铜簧韵脆锵寒竹》："雨云深绣户，来便谐衷素。"

> **注**：大意是在秀致的居室成就男欢女爱，马上就使两人的情感谐和一致。这里"云雨"比喻男女之间的欢情。

宋·辛弃疾《鹧鸪天·送人》："浮天水送无穷树，带雨云埋一半山。"

> **注**：此处的"云雨"指的是自然界的云雨。

宋·张舜民《打麦》："鹘旦催人夜不眠，竹鸡叫雨云如墨。"

> **注**：此处的"云雨"指的是自然界的云雨变化。

宋·叶绍翁《秋日游龙井》："不雨云常湿，无霜叶自红。"

> **注**："不雨"说明天上的云是白云，正是因为白云，才能让阳光时而亮，时而暗，让光影在竹林中小溪里闪烁流动。此处断句应该是不雨/云常湿，以此喻指天气好。

清·袁枚《周瑜墓二首》："能抛戎马听歌曲，未许蛟龙得云雨。"

> **注**：此处夸小乔琴技了得，能弹得一手好琴让饱受打仗之累、心力交瘁的周瑜得以享受短暂的快乐。此处的云雨指的是男女欢会之时。

🔖 行雨行云

唐·王勃《相和歌辞·江南弄》："江南弄，巫山连楚梦，行雨行云几相送。"

> **注**：此处指的是男女欢会之情。

唐·郎大家宋氏《相和歌辞·朝云引》："巫山巫峡高何已，行雨行云一时起。"

> **注**："行雨"，行进中的雨、阵雨、布施雨露。此处指的是男女欢会。

宋·贺铸《鸳鸯语》："行雨行云，非花非雾。"

> **注**：此处用"非花非雾"的比喻表达对于美好而又易于消散的人或物的怀念与伤感。"行雨行云"和"非花非雾"两个典故共同用来形容情人的美丽和与之欢会的短暂。

宋·周紫芝《湖堤步游客言此苏小墓也》："行雨行云钧是梦，施朱施粉未相宜。"

> **注**：此处指的是男女遇合。

元·魏初《悼亡姬》："草堂一觉巫山梦，行雨行云今不知。"

> **注**：大意是回首曾经在一起的日子，竟有梦幻的感觉。似

乎一夜之间，亡姬便如巫山神女一样消逝了，不知她今日在何方行云布雨。指男女欢会之情。

元·杨载《悼邻妓二首·其二》："春风吹破襄王梦，行雨行云若个边。"

明·杨慎《南乡子》："行雨行云曾未惯，先夸。"

明·王泰《题陆太守翟塘日暮图》："巫阳缥缈望中开，行雨行云尚有台。"

注：以上三例指的是男女遇合。

明·朱诚泳《楼上曲》："巫阳望断楚天遥，行雨行云在何处。"

注：此处指的是男欢女爱之事。

明·沈愚《追和杨眉庵次韵李义山无题诗五首·其二》："行雨行云少定踪，梦回时节怕闻钟。"

注：此处作者是怀念曾经的美好时光，故"行雨行云"指昔日的男欢女爱。

明·童轩《巫山高》："襄王已去今千载，行雨行云尚有踪。"

注：此处指的是楚襄王和高唐神女遇合之事，用的是典故的原意。

明·杨慎《古意》："行雨行云窈窕，非烟非雾轻盈。"

注：此处"行云行雨"和"非烟非雾"用来形容情人的美丽和与之欢会的短暂。

📚 为雨为云

唐·刘禹锡《有所嗟二首》："相逢相笑尽如梦，为雨为云今不知。"

注：大意是相逢相爱如烟如梦，不知她今日在何处流连。此处的"为雨为云"指的是男女欢爱之事。

唐·李商隐《深宫》："岂知为雨为云处，只有高唐十二峰。"

> **注**：此处讲的是那位"旦为朝云，暮为行雨"的巫山神女，由天气转晴，烟消云散，也不见踪迹。此处抒发的是浓浓的相思之情。

唐·韦庄《谒巫山庙》："朝朝暮暮阳台下，为雨为云楚国亡。"

> **注**：化用"旦为朝云，暮为行雨，朝朝暮暮，阳台之下"的古语而成诗，"为雨为云楚国亡"一句点出了楚国已亡，襄王不会再来的无情现实。此处的"为雨为云"指的是男欢女爱，暗指楚襄王沉迷女色误国。

宋·刘望《水调歌头·劝君一杯酒》："何况楚王台畔，为雨为云无限。"

> **注**：此处暗指男女欢会。

清·陆钰《曲游春·和查伊璜〈客珠江〉元韵》："共听《霓裳》，看为雨为云。"

> **注**：此处用典喻舞姿轻盈优美，飘忽多变。

📚 行云

东晋·陶潜《闲情赋》："意夫人之在兹，托行云以送怀；行云逝而无语，时奄冉而就过。"

> **注**：大意是在这样的光景里思念佳人，请天上的行云来寄托我的心怀，行云很快飘过不语，光阴也如此荏苒而过。此处指的是浮云。

唐·卢照邻《长安古意》："片片行云着蝉鬓，纤纤初月上鸦黄。"

> **注**：大意是鬓发如浮动的轻云，把它梳成蝉翼般的式样，在额头涂上嫩黄色新月状的图案。此处用行云形容头发很轻盈顺滑。

唐·李白《久别离》："东风兮东风，为我吹行云使西来。"

> 注：大意是此处取"旦为朝云，暮为行雨"之意。东风啊，你捎去女子的思念，使他早些归来吧。

五代·冯延巳《鹊踏枝》："几日行云何处去？"

> 注：大意是这几天，他像流云飘哪里？此指所思的情郎。

宋·张元干《卜算子》："风露湿行云，沙水迷归艇。"

> 注：大意是我独自摇荡着一叶小舟在静夜里归来，爽风夜露，我沾湿了衣服，行云舒卷；沙溪上，飘浮着淡淡的雾气，使小舟迷失了归路。此处指的是自然界的云雨。

宋·吴文英《八声甘州·和梅津》："记行云梦影，步凌波、仙衣蒨芙容。"

> 注：记得梦境中她像行云流水似的从水面上慢慢移了过来，身上还穿着荷叶剪成的仙衣。此处用典喻指梦中的她动作行云流水。

宋·辛弃疾《生查子·独游雨岩》："溪边照影行，天在清溪底。天上有行云，人在行云里。"

> 注：大意是蓝天上有飘动的白云，人正行走在那飘动的白云里。此处的行云指的是自然界的云彩流动现象。

宋·晏几道《少年游·离多最是》："浅情终似，行云无定，犹到梦魂中。"

> 注：大意是即使情感浅薄似那行踪无定的白云，仍能相逢在梦中。此处喻自己所思念的女子。

宋·吴文英《浣溪沙·门隔花深梦旧游》："落絮无声春堕泪，行云有影月含羞。"

> **注**：大意是月光被浮云轻轻地遮掩住，那是因为含羞而挡住了泪眼，料峭的春风吹拂脸面，凄凉冷清的势头简直就像秋天一样。此处指浮云。

宋·晏几道《临江仙·斗草阶前初见》："流水便随春远，行云终与谁同。"

> **注**：这里用"巫山云雨"的典故，喻指女子如行云一样飘忽不定。

宋·欧阳修《采桑子·画船载酒西湖好》："行云却在行舟下，空水澄鲜，俯仰留连，疑是湖中别有天。"

> **注**：句意是：白云在船下浮动，清澈的湖水好似空然无物。仰视蓝天，俯视湖面，水天相映使人疑惑，湖中另有一个世界。此处的"行云"指的是自然界的浮云。

宋·秦观《南歌子·香墨弯弯画》："乱山何处觅行云？"

> **注**：此处比喻薄情郎，"乱山"比喻心烦意乱的女子。

宋·张先《木兰花·乙卯吴兴寒食》："行云去后遥山暝，已放笙歌池院静。"

> **注**：句意是：游女们走了远山逐渐昏暗，音乐停下庭院显得寂静一片。此处指如云的游女。

宋·辛弃疾《满江红·赣州席上呈陈季陵太守》："便归来、只是赋行云，襄王客。"

> **注**：即便佳人归来，和楚襄王梦高唐、赴行云一样，不过是梦幻而已，并非现实。

近现代·王国维《浣溪沙·山寺微茫背夕曛》："上方孤磬定行云。"

> **注**：句意是：寺院中的磬声悠扬地响起，仿佛把山间的云

彩都定格了。此处指的是自然界的浮云。

📚 梦云

唐·杜牧《润州二首》："城高铁瓮横强弩，柳暗朱楼多梦云。"

注：句意是：城高如铁桶横列劲弩硬弓，绿柳浓暗女子在红楼中做着巫山云雨的约会梦。此处指的是巫山云雨的故事。

宋·苏轼《永遇乐·彭城夜宿燕子楼》："紞如三鼓，铿然一叶，黯黯梦云惊断。"

注：句意是：三更鼓响，秋夜深沉；一片叶落，铿然作声，竟把我的梦惊断。此处梦云指的是夜梦神女朝云。

宋·贺铸《浪淘沙·一叶忽惊秋》："歌尘萧散梦云收。"

注：句意是：动听的歌曲消散了，美人也不见了。此处泛指美女。

宋末元初·周密《扫花游·九日怀归》："怕水叶沉红，梦云离去。"

注：句意是：心事萦绕，无可排遣，只怕美好的往事将如沉红梦云，一逝难返。此处梦云喻指往昔美好事物一去不复返。

宋·朱熹《奉酬九日东峰道人溥公见赠之作》："几年回首梦云关，此日重来两鬓斑。"

注：句意是：几年来一直梦中回首这令人难忘的东峰，今天重游故地却已花白了双鬓。此处指的是梦幻。

宋·解昉《永遇乐·春情》："谁家巧纵，青楼弦管，惹起梦云情绪。"

注：不知哪家歌楼妓馆发出了弦管之声，传入耳鼓，惹起了自己的相思之情。此处指的是作者对曾经美好感情的怀念。

宋·高观国《齐天乐·碧云阙处无多雨》："尘栖故苑，叹璧月空檐，梦云飞观。"

> **注**：眼下尘土已撒满旧时的花园，感叹那一轮圆月空悬在房檐，而那月下的美人已经不见，只能在梦中随云飞进楼中与你相会。此处用典回忆曾经遇合的美好。

宋·赵长卿《临江仙·人在梦云楼上别》："人在梦云楼上别，残灯影里迟留。"

> **注**：此处用典喻指男欢女爱。

宋·晏几道《清平乐》："梦云归处难寻。"

> **注**：此处用典旨在表达对曾经男欢女爱的怀念。

宋·石孝友《临江仙·常记梦云楼上住》："常记梦云楼上住，残灯影里迟留。"

> **注**：此处用典喻指男欢女爱。

元末明初·张昱《梦云楼·为佑圣道士王景丹赋》："阿母妊娠曾梦云，道人见云如母存。"

> **注**：此处梦云指的是对曾经美好生活的怀恋。

明·徐庸《梦云卷》："阅此梦云卷，不愧前贤名。"

> **注**：此处的梦云表达是曾经美好生活的赞美。

明·归有光《杏花书屋记》："他日当建一室，名之为杏花书屋，以志吾梦云。"

> **注**：此处用典故表达的是对亡妻的悼念。

清·赵我佩《减兰·其二·题〈梦云楼词〉》："梦云千叠。"

> **注**：此处的"梦云"指的是男欢女爱，表达了对曾经爱情的怀念。

📕 梦雨

唐·崔橹《华清宫三首·其三》："红叶下山寒寂寂，湿云如梦雨如尘。"

> **注**：此处用典指的是自然界的云雨现象。

唐·杜牧《代人作》："盼盻凝魂别，依稀梦雨来。"

> **注**：此处表达的是对伊人的怀念，回想曾经在一起的欢愉时光。

唐·崔橹《题云梦亭》："薄烟如梦雨如尘，霜景晴来却胜春。"

> **注**：此处用"薄烟"来说明梦的虚无缥缈，此处的"雨"指的是自然界的云雨现象。

宋·朱弁《送春》："结就客愁云片段，唤回乡梦雨霏微。"

宋·苏轼《次韵林子中春日新堤书事见寄》："为报年来杀风景，连江梦雨不知春。"

> **注**：以上两例指的是自然界的云雨。

宋·晏几道《满庭芳·南苑吹花》："几处歌云梦雨，可怜便、汉水西东。"

> **注**：句意是：多少次如梦般美妙欢娱，换来的却是流水般的各自东西。旧时把男女欢情称作云雨情，"歌云梦雨"即对云雨情在歌中梦中重温。

金·路铎《襄城道中》："病躯官事交相碍，梦雨行云肯借凉。"

> **注**：以云雨表示对温情的向往。

明·刘基《忆王孙十二首·其七》："湿云如梦雨如尘。"

> **注**：此处表达的是对曾经的男欢女爱的回忆和留恋。

清·朱彝尊《两同心·认丹鞋响》："比肩纵得相随，梦雨难期。"

> **注**：此处指的是对曾经男欢女爱美好爱情的回忆。"梦雨"指的是男女欢愉之事。

清·朱彝尊《幔卷》："相思苦梦雨何曾歇。"

> **注**：此处表达的是对曾经的男欢女爱的回忆和留恋。

清·蒋湘南《长毋相忘汉瓦歌》："尽羡瑶官栖翡翠，谁怜梦雨飘鸳鸯。"

> **注**：此处作者表达的是对曾经男欢女爱的回忆，"梦雨"指的是男女遇合。

📖 荐枕

"荐枕"亦作"荐枕席"，进献枕席，借指侍寝。

南北朝·萧绎《送西归内人诗》："秋气苍茫结孟津，复送巫山荐枕神。昔时慊慊愁应去，今日劳劳长别人。"

南北朝·伏知道《咏人聘妾仍逐琴心诗》："春色转相催，佳人心自回。长卿琴已弄，秦嘉书未来。挂冠易分绶，荐枕缺因媒。染香风即度，登垣花正开。"

南北朝·陈叔宝《巫山高》："巫山巫峡深，峭壁耸春林。风岩朝蕊落，雾岭晚猿吟。云来足荐枕，雨过非感琴。仙姬将夜月，度影自浮沉。"

唐·李白《怨歌行》："荐枕娇夕月，卷衣恋春风。宁知赵飞燕，夺宠恨无穷。"

> **注**：指对恋人的思恋。

唐·李商隐《拟意》："上掌真何有，倾城岂自由。楚妃交荐枕，汉后共藏阄。"

唐·王勃《杂曲歌辞》："智琼神女，来访文君。蛾眉始约，罗袖初薰。歌齐曲韵，舞乱行分。若向阳台荐枕，何啻得胜朝云。"

唐·刘长卿《少年行》："射飞夸侍猎，行乐爱联镳。荐枕青蛾艳，鸣鞭白马骄。"

唐·蒋冽《巫山之阳，香溪之阴，明妃神女旧迹存焉》："神女归巫峡，明妃入汉宫。捣衣馀石在，荐枕旧台空。行雨有时度，溪流何日穷。至今词赋里，凄怆写遗风。"

唐·李和风《题敬爱诗后》："高唐不是这高塘，淮畔荆南各异方。若向此中求荐枕，参差笑杀楚襄王。"

唐·孙逖《和常州崔使君咏后庭梅二首》："花落弹棋处，香来荐枕前。使君停五马，行乐此中偏。"

宋·韩驹《次韵黑毡歌》："或疑乌几定乃祖，又言黑貂为姆师。托身似与青女约，荐枕常须黄妳随。"

宋·程俱《古钓台歌送阮阅休美成沿檄浙东》："纫蘅兰以荐枕兮，服龙渊之无缺。羊裘蒙茸溪水旁，大胜被衮升明堂。"

金·庞铸《喜夏》："小暑不足畏，深居如退藏。青奴初荐枕，黄妳亦升堂。"

元·白朴《满江红·庚戌春别燕城》："云鬟犀枕，谁似得、钱塘人物。还又喜、小窗虚幌，伴人幽独。荐枕恰疑巫峡梦，举杯忽听阳关曲。"

元·郑光祖《绉梅香骗翰林风月·第二折》："又不曾荐枕席，便指望同棺椁，只想夜偷期不记朝闻道。"

明·杨慎《江干行答禺山》："不绿织女星边见，定是嫦娥月下逢。逢君荐枕对襄王，别君解佩悲交甫。"

明·邓云霄《暑夜起坐戏题竹夫人》："翠眉冰骨净纤尘，荐枕无媒亦自亲。湛水几时回素袜，湘妃犹恐是前身。"

明·黄省曾《塘上行一首》："朝慕阳台云，暮羡巫山雨。朝云犹得荐枕席，锦衾凤裯嗟独处。"

明·许篈《牵情引》："苎里佳人娇荐枕，巫山仙子渺行云。牵情梦罢看归路，别恨迢迢隔烟雾。"

明·沈德符《敝帚轩剩语·守土吏狎妓》："（金沙光）与吴士王百谷厚善，时过其斋中小饮，王因匿名倡于曲室，酒酣，出以荐枕。"

> **注**：喻指男女欢爱。

清·吴绮《玉女摇仙佩》："何况深怜浅惜，嵌骨相思，忍令白眉抛弃。

荐枕楚台，吹箫秦苑，未似而今称美。"

清末民初·易顺鼎《庆春宫·桃花夫人庙》："沉香妖艳，问何似伤心马嵬。弄珠月侣，荐枕云神，小队依稀。"

清·彭孙遹《玲珑四犯·招梦用前韵·其一》："一声砌竹惊回，正月影、空床初到。拟欲赋、夜来神遇，荐枕在朝云庙。"

清·彭孙遹《高阳台·为阮亭题余氏女子绣高唐神女图》："帝女归来，一天秋色，楚峰十二苍苍。听说当年，曾经荐枕先王。"

清·昭梿《啸亭杂录·平定回部本末》："或有夫妇同掳至者，杀其夫，即令其妻煮之，夜则荐枕席。"

> **注**：指同房。

第四节　荡气回肠

一、典出

"荡气回肠"，典出宋玉《高唐赋》："纤条悲鸣，声似竽籁。清浊相和，五变四会。感心动耳，回肠伤气。"

二、简释

原文大意是：树木纤细的枝条，在风中发出阵阵悲鸣，就像竽和箫吹奏出的乐声。风吹小枝声音清，风吹粗枝声音浊，清浊相和，四方汇合，就像简谱上的五个音阶那样变化多端、耐人琢磨！其中的悲鸣之声凄怆动人，使人听了感到很痛苦，像肠子倒转一样，连呼吸也感到困难。回，回转。伤，伤害、妨碍。气，指呼吸、气息。后遂用"荡气回肠"形容音乐或文学作品婉转感人，有时也形容情感丰富强烈。

三、变体（或不同典形）

回肠结气、回肠伤气、肠回气荡、回肠荡气

四、历代引用与释义

📚 荡气回肠

魏晋·曹丕《大墙上蒿行》："感心动耳，荡气回肠。"

> 注：此处"荡气回肠"指的是人的思绪被乐曲、诗文等作品的情调影响的一种感受。

清·陈家庆《金缕曲·秋宵送别兰姊》："荡气回肠愁难诉，一样缠绵情意。"

> **注**：使肝肠旋动，心气激荡，此处用典形容情感丰富强烈。

回肠结气

清·吴锡麒《陈雪庐词序》："酒冷灯昏，回肠结气，抚是编不禁涕泗横集也！"

清·李慈铭《越缦堂读书记·八·怀梦词》："其词凄丽妍约，情不自胜，令人诵之回肠结气。"

> **注**：后世多作"回肠荡气"，意思是：人的思绪被乐曲、诗文等作品的情调影响的一种感受。此处用来比喻诗文写得很好，使人深受感动。

回肠伤气

清·龚自珍《夜坐》："功高拜将成仙外，才尽回肠荡气中。"

> **注**：本作"回肠伤气"。此处指人的思绪被乐曲、诗文等作品的情调所影响的一种感受。

肠回气荡

近现代·柳亚子《别香港》："荡气回肠应雪涕，归田返璧定何年？"

> **注**：亦作"回肠伤气""回肠结气""肠回气荡""回肠荡气"。

《留别斜塘诸子·叠前韵》："肠回气荡君休讶，鳞甲横胸十万戈。"

> **注**：此处指的是人的思绪被乐曲、诗文等作品的情调所影响的一种感受。

肠回气荡

"回肠荡气"形容文章、乐曲十分婉转动人。

清末近代·郭则沄《红楼真梦》："探春也抢着来看道：词是绝妙，只是太凄艳了。那结拍两句，真教人回肠荡气呢！"

清·龚自珍《夜坐》："功高拜将成仙外，才尽回肠荡气中。"

清·龚自珍《己亥杂诗》："回肠荡气感精灵，座客苍凉酒半醒。"

现当代·朱自清《读〈湖畔〉诗集》："就令有悲哀底景闪过他们的眼前，他们坦诚的心怀也能将他融和，使他再没有回肠荡气的力量。"

近现代·钱钟书《谈中国诗》："问而不答，以问为答，给你一个回肠荡气的没有下落，吞言咽理的没有下文。"

当代·《养成读报的好习惯》："什么东西这样令人着迷呢？惊天动地的新闻，回肠荡气的故事，是不会天天有的。"

当代·梁衡《把栏杆拍遍》："回肠荡气，至于此极，前无古人，后无来者。"

当代·雷达《重读云南》："文字残留着悲怆的'情死'现象，令人回肠荡气，感慨万端。"

第五节　延年益寿

一、典出

"延年益寿"，典出宋玉《高唐赋》："九窍通郁，精神察滞，延年益寿千万岁。"

二、简释

意为：九窍通泰，精神舒畅，寿与天齐。这里的"延年益寿"有增加岁数，延长寿命的意思，多为颂祝人长寿的用词。

三、变体（或不同典形）

益寿延年

四、历代引用与释义

📚 延年益寿

汉·佚名《汉宜文章镜铭》："乃延年益寿去不祥，与天毋极而日月之光。"

> **注**：此处用的是原意，即增加岁数，延长寿命的意思。

汉·司马迁《史记·卷六八·商君传》："君之危若朝露，尚将欲延年益寿乎。"

> **注**：此处是祝颂商君长命百岁的意思。

宋·张君房《云笈七签》卷一一六："举世之人，皆愿长生不死，延年益寿。"

> **注**：这里是颂祝人长寿。

宋·邵雍《言行吟》："始知行义修仁者，便是延年益寿人。"

宋·邵雍《治乱吟》："时和岁丰，延年益寿。"

元·范康《竹叶舟·第二折》："你则说做官的功成名就，我则说出家的延年益寿。"

元·爱山《越调·小桃红·消遣》："到心头，三杯涤尽胸中垢和颜润色，延年益寿，一醉解千愁。"

元·佚名《南吕·玉娇枝过四块玉》："心上愁绳系，则这的是延年益寿的理。"

清·李汝珍《镜花缘·第九回》："服肉芝延年益寿，食朱草入圣超凡。"

清·刘献廷《广阳杂记》卷三："昔读《神农本草》，见诸金石毒药条下，多云可以服食，延年益寿。"

清·林耀亭《寿南强社弟五十》："任教沧海桑田变，自有延年益寿方。"

> **注**：以上八句，用的都是"延年益寿"一词的原意，即增加岁数，延长寿命之意。

📚 益寿延年

元明杂剧《洞玄升仙·第三折》："那其间称心满愿，博一个入圣超凡，益寿延年。"

明·佚名《东篱赏菊·第三折》："南阳有菊潭，又有甘谷泉，人饮其水，皆得益寿延年。"

清·石玉昆《三侠五义·第四十回》："因此赏参，要加上别的药味，配甚么药酒。每日早晚喝些，最是消除百病，益寿延年。"（按：郭安闻听，不觉发恨道：他还要益寿延年！恨不得他立刻倾生，方消我心头之恨。）

> **注**：以上三句，用的都是"益寿延年"一词的原意，即增加岁数，延长寿命之意。

第六节　朝朝暮暮

一、典出

"朝朝暮暮"，典出宋玉《高唐赋》："妾在巫山之阳，高丘之阻，旦为朝云，暮为行雨。朝朝暮暮，阳台之下。"

二、简释

每天的早晨和黄昏，指短暂的时间，从早到晚，天天如此。

三、变体（或不同典形）

暮暮朝朝

四、历代引用与释义

📚 朝朝暮暮

唐·韦庄《谒巫山庙》："朝朝暮暮阳台下，为雨为云楚国亡。"

> **注**：此处的"朝朝暮暮"指的是指短暂的时间，从早到晚，天天如此。

唐·白居易《长恨歌》："蜀江水碧蜀山青，圣主朝朝暮暮情。"

> **注**：句意是：蜀地山清水秀，引得君王相思情。此处的朝朝暮暮情形容的是男女之情。

唐·曹邺《四怨诗》："手推呕哑车，朝朝暮暮耕。"

> **注**：句意是：农人推着呕哑作响的农车，没日没夜地辛苦

耕作。此处指的是每天的早晨和黄昏，从早到晚，天天如此。

唐·张籍《北邙行》："朝朝暮暮人送葬，洛阳城中人更多。"

> **注**：此处指的是每天的早晨和黄昏，从早到晚，天天如此。

唐·卢照邻《双槿树赋》："朝朝暮暮落复开，岁岁年年红似翠。"

> **注**：此处指的是每天的早晨和黄昏，天天如此，指的是年年岁岁花开花落。

唐·王建《射虎行》："朝朝暮暮空手回，山下绿苗成道径。"

五代·毛文锡《巫山一段云·雨霁巫山上》："朝朝暮暮楚江边，几度降神仙。"

> **注**：以上两例指的是每天的早晨和黄昏，从早到晚。

宋·辛弃疾《水龙吟·昔时曾有佳人》："看行云行雨，朝朝暮暮，阳台下、襄王侧。"

> **注**：此处用的是典故的原意，写楚襄王与高唐神女梦中幽会事。

宋·秦观《鹊桥仙》："两情若能长久时，又岂在朝朝暮暮。"

> **注**：指朝夕相聚。

宋·毛滂《惜分飞·泪湿阑干花着露》："断雨残云无意绪，寂寞朝朝暮暮。"

> **注**：雨收云散，一切欢乐都成为过去，令人无情无绪。从此朝朝暮暮，我将空守孤寂。此处喻指曾经在一起的美好爱情。

宋·柳永《击梧桐·香靥深深》："试与问、朝朝暮暮。行云何处去。"

> **注**：句意是：试问，我们的爱情本当像楚王和巫山神女那样朝云暮雨，相爱相欢，可行云将往何处去呢？此处暮暮朝朝

> 形容爱人之间的感情极好，朝夕不离。

宋·汪元量《水龙吟·淮河舟中夜闻宫人琴声》："驼背模糊，马头匼匝，朝朝暮暮。"

> **注**：此处指的是从早到晚，朝朝暮暮。

宋·王安石《葛蕴作巫山高爱其飘逸因亦作两篇》："那知襄王梦时事，但见朝朝暮暮长云雨。"

> **注**：此处暮暮朝朝形容的是楚王和神女那样朝云暮雨，感情极好，相爱相欢。

清·洪昇《长生殿·怂合》："银河碧落神仙配，地久天长，岂但朝朝暮暮期。"

> **注**：此处用的是典故的原意，用楚王和神女遇合之典，表达对男女爱情的向往和追求。

清·厉鹗《齐天乐·吴山望隔江霁雪》："寂寂寥寥，朝朝暮暮，吟得梅花俱恼。"

> **注**：大意是寂寞孤独，朝朝暮暮，我吟梅花自遣怀。此处指的是从早到晚，天天如此。

近现代·瞿秋白《俄乡纪行》："他使我醒，他是一个不可思议的谜儿，他变成了一个'阴影'朝朝暮暮的守着我。"

> **注**：此处指的是从早到晚，日复一日地如此。

现当代·舒婷《双桅船》："不怕天涯海角，岂在暮暮朝朝，你在我的航程上，我在你的视线里。"

> **注**：此处表达了希望男女欢爱的时光可以长久一点。

📖 暮暮朝朝

唐·刘长卿《蛇浦桥下重送严维》:"黄叶一离一别,青山暮暮朝朝。"

> **注**:此处喻指别离的久远,表达了对每一天都在一起的无比怀念。

宋·吴潜《柳梢青·己未元夕》:"好把元宵。良辰美景,暮暮朝朝。"

> **注**:此处"暮暮朝朝"形容爱人之间的感情极好,朝夕不离。

明·徐勃《夜雨寄北》:"枕前红泪窗前雨,暮暮朝朝无尽时。"

> **注**:此处指的是从早到晚,每一天。

明·夏完淳《南仙吕入双调江儿水·金陵杂咏》:"暮暮朝朝泪,恰便是长江日夜波。"

> **注**:此处指的是每天的早晨和黄昏,天天如此。

明·于谦《节妇吟》:"辛勤纺绩事家业,暮暮朝朝颦黛眉。"

> **注**:此处指的是每天的早晨和黄昏,天天如此,表达了节妇每天劳作的艰辛。

元末明初·刘炳《凤凰台上忆吹箫·丁巳中秋感旧》:"行径红兰香歇,低颦念、暮暮朝朝。"

明·唐之淳《夜坐怀钱塘友人六言》:"过却山山水水,不知暮暮朝朝。"

明·石宝《紫丝怨》:"君家与妾邻苑墙,暮暮朝朝几断肠。"

清末民初·梁鼎芬《满宫花·少华画白芙蓉花纨扇见赠漫赋小词》:"暮暮朝朝休记。"

清·纳兰性德《河渎神·风紧雁行高》:"楚天魂梦与香消,青山暮暮朝朝。"

清·樊增祥《侍香金童·调子珍二解》:"暮暮朝朝,与卿合十。"

> **注**:以上六句中,"暮暮朝朝"形容爱人之间的感情极好,朝夕不离。

第七节　不知所出

一、典出

"不知所出"，典出宋玉《高唐赋》："卒愕异物，不知所出。"

二、简释

李善注："不知所从来。"语义所指有二：一是不知道从哪里来的；二是指不知道该怎么办。

三、历代引用与释义

📚 不知所出

汉·司马迁《报任少卿书》："大臣忧惧，不知所出。"

汉·刘向《荆轲刺秦王》："樊将军仰天太息流涕曰：'吾每念，常痛于骨髓，顾计不知所出耳！'"

唐·柳宗元《永州龙兴寺东丘记》："步武错连，不知所出。"

清·冯光裕《题李氏双节卷》："及长戏母侧，不知所出焉。"

> **注**：以上四句"不知所出"的意思是"不知道该怎么办"。

第八节　纵横交织

一、典出

"纵横交织"，典出宋玉《高唐赋》："于是水虫尽暴，乘渚之阳，鼋鼍鳣鲔，交织纵横。"

二、简释

此句意为：于是水族受惊，都浮上水面，到小洲北边躲避；鼋鼍鳣鲔，东歪西斜，纵横交积。纵：南北方向；横：东西方向；交错：交叉、错杂。横的竖的交叉在一起，形容事物或情况复杂，交叉点很多。

三、变体（或不同典形）

纵横交错、纵横交贯

四、历代引用与释义

📚 纵横交织

明·郭濬《虹映堂诗集》卷二："铭为钱圣月赋：范形成土，纵横交织；水行一点，始生渺忽。"

> **注**：此处形容自然环境复杂。

明·章潢《图书编》卷五十四："大江以北，中原诸省，纵横交织，皆于大野相连。而当时入贡之路，若青之浮汶，兖之浮济。"

明末清初·朱鹤龄《禹贡长笺》卷四："考禹时，大野既钟清济洙泗而成。而泗通于淮，济通于汶，淮通于沂，汶通于洭。中原诸水纵横交织，皆于大野相连。"

纵横交贯

清·纪昀《阅微草堂笔记》卷十七："《万法归宗》中载有是符，其画纵横交贯，略如小篆。"

纵横交错

宋·吕祖谦《东莱博议》卷一："陪朱泗之席者入耳皆德音，纵横交错。"

> **注**：形容事物众多或错综复杂。

现当代·萧乾《一本褪色的相册·美国点滴》："我总想看到一张标明这座小城里纵横交错街道的地图。"

现当代·杜鹏程《保卫延安·第四章》："骑兵、炮兵，纵横交错的步兵行列，远处手电的闪光，深夜战马的嘶叫声……"

当代·杜方（四川省地震预报研究中心主任）："长宁一带的地质构造规模小，但多条次级断层纵横交错，这是引起余震多发的主要原因。"

第九节　谲　诡

一、典出

"谲诡"，典出宋玉《高唐赋》："縱縱莘莘，若生于鬼，若出于神。状似走兽，或象飞禽。谲诡奇伟，不可究陈。"

二、简释

变化多端；怪诞。

三、历代引用与释义

📚 谲诡

东汉·班固《汉书·赵广汉王尊等传赞》："王尊文武自将，所在必发，谲诡不经，好为大言。"

> 注：东汉·王符《潜夫论·务本》："忠信谨慎，此德义之基也；虚无谲诡，此乱道之根也。"此处用来形容文章风格怪诞。

晋·左思《吴都赋》："其荒陬谲诡，则有龙穴内蒸，云雨所储。"

> 注：形容变化多端。

唐·姚思廉《陈书·任忠传》："及长，谲诡多计略。"

> 注：形容人的思想怪诞无稽。

清·袁枚《随园随笔·诸史一》："补魏受禅谶书三万馀言及钟繇杀鬼妇、蒋齐梦亡儿、掘地得范明友之奴等，事属谲诡，似可不补。"

> **注**：形容所叙事情怪诞不可信。

现当代·端木蕻良《科尔沁旗草原·十五》："人生也如天空一样的谲诡呵，一会儿一个变化。"

> **注**：此处指变化不定，难以预测。

第十节 孤儿寡母

一、典出

"孤儿寡母"，典出宋玉《高唐赋》："孤子寡妇，寒心酸鼻。"

二、简释

死了父亲的孩子，死了丈夫的妇女。泛指失去亲人，无依无靠者。

三、变体（或不同典形）

寡母

四、历代引用与释义

📚 孤儿寡母：

清·李慈铭《贺新郎二十首·其五》："廿年琼、孤儿寡母，艰难生计。"

> **注**：此处用的是原意，指的是死了父亲的孩子，死了丈夫的妇女，以此表明指失去亲人，无依无靠者。

明·刘瑞《玉清集》卷五："辖年不及夫下寿，而孤儿寡母，萧然箧笥，孰不为之酸辛？"

明·来知德《来瞿唐先生日录内篇》卷六："王莽与赵匡胤俱为臣子，俱当国运。孤儿寡母之时，匡胤成其事，则为宋之太祖；王莽不能成其事，则为逆贼。"

明·冯琦《宗伯集》卷二十《赵母姚太孺人墓志铭》："死不足惜，诚不忍自处。以无毋而使母无子。且诸臣中，岂更有孤儿寡母，生离死别。"

清·佚名《迎庆升平》卷二："这个广庆茶园的东家是孤儿寡母，被这四个恶霸霸着不给人家东家钱。我是气愤不平，替东家来找四霸天。"

📖 **寡母**

明末清初·钱澄之《哀江南·其十》："哲兄奉寡母，抚尸悲且欣。"

清·李锴《射雉儿》："寡母应给使，灶下无山妻。"

清·姚燮《哭卢文学师棠》："依依寡母怀，索饵但知弄。"

> **注**：以上三例用的是原意，指的是死了丈夫的妇女，以此表明指失去亲人，无依无靠。

第十一节　变化无穷

一、典出

"变化无穷"，典出宋玉《高唐赋》："须臾之间，变化无穷。"

二、简释

形容不断变化，没有止境。事物的发展虽然变化无穷，但也有一定的规律可循。

三、变体（或不同典形）

变化莫测

四、历代引用与释义

📚 变化无穷

唐·龙护老人《铸镜歌》："分野有象，变化无穷。"

宋·张伯端《西江月·十三》："丹是色身至宝，炼成变化无穷。"

宋·张栻《丙申至前五日复坐南窗忆去年诗又成两章》："变化无穷俱是易，探原密处起干知。"

宋·陈深《赠道眼相士》："人生出处难豫期，浮云变化无穷已。"

> **注**：以上四例中，"变化无穷"形容不断变化，没有止境。

宋·苏舜钦《夜中》："骇浪奔腾，一刻万里，纷纷变化无穷已。"

金·马钰《挂金灯·赠重阳师父侄王周臣》："朗然变化。无穷异景。"

元·佚名《无俗念》："变化无穷，包含不尽，运用无踪迹。"

明·罗伦《赠画史艾方师》："变化无穷杳难测，妙无言兮纸一张。"

明·史谨《云潜》:"与道翱翔,变化无穷。"

清·屠文照《龟山屿歌》:"年年滋生如卵养,变化无穷神通广。"

> **注**:以上六句中的"变化无穷",都是形容变化多端、千变万化。

变化莫测

宋·唐仲友《续八咏·熏风夏更宜》:"高明可居君莫厌,变化莫测吟可供。"

明·胡俨《题画龙》:"神龙三十有六鳞,变化莫测时为人。"

> **注**:以上两句中的"变化莫测",都是形容变化多端,千变万化。

第十二节　云梦闲情

一、典出

"云梦闲情"，典出宋玉《高唐赋》序：昔者楚襄王与宋玉游于云梦之台，望高唐之观，其上独有云气……王曰："何谓朝云？"玉曰："昔者先王尝游高唐，怠而昼寝，梦见一妇人，曰：'妾巫山之女也，为高唐之客，闻君游高唐，原荐枕席。'"

二、简释

"云梦闲情"指男女欢会之事。

三、变体（或不同典形）

云雨巫山、巫山云雨

四、历代引用与释义

📚 云梦闲情

明·叶宪祖《易水寒·第二折》："不比那云梦闲情，姑苏醉宴，章华娇态。"

> 注：此处用典指的是男女欢会之事。

明·方逢时《大隐楼集》卷八："我爱鲁潭子，深居意自宽。声名辞凤阙，身世伴鱼竿。逸兴吞云梦，闲情寄芷兰。"

📚 云雨巫山

唐·李白《清平调·其二》："一枝秾艳露凝香，云雨巫山枉断肠。"

> **注**：此处写楚王遇神女的虚妄，衬托贵妃之沐实惠。

唐·刘禹锡《历阳书事七十韵》："云雨巫山暗，蕙兰湘水清。"

> **注**：原指古代神话传说中巫山神女兴云降雨之事，这里借指自己政治前途暗淡。"蕙芷"就是指今天我们所说的蕙兰和白芷。蕙兰和白芷常常比喻高尚品德、追求的理想。

五代·袁思古《庆春泽·赠妓》："云雨巫山，梦断南柯。"

> **注**：此处用典指的是男欢女爱，作者叹惋曾经与爱人在一起的欢乐时光已经一去不复返了。

宋·贾云华《永别》："自从消瘦减容光，云雨巫山枉断肠。"

> **注**：此处用典指的是男欢女爱，表达了作者对曾经美好爱情的怀念。

宋·韩驹《念奴娇·海天向晚》："雾鬟风鬟何处问，云雨巫山六六。"

> **注**：此处用典指的是男女遇合之情。

宋·张抡《壶中天慢》："露洗妖妍，风传馥郁，云雨巫山约。"

> **注**：此处指的是春天的云雨自然景象。

宋·李龏《梅花集句·其六十九》："梦魂不入人间世，云雨巫山枉断肠。"

金·李俊民《集古·其二·寄情》："曾留宋玉旧衣裳，云雨巫山枉断肠。"

元·张弘范《南乡子·其三·赠歌妓》："宝髻绣霓裳，云雨巫山窈窕娘。"

明·杨慎《忆王孙·落花集句》："云雨巫山枉断肠。"

明·郑珞《故宫人》："云雨巫山梦已阑，衰容羞向镜中看。"

> **注**：以上五例用典指的是男女遇合之情。

明·佘翔《悼内·其四》："茫茫大块竟何之，云雨巫山梦转疑。"

> **注**：此处用典指的是男女遇合之情，表达了作者对亡妻的怀念。

明·罗洪先《程舜敷春暮同江宴会遇雨》："楚天云雨巫山梦，江草佩环湘浦春。"

> **注**：此处用典指的是自然界的云雨。

明·释今无《罗浮红鸟·其十》："芙蓉醉日露华浓，云雨巫山易断踪。"
清·董俞《思佳客·其一·和梦窗咏半面髑髅》："云雨巫山已渺茫。"
清·樊增祥《后彩云曲》："彩云此际泥秋衾，云雨巫山何处寻？"

> **注**：以上三例指的是男女遇合之情。

清·赵元安《永诀》："云雨巫山梦，魂归楚岫赊。"

> **注**：此处指的是男欢女爱。

第十三节　高唐梦

一、典出

"高唐梦"，典出宋玉《高唐赋并序》，其中言楚王曾游高唐，梦见神女愿荐枕席。

二、简释

高唐梦是指宋玉《高唐赋》中事，用于爱情题材作品，也可用于"梦"的题材，借指男女交欢之事。

三、变体（或不同典形）

高唐

四、历代引用与释义

📚 高唐梦

元·王实甫《西厢记》第二本第五折《绵搭絮》："便做道十二巫峰，他也曾赋高唐来梦中。莺莺思念张生，又怨信息不通，连梦都梦不见，因而用高唐梦典故。"

> **注**：指宋玉《高唐赋》中事，借指男女交欢之事。

元·关汉卿《望江亭中秋切鲙·第一折·胜葫芦么》："姑姑，你只待送下我高唐十二山，枉展污了你这七星坛。"

> **注**："高唐"指男女相爱的地方；"十二山"指巫山，传说巫山十二峰。此处的"高唐"指的是宋玉《高唐赋》中事，借

指男女交欢之事。

元·关汉卿《关张双赴西蜀梦·第二折·牧羊关》:"蝴蝶迷庄子,宋玉赴高唐,世事云千变,浮生梦一场。"

> **注**:指宋玉《高唐赋》中事,借指男女交欢之事。"高唐梦"本是楚王事,因宋玉写了《高唐赋》,便附会在他身上。

元·马致远《破幽梦孤雁汉宫秋·第四折·叫声》:"高唐梦苦难成,那里也爱卿,爱卿,却怎生无些灵圣!元帝希望能梦见昭君,写其思念之深。"

> **注**:此处指宋玉《高唐赋》中事,借指男女交欢之事。

元·白朴《董秀英花月东墙记·第四折·绵搭絮》:"有情人何日相逢,几时得赴高唐梦中。"

> **注**:此指夫妻相会,以高唐梦譬喻,借宋玉《高唐赋》中事,指男女交欢之事。

📚 高唐

唐·李商隐《岳阳楼》:"如何一梦高唐雨,自此无心入武关。"

唐·李商隐《有感》:"一自高唐赋成后,楚天云雨尽堪疑。"

五代·孙光宪《菩萨蛮·月华如水笼香砌》:"即此是高唐,掩屏秋梦长。"

> **注**:以上三句中的"高唐",指宋玉《高唐赋》中所说之事,借指男女交欢之事。

五代·毛文锡《临江仙·暮蝉声尽落斜阳》:"楚山红树,烟雨隔高唐。"

> **注**:指宋玉《高唐赋》所记之事发生的地方,借指高唐神女之事。

宋·苏轼《蝶恋花·记得画屏初会遇》:"好梦惊回,望断高唐路。"

宋·周邦彦《氏州第一·波落寒汀》:"欲梦高唐,未成眠、霜空已晓。"

宋·苏轼《满庭芳·香叆雕盘》："亲曾见，全胜宋玉，想象赋高唐。"

宋·辛弃疾《念奴娇·洞庭春晚》："赋了高唐犹想象，不管孤灯明灭。"

宋·晏几道《临江仙·浅浅余寒春半》："月堕枝头欢意，从前虚梦高唐，觉来何处放思量。"

> **注**：以上五例，指宋玉《高唐赋》中事，借指男女交欢之事。

宋·黄庭坚《醉蓬莱》："巫峡高唐，锁楚宫朱翠。"

> **注**："高唐"指的是高唐神女这个典故发生的地方。

宋·周端臣《玉楼春·华堂帘幕飘香雾》："樽前谩咏高唐赋，巫峡云深留不住。"

元·郑光祖《蟾宫曲·梦中作》："半窗幽梦微茫，歌罢钱塘，赋罢高唐。"

> **注**：以上两句中的"高唐"，指宋玉的《高唐赋》这部文学作品。

清·曹雪芹《乐中悲》："终久是云散高唐，水涸湘江。"

> **注**：指宋玉《高唐赋》中事，借指男女交欢之事，表达了往事历历犹如过眼烟云的感慨。

第四章　神女赋

《神女赋》简介

　　《神女赋》录自南朝梁代昭明太子萧统主编的《文选》第十九卷，写的是一个带有传奇色彩的人神相恋的神话传说故事。楚襄王梦遇高唐神女，因被其丽姿妙质吸引而产生爱慕之情。但高唐神女是一位虽有佚荡之情，但终能以礼自防的女性，因此使楚襄王重温父王云雨梦的强烈愿望全然落空。

　　《神女赋》的主体部分成功地塑造了栩栩如生的神女形象，着力表现了她内心世界中情与礼的矛盾与冲突，她既美丽、多情，又矜持、庄重，"发乎情、止乎礼"，是一位光耀千古的女神形象。不难看出，《神女赋》和《高唐赋》两篇赋中的高唐神女尽管都美丽无比，但是在道德方面却有明显的差异：《高唐赋》中的高唐神女是一位主动与陌生男子交媾的女神，而《神女赋》中的高唐神女却是一位贞洁的美人！

第一节　婉若游龙

一、典出

"婉若游龙"，典出宋玉《神女赋》："振绣衣，被袿裳，秾不短，纤不长，步裔裔兮曜殿堂，忽兮改容，婉若游龙乘云翔。"又见宋玉《舞赋》："蜲蛇姌袅，云转飘曶。体如游龙，袖如素霓。"

二、简释

她那华丽的服饰，就像上等丝绸织绘出精美的图案。绝妙的服饰无论在哪里都光彩照人。她挥动着身上的绣衣，那衣裙非常合身，既不显瘦，也不见长。她迈着妖娆的步子走进明亮的殿堂。忽而又改变姿态，宛如游龙乘云飞翔。

三、变体（或不同典形）

婉如游龙、矫若游龙、游龙

四、历代引用与释义

📚 婉若游龙

宋·郭祥正《次韵和元舆待制后浦宴集三首·其一》："皓腕翩翻雪藕丝，婉若游龙或惊鸳。"

> **注**：此处形容佳人貌美。

明·黄省曾《塘上行一首》："婉若游龙乘云翔，鸣呼不得侍君傍。"

> **注**：此处形容佳人走路步态妖娆。

婉如游龙

三国·曹植《洛神赋》："其形也，翩若惊鸿，婉若游龙。"

> **注**：形容洛水女神的窈窕身姿。

唐·李群玉《长沙九日登东楼观舞》："翩如兰苕翠，婉如游龙举。"

> **注**：形容舞女们舞姿灵动。

矫如游龙

宋·蔡戡《筇竹杖歌》："我有一枝筇，夭矫如游龙。"

> **注**：此处形容有了手杖之后行走步步生风。

宋·杜范《雁荡》："或伏如卧虎，或矫如游龙。"

> **注**：形容大雁飞行的样子潇洒。

元·周砥《放歌行赠宋君》："甘心廓落事屠钓，矫如游龙不可拘。"

> **注**：此处指诗人对宋君的祝福，不必被世俗拘束心灵。

矫若游龙

明·袁宏道《万寿寺观文皇旧钟》："字画生动笔简古，矫若游龙与翔鹄。"

> **注**：此处形容写字下笔流畅且字迹飘逸有韵味。

明·顾清《己酉西行》："浮云东南来，矫若游龙翔。"

> **注**：此处形容浮云飘动的样子。

明·尹台《巽屏歌》："君不见黄雩之山蜿蜒来百里，矫若游龙天中峙。"

> **注**：此处形容黄雩山连绵起伏的样子。

明·史鉴《踏莎行·观观音舞》："矫若游龙，翩如飞燕。彩云挥霍华灯炫。"

> **注**：此处形容舞女的舞姿轻盈灵动。

📚 **游龙**

唐·白居易《霓裳羽衣舞歌》："飘然转旋回雪轻，嫣然纵送游龙惊。"

> **注**：此处形容杨玉环的舞姿翩跹灵动。

唐·贯休《古意九首·其三》："美人如游龙，被服金鸳鸯。"

> **注**：此处形容佳人身姿娇健，英姿勃发。

唐·陈陶《独摇手》："迎春侍宴瑶华池，游龙七盘娇欲飞。"

> **注**：此处形容舞女跳七盘舞的身姿飘逸灵动。

唐·韦应物《鼋头山神女歌》："精灵变态状无方，游龙宛转惊鸿翔。"

> **注**：此处形容神女身形缥缈莫测。

宋·刘才邵《湘夫人歌》："湘云远与苍梧通，腾空宛转如游龙。"

> **注**：此处形容湘江蜿蜒穿过苍梧山，如同游龙盘绕其间。

宋·方一夔《李伯时明皇按乐图》："游龙烂簇五家锦，玉奴姊妹俱倾城。"

> **注**：此处是指代杨玉环姐妹服饰华贵典雅。

宋·蒋捷《翠羽吟》："有丽人、步依修竹，萧然态若游龙。"

> **注**：此处形容佳人行走姿态飘逸。

明·孙承恩《古意》："窈窕如游龙，青杨宛娥眉。"

> **注**：此处形容佳人貌美。

第二节　楚襄王

一、典出

　　"楚襄王"，典出宋玉《神女赋》："楚襄王与宋玉游于云梦之浦，使玉赋高唐之事。其夜王寝，果梦与神女遇，其状甚丽，王异之。"

二、简释

　　故事大意是：楚襄王与宋玉在云梦之滨游览，让宋玉讲述先王梦会高唐神女的故事，到了夜里入睡，果然梦见自己与神女会于巫山，神女的容貌简直娇丽动人极了，襄王感到非常惊奇。后遂用"楚襄王"作为咏帝王艳遇之典。唐代崔氏《襄阳作》："醉中求习氏，梦里忆襄王"即用此典。

三、变体（或不同典形）

　　襄王、顷襄王

四、历代引用与释义

　📖 **楚襄王**

　　唐·李贺《马诗二十三首·其十三》："代堆金买骏骨，将送楚襄王。"

> 　　**注**：句意是他花费重金买了骏马的尸骨，却要送给并不爱马的楚襄王。即战国时楚顷襄王芈横。

　　唐·刘希夷《公子行》："倾国倾城汉武帝，为云为雨楚襄王。"

> 　　**注**：指的是战国时楚顷襄王芈横。

　　唐·李群玉《赠人》："云雨无情难管领，任他别嫁楚襄王。"

> **注**：男女有情无情很难把握，任由她另又嫁给楚襄王。

唐·陈子昂《感遇诗三十八首》："岂兹越乡感，忆昔楚襄王。朝云无处所，荆国亦沦亡。"

> **注**：此时主旨是借古伤今，回忆曾经楚襄王与神女贪图男女之欢愉忘记励精图治，导致国家灭亡，警醒后世统治者应勤于政务。

唐·刘禹锡《巫山神女庙》："何事神仙九天上，人间来就楚襄王。"

唐·罗隐《浮云》："莫道无心便无事，也曾愁杀楚襄王。"

宋·苏辙《黄州快哉亭记》："昔楚襄王从宋玉、景差于兰台之宫……"

> **注**：以上三例中，"楚襄王"指的都是战国时楚顷襄王芈横。

📚 襄王

汉·刘向《战国策·庄辛说楚襄王》："庄辛谓楚襄王曰：君王左州侯，右夏侯，辇从鄢陵君与寿陵君，专淫逸侈靡，不顾国政，郢都必危矣！"襄王曰："先生老悖乎？将以为楚国祅祥乎？"

> **注**：楚襄王即战国时楚国国君，楚怀王之子。

唐·李白《襄阳歌》："襄王云雨今安在？江水东流猿夜声。"

> **注**：句意是楚襄王的云雨之梦哪里去了？在这静静的夜晚所能见到的只有月下的江水，所听到的只有夜猿的悲啼之声。

唐·李商隐《有感》："非关宋玉有微辞，却是襄王梦觉迟。"

> **注**：此诗旨在借古伤今，是一首咏史诗，此处的襄王指的是战国时楚国国君，楚怀王之子。

唐·李商隐《过楚宫》："微生尽恋人间乐，只有襄王忆梦中。"

宋·黄庭坚《减字木兰花·襄王梦里》："襄王梦里，草绿烟深何处是？

宋玉台头，暮雨朝云几许愁？"

> **注**：以上两句中的"襄王"即战国时楚顷襄王芈横。

宋·道潜《口占绝句》："寄语东山窈窕娘，好将幽梦恼襄王。"

宋·辛弃疾《满江红·赣州席上呈陈季陵太守》："便归来、只是赋行云，襄王客。"

宋·晏几道《木兰花·秋千院落重帘暮》："朝云信断知何处？应作襄王春梦去。"

> **注**：此以上三句中的"襄王"，指的是战国时楚国国君，楚怀王之子。

📚 顷襄王

汉·司马迁《史记·屈原列传》："王之不明，岂足福哉！令尹子兰闻之，大怒，卒使上官大夫短屈原于顷襄王，顷襄王怒而迁之。"

唐·周昙《春秋战国门·顷襄王》："顷襄还信子兰语，忍使江鱼葬屈原。"

> **注**：此以上两句中的"襄王"，指的是战国时楚国国君，楚怀王之子。

第三节　吹气胜兰

一、典出

"吹气胜兰"，典出宋玉《神女赋》："陈嘉辞而云对兮，吐芬芳其若兰。"

二、简释

神女侃侃而谈，出口成章，巧妙应对，字字珠玑，呼出的气息像兰花一样芳香。形容美女呼出的气息像兰花那样芳香。

三、变体（或不同典形）

吹气若兰、吹气如兰

四、历代引用与释义

📚 吹气胜兰

明·黄省曾《丽媚曲一首》："佳人年十四，吹气胜兰香。"

> **注**：形容美女呼出的气息像兰花那样芳香。

明·张岱《陶庵梦忆·奶酪》："玉液珠胶，雪腴霜腻，吹气胜兰，沁人肺腑。"

> **注**：本来是形容美女呼出的气息像兰花那样芳香，此处喻指奶酪散发的食物的香气，形容奶酪色香味俱全。

📚 吹气若兰

三国·曹植《美女篇》："顾盼遗光采，长啸气若兰。"

> **注**：此处形容美女呼出的气息像兰花那样芳香。

清·张潮《幽梦影·第三十三则》："美人之胜于花者，解语也；花之胜于美人者，生香也。二者不可得兼，舍生香而取解语者也。"王勿翦曰："飞燕吹气若兰。合德体自生香，薛瑶英肌肉皆香。则美人又何尝不生香也。"

> **注**：此处意指美人胜于鲜花的地方，在于她知晓人意；鲜花胜于美人的地方，在于它可以散发芳香。这两者是不可能同时拥有的，那只有舍弃散发香味的鲜花而选择知晓人意的美人了。形容美女呼出的气息像兰花那样芳香。

📚 吹气如兰

汉·郭宪《洞冥记》："帝所幸宫人名丽娟，年十四，玉肤柔软，吹气如兰。"

清·蒲松龄《聊斋志异·葛巾》："纤腰盈掬，吹气如兰。"

清·陆蒨《倩影楼诗稿·倦寻芳·即次集中见赠原韵》："气吹兰，人疑玉，娟娟楚楚双罗袖。"

> **注**：以上三例中的"吹气如兰"是形容美女呼出的气息像兰花那样芳香。

第四节　纷纷扰扰

一、典出

"纷纷扰扰"，典出宋玉《神女赋·序》："精神恍惚，若有所喜，纷纷扰扰，未知何意。"

二、简释

"纷纷扰扰"凌乱的样子，也形容思绪纷乱。

三、变体（或不同典形）

扰扰纷纷、纷扰

四、历代引用与释义

📚 纷纷扰扰

唐·贯休《春晚桐江上闲望作》："江上车声落日催，纷纷扰扰起红埃。"

> **注**：此处指的是凌乱的样子。

宋·司马光《与王介甫书》："……无一人得袭故而守常者，纷纷扰扰，莫安其居……"

> **注**：指处境复杂，事态纷扰繁复。

宋·苏轼《送邵道士彦肃还都峤》："乞得纷纷扰扰身，结茅都峤与仙邻。"

> **注**：形容事态和世界纷乱杂扰令人心不定。

宋·舒岳祥《山斋观物》："纷纷扰扰为形役，闲补涪翁演雅歌。"

> **注**：此处形容思绪纷乱。

宋·李之仪《和张文潜喜东坡过岭》："纷纷扰扰何为哉，一身之馀皆傥来。"

元·张可久《满庭芳·山中杂兴二·金华道中二首》："营营苟苟，纷纷扰扰，莫莫休休。"

元·王子一《刘晨阮肇误入桃源》："纷纷扰扰由他，多多少少欺咱，言言语语参杂。"

元·白朴《沁园春·保宁佛殿即凤凰台·太白留题在焉》："刻御书王荆公赠僧诗云，纷纷扰扰十年间，世事何常不强颜……"

> **注**：以上四句中的"纷纷扰扰"，形容思绪纷乱，为凡尘俗世所打扰。

扰扰纷纷

唐·元稹《馀杭周从事以十章见寄词调清婉难于遍酬聊和……答来贶》："扰扰纷纷旦暮间，经营闲事不曾闲。"

> **注**：此处的"纷纷扰扰"形容思绪纷乱。

宋·韩淲《青山寺》："扰扰纷纷满眼尘，可怜光景逐时新。"

元·耶律楚材《和人韵》："静思二十年间事，扰扰纷纷尽觉非。"

明·沈周《落花五十首·其三十三》："扰扰纷纷纵复横，那堪薄薄更轻轻。"

明·邵宝《草庐三顾图》："静观天下如观棋，扰扰纷纷徒尔为。"

> **注**：以上四句中的"扰扰纷纷"，都是形容思绪纷乱，为凡尘俗世所打扰。

纷扰

汉·刘桢《赠从弟·其一》："苹藻生其涯，华叶纷扰溺。"

> **注**：此处的"纷扰"指的是凌乱的意思。

唐·柳宗元《独觉》："良游怨迟暮，末事惊纷扰。"

唐·柳宗元《与崔策登西山》："谪居安所习，稍厌从纷扰。"

唐·拾得《诗》："君不见，三界之中纷扰扰，只为无明不了绝。"

> **注**：以上三句中的"纷扰"，指的是被打扰。

唐·姚合《闲居遣怀十首》："万事徒纷扰，难关枕上身。"

宋·苏轼《正月九日有美堂饮醉归径睡五鼓方醒不复能眠》："众人事纷扰，志士独悄悄。"

> **注**：以上两句中的"纷扰"，是形容思绪纷乱，为凡尘俗世所打扰。

宋·韩淲《秋暑过施寺少憩至夜半山月朗然》："不是闲人爱幽处，秋来纷扰饱曾更。"

> **注**：此处形容思绪纷乱。

明·张萱《路行难丙子春三月寄怀陈集生宗伯》："风尘一堕自纷扰，日月已逝难追攀。"

清·陈蕴莲《摸鱼儿·题周温甫烟波泛棹图》："软红十丈徒纷扰，只合烟波同住。"

> **注**：以上两句中的"纷扰"，是形容思绪纷乱，为凡尘俗世所打扰。

第五节　精神恍惚

一、典出

"精神恍惚"，典出宋玉《神女赋》："精神恍忽，若有所喜。"

二、简释

恍忽：糊里糊涂的样子，形容神思不定或神志不清。

三、变体（或不同典形）

恍惚

四、历代引用与释义

📚 精神恍惚

唐末宋初·徐铉《太师相公挽歌词二首》："精神恍惚骑龙尾，功业纷纶在虎闱。"

> 注：形容神思不定或神志不清。

元末明初·贡性之《题杨文昭为刘敬思画》："精神恍惚夺造化，意象惨澹含云烟。"

> 注：糊里糊涂的样子，形容神思不定或神志不清。

明·文征明《处州刘学谕敬乃刘龙洲远孙便道拜龙洲墓于昆山作诗送之》："精神恍惚如相授，父老追随为搔首。"

> 注：形容神思不定或神志不清。

清·金朝觐《题程小泉先生画册》："片纸寄精神，恍惚闻謦欬。"

> **注**：原意指的是神思不定或神志不清，此处形容画技高超，栩栩如生。

近现代·茹志鹃《高高的白杨树》："在大姐失踪之后，我精神恍惚。领导这时又要我写个大姐的简历，要进行追功。"

> **注**：形容神思不定或神志不清。

📚 恍惚

汉·蔡琰《悲愤诗》："见此崩五内，恍惚生狂痴。"

魏晋·阮籍《咏怀八十二首》："兹年在松乔，恍惚诚未央。"

唐·杜甫《北征》："挥涕恋行在，道途犹恍惚。"

> **注**：以上三句的"恍惚"，指糊里糊涂的样子，形容神思不定或神志不清。

唐·韩愈《桃源图》："文工画妙各臻极，异境恍惚移于斯。"

> **注**：此处形容画技高超，画作栩栩如生。

宋·辛弃疾《木兰花慢·可怜今夕月》："谓经海底问无由，恍惚使人愁。"

宋·刘克庄《杂咏一百首·李夫人》："恍惚疑如在，缠绵爱未休。"

> **注**：以上两句的"恍惚"，指糊里糊涂的样子，形容神思不定或神志不清。

第六节　瑰　玮

一、典出

"瑰玮"，典出宋玉《神女赋》："盛矣丽矣，难测究矣。上古既无，世所未见，瑰姿玮态，不可胜赞。"

二、简释

极写梦中美女的风采如珍奇宝石般令人无法盛赞。瑰姿，亦作"瓌姿"。又宋玉《舞赋》："轶态横出，瑰姿谲起。"李善注："瑰，美也。""瑰姿"即美好的姿容。

三、变体（或不同典形）

瓌玮、瑰姿

四、历代引用与释义

瑰玮

汉·司马相如《子虚赋》："若乃俶傥瑰玮，异方殊类……充仞其中者，不可胜计。"

三国·曹植《酒赋》："余览扬雄《酒赋》，辞甚瑰玮，颇戏而不雅。"

宋·叶适《题张都官送行诗后》："司马、范公而下，瑰玮名士往往在焉。"

清·方文《王云从招饮大观楼》："君才瑰玮本天人，屈指当为社稷臣。"

> **注**：这几例中，"瑰玮"是夸赞人品、才干卓异。

🔖 瓌玮

汉·刘安及其门客《淮南子·俶真训》：“何况怀瓌玮之道，忘肝胆、遗耳目……而和以天地者乎？”

三国·何晏《景福殿赋》：“羌瓌玮以壮丽，纷或或其难分。”

明·张居正《答廉宪王凤洲书》之四：“以下国之荒陋，何幸得闻云和之声，覩瓌玮之宝哉！”

清·刘献廷《广阳杂记》卷三：“又有白鱼，遍身青花，俨如江西景德镇所烧窑器，瓌玮可观，可谓名下无虚矣。”

> **注**：以上四例中，“瓌玮”形容事物珍贵奇异。

南北朝·范晔《后汉书·应劭传》：“劭凡为驳议三十篇……其二十六，博采古今瓌玮之士，文章焕炳，德义可观。”

唐·李延寿《北史·苏绰传》：“彼瓌玮之材，不世之杰，尚不能以未遇之时，自异于凡品，况降此者哉？”

宋·王谠《唐语林·德行》：“懿宗器度深厚，形貌瓌玮，仁孝出于天性。”

清·蒲松龄《聊斋志异·席方平》：“仰见车中一少年，丰仪瑰玮。”

> **注**：以上四例中，“瓌玮”指的是人的形貌魁梧美好。

唐·魏徵《晋书·文苑传·左思》：“《三都赋》辞义瓌玮，良可贵也。”

明末清初·朱鹤龄《读货殖传》：“其文章瓌玮奇变不必言，以殿全书之末，必有深指。”

> **注**：以上两例中，“瓌玮”指的是诗文内容奇特，文辞壮丽。

🔖 瑰姿

魏晋·陆机《思亲赋》：“感瑰姿之晚就，痛慈景之先违。”

唐·房玄龄《晋书》：“永固（苻坚的字）雅量瑰姿，变夷从夏，叶鱼龙之遥咏，挺莫苻之休征，克翦奸回，纂承伪历，遵明王之德教，阐先圣之儒风，抚育黎元，忧勤庶政。"

唐·陈陶《题僧院紫竹》："对烟苏麻丑，夹涧筼筜伏。美誉动丹青，瑰姿艳秦蜀。"

宋·洪适《次韵蔡瞻明惜花五绝句·其四》："试因子墨赋瑰姿，独记朝容在一披。着粉直嫌妆太白，只今何似梦中时。"

宋·史浩《剑舞》："花影下、游龙自跃，锦裀上、蹡凤来仪。轶态横生，瑰姿谲起。倾此入神之技，诚为骇目之观。巴女心惊，燕姬色沮。"

宋·张栻《同元晦择之游岳道遇大雪马上作》："乔松与修竹，错立呈瑰姿。清新足遐寄，浩荡多余思。"

宋·胡宿《和蔡君谟阁前紫柏》："此世隆三代，何时构九房。瑰姿天所产，工度未应忘。"

明·黄省曾《塘上行一首》："梦中仿佛羊车来，寤起心肝摧断绝。瑰姿玮态耀绮窗，绣衣袿服盛文章。婉若游龙乘云翔，呜呼不得侍君傍。"

明·祝允明《韵得之看梅》："江梅不畏寒，时至开如霰。瑰姿静在野，卧病不得见。"

明·徐渭《抱琴美人图》："绝代诚难得，瑰姿理莫推。如斯落鱼雁，母乃梦蛇虺。"

清·邹祗谟《南浦·为阮亭题余氏女子绣洛神图》："瑰姿艳逸，着雾绡、云縠是何人。但见凌波微步，罗袜自生尘。"

清·邹祗谟《阳台路·为阮亭题余氏女子绣高唐神女图》："宋玉当时，玮态瑰姿，彩毫曾赋。梦来去。又瑶佩褰帷，杳不知处。"

清·严既澄《水龙吟·观女伶卢月霞剧》："诧眼惊鸿轻瞥。乱华镫万花飘忽，瑰姿飒爽，新萌蓓蕾。"

第五章　对楚王问

《对楚王问》简介

　　《对楚王问》是宋玉面对他人的谗毁时的自我辩解。宋玉在面对楚襄王的诘问时，为自己辩护，然而整篇却又没有一句直接为自己申辩的话，而是引譬设喻，借喻晓理。他分别以音乐、动物、圣人为喻，先以曲与和比照，说明曲高和寡；继以凤与鷃、鲲与鲵相提并论，对世俗再投轻蔑一瞥；最后以圣人与世俗之民对比，说明事理。总之，他把雅与俗对立起来，标榜自己的绝凡超俗、卓尔不群，其所作所为不为芸芸众生所理解，不足为怪。"世俗之民，又安知臣之所为哉！"既是对诽谤者的有力回击，也表现了自己的孤傲清高，还间接表现了其政治上不得意的愤懑。

　　宋玉来自下层社会，接触普通百姓的机会较多，也深受民间文学与乡野文化的熏陶，其赋作也发挥了这方面的优势，丰富了他的创作。《对楚王问》中，用郢中歌、下里巴人与阳春白雪在听众中引起的不同反应，说明"曲高和寡"之理，现在这已成为代表雅俗两类文艺或文化的通用典故。此外，"尺泽鲵""藩篱鷃""薤露"等意象具有鲜明的日常生活气息，形象感突出，通俗易晓，也成为历代诗文中引申说理的高频词语。

第一节　曲高和寡

一、典出

"曲高和寡"，典出宋玉《对楚王问》："客有歌于郢中者。其始曰《下里》《巴人》，国中属而和者数千人……引商刻羽，杂以流徵，国中属而和者，不过数人而已。是其曲弥高，其和弥寡。"

二、简释

原文故事大意是：有一位客人在我们郢都唱歌，他开始唱的是《下里》《巴人》这一类非简单普通的歌曲，都城里跟着唱的有几千人；当他唱《阳阿》《薤露》这一类比较简单通俗的歌曲时，都城里跟随着唱的有几百人；当他唱《阳春》《白雪》这一类难唱的高雅歌曲时，都城里跟着唱的只不过几十人；而当他唱难度更大的高深精妙、抑扬顿挫的乐曲，并引进商音、减弱羽音、穿插使用流畅的徵音时，都城里能跟着唱的，就只不过几个人了。用"属和"指与人唱和，可见歌曲愈是高雅，那唱和的人就愈是稀少。

宋玉的原意是以音乐自比，说明自己不被很多人满意，说明自己越高雅就越缺少知音。原来是以此比喻知音难得，现在也比喻言论或作品的格调越高雅，就越难以被人们理解和接受。这则成语故事告诉人们，无论发表言论还是写文章，都应从实际出发，同时力求通俗易懂，而不要凭空"唱高调"，否则曲调高雅，能跟着唱的人就少，就不被人们接受。后遂用成语"曲高和寡"及其变体"曲高寡和、唱高和寡、希音和寡、雅曲难和"等，用来比喻知音难得。又被用来比喻言论或作品不通俗，难于为人所接受。这则成语已被人们广为引用，柳亚子先生在《二十世纪大舞台发刊词》中告诫演员："而阳春白雪，曲高和寡，崇论呓议，终淹没而未行者，有之矣。"歇后语

"毛驴嗓门大——曲高和寡"也由此变化而来。

三、变体（或不同典形）

曲高难和、高难和、曲高寡和、唱高和寡、希音和寡、雅曲难和、难和、曲高、寡和

四、历代引用与释义

📚 曲高和寡

三国魏·刘劭《人物志·效难》："或曲高和寡，唱不见赞；或身卑力微，言不见亮。"

> 注：用"曲高和寡"来形容有的被鉴识的人才过于清高和深奥而缺乏众人支持，即使被歌颂也不会被赞赏。

三国魏·阮瑀《筝赋》："曲高和寡，妙伎难工。"

> 注：用"曲高和寡"来表达对筝的音乐之美与其乐而不淫的赞美。

宋·刘克庄《后村先生大全集》卷一二四《启·陈提刑》："某情怀牢落，瞻视昏花。墨妙笔精，自可供清平之调；曲高和寡，若为赓幼眇之音。"

元·耶律楚材《评唱天童拈古请益后录序》："独洞下宗风，未闻举唱，岂曲高和寡耶？抑亦待其人耶？"

> 注：用"曲高和寡"来形容作品不通俗，能理解的人很少。

清·刘鹗《老残游记续集遗稿·第五回》："我在省城只听人称赞靓云，从没有人说起逸云，可知道曲高和寡呢！"

> 注：用"曲高和寡"来形容逸云的言行卓绝不凡而知音难得。

近现代·郭沫若《贾长沙痛哭》："说他把自己比成屈原，把陛下比成楚

襄王，真真是'曲高和寡'呢。"

> **注**：用"曲高和寡"来形容知音难觅。

近现代·周而复《上海的早晨》："工商界大多数人，老实讲，是比较落后的。曲高和寡，容易脱离群众。"

> **注**：用"曲高和寡"来形容言论不通俗，能理解的人很少。

◈ 曲高难和

唐·白居易《夕因题卷后封寄微之》："阳春曲调高难和，淡水交情老始知。"

> **注**：这两句是说，张员外的诗，如阳春白雪那样高雅，难以应和；我们之间是道义之交，这种交情越到老年越加深厚。诗句巧用"曲高难和"之典故，既赞友人诗作之高雅，又赞彼此交情之真挚，耐人吟咏。

◈ 高难和

唐·白居易《易闻杨十二新拜省郎遥以诗贺》："雪飘歌句高难和，鹤拂烟霄老惯飞。"

> **注**：这两句是称赞杨十二的诗才如同阳春白雪，高而难和；作诗的技巧如鹤翔云霄，高不可攀。恭敬之词，语带夸张，亦见诗人态度之谦逊。

宋·谢薖《浣溪沙》："赋丽谁为梁苑客，调高难和郢中词。且烦呵笔写乌丝。"

◈ 曲高寡和

唐·张说《酬崔光禄冬日述怀赠答》："曲高弥寡和，主善代为师。"
宋·黄机《沁园春·送赵运使之江西》："还知否，定曲高寡和，才大难施。行吟湘水之湄。看云卷云舒无定姿。"

唱高和寡

唐·杜牧《奉和门下相公送西川相公兼领相印出镇全蜀诗》："唱高知和寡，小子斐然狂。"

宋·苏轼《用前韵再和孙志举》："唱高和自寡，非我谁当亲。"

希音和寡

唐·江总《明庆寺尚禅师碑》："空行已无，希音和寡。不有耆德，谁其继者。"

雅曲难和

唐·骆宾王《和王记室从赵王春日游陀山寺》："雅曲终难和，徒自奏巴人。"

难和

唐·钱起《美杨侍御清文见示》："谁知绝唱后，更有难和曲。"

唐·欧阳衮《听郢客歌阳春白雪》："度曲知难和，凝情想任真。"

寡和

魏晋·陆机《演连珠》："是以南荆有寡和之歌，东野有不释之辩。"

唐·元稹《酬乐天雪中见寄》："飞舞应为瑞，寡和高歌只自娱。"

第二节　下里巴人

一、典出

"下里巴人"，典出宋玉《对楚王问》："客有歌于郢中者。其始曰《下里》《巴人》。"

二、简释

"下里巴人"，原指战国时代楚国民间流行的一种歌曲，后用来指通俗的文学或艺术作品。唱歌人在郢中所唱的《下里》《巴人》都是低俗的曲调，后遂用"下里巴人、下里巴音、巴人下里、下里、巴人、巴里、巴歌、巴唱"来说明作品或议论的俚俗、才能的低下，或用作自谦之词；也用来指民歌。

三、变体（或不同典形）

下里巴人、下里巴音、巴人下里、下里、巴人、巴里、巴歌、巴唱

四、历代引用与释义

📚 下里巴人

清·李渔《蜃中楼·第二十四出》："蛮音嘈杂羞大方，拳角征宫商，只好对下里巴人是伎俩。"

宋末元初·戴表元《范文正公黄素小楷昌黎伯夷颂盖宋皇佑三年十一月在青社所书以遗京西转运使苏公舜元者也后二百四十年大兴李侯戡得此本于燕及南来守吴乃文正公乡里即访公子孙以畀之范氏喜而索诗为赠》："有耳不听《下里巴人》，有手不写《剧秦美新》。"

明·何瑭《次日习仪太常不预再次华泉韵》："独惭下里巴人曲，难并黄

钟大吕音。"

明·祁顺《十二月十六日同张文璧朝世殿下和诗一绝》："天然写出阳春调，下里巴人不敢裁。"

明·童冀《次邓作霖韵三首·其一》（名士龙湖山人）："不惭下里巴人曲，几和南阳梁甫吟。"

清·蔡振武《重庆府试院联》："读王勃益州碑，寶渝变俗，儒风被东鲁，客休歌下里巴人。"

清·奕绘《鹧鸪天二十二首·其十八》："喧阗下里巴人曲，耽合闲眼一顷时。"

清末近代·周岸登《江南春柳词七十二首·其四十》："折杨古调总违时，下里巴人世共推。"

近现代·聂绀弩《八十·其二》："小园枯树悲风劲，下里巴人楚客工。"

近现代·聂绀弩《赠胡绳》："何因下里巴人曲，不见先生掩耳来。"

📚 下里巴音

明·西湖居士《明月环·第三出》："才读罢清风生，愧下里巴音，怎当尊意。"

> **注**：这里用"下里巴音"比喻通俗的文学艺术。

清·袁枚《答惠瑶圃中丞书》："中丞天才超绝……在当代公卿中实所罕见，宜其虚怀若谷，虽枚之《下里》《巴音》，亦若有所惬于心而不能自已。"

> **注**：这里用"下里巴音"来谦称自己的作品低俗。

📚 巴人下里

即"下里巴人"，是古代楚国流行的民间歌曲，后来用以称流俗乐曲。

唐·薛用弱《集异记·王涣之》："此辈皆潦倒乐官，所唱皆巴人下里词耳。"

宋·宋庠《立春前二日嘉雪应祈呈昭文相公》："一曲巴人虽下里，愿持欢意助康哉。"

宋·宋祁《望仙亭置酒看雪》："使君醉笔惭妍唱，半落巴人下里中。"

元·陆文圭《戏题听琴手卷》："巴人下里不足数，云韶九奏方纯如。"

明·魏裳《题白雪楼》："琴心自在谁堪识，且听巴人下里讴。"

明·薛瑄《赠刘金宪》："阳春白雪听者寡，巴人下里和如林。"

明末清初·钱谦益《夏日宴新乐小侯于燕誉堂林若抚徐存永陈开仲诸同人并集二首·其二》："虽无法部仙音曲，也胜巴人下里歌。"

清·车元春《和胡月樵都转〈黄鹤楼落成〉原韵》："骊珠独得压元白，愧煞巴人下里腔。"

清·曾习经《题廖凤舒〈新粤讴〉四首·其四》："越吟正自怜庄舄，不薄巴人下里词。"

清末近代·何威凤《题〈国香醉红录〉传奇古风一首》："先生可诲我也夫，敢学巴人歌下里。"

近现代·林散之《念奴娇·原韵酬答白野先生抄诗三十六卷》："岂为此声遗瓦釜，听取巴人下里。"

近现代·毛泽东《在延安文艺座谈会上的讲话》："就算你的是'阳春白雪'吧，这暂时既然是少数人享用的东西，群众还是在那里唱'下里巴人'。"

📚 下里

"下里"指民间歌谣。

魏晋·陆机《文赋》："缀下里于白雪，吾亦济夫所伟。"

唐·刘兼《简竖儒》："小巫神气终须怯，下里音声必不长。"

清·吴嘉纪《怀吴后庄》："负薪歌下里，学稼养高堂。"

📚 巴人

"巴人"是"巴人下里"的省称，用作自谦之词。

三国魏·陈琳《答东阿王笺》："夫听白雪之音，观绿水之节，然后东野巴人，蚩鄙亦著。"

唐·杨巨源《奉酬端公春雪见寄》："兴逸何妨寻剡客，唱高还肯寄巴人。"

宋·苏轼《自金山放船至焦山》："老僧下山惊客至，迎笑喜作巴人谈。"

唐·李群玉《洞庭驿楼雪夜宴集奉赠前湘州张员外》："掷笔落郢曲，巴人不能酬。"

唐·李绅《奉酬乐天立秋夕有怀见寄》："吟君白雪唱，惭愧巴人肠。"

唐·杨炯《奉和上元酺宴应诏》："襄城非牧竖，楚国有巴人。"

唐·权德舆《奉和于司空二十五丈新卜城南郊居接司徒公别墅即事书情奉献兼呈李裴相公》："巴人宁敢和，空此愧游藩。"

唐·骆宾王《和王记室从赵王春日游陀山寺》："雅曲终难和，徒自奏巴人。"

📚 巴里

"巴里""巴人下里"之省称。

唐·孟浩然《和张明府登鹿门作》："谬承巴里和，非敢应同声。"

清·孔尚任《桃花扇》第二十五出："巴里之曲，有辱圣怀，皆微臣之罪也。"

📚 巴歌

"巴歌"指通俗化的作品。

唐·李群玉《自沣浦东游江表途出巴丘投员外从公虞》："巴歌掩白雪，鲍肆埋兰芳。"

唐·寒山《诗三百三首·其一百二十七》："巴歌唱者多，白雪无人和。"

唐·温会《奉陪段相公晚夏登张仪楼》："欲和关山意，巴歌调更哀。"

唐·薛涛《酬文使君》："今日谢庭飞白雪，巴歌不复旧阳春。"

唐·钱起《奉和中书常舍人晚秋集贤院即事寄徐薛二侍御》："定笑巴歌拙，还参丽曲徐。"

📚 巴唱

"巴唱"指"巴人之曲"，借指鄙俗之作，用作自谦。

唐·顾云《投陆侍御启》："近者，不自揣量，辄怀狂狷，眦缄巴唱，来叩郢门。"

📚 巴曲

"巴曲"指巴地民间歌曲。

唐·杨巨源《早朝》："圣道逍遥更何事，愿将巴曲赞康哉。"

第三节　阳春白雪

一、典出

"阳春白雪"，典出宋玉《对楚王问》："其为《阳阿》《薤露》，国中属而和者数百人，其为《阳春》《白雪》，国中属而和者不过数十人而已。"

二、简释

《阳春白雪》，是古时高雅美好的曲子。这两句大意是：假如我被一个知音者接纳，我将唱尽高雅美好的《阳春白雪》的曲子，把自己最美好的一切都奉献给他。后人用"阳春白雪"指高雅的文学或艺术作品。后遂用阳春白雪、白雪阳春、阳春、白雪、雪唱、郢雪、郢歌、郢唱、郢曲、郢声、寡和曲等谓作品或议论的高雅不凡，也形容人的才能出众。

三、变体（或不同典形）

阳春、白雪、郢中白雪、阳春曲、阳春白雪、白雪阳春、雪唱、郢雪、郢歌、郢曲、郢唱、郢声

四、历代引用与释义

📖 阳春

"阳春"，是古歌曲名，是一种比较高雅难学的曲子。

南北朝·沈约《昭君辞》："始作阳春曲，终成苦寒歌。"

> **注**：这句话的意思是试图用换曲子来排遣心中的哀怨，始终无法弹出。

南北朝·鲍令晖《拟客从远方来》："终身执此调，岁寒不改心。愿作阳

春曲，宫商长相寻。"

> **注**：《阳春》《白雪》曲高寡和，诗人引《阳春》曲，意为弹奏此高曲，不为觅知音，而是为丈夫解情，显示鲍令晖对爱情的痴心与坚贞。

唐·欧阳衮《听郢客歌阳春白雪》："临风飘白雪，向日奏阳春。"

唐·岑参《和贾舍人早朝》："独有凤凰池上客，阳春一曲和皆难。"

唐·宋之问《和库部李员外秋夜寓直之作》："徒斐阳春和，难参丽曲馀。"

唐·令狐楚《奉和仆射相公酬忠武李相公见寄之作》："白头老尹三川上，双和阳春喜复惊。"

唐·唐彦谦《樊登见寄四首之一》："醉来拔剑歌，字字皆阳春。"

> **注**：这里以"阳春"来比喻樊登的赠诗，赞其高雅。

唐·孟浩然《送崔遏》："江山增润色，词赋动阳春。"

唐·李白《答杜秀才五松见赠》（五松山在南陵铜坑西五六里）："登崖独立望九州岛，阳春欲奏谁相和。"

唐·李白《答王十二寒夜独酌有怀》："晋君听琴枉清角，巴人谁肯和阳春。"

唐·杨嗣《复赠毛仙翁》："搜奇缀韵和阳春，文章不是人间语。"

唐·权德舆《和李中丞慈恩寺清上人院牡丹花歌》："花间一曲奏阳春，应为芬芳比君子。"

唐·权德舆《奉和新卜城南郊居得与卫右丞邻舍因赋诗寄赠》："千年郢曲后，复此闻阳春。"

唐·权德舆《奉和李相公早朝于中书候传点偶书所怀奉呈门下相公中书相公》："阳春那敢和，空此咏康哉。"

唐·钱起《紫参歌》："蓬山才子怜幽性，白云阳春动新咏。"

唐·钱起《美杨侍御清文见示》："初见歌阳春，韶光变枯木。"

唐·骆宾王《咏雪》："幽兰不可俪，徒自绕阳春。"

> **注**：这里用"阳春"来借以咏白雪。

唐·高适《同吕判官从哥舒大夫破洪济城回登积石军多福七级浮图》："一歌阳春后，三叹终自愧。"

唐·高适《同吕员外酬田著作幕门军西宿盘山秋夜作》："白发知苦心，阳春见佳境。"（"境"一作"景"）

> **注**：这里以"阳春"代指友人的诗作。

唐·魏奉古《奉酬韦祭酒偶游龙门北溪忽怀骊山别业因以言志示弟淑奉呈诸大僚之作》："阳春和已寡，扣寂竟徒然。"

> **注**：这里以"阳春"代指韦祭酒的诗作。

唐·黄滔《酬杨学士》："阳春唱后应无曲，明月圆来别是珠。"

> **注**：这里用"阳春"为喻，称美杨学士的赠诗。

唐·李商隐《戏题枢言草阁三十二韵》："我有苦寒调，君抱阳春才。"

唐·孟浩然《送崔遏》："江山增润色，词赋动阳春。"

> **注**：这里用"阳春"称颂人富有文才。

宋·晏殊《山亭柳·赠歌者》："若有知音见采，不辞遍唱阳春。"

🔖 白雪

"白雪"，喻指高雅的诗词。

隋末唐初·杜正伦《冬日宴于庶子宅各赋一字得节》："清论畅玄言，雅琴飞白雪。"

唐·刘禹锡《和浙西李大夫霜对月听小童吹觱篥歌依本韵》："一奏荆人白雪歌，如闻雏客扶风邬。"

唐·刘长卿《奉和李大夫同吕评事太行苦热行兼寄院中诸公仍呈王员外》："白雪和难成，沧波意空托。"

唐·吕温《奉和武中丞秋日台中寄怀简诸僚友》："更许穷荒谷，追歌白雪前。"

唐·孟浩然《秋日陪李侍御渡松滋江》："坐听白雪唱，翻入棹歌中。"

唐·岑参《和祠部王员外雪后早朝即事》："闻道仙郎歌白雪，由来此曲和人稀。"

唐·张乔《郢州即事》："白雪无人唱，沧洲尽日闲。"

唐·张道符《和主司王起》："更许下才听白雪，一枝今过郄诜荣。"

唐·徐凝《送沈亚之赴郢掾》："几年白雪无人唱，今日唯君上雪楼。"

唐·方干《陪李郎中夜宴》："遍请玉容歌白雪，高烧红烛照朱衣。"

唐·李世民《帝京篇十首·其四》："急管韵朱弦，清歌凝白雪。"

唐·李商隐《和马郎中移白菊见示》："陶诗只采黄金实，郢曲新传白雪英。"

唐·李峤《歌》："郢中吟白雪，梁上绕飞尘。"

唐·李白《古风之二十一》："郢客吟白雪，遗向飞青天。徒劳歌此曲，举世为谁传。"

唐·李白《和卢侍御通塘曲》："长吟白雪望星河，双垂两足扬素波。"

唐·李白《感遇四首其四》："巫山赋彩云，郢路歌白雪。"

唐·李白《秋登巴陵望洞庭》："郢人唱白雪，越女歌采莲。"

唐·李白《翰林读书言怀呈集贤诸学士》："青蝇易相点，白雪难同调。"

> 注："白雪"指高雅音乐，这里李白用以自喻，以显示不同凡俗的志向与才华的自信。

唐·李白《酬裴侍御留岫师弹琴见寄》："鼓琴乱白雪，秋变江上春。"

> 注：这里用"白雪"衬托琴音的优美。

唐·李绅《奉酬乐天立秋夕有怀见寄》："吟君白雪唱，惭愧巴人肠。"

唐·李群玉《始忝四座奏状闻荐蒙恩授官旋进歌诗延英宣赐言怀纪事呈同馆诸公二十四韵》："庶期白雪调，一奏惊凡聋。"

唐·李群玉《自澧浦东游江表途出巴丘投员外从公虞》："巴歌掩白雪，鲍肆埋兰芳。"

唐·李鹗《读惠山若冰师集因题故院·其一》："莫道声容远，长歌白雪词。"

唐·汪遵《郢中》："莫言白雪少人听，高调都难称俗情。"

唐·温庭筠《病中书怀呈友人》："白雪调歌响，清风乐舞雩。"

唐·王传《和襄阳徐相公商贺徐副使加章绶》："华筵重处宗盟地，白雪飞时郢曲春。"

唐·王甚夷《和主司王起》："遥仰高峰看白雪，多惭属和意屏营。"

唐·章孝标《蜀中赠广上人》："疏讲青龙归禁苑，歌抄白雪乞梨园。"

唐·罗隐《寄前户部陆郎中》："近日篇章欺白雪，早年词赋得黄金。"

唐·韦应物《简卢陟》："可怜白雪曲，未遇知音人。"

唐·王传《和襄阳徐相公商贺徐副使加章绶》："华筵重处宗盟地，白雪飞时郢曲春。"

唐·高适《宋中别周梁李三子》："白雪正如此，青云无自疑。"

唐·高适《留上李右相》："兴中皆白雪，身外即丹青。"

唐·高适《睢阳酬别畅大判官》："高才擅白雪，逸翰怀青霄。"

唐五代·齐己《寄曹松》："药中求见黄芽易，诗里思闻白雪难。"

唐五代·齐己《谢王拾遗见访兼寄篇什》："愧把黄梅偈，曾酬白雪才。"

唐·钱起《赠东邻郑少府》："一闻白雪唱，愿见清扬久。"

唐末宋初·徐铉《江舍人宅筵上有妓唱和州韩舍人歌辞因寄》："白雪飘飘传乐府，阮郎憔悴在人间。"

唐·储光羲《酬李处士山中见赠》："始信郢中人，乃能歌白雪。"

清·姚鼐《万柳堂分韵得房字》："外张绿云作帷幕，中吹白雪调竽簧。"

📚 郢中白雪

"郢中白雪"指高雅的乐曲或诗文。

汉·王褒《陈主簿稔过宿赋答》："池上青山留客醉，郢中白雪和人稀。"

魏晋·陈无名《赠春航同越流作》："郢中白雪千秋调，应有桓伊唤奈何。"

唐·李白《舞曲歌辞·白纻辞三首·其二》："垂罗舞縠扬哀音，郢中白雪且莫吟，子夜吴歌动君心。"

唐·许浑《酬副使郑端公见寄》："郢中白雪惭新唱，涂上青山忆旧游。"

宋·王庭圭《再次韵酬岳州董使君》："我生飘泊任西东，孤军敢犯千人锋。郢中白雪岂容和，牛铎辄应黄钟宫。"

宋·彭汝砺《得至郢州寄知郡朝议》："郢中白雪今谁和，汉上仙槎恰是时。冰酒直须多准备，寄声先报主人知。"

明·薛瑄《春日怀刘金宪三首·其一》："千里关河归故邑，两年风景忆虚庵。郢中白雪知谁和，爨下清琴想自谙。"

明·尹台《送任光禄赴承天幕府》："仙客春帆径楚波，帝陵佳气郁崇阿。郢中白雪逢知少，汉上彤云入望多。"

明·周篔《七歌集句》："世人结交须黄金，郢中《白雪》且莫吟。桃花欲开不自觉，千里春色伤人心。"

明·王慎中《彭城送谢道安举人应试》："稷下雕龙参辨驾，郢中白雪擅诗名。"

明·周玄《答林子山见寄山中》："洛下青山相忆久，郢中白雪独酬难。"

明·罗钦顺《候风南浦连日苦热》："河朔芳樽空往事，郢中白雪漫高歌。十年尘垢纷盈爪，聊就深清试刮磨。"

明·王恭《醉歌行留别张潜》："江讴越吹空浩荡，郢中白雪扬清歌。春风无情吹桃李，昨日花开今结子。"

明·徐瑺《秋日江馆写怀》："郢中《白雪》无人和，湖上青山有梦归。"

明·李贤《和陶诗·杂诗十二首·其一》："郢中白雪调，歌声动梁尘。欲以盈觞酒，乐此百年身。"

明·陈琏《白纻词二首·其二》："舞白凫，歌白纻，纤腰皓齿东邻女。清声袅云情缕缕，郢中白雪何足数。"

清·金朝觐《答金虞臣用黄秋崖小集薛涛井原韵》："山迎人面饶生趣，柳绾乡思情好风。遮莫边城叹岑寂，郢中白雪有元工。"

清·邵岷《长歌留别江汉诸同学》："郢中白雪和者寡，我胡为是栖栖者？"

阳春曲

唐·刘希夷《春女行》："春女颜如玉，怨歌阳春曲。"

> **注**：这里以"阳春曲"借指抒春思之歌。

唐·李端《和李舍人直中书对月见寄》："盈手入怀皆不见，阳春曲丽转难酬。"

> **注**：这里用"阳春曲"喻指李舍人见寄之作。

唐·白居易《裴常侍以题蔷薇架十八韵见示因广为三十韵以和之》："寡和阳春曲，多情骑省郎。"

唐·武元衡《安邑里中秋怀寄高员外》："雄词封禅草，丽句阳春曲。"

唐·窦常《酬舍弟牟秋日洛阳官舍寄怀十韵》："忽报阳春曲，纵横恨不如。"

唐·章孝标《蜀中赠广上人》："疏讲青龙归禁（"禁"一作'梼'）苑，歌抄白雪乞梨园。"

唐·钱起《山中寄时校书》："蓬莱紫气温如玉，唯予知尔阳春曲。"

> **注**：这里以"阳春曲"喻指时校书的诗作。

唐·钱起《送李四擢第归觐省》："齐唱阳春曲，唯君金玉声。"

> **注**：这里以"阳春曲"喻指科举应试之作。

唐·骆宾王《蓬莱镇》："赖有阳春曲，穷愁且代劳。"

> **注**：这里指借歌以解忧。

唐·鲍溶《悼豆卢策先辈》："唯有阳春曲，永播清玉德。"

> **注**：这里以"阳春曲"喻指豆卢策的遗作，意在称美其人、其诗。

阳春白雪

宋·王安石《寄题郢州白雪楼》："折杨黄花笑者多，阳春白雪和者少。"

宋·辛弃疾《满庭芳·游豫章东湖再用韵》:"阳春白雪,清唱古今稀。"

明·杨珽《龙膏记》第九出:"当年子建应无逊,阳春白雪谁能并。"

白雪阳春

宋·王禹偁《为宰相谢赐御制歌诗表》:"台衡宸扆之铭,彼何肤浅;《白雪》《阳春》之句,空衒清新。"

明·徐霖《绣襦记·第十出》:"《白雪》《阳春》无敌,行云响遏,采丽词入格。"

明·冯梦龙《醒世恒言·佛印师四调琴娘》:"词歌《白雪》《阳春》,曲唱清风明月。"

近代·刘成禺《洪宪纪事诗·其一》:"亡秦三户事全殊,《白雪》《阳春》献路隅。"

雪唱

"雪唱"指高雅的歌声。

唐·孟郊《送崔爽之湖南》:"雪唱与谁和,俗情多不通。"

唐·崔轩《和主司王起》:"共仰莲峰听雪唱,欲赓仙曲意怔营。"

唐五代·齐己《谢孙郎中寄示》:"久伤琴丧人亡后,忽有云和雪唱同。"

郢雪

唐·李咸用《送人》:"有客为儒二十霜,酣歌郢雪时飘扬。"

宋·宋无《送金华黄晋卿之诸暨州判官》:"郢雪聆高调,郇云喜近披。"

第四节　引商刻羽

一、典出

"引商刻羽"，典出宋玉《对楚王问》："引商刻羽，杂以流徵，国中属而和者，不过数人而已。是其曲弥高，其和弥寡。"

二、简释

指曲调高亢、讲求声律的演奏。

三、变体（或不同典形）

引商刻角

四、历代引用与释义

📚 引商刻羽

明·区元晋《和答陈总戎远惠诗轴·其二》："笑尔巴声和独多，引商刻羽便蹉跎。"

明末清初·陈子升《听歌篇》："珠江渡口名家子，引商刻羽兼流徵。"

清·陈恭尹《高固斋以长歌赠别赋答》："引商刻羽固所能，水溢山陬恣求取。"

清·丁之翘《玉蝴蝶·竹舫斋中醉别，同仙裳、镜如步月城南，因遇冰幢师达曙》："抚金徽、引商刻羽，涤破砚、泼墨生香。"

清·乾隆皇帝《惇叙殿柏梁体联句》："夏彼云和弹八琅，引商刻羽低复昂。"

清·彭孙遹《颐侯以春菜诗见示依韵奉荅》："善歌必使声可继，引商刻羽有和人。"

清·邓瑜《红情·题吴兴周侍御丈缦云先生茗边填词第二图，同璞斋作》："引商刻羽，隔院呼鬟试鹦鹉。"

清末近代·许南英《读白石道人诗集题后》："问道松陵今寂寞，引商刻羽太无聊！"

📚 引商刻角

"引商刻角"，指讲求声律，有很高成就的音乐演奏。

汉·刘向《新序·杂事一》："引商刻角，杂以流征。"

唐·阎伯玙《歌赋》："或引商刻角，或溃渭通泾。"

第五节　超然独处

一、典出

"超然独处"，典出宋玉《对楚王问》："夫圣人瑰意琦行，超然独处，世俗之民又安知臣之所为哉？"

二、简释

原文大意是：圣人思想奇特，行为怪诞，超然世外，卓尔不群，世上的凡夫俗子又怎能理解我的所作所为呢？"超然独处"的意思是超出世事，离群独居。

三、变体（或不同典形）

超然独立

四、历代引用与释义

📚 超然独处

宋·吴芾《吕丞相生日》："苍生政尔资霖雨，未许超然成独处。"

当代·佚名《网络快资讯》："越来越多个性内向的人，受到所谓'内向者更具优势'文章的欺骗，错把自我封闭当成了超然独处。"

当代·佚名："事实上，超然独处和自我封闭是全然不同的心理状态。超然独处指的是不受其他人的干扰而引发内心的骚动，能够超然于物外，泰然自若地保持内心的平静。超然独处所必备的力量就是自主力，是一种自我决定、自我管理的能力，能够积极地、负责任地改造自己的生活，并且对自己有严格约束、有主见的人。"

超然独立

汉·刘安《淮南子·修务训》："观始卒之端，见无外之境，以逍遥仿佯于尘埃之外，超然独立，卓然离世，此圣人之所以游心。"

当代·佚名："无爱的生物就像一尊超然独立的竖琴，爱，如拨动琴弦的美丽手臂和纤纤玉指，使空气中弥漫着悦耳的旋律。"

当代·佚名："他本是超然独立，断雁孤鸿的冷面君子，面对她的豪放不羁却迷失方向。"

当代·佚名："何怀硕的美学理论与他的画二者相辅相成，互相提升。在这两方面，他都采取超然独立的姿态。"

当代·佚名："在与专案审查有关之事务上，会计师应保持严谨公正之态度及超然独立之精神。"

当代·佚名："除此之外，强调在财务报表查核签证过程中会计正直性、客观性与超然独立之专业责任。"

当代·佚名："问题在于，量子力学中，时间仍旧维持着牛顿力学系统中那种超然独立的角色，是物质演出的舞台，而不会受到物质出现与否的影响。"

第六节　尺泽之鲵

一、典出

　　"尺泽之鲵"，典出宋玉《对楚王问》："夫尺泽之鲵，岂能与之量江海之大哉！"

二、简释

　　李善注："尺泽，言小也。"原文大意是：那尺把深水塘中的小鱼，怎能与鲲一起去测量江海的广阔呢？后人用"尺泽之鲵"来比喻见识短浅的人。

三、变体（或不同典形）

　　尺泽

四、历代引用与释义

　　📖 尺泽之鲵

　　唐·柳宗元《上权德舆补阙温卷决进退启》："可使尺泽之鲵奋鳞而纵海，密网之鸟举羽而翔霄，子之一名何足就矣，庶为终身之遇乎？"

　　唐·白居易《白氏六帖事类集》卷二十九："庖有鱼不利贞，嗜鱼飧尺泽之鲵献。"

　　宋·宋祁《景文集》卷四十四："夫持夕死之类与论春秋之变，则极矣！从尺泽之鲵而谋江海之深则乖矣。"

　　宋·任广《书叙指南》卷十四："鱼龙昆虫条：小鱼曰尺泽之鲵（宋玉），大蝦曰鲛蝦，蜜蜂巢曰蜜房，拱鼠曰礼鼠。"

　　宋·俞琰《书斋夜话》卷一："《列子》《庄子》'鲲鹏'之'鹏'即古篆

文'凤'字。"按《楚辞》云："尺泽之鲵岂能与鲲鱼量江海之大？藩篱之鷃岂能与凤凰料天地之高哉？《楚辞》与'庄列'皆以凤对鲲而言。"

宋·刘弇《龙云集》卷二十二："虽汹涌万态，矫首高卧，吾固将以龙为尺泽之鲵，而溪为杯酌之蹄泓也。何尚亭之为？"

宋·潘自牧《记纂渊海》卷四十三："声驰而响溢，风震而影靡，可使尺泽之鲵奋鳞而纵海，密网之鸟举羽而翔霄。转晡生光辉，权倾一国，声振八纮。"

明·包世臣《小倦游阁集》卷一正集一："藩篱之鷃不能薄杳冥，尺泽之鲵不能量汪洋。先生又乌覩所谓熙朝之大烈耿光哉？"

明·卓明卿《卓氏藻林》卷三："拓落遗行，藩篱鷃、尺泽鲵，搦朽磨钝浮云志。"

明·张天复《茶陵三学士祠记》："然则亦有异乎否也？复曰：尺泽之鲵不足与量江海之深。然，而复也窃窥其概矣。坦斋公晦迹建陵，晚遭圣祖敷陈，启沃动中。"

明·曾异《纺授堂集》诗集卷三："一寀飞螯四省忙，闽浙粤东毖海防。尺泽之鲵亦缺圻，帝谓不勤波屡扬。数抚海盗胡可常。"

明·温纯《祭司农郎洛阳翟先生文》："涕泗交流，呜呼哀哉！纯学愧璜瑀，识阻敦埁，如尺泽之鲵、榆枋之鸠。乃曩岁，先生宰蓝邑入棘闱而试骅骝，秉精明藻鑑将網乎？"

明·彭大翼《山堂肆考·补遗》："'泽鲵篱鷃：鷃，小鸟，鲵，小鱼。'喻人才浅小而不可与言大且远者也。《汉书》：'藩篱之鷃岂能料天地之高，尺泽之鲵岂能量江海之大哉？'"

明·焦竑《焦氏四书讲录·论》上卷四："暴鬐于碣石，暮宿于孟诸。亦岂与尺泽之鲵而校小大哉？"

明·黄汝亨《寓林集》卷五《赵翁八十寿序》："某等为令子当世友，先生且孩视之，而以卮言谀说为先生寿，先生得无以为尺泽之鲵、藩篱之鷃也乎？"

清·张英《渊鉴类函》卷四四二《鳞介部》："宜苽食稻，鱻蔈商脡，河魴泽鲵（尺泽之鲵岂量江海），在鼎溉釜。"

清·桂馥《说文解字义证》卷三十六：“鲵，刺鱼也。从鱼儿声，五鸡切。刺鱼也者。《集韵》作鯢，音鯑。宋玉《对楚王问》：‘尺泽之鲵。’《庄子·庚桑楚》：‘寻常之沟，巨鱼无所还其体，而鲵鳅为之制。’注：制，折也，谓小鱼得屈折也。”

清·曾燠《吊宋玉文》：“乱曰：有神物兮鲲鱼，朝发于崐墟兮暮宿于孟诸。吾知尺泽之鲵兮，固未足于江湖。”

📘 尺泽

唐·柳宗元《诏追赴都回寄零陵亲故》：“每忆纤鳞游尺泽，翻愁弱羽上丹霄。”

唐·元稹《谕宝二首·其二》：“骥局环堵中，骨附筋入节。虬蟠尺泽内，鱼贯蛙同穴。”

宋·度正《寿章漕》：“俾之坐庙堂，帝业当盈成。翻怀千里绶，尺泽扬修名。”

宋·高斯得《书事四首》：“坎壈乾坤志，苍茫宇宙身。十年犹铩翮，尺泽岂游鳞。汗简时钻蠹，斯文企获麟。但忧来日少，沧海阔无津。”

宋·毛滂《隋堤写怀寄上右丞》：“前年买符入函谷，归来柴车仍露宿。似联石室陈图书，敢累山公为题目。苍梧只觉波浪高，尺泽那知鳞尾秃。已将倦翮谢风云，便拟闲身寄松竹。”

宋·强至《闻升甫南池观鱼所获无几戏成小诗奉呈》：“巨鳞非尺泽，多目漫污池。网漏从今日，筌忘复几时。饔人颜惨淡，渔子兴参差。岂似任公捷，群鳌一钓丝。”

宋·石介《寄李缦仲渊》：“嗐吁嘻！屈原放，贾谊投，晦之流，子望囚。古人今人皆不免，才能累身才反仇。吾友仲渊少学古，胸中疏落罗孔周。点毫磨墨作文字。壮哉笔力追群牛。三十青衫得一尉，尺泽寸波蛰长虬。清帝爱民复材武，一日得罪声滁州。噫吁嘻！”

宋·苏洞《刘振之访别举似喜雨诗次韵》：“尺泽霏微起寸阴，稍苏焦槁见青青。便疑菽粟中天降，绝喜阶除半夜听。”

宋·王洋《代徐思远谢张季万》：“揣质恩奚自，知公德不漓。煦濡三尺泽，和暖一囊衣。”

宋·陈渊《闽县令陈梦兆鱼乐轩》：“君看濒海民，兹物困剽掠。纵横堕钩网，琐细入杯杓。谁云沧海广，游泳渺无托。乃知尺泽间，所乐逾纵壑。”

宋·喻良能《次韵王待制游东坡留题十一绝》：“吞舟尺泽岂能容，此地谁知著卧龙。当日春风生笔底，至今山色十分浓。”

元·周权《清溪张归云不嗜酒肉工诗安贫所作少年行因次其韵》：“少无逸乐老无戚，尺泽自可潜幽鳞。谁知清溪有鹤不可驯，白云浩荡青林春。”

元末明初·胡奎《白鹭辞》：“胡不翔远，海搏高风。尺泽之鱼不足充尔腹，慎勿见羁虞网中。”

明·俞允文《送王明善》：“威凤集珍条，积风限高翔。巨鲲志江海，尺泽焉足量。懿兹中林士，敷文聊颉颃。块然寡徒偶，举足蹈峻防。”

明·虞淳熙《中秋西湖社集分韵得齐字一百韵》：“时情讯廓落，交道愿深缔。便附追风骥，惭为尺泽鲵。”

明末清初·陈子升《凌江中秋》：“舟缘清浅发重湾，八月潮生客好还。世乱随时忘涕泪，月明今夜尚关山。即飞白羽催军令，自拂黄尘定壮颜。四海转输劳尺泽，菰芦何处钓竿闲。”

清·黄鷟来《咏史·其一》：“尺泽拟昆海，培塿忘华嵩。”

第七节　蕃篱之鷃

一、典出

"蕃篱之鷃"，典出宋玉《对楚王问》："夫蕃篱之鷃，岂能与之料天地之高哉？"

二、简释

原文大意是：那篱笆间的小鸟鷃雀，怎能与凤凰一起去测量天地的高度呢？用"蕃篱之鷃"来比喻鼠目寸光、见识狭小的人。

三、变体（或不同典形）

藩篱斥鷃（樊篱斥鷃）

四、历代引用与释义

📚 藩篱之鷃

宋·郭知达《九家集注杜诗》三十六卷："杜甫《赤谷西崦人家》注曰：松菊，陶潜三径就荒，松菊犹存。宋玉曰：藩篱之鷃料天地之高明。"

宋·任渊《山谷内集诗注》二十卷《注〈竹轩咏雪呈外舅谢师厚并调李彦深〉》："'稍能窥藩篱，亦有固穷节'一词'藩篱'，曰：藩篱此借用《文选·宋玉对楚王问》曰，夫藩篱之鷃，岂能与之料天地之高哉？"

宋·祝穆《古今事文类聚》二三六卷："凤凰上击九千里，翱翔乎冥之上，藩篱之鷃安能料其高哉？士亦然矣。"

清·彭大翼《山堂肆考·补遗》十二卷："才浅小而不可与言大，且远者也。《汉书》：藩篱之鷃岂能料天地之高，尺泽之鲵岂能量江海之大哉？坐率年幼无罪，坐于父兄所率。"

清·赵俊等《增城县志·嘉庆》："上击苍天，足乱浮云，翱翔杳冥之上。夫藩篱之鷃岂能与之料天地之高哉？"

清·程启安、张炳钟等纂《宜城县志·同治》十卷："绝云霓，负苍天，翱翔乎杳冥之上。夫藩篱之鷃，岂能与之料天地之高哉？"

清·王建中、刘绎纂《永丰县志·同治》四十卷："节义文章，并垂不朽于天壤。殆犹以藩篱之鷃，追风尺泽之鲵，拟鲲也。公之节义，既昭青史，而享公祀矣。"

清·魏元旷纂《南昌邑乘文征》二十四卷："背负苍天，足乱浮云，翱翔于杳冥之上。夫藩篱之鷃岂能与料天地之高哉！君瑰行琦意，自筮仕颖脱中都，讵能使貂珰折气而沧溟？"

近代·张福谦等纂《清河县志》十七卷："犹凤凰翱翔于千仞之上，而下窥藩篱之鷃者，必得其寿。夫复何疑？然犹有进者，孔子曰：老者安之。"

📚 藩篱斥鷃

唐·李白《大鹏赋·并序》："俄而希有鸟见谓之曰：伟哉鹏乎，此之乐也。吾右翼掩乎西极，左翼蔽乎东荒。跨蹑地络，周旋天纲。以恍惚为巢，以虚无为场。我呼尔游，尔同我翔。于是乎大鹏许之，欣然相随。此二禽已登于寥廓，而斥鷃之辈，空见笑于藩篱。"

元·马臻《二禽篇二首·其二》："鹧鸪鹧鸪，不知春色何负汝，每到春来声更苦。百年不得此身安，尚忆当时在行旅。尔不学大鹏一举，培风两翼如云垂。又不学篱边斥鷃，翱翔飞跃蓬蒿枝。黄陵庙前几春草，空遗怨恨传新诗。"

明·孙承恩《初度自寿十三首·其十·夕游蝶》："藩篱斥鷃翔，鹏翼上扶摇。任天机、总是逍遥。空花界、那有坚牢。逞春风、争妍竞耀。霎时间、水逝云飘。纵双眸、大观今古，我则是、无语首频搔。"

明·李梦阳《赠张含》："肃肃云鸿天路永，樊篱斥鷃莫空翔。"

明·岑徵《苍梧旅次柬王明卿时余将有灵渠之游·其一》："斥鷃乐藩篱，培风负大翼。夫子鸾皇姿，胡乃栖枳棘。"

明·赵昱《再用前韵，赠机仲索和》："一丘风物萃庭隅，遮莫尘沙满九衢。日月丹心悬北阙，藩篱斥鴳仰南图。闲临黄卷思应妙，静对青山兴不孤。要得报章投燕石，却惭怀璧有如无。"

明·曹义《送王仲章归乡时均辅在北》："此去鹏程知有日，莫同斥鴳困藩篱。"

明·李昌祺《送周生还文江》："兹行赋归何时来，元方迟尔黄金台。勿随斥鴳藩篱下，枉却骅骝泛驾材。"

清·曹敬《赋得壮夫不为小技得为字》："壮夫自有雄心在，小技区区怎肯为。高祖提将三尺剑，班超投去一毛锥。藩篱斥鴳真堪陋，篆刻雕虫不足奇。他日侯封伸大志，定应功业冠当时。"

清·顾彬《岁杪杂感》："健翮无风莫浪飞，藩篱斥鴳暂相依。"

第八节　阳阿薤露

一、典出

"阳阿薤露"，典出宋玉《对楚王问》："其为《阳阿》《薤露》，国中属而和者数百人。"

二、简释

原文大意是：当他唱《阳阿》《薤露》时，都城里跟着唱的有几百人。《阳阿》和《薤露》都是古歌曲名，是春秋时中等水平的歌曲。比喻能被较多的人接受的文艺作品。

三、变体（或不同典形）

阳阿、薤露

四、历代引用与释义

📚 阳阿薤露

清·况周颐《蕙风词话》卷一："首言客有歌于郢中者，下云其为阳阿薤露，其为阳春白雪，皆曲名。"

当代·铁山青士《诗词得失感受》："雅吟三十七年长，早岁略通中岁详。必得字词难替代，还求语句不寻常。感多屏象真无味，思过伤情道失光。佳境必劳中智悟，阳阿薤露信悠扬。"

📚 阳阿

"阳阿"，战国时楚国乐曲名。

汉·刘安《淮南子·俶真训》："足蹀《阳阿》之舞，而手会《绿水》之趋。"高诱注："阳阿，古之名倡也。《绿水》，舞曲也。"

三国·曹植《箜篌引》："阳阿奏奇舞，京洛出名讴。"

魏晋·张华《游仙诗四首·其二》："湘妃咏涉江，汉女奏阳阿。"

南北朝·鲍照《舞鹤赋》："虽邯郸其敢伦，岂阳阿之能拟。"

南北朝·杨曒《咏舞诗》："红颜自燕赵，妙妓迈阳阿。"

南北朝·萧统《歌》："阳阿奏兮激楚流。望洛水兮有好仇。"

南北朝·顾野王《艳歌行三首·其二》："莲花藻井推芰荷，采菱妙曲胜阳阿。"

南北朝·谢灵运《石门岩上宿》："美人竟不来，阳阿徒晞发。"

南北朝·谢庄《月赋》："徘徊《房露》，惆怅《阳阿》。"

宋·刘奉世《杨白花》："阳阿歌白雪，落絮欲成灰。"

宋·叶茵《己酉生日敬次靖节先生拟挽歌辞三首·其三》："若人会斯语，属和纷阳阿。"

宋·晁补之《拟古六首上鲜于大夫子骏·其一·西北有高楼》："阳阿奋哀响，梁欐有遗声。"

宋·任续《彭思王庙》："浩唱兮击鼓丝，阳阿兮屡舞。"

宋·朱熹《拟古八首·其六》："妖歌掩齐右，缓舞倾阳阿。"

宋·毛滂《上林内翰二首·其二》："短褐风霜可奈何，懒求长袖舞阳阿。"

宋·范成大《次韵章秀才北城新圃·其二》："清江韵新引，清绝胜阳阿。"

宋·汪莘《水调歌头·其五·客有言持志者，未知其用，因赋》："晞汝阳阿上，濯汝洞庭湖。"

元·阮谦《秋怀》："白雪成寡和，妙舞激阳阿。"

元·郑元佑《和潘子素宿倪元镇宅，送张贞居还茅山》："扣舷溪子发阳阿，落叶霜林见鸟窠。"

明·佘翔《题南郭别业·其二》："葱茜郁阳阿，雾霭沉阴谷。"

明·何景明《九咏》："晞温暾兮扶桑，讯灵居兮阳阿。"

明·史鉴《秋林会友图》："夜将半，舞且歌，发激楚，奏阳阿。"

明·张元凯《偶赠》："佳人燕赵独倾城，善舞阳阿掌上轻。"

明·张璨《恼公诗题游春士女图》："轻颦迷下蔡，妙舞绝阳阿。"

明·陈献章《漫兴》："一曲霓裳都扫尽，尊前无地舞阳阿。"

明·黄佐《淡交行》："舞罢阳阿花作阵，歌残《子夜》霞成绮。"

明·沈炼《送张玉亭虑囚淮阳》："谁羡阳阿为楚舞，必宣大雅入骊歌。"

明·陈吾德《观妓》："舞罢阳阿夜未终，碧云飞傍玉楼东。"

明·佘翔《秋夜同屠子卿朱汝修集宋忠甫邸第分得含字》："舞奏阳阿倾蓟北，歌翻子夜入江南。"

明·黄省曾《楼上对月一首》："弦桐阳阿曲，弹处不成声。"

明·程嘉燧《辛未人日即事》："风光合度阳阿曲，自觉尊前少和人。"

明末清初·吴伟业《行路难·其一》："莞蒻桃笙之绮席，阳阿激楚之洞箫。"

明末清初·陆求可《风流子》："想花朝月夕，等闲度过，阳阿白雪，无限关情。"

清·陈廷敬《白马篇》："猗嗟阳阿舞，迭奏邯郸倡。"

清·余怀《板桥杂记·雅游》："旧院……逢秋风桂子之年，四方应试者毕集，结驷连骑，选色征歌，转车子之喉，按阳阿之舞。"

清·丁惠康《初抵日本旅寓感怀》："阅风缋马平生叹，晞发阳阿愧未能。"

明末清初·屈大均《赠山阴祁七》："徒怀阳阿曲，寂寞度芳辰。"

明末清初·毛奇龄《搓挪行·其二》："歌成一曲新阳阿，听之双泪同沿涡。"

清·姚鼐《杂诗五首·其四》："《韶虞》发高音，《阳阿》何足讴。"

清·徐籍《贺新郎·初夏，闲斋与客听琵琶作》："无端惹起东家玉，愁煞阳阿一曲。"

清·桑调元《涌月亭》："窣堵波移影，《阳阿》曲换腔。"

近现代·谢无量《西湖旅兴寄怀伯先五十韵》："晚岁思丹鸟，阳阿放白鹇。"

📚 薤露

"薤露"，汉魏时期的一首挽歌，是出丧时牵引灵柩的人所唱，在《乐府诗集》中收于"相和歌辞"。后也指薤叶上的露水，在诗文中常用来感叹岁月倏忽。

魏晋·陆机《挽歌诗三首·其一》："中闱且勿欢，听我薤露诗。"

魏晋·温子升《相国清河王挽歌》："何言吹楼下，翻成薤露歌。"

晋·崔豹《古今注》（中）："《薤露》《蒿里》，并丧歌也。出田横门人，横自杀，门人伤之，为之悲歌，言人命如薤上之露，易晞灭也，亦谓人死，魂魄归乎蒿里……至孝武时，李延年乃分为二曲，《薤露》送王公贵人，《蒿里》送士大夫庶人，使挽柩者歌之，世呼为挽歌。"

唐·唐暄《唐暄悼妻诗·其一》："阳原歌薤露，阴壑惜藏舟。"

唐·孟云卿《古挽歌》（一作《相和歌辞·挽歌》）："薤露歌若斯，人生尽如寄。"

唐·姚合《庄恪太子挽词二首·其二》："薤露歌连哭，泉扉夜作晨。"

唐·张说《右侍郎集贤院学士徐公挽词二首·其二》："既哀薤露词，岂忘平生眷。"

唐·权德舆《赠魏国宪穆公主挽歌词二首·其一》："睿词悲薤露，千古仰芳踪。"

唐·徐彦伯《题东山子李适碑阴二首·其一》："忽惊薤露曲，掩噎东山云。"

唐·裴铏《传奇·封陟》："逝波难驻，西日易颓，花木不停，薤露非久。"

唐·宋之问《故赵王属赠黄门侍郎上官公挽词二首·其二》："柳河凄挽曲，薤露湿灵衣。"

宋·叶适《张提举挽词》："长年惯唱渔家曲，难听兹晨《薤露》声。"

宋·懒云《田横墓》："牧儿乱唱黄昏后，犹似悲歌薤露篇。"

宋·刘一止《李方叔侍郎挽诗一首》："畴昔鹓行今几在，异乡薤露不堪听。"

元·陆文圭《挽吴野堂》："偶泊梅江堰，空吟薤露诗。"

金·赵秉文《明惠皇后挽歌词四十首·其九》："会观歌薤露，无复梦扪天。"

金·王彧《和落花韵四首·其二》："秾李绛桃俱异物，为歌薤露写馀伤。"

元·李昌辰《挽赵秋晓》："隔面树云劳我梦，伤心薤露为君悲。"

元·丁复《挽许覃峰》："失访松云隐，哀吟《薤露》歌。"

元·张宇《哭侄》："白杨半夜风萧瑟，尽是吾儿《薤露歌》。"

明·卢楠《赠故大同府节判魏张公祝入祠七十韵·其一·公气时益振，那避祸横胃》："长吟《薤露》篇，少谢《蒿里》饯。"

明·张献翼《再过刘会卿丧所卜胡姬为尸仍设双俑为侍命伶人奏琵琶而乐之》："一声《薤露》杂《吴歈》，一唱《阳关》入《蒿里》。"

明·吴鼎芳《王二丈挽词》："哀歌不尽《薤露》篇，离弦转托箜篌语。"

明·吾丘瑞《运甓记·翦逆闻丧》："歌《薤露》把泉台卜葬。"

明·唐顺之《铜雀台·其二》："翠襦沾薤露，锦瑟入松风。"

明末清初·冷士嵋《过文与也墓下》："不道寻君薤露边，一抔官陇卧荒烟。"

清·成鹫《挽硕堂老人十章历序平生相遇之缘·其六》："狂歌薤露逢蒿里，即事分题记得曾。"

清·宋荦《数月来闻汪钝翁王勤中恽正叔刘山尉相继谢世洒泪赋比》："远道频传《薤露歌》，人琴此日奈愁何？"

清·朱彝尊《哭王处士（翃）六首·其四》："流水筎箫曲，悲风《薤露》歌。"

清·魏学渠《游祁氏寓园（即忠悯先生沈渊处）》："之子赴澄潭，客徒悲《薤露》。"

近现代·马一浮《千人针》："明年《薤露》泣荒原，一例桃根随画桨。"

近现代·柳亚子《题云间张瑞芝女士传》："九峰三泖魂归未？怕听人间《薤露》歌。"

近现代·鲁迅《集外集·斯巴达之魂》："酸风夜鸣，薤露竞落，其窃告人生之脆者欤。"

第九节　郢　曲

一、典出

"郢曲"，典出宋玉《对楚王问》："客有歌于郢中者。其始曰《下里》《巴人》，国中属而和者数千人。"

二、简释

原文大意是：有一位客人在我们郢都唱歌，他开始唱的是《下里》《巴人》这一类简单普通的歌曲，都城里跟着唱的有几千人。"郢"是指楚国的国都，后演变为用"郢唱、郢客、郢律、郢曲、郢歌、郢篇、郢声、郢词"来代指格调高雅的诗文或乐曲。

三、变体（或不同典形）

郢上曲、郢唱、郢客、郢律、郢歌、郢篇、郢声、郢词

四、历代引用与释义

📚 郢曲

"郢曲"，代指格调高雅的乐曲。

南北朝·鲍照《翫月城西门廨中》："蜀琴抽《白雪》，郢曲发《阳春》。"

唐·孟郊《酬友人寄新文》："览君郢曲文，词彩何冲融。"

唐·独孤及《自东都还濠州奉酬王八谏议见赠》："赖君赠我郢中曲，别后相思被管弦。"

唐·元稹《赋得春雪映早梅》："郢曲琴空奏，羌音笛自哀。"

唐·于瑰《和绵州于中丞登越王楼作二首（时为校书郎）·其一》："郢曲思朋执，轻纱画胜游。"

唐·施肩吾《酬周秀才》："三展蜀笺皆郢曲，我心珍重甚琼瑶。"

唐·李白《对雪奉饯任城六父秩满归京》："燕歌落胡雁，郢曲回阳春。"

明·李东阳《孙司徒馈雪酒》："晋书光忆贫时映，郢曲歌传醉后声。"

清·周弘《己未二月二日午门听宣岳州大捷遇雪恭纪》："朱鹭铙歌翻郢曲，玉龙银甲洒春城。"

🎐 郢上曲

"郢上曲"，比喻高雅的诗作，亦作"郢上篇"。

唐·李损之《都堂试贡士日庆春雪》："应知郢上曲，高唱出东堂。"

清·吴雯《雨亭王公雪中旋旆喜成二十韵》："徒领风人旨，难酬郢上篇。"

🎐 郢唱

"郢唱"，指格调高雅的诗文，亦作"郢中唱"。

唐五代·齐己《对雪寄荆幕知己》："郢唱转高谁敢和，巴歌相顾自销声。"

唐·韦庄《和薛先辈见寄初秋寓怀即事之作·三用韵》："铮鏦闻郢唱，次第发巴音。"

唐·张九龄《九月九日登龙山》："且泛篱下菊，还聆郢中唱。"

唐·骆宾王《上兖州刺史启》："是知窃混吹于齐竽，滥飞声于郢唱。"

唐·韦庄《三用韵》："铮鏦闻郢唱，次第发巴音。"

宋·林逋《监郡太博惠酒及诗》："铿然郢中唱，伸玩清人心。"

明·陈子龙《嘉靖五子诗·李于麟》："感此郢唱稀，伤彼楚工惑。"

清·赵翼《题棕亭见和长篇后即赠》："岂无郢唱能飞雪，未到秦焚已化烟。"

🎐 郢客

"郢客"，指格调高雅的乐曲或诗文。

宋·刘克庄《最高楼·再题周登乐府》："八音相应谐韶乐，一声未了落梁尘。笑而今，轻郢客，重《巴人》。"

唐·刘禹锡《酬元九侍御赠璧竹鞭长句》："初开郢客缄封后，想见巴山冰雪深。"

唐·许浑《江西郑常侍赴镇之日有寄因酬和》："布令滕王阁，裁诗郢客楼。"

📚郢律

"郢律"，对友人诗作的美称。

唐·杜荀鹤《和高秘书早春对雪登楼见寄之什》："因酬郢中律，霜鬓数茎新。"

📚郢歌

"郢歌"，指高雅的诗文。

唐·张九龄《和姚令公从幸温汤喜雪》："还闻吉甫颂，不共郢歌俦。"

唐·李白《淮海对雪赠付霭》："寄君郢中歌，曲罢心继绝。"

唐·钱起《诏许昌崔明府拜补阙》："才子贵难见，郢歌空复传。"

唐·许浑《酬杜补阙初春雨中舟次横江喜裴郎中相迎见寄》："郢歌莫问青山史，鱼在深池鸟在笼。"

📚郢篇

"郢篇"，比喻高雅的诗篇。

唐·李群玉《送郑京昭之云安》："送君扬楫去，愁绝郢城篇。"

📚郢声

"郢声"，对他人诗文的美称。

唐·皎然《杼山禅居寄赠东溪吴处士冯一首》："身当青山秀，文体多郢声。"

📚郢词

"郢词"，美称他人的辞章，也作"郢中词"。

唐·张九龄《酬王六寒朝见贻》："渔为江上曲，雪作郢中词。"

宋·谢薖《浣溪沙·陈虚中席上和李商老雪》："赋丽谁为梁苑客，调高难和郢中词。"

明·高启《与诸公饮绿茗园》："诗流洛下咏，歌艳郢中词。"

唐·方干《叙雪献员外》："谢守来吟才更逸，郢词先至彩毫端。"

📚郢中客

"郢中客"，指歌手。

唐·孟浩然《和张二自穰县还途中遇雪》："歌疑郢中客，态比洛川神。"

宋·范仲淹《青郊》："愿得郢中客，共歌台上春。"

明·徐祯卿《古意》："空为郢中客，不见郢中吟。"

第六章　风　赋

《风赋》简介

《风赋》是一篇以风为喻的讽谏之作，全篇采用问答体，通过楚襄王和宋玉的四问四答来叙述风的发生过程和各种态势，并将风分为"大王之雄风"与"庶人之雌风"来进行对比描写，从而阐明了"其所托者然，则风气殊焉"的道理，反映了王公贵族生活的豪奢和黎民百姓生活的悲惨，表现了作者对前者的不满和对后者的同情，讽刺了统治者自诩"不择贵贱高下而加"的虚伪。《风赋》既是一篇咏物赋，又是一篇寓言赋。它描写细腻、措辞巧妙、寓意深刻、对比鲜明、想象奇特。其君臣问答的结构形式、散韵并用的句式特点和铺张扬厉的艺术风格，奠定了汉代散体大赋的体制。尤其是对风的生动描绘，更是曲尽其态，显示了作者高超的艺术技巧。

第一节　空穴来风

一、典出

"空穴来风"，典出宋玉《风赋》："臣闻于师：枳句来巢，空穴来风。其所托者然，则风气殊焉。"

二、简释

原文大意是：我曾听我的老师说过，树木的弯曲处才有鸟来筑巢，门窗的空隙处才有风来吹过。风所寄托的境地是这样，一般的气和它是不同的。"来"是招致之意。"空穴来风"的本义是指有空洞，就有风进来，指洞穴通风。也比喻自身存在弱点，疾病、流言才得以乘隙而入，流传开来，所谓无风不起浪，空穴才来风，亦即"空穴来风，未必无因"，表明消息和谣言的传播不是完全没有原因的。桂馥《札朴》卷四"空阅"（宝典）：《庄子》'空阅来风'，司马云：'门户孔空，风善从之。'又云：'瞻彼阕者，虚室生白。'司马云：'阅，空也，盖指室之牖。'宋玉《风赋》：'空穴来风。'"此则训释"空阅"一语，体会桂馥的意思，司马彪注认为，阅为门户，阕为窗牖，阅、阕又与穴音近义通，所以"空阅"与"空穴"意义相近，故举宋玉赋为证。桂馥的这一说法得到了段玉裁的支持，段玉裁《说文解字注·门部》"阅"字条说："阅即穴，宋玉赋'空穴来风'，《庄子》作'空阅来风'。"后世以此语为成语，用字以宋玉赋为准，说明了人们对宋玉造语的接受。2012年《现代汉语词典》第六版将"空穴来风"这个词解释为："比喻消息和传言完全没有根据。"

但随着语义的引申，当代有些人望文生义，"空穴来风"当代语境下也常作为无根据、无凭证、捕风捉影编造臆测的同义语。台湾《每日一辞》

道："比喻事情凭空发生之意。"

三、历代引用与释义

📖 空穴来风

唐·白居易《初病风诗》："朽株难免蠹，空穴易来风。"

宋·孙光宪《北梦琐言》卷七："棹摇船掠鬓，风动竹捶胸。虽好事托以成之，亦空穴来风之义也。"

清·梁启超《续论市民与银行》："然而银行当事人，安能逃避责任，空穴来风，理有固然。"

清·龚自珍《大誓答问第二十六》："物必自腐也，而后虫生之。空穴来风。自此书盛行，为名世大儒所疑。"

近现代·黄公渚《劳山纪游百咏选七十九首·其二十五》："空穴来风声震谷，逢逢叠鼓吼灵鼍。"

近现代·邹韬奋《抗战以来·附录》："迄今抗战阵营中尚潜伏若干妥协主和分子，道路指目，当非空穴来风。"

现当代·黄易《寻秦记》："凡是深悉内情者，均知空穴来风，非是无因。"

现当代·张抗抗《情爱画廊》："周由恍然觉得自己是走进了刚才河边画的风景之中，看来他今天上午的感觉并非空穴来风。"

第二节　雄　风

一、典出

"雄风"，典出宋玉《风赋》："楚襄王游于兰台之宫，宋玉、景差侍。有风飒然而至，王乃披襟而当之，曰：'快哉此风！寡人所与庶人共者邪？'宋玉对曰：'此独大王之风耳，庶人安得而共之……此所谓大王之雄风也。'"

二、简释

风无雄雌之分，其为福为祸亦当有别，而王宫空气清新，贫苦百姓的房舍空气恶浊，确为事实。于是作者将自然之风巧妙地分成"大王之风"和"庶人之风"，从听觉、视觉、嗅觉对风的不同感知，生动、形象、逼真地描述了"雄风"与"雌风"的截然不同，反映了帝王与贫苦百姓生活的天壤之别。前者骄奢淫逸，后者凄惨悲凉，言辞中隐含讽谏之意，意在言外。后来就用典故"雄风"及其变体"披大王襟""大王风"作为咏风或者对帝王谀颂之典。

三、变体（或不同典形）

大王风、披大王襟、楚王风、宋玉风、楚台风、大王雄风、快哉风

四、历代引用与释义

📚 雄风

"雄风"，强劲的风。

南北朝·刘孝威《望雨诗》："寄言楚台客，雄风讵独凉。"

南北朝·王僧孺《白马篇》："豪气发西山，雄风擅东国。"

唐·李峤《寒食清明日早赴王门率成》："雄风乘令节，馀吹拂轻灰。"

唐·李白《杂歌谣辞·临江王节士歌》："照之可以事明主，壮士愤，雄风生。"

唐·李白《鼓吹曲辞·雉子班》（一作《雉子斑》）："喔咿振迅欲飞鸣，扇锦翼，雄风生。"

唐·李白《杂曲歌辞·结客少年场行》："由来万夫勇，挟此生雄风。"

唐·牟融《谢惠剑》："浩气中心发，雄风两腋生。"

唐·柳宗元《同刘二十八院长（禹锡）述旧言怀感时书事奉寄澧州张员外使君五十二韵之作因其韵增至八十通赠二君子》："雄风吞七泽，异产控三巴。"

唐·褚朝阳《奉上徐中书》："既能作颂雄风起，何不时吹兰蕙香。"

唐五代·齐己《酬湘幕徐员外见寄》："篇章几谢传西楚，空想雄风度十年。"

唐·易静《兵要望江南·其九·占北斗第十四》："万万雄风徒费力，攻城尽死不成功，枉把库廒空。"

唐·赵志集《奉酬刘长史》："梁园奉修竹，楚馆仰雄风。"

唐·于濆《南越谣》："雄风卷昏雾，干戈满楼船。"

唐·严维《奉和刘祭酒伤白马》："性柔君子德，足逸大王风。"

唐·张易之《侍从过公主南宅侍宴探得风字应制》："时攀小山桂，共把大王风。"

唐·柳宗元《同刘二十八院长（禹锡）述旧言怀感时书事奉寄澧州张员外使君（署）五十二韵之作因其韵增至八十通赠二君子》："雄风吞七泽，异产控三巴。"

唐·褚朝阳《奉上徐中书》："既能作颂雄风起，何不时吹兰蕙香。"

宋·陆埈《和奚宰春风楼即事》："却笑楚台雕篆客，强生分别诧雄风。"

宋·柳永《竹马子》："对雌霓挂雨，雄风拂槛，微收烦暑。"

宋·李中立《凌云台》："一川胜趣四时好，千里雄风三伏寒。"

宋·刘攽《占晴·其二》："雄风不易得，无处可披襟。"

宋·刘攽《送光禄吕卿知怀州》："千里雄风随坐啸，百城膏雨待行春。"

宋·刘攽《寄韩持国》："雄风快披襟，佳境逾啖蔗。"

宋·刘敞《望沙楼》："登临馀壮观，潇洒向雄风。"

宋·吕陶《仁智亭夜集》："坐久转清旷，雄风为时来。"

宋·刘敞《和喜雨》："霏雾凝空曲，雄风激水滨。"

宋·吕陶《和董奉议喜雨》："需云甘泽为时来，间作雄风鼓迅雷。"

宋·喻良能《次韵外舅黄虞卿为爱山园好八首·其五》："疏帘卷雌霓，曲槛倚雄风。"

宋·宋庠《夏日北溪亭上》："一衽雄风消内热，高门无意事轻肥。"

宋·宋祁《访隐者不遇》："拂衽雄风动，犹疑御寇归。"

宋·宋祁《梦野亭在景陵集仙王君为郡日所创》："晴光猎草雄风度，晓气浮江赤日来。"

宋·宋祁《南亭独瞩》："宇下雄风细细凉，客眸凝绝此回肠。"

宋·宋祁《奉和御制后苑赏花诗》："猎翠雄风度，凝香甲帐寒。"

宋·周锷《西湖三首·其二》："动地雄风云外起，截天雌霓雨中收。"

宋·刘一止《再用韵呈允迪秘监江子我郎中二首·其一》："曾见雄风追楚赋，尚堪雌霓读郊居。"

宋·周紫芝《次韵草堂主人雨中十首·其一》："雄风斜卷云头去，雌霓横遮雨脚回。"

宋·刘子翚《送六四叔之茶陵》："似闻幕府资奇画，好借雄风弄羽翰。"

宋·唐仲友《续八咏·其四·万象出新奇》："万里出寸碧，千里来雄风。"

宋·岳珂《春波堂小饮怀棠湖旧隐三首·其一》："一江细雨敲青菊，万里雄风起白苹。"

宋·岳珂《六月二日乙丑滥溪大雷雨》："快哉雄风起苹末，玉女嗞笑叫阿香。"

宋·张孝祥《蓦山溪》："雄风豪雨，时节清明近。"

宋·张嵲《题永睦县高斋》："莫咏枫林伤极目，且依苹末挹雄风。"

宋·张炜《辛丑长至后九日其夕大风》："朝家祷琼瑞，天忽赐雄风。"

宋·文彦博《留守相公宠赐雅章召赴东楼真率之会次韵和呈》："俭幕深严依绿水，楚台高迥快雄风。"

宋·文天祥《衡州送胡端逸赴漕》："蛟龙喂灵雨，雕鹗展雄风。"

宋·方岳《夏日简王尉》："雌霓横溪遮雨断，雄风吹雨作尘飞。"

宋·李处权《后乐堂》："喜有清樽对雌霓，惭无健笔继雄风。"

宋·晁补之《永遇乐·同前自过腔（即越调永遇乐端午）》："算何须、楚王雄风，方消畏暑。"

宋·李弥大《尧峰院》："须臾变云雨，为作雄风壮。"

宋·朱敦儒《蓦山溪·其七·和人冬至韵》："迤逦暖乾坤，仗君主、雄风英气。"

宋·李弥逊《次韵学士兄偶成》："畏暑渐退舍，雄风时引裾。"

宋·曹勋《春日有所思》："游尘薄雄风，光景低郁仪。"

宋·曹彦约《上湖广总领赵郎中·其一》："惯闻似觉雄风近，因问从知看日明。"

宋·柳永《竹马子》："对雌霓挂雨，雄风拂槛，微收烦暑。"

宋·洪炎《次韵和了信上座》："会稽之南曰闽海，东行万里因雄风。"

宋·王十朋《和喻叔奇宿大木寺》："吾诗留大木，君句压雄风。"

宋·王十朋《又用前句作七绝·其四》："巫峡有雄风，菊天多细雨。"

宋·王十朋《贡院纳凉分韵得湖字》："虎榜唐文杰，雄风楚大夫。"

宋·洪适《杨元素题蒙泉诗云源有雌雄分碧白注谓南泉色白为雌因为之解嘲二绝句·其二》："雄风波不动，雌霓影空垂。"

宋·洪适《杂咏下·玉胡蝶》："一阵雄风起，穿林粉翅飞。"

宋·洪刍《同师川商老追凉徐贤亭》："机事已忘来白鸟，雄风暂起在青苹。"

宋·胡宿《登润州城》："雄风摇碧浸，画角吊黄昏。"

宋·燮元圃《过锦湾望岳亭》："雄风入座披襟好，静看渔舟上锦湾。"

宋·胡宿《宿秀峰寺》："雄风拂衽清凉极，珍树交柯翠霭深。"

宋·苏轼《儋耳》："垂天雌霓云端下，快意雄风海上来。"

宋·白玉蟾《戏联叠韵体》："伛偻苦怒雨，穹窿通雄风。"

宋·米芾《书寿阳楼柱》："披豁雄风至，欹眠一梦迟。"

宋·罗公升《过嘉兴雪中》："天末雄风卷白波，玉舟既晓泛银河。"

宋·袁说友《采石遇顺风》："何如我行舟，雄风东北起。"

宋·胡铨《朝中措·黄守座上用六一先生韵》:"月屿一声横竹,云帆万里雄风。"

宋·袁燮《凤仙花》:"强分青(原误作'清')白眼,力辨雌雄风。"

宋·蔡向《题洪景伯分绣阁》:"雌霓挂檐供彩笔,雄风拂面快金瓯。"

宋·赵文昌《登金山观潮》:"万里雄风双秃鬓,妙高台上看潮生。"

宋·赵鼎臣《五月十八日陪同舍诸友游慈云寺》:"长廊引雄风,爽气回秋令。"

宋·郑清之《病后和黄玉泉韵·其二》:"赤明瀹篆正恢台,戏挹雄风涤闷怀。"

宋·邓深《喜雨》:"不堪雌霓频妨雨,反厌雄风但作凉。"

宋·金君卿《盛暑偶游旷亭书于再生樟石碣之阴》:"万里雄风海峤来,客襟聊为旷亭开。"

宋·郭祥正《望白纻山》:"雄风回秋霜,英声散鼍鼓。"

宋·韩维《润州》:"雄风摇碧绿,画角吊黄昏。"

宋·陆佃《依韵和双头芍药十六首·其十一》:"雄风为借吹嘘力,雌霓叨蒙激赏真。"

宋·饶节《昨日一诗乃是见赠亦复次韵为报》:"雄风高论鹔飞退,皓雪新诗鹤夺鲜。"

宋·陈与义《美哉亭》:"临高一吐气,却奈雄风何。"

宋·陈与义《游董园》:"地旷多雄风,叶声无时休。"

宋·陈造《次韵赵帅登平山堂·其一》:"胜赏已容陪隽轨,凭虚仍喜受雄风。"

宋·陆埈《和奚宰春风楼即事》:"却笑楚台雕篆客,强生分别诧雄风。"

宋·韩淲《苦雨》:"安得雄风埽雌霓,满湖晴日弄扁舟。"

宋·韩淲《分韵得屏字》:"雌霓殷残照,雄风写疏星。"

宋·阳枋《再和陈提举喜雨·其一》:"骤雨起从南海庙,雄风到自楚王宫。"

宋·王柏《和喜雨韵》:"若旱作霖人望久,雄风那数快哉亭。"

宋·燮元圃《寓锦湾望岳亭》:"雄风入座披襟好,静看渔舟上锦湾。"

元·方回《十六日水退雨不已次受益韵二首·其一》："雄风楚台上，谁且独披襟。"

金·李中立《题凌云台》："一川胜趣四时好，千里雄风三伏寒。"

金·郑辉《潞公轩即席继和刘巨济秀才》："窗转雄风来座上，雨疏雌蜺挂林端。"

元·曹祖庆《登牛山顶望巢湖》："猎猎雄风生大泽，垂垂雌霓饮长河。"

元·余阙《九日宴盛唐门》："临川射长蛟，雄风推八埏。"

元·刘秉忠《亭帐》："雄风吹断襄王梦，高卷巫山十二峰。"

元·吕诚《期友不至》："雄风豪雨将春去，浊垢深泥少客来。"

元·宋褧《摸鱼儿·至元六年二月望日，登安陆白云楼》（楼今为分宪公廨，城中有楚大夫宋玉故宅与池其井名琉璃井有兰台故基）："邈白雪宫商，雄风襟量，恍惚可神遇。"

元·耶律铸《迎风馆》："涤暑迎风馆，雄风袭玉扉。"

元·耶律铸《秋日避暑尘外亭》："雌霓（去声）连蜷应计雨，雄风回穴自输凉。"

元·耶律铸《汉宫》："如何今日猗兰殿，吹尽雄风到野蒿。"

元·王恽《卜算子·辛卯九月二十三日夜，梦上层兰北望》："天外雄风秘化机，吹落苍烟峡。"

元·郝经《南堂即事》："半轩流水移天去，满榻雄风送雨来。"

元·许谦《舟中杂兴三首·其三》："震泽商气深，雄风驾涛浪。"

元·钱惟善《奉和太常博士柳公浦阳十咏诗·其三·东岭秋阴》："高处夕佳难揽结，扫除阴翳待雄风。"

元末明初·乌斯道《徐梅涧先生授余琴予写曲调之意赋诗九章修禊·其八·春江》："雄风挟长浪，云气何从来。"

元末明初·乌斯道《赋得吴王避暑宫陶侃读书堂二诗送丁鹤年归武昌·其一》："瑶殿金扉倚虚旷，象床玉几生雄风。"

元末明初·杨维桢《送理问王叔明》："雄风豪雨将春去，剩水残山送客归。"

元末明初·张昱《夜潮》："浊浪渐高河影没，雄风未尽雪山遥。"

元末明初·张昱《题海滨渌绕轩》："槎回定泊阑干外，坐挹雄风倒大尊。"

元末明初·张昱《献岁旦日，同芳溪吴理问访许处士》："到门好雨过云去，说剑雄风生酒边。"

元末明初·张昱《河汉篇》："金气浮空漾白波，任是雄风吹不起。"

元末明初·王逢《辞帅幕后王左丞复以淮省都事过举且送马至以诗辞还》："野庭憩马荒鸡鸣，马思故枥雄风生。"

元末明初·王逢《帖侯歌》："须张眦裂赫如虎，杀气雄风助虓武。"

元末明初·王逢《小匕首歌》："檐冰卓箸日黯空，稍玩股掌生雄风。"

元末明初·胡奎《田单》："雄风千载下，英名良不隳。"

元末明初·邓雅《大风诗次韵》："阴壑霜飞应早冬，又拈骚笔赋雄风。"

元末明初·袁凯《荷花》："渚宫更拟襄王看，犹恐雄风作阵吹。"

元末明初·张达《杂言·其二十》："猛气詟六国，雄风拔河山。"

元末明初·汪广洋《题钟山胜景应制》："更欲蹑凫凌绝巘，扶摇大块鼓雄风。"

明·杨荣《狮子》："顾盼雄风生，哮唦百兽藏。"

明·金学曾《同郭美秩任白甫梅伯阳诸孝廉登黄鹤楼》："便有雄风来大国，萧然落照满高台。"

明·徐一忠《登黄鹤楼》："明月吹箫高赤壁，雄风作赋胜兰台。"

明·张维枢《游黄鹤楼记》："马公把余臂言曰：'揽胜亭利内观，仙枣、清凉二亭利外观，若乃内外无碍，可披襟而当快哉之雄风也，则斯楼为最'。"

明·陆礼《登黄鹤楼步韵》："封豕长蛇逞余毒，虎头豺角生雄风。"

明·龚三益《登黄鹤楼次李西涯相国韵》："襟带高深浩无极，凭阑飒飒生雄风。"

明·王恗《白马篇》："指顾雄风生，来往如飞电。"

明·王恗《临江王节士歌》："节士多壮心，悲感雄风起。"

明·于慎行《送袁玉蟠太史册封楚藩》："故里歌成飞白雪，大王赋就起雄风。"

明·伍瑞隆《何文征山斋杂咏·其三·御风台》："高台望不极，万里御雄风。"

明·伍瑞隆《何龙田先生招同李伯襄家小开诸子饮听潮关赏梅花聊赋纪事》:"忽然长啸生雄风,万里青天切寒泚。"

明·佘翔《赠马聚生·其一》:"大楚雄风起,如云竹马迎。"

明·佘翔《赠郡侯陆公奏最·其一》:"大楚雄风移七泽,全闽膏雨遍千峰。"

明·佘翔《穆敬甫以病不赴城濮之会却寄》:"敢云明月投千里,已见雄风长五湖。"

明·佘翔《赠朱开府·其四》:"凌烟勒洪阀,雄风披素襟。"

明·倪谦《题母子虎图为许宽序班赋》:"松根激石怒涛卷,疑有猎猎雄风生。"

明·冯大受《泰山绝顶逢钟明府》:"曙色朦胧帝女坛,雄风吹客布袍寒。"

明·冯裕《天马歌》:"负河图兮文明,衔赤文兮舜之祯,矫首长鸣兮雄风生。"

明·区怀瑞《郢中怀古二首·其一》:"城边远水多秋气,台上雄风作夏寒。"

明·卢龙云《喜雨》:"新瀑穿林出岸限,雄风吹雨歇还来。"

明·卢龙云《赠友人》:"顾眄生雄风,意气恒相逐。"

明·卢龙云《出京阻雨由潞河登舟》:"畏日却无三伏暑,雄风先送二仪秋。"

明·卢龙云《武夷九曲歌寿少司马陈公七十有序·其二》:"何以居之桂树丛,猿吟虎啸生雄风。"

明·唐文凤《题墨竹四首·其一·风》:"雄风鼓馀怒,湘江起层波。"

明·孙蒉《巫峡秋怀八首·其二》:"灵雨乍晴仙掌出,雄风初动使旌过。"

明·孙蒉《过高唐》:"荒坟胕子雄风在,野曲绵驹旧谱存。"

明·孙蒉《出蜀二首·其二》:"雄风淅淅雨凄凄,啼杀春山蜀子规。"

明·宗臣《临高台》:"恒岳与泰华,飒飒雄风来。"

明·宗臣《湖上遇子与舟中夜酌放歌》："一斗百篇不足数，喑哑叱咤雄风生。"

明·孙继皋《送余太史使东藩》："授简故应操白雪，搴帷犹自起雄风。"

明·左国玑《别南塘子》："当年交结十辈豪，鞭挞扬马雄风骚。"

明·张天赋《王丽竹别号》："劲节凌秋霜，雄风震空谷。"

明·张晓《宝光塔》："万里雄风吹短袖，四山疏雨澹高秋。"

明·张佳胤《拟登焦山会风浪不果》："不为雄风翻巨浪，好将片席破沧溟。"

明·徐𤊹《武夷十咏·其五·大王峰》："此地大王曾羽化，至今犹自起雄风。"

明·徐学谟《酌同年白伯伦光禄黄鹤楼感旧》："坐说先朝供奉事，披襟江汉生雄风。"

明·徐渭《送吕中甫之潞》："长裾老辞客，雄风美大王。"

明·徐渭《宣府槐龙篇》："五楹团广厦，百柱卓雄风。"

明·徐渭《谑雪》："初起青苹本亦同，大王毕竟是雄风。"

明·李之世《赋得楚天春雁送友人》："大王雄风起天末，神女行云漾翠翘。"

明·李之世《赋得衡山送张明府还龙门》："登坛一啸雄风来，化为云雨遍苍垓。"

明·李孙宸《过楚项故都》："驿馆萧萧万壑中，停车千载问雄风。"

明·杨承鲲《郡城属眺偶作·其一》："苍苍落日照江干，烈烈雄风六月寒。"

明·李孙宸《送黄逢永之当阳司谕》："登台定奏雄风赋，怀古重歌白雪章。"

明·林熙春《戊午海啸歌》："三更磷火挟雄风，雄风催雨变陵谷。"

明·欧大任《张羽王自楚中寄题蓬园适闻其藩相之报次韵慰答二首·其二》："小苑骄梁客，雄风答楚王。"

明·林熙春《林存古自莆远讯次韵奉答》："千里壶中明日月，雄风四起送芳尘。"

明·欧大任《爽台为朱同伯赋》："挥毫万里雄风起，挂笏千山爽气来。"

明·欧大任《寄汪中丞伯玉时抚郧阳二首·其一》："功多沧海馀膻日，赋倚雄风羽猎秋。"

明·欧大任《孙兆孺自楚来访》："雄风半自兰台至，明月新从大楚来。"

明·欧大任《午日同袁景从李凝伯二中舍集刘观察仲修园中得公字》："槐阴堂下快雄风，艾叶蒲花映酒红。"

明·欧大任《答王中丞元美郧阳见寄三首·其二》："七泽旌旗新校猎，登台何处不雄风。"

明·欧大任《送曾太史直卿册封岷吉二府》："明月当筵开竹苑，雄风挥翰起兰台。"

明·欧大任《送郭大参笃周赴楚》："楼更庾公延落月，台曾宋玉赋雄风。"

明·祁顺《喜熊宪长升都宪和韵·其二》："多士称王国，雄风陋楚台。"

明·祁顺《凤庄八咏·其二·舞雩风处》："春日恍闻曾点瑟，雄风如透楚王襟。"

明·王廷陈《奉荅富顺王殿下二首·其一》："雄风难可挹，何日侍兰台。"

明·朱诚泳《感寓·其六十七》："公然老牖下，雄风闻八区。"

明·祝允明《答孙山人寄吟卷歌》："二子雄风不可寻，九霄星露夜沉沉。"

明·顾清《送吴南仲》："三高祠下拂苍石，长啸宇内生雄风。"

明·李梦阳《白河篇送李南阳》："君昔坐郡襄汉东，气势三楚生雄风。"

明·郑善夫《夏日叹》："雄风来蓬蓬，惨怛螘大屋。"

明·杨慎《高峣夕》："雌霓晴桥跨，雄风晚籁斜。"

明·黄佐《草堂七夕二首·其二》："客暑销薪簟，雄风满粤城。"

明·罗洪先《读汉史》："五侯七贵生雄风，朝朝游猎陵园空。"

明·王渐逵《秋日书院登眺》："重溟列峤霏霏出，鹿日雄风故故依。"

明·李攀龙《送徐子与之武昌·其一》："翛然白雪千人和，飒尔雄风万里生。"

明·李攀龙《寄怀蒲圻魏使君·其三》："大王自啸雄风起，神女长携暮雨来。"

明·游朴《同汪李二将军集吕姚州楠木山房观花山房者社所也》："爽气夕佳移客坐，雄风时度袭人裳。"

明·林大春《自关塞归将北上寄苏道先时苏谪居浙东》："临川翻怜骤雨笔，宋玉总愧雄风辞。"

明末清初·曹溶《摸鱼儿·题宝崖像》："雄风所寄。直大啸成雷，鼻端出火，车上一壶系。"

明末清初·屈大均《京口春望》："江山寂寞雄风在，吴楚苍茫积气重。"

清·史惟圆《沁园春·黄鹤楼》："雄风披拂，面面窗开。"

清·姚鼐《渚宫》："锦帆暮雨回江渚，鸣籁雄风起洞庭。"

元·佚名《小尉迟·第一折》："你怎么灭自己志气，长别人雄风？"

元末明初·罗贯中《三国演义·第一〇六回》："闭户忽然有起色，驱兵自此逞雄风。"

清·任其昌《读史杂感·其一》："雄风为震葡萄塞，《小雅》应歌《杕杜》诗。"

现当代·钟敬文《临江仙·喜重晤仰山同志》："相期同奋足，青咒振雄风。"

现当代·李存葆《高山下的花环·十三》："我们的元帅和将军，个个都集虎将之雄风和儒家之文采于一身。"

🝔 大王风

"大王风"本为讽谕，后转为对帝王的谀辞，犹言帝王的雄风。

南北朝·刘缓《奉和玄圃纳凉诗》："当由小堂上，自有大王风。"

南北朝·刘孝仪《行过康王故第苑诗》："芳流小山桂，尘起大王风。"

唐·严维《奉和刘祭酒伤白马（此马救赐宁王，转赠祭酒）》："性柔君子德，足逸大王风。"

唐·胡曾《咏史诗·兰台宫》："宋玉不忧人事变，从游那赋大王风。"

唐·张聿《景风扇物》："开襟若有日，愿睹大王风。"

唐·张易之《侍从过公主南宅侍宴探得风字应制》："时攀小山桂，共把大王风。"

宋·华岳《幽居·次刘德之韵》:"畏爱难全公子日,雌雄谁识大王风。"

宋·晁冲之《避暑普净院》:"庭无御史雨,门有大王风。"

宋·杨简《嘉定改元久旱得雨诗呈张令君·其一》:"举手尽称知县雨,何心领略大王风。"

宋·王柏《和遁泽初夏韵二首·其一》:"世事渐如宣子日,诗情犹有大王风。"

宋·郑清之《家园即事十三首·其十一》:"客有可人君子竹,书无同至大王风。"

元·方回《暑天》:"荫傍汉朝名将树,凉分楚泽大王风。"

元末明初·胡奎《巫女》:"朝云吹不散,任尔大王风。"

元末明初·胡奎《巫山高》:"须臾吹起大王风,朝云飞散暮雨空,依然十二青芙蓉。"

明·陈履《游碧落洞》:"草沾游士屐,台挹大王风。"

明·唐烈《游圆明寺》:"仄径尚萦前代藓,高堂犹敞大王风。"

明·张萱《赠邵熙臣太史册使唐藩》:"胜游多丽句,携得大王风。"

明·张萱《题法曜秋高卷寿温青霞侍御按楚》:"簪笔已簪倚史笔,采风须采大王风。"

明·张萱《观察洪公过访小园留酌赋谢·其一》:"缓带喜延东阁客,挥毫独振大王风。"

明·张萱《王幼度明府下车龙门以便面诗见寄用来韵却答》:"龙门登有日,九顿大王风。"

明·于慎行《荆门歌送沈澄川太史奉使楚藩》:"高台落日大王风,明月空江帝子渚。"

明·欧大任《雪中同华甫发南浦酬用晦·其一》:"江上挂帆千里去,兰台今借大王风。"

明·王廷陈《宴集楚藩楼上作》:"鸣佩忽沾神女雨,披襟时拂大王风。"

明·李攀龙《送俞按察之湖广·其一》:"江汉日高天子气,楼台秋敞大王风。"

明·胡直《观音岩僧圆宁楼上中饭赋赠圆宁为高僧楚石门徒》："招客只供罗汉菜，翻经时引大王风。"

明·王世贞《山东道中怀于鳞郊寄》："大王风自乾坤满，高士星仍海岱偏。"

明·王世贞《予与自闽明卿自贵同日书至有感·其一》："寄语图南争矫翼，燕台四起大王风。"

明·王世贞《游石公山东连云障入剑楼》："张空帝子乐，叠浪大王风。"

明·王世贞《为襄王题懋德斋》："乃知大王风，来自君子德。"

明·王世贞《楚游歌赠顾季狂》："兰台大王风，倏忽无定向。"

明·郭正域《雨中张郡丞李别驾李司理招饮二首·其一》："神女云来行昼夜，大王风起斗雄雌。"

明·袁宏道《至日集山响斋送陶孝若谕祁门限韵·其三》："长官天子谚，乡里大王风。"

明·张煌言《感事四首·其二》："鲸波万里外，傥是大王风！"

明·邓云霄《四时宫怨四首·其二》："并蒂花开水殿红，披襟难待大王风。"

明·邓云霄《屏风曲》："可怜蕙质汗珠红，推开遥待大王风。"

明·释函可《赠少年道者》："巫峡肯沾神女雨，洞庭曾御大王风。"

明·韩日缵《溽暑新雨·其二》："窥窗神女雨，透幌大王风。"

明·黄在裘《黄龙洞》："花嘶玉女镜，草偃大王风。"

明·黎兆鳌《过楚宫》："宋玉宅前芳树满，晚来犹起大王风。"

明·黎民表《送吴而待守归州·其二》："衰草寒烟过楚宫，荒台犹起大王风。"

明·韩上桂《云梦歌送方伯胡襟寰公之楚》："会须一振大王风，解幽散滞存至公。"

明末清初·彭孙贻《虎始交》："彩晕忽围班女月，巫云同啸大王风。"

明末清初·侯方域《送顾副使礽入楚》："古月还窥神女庙，孤舟直破大王风。"

清·陈恭尹《怀古十首·其三·楚中》："二女庙边逢泪竹，大王风急到青苹。"

清·陈恭尹《送杨荆湖观察内擢京卿二首·其二》："粤峤尚悬卿士月，楚帆先满大王风。"

清·丘逢甲《台湾竹枝词》："一剑霜寒二十秋，大王风急送归舟。"

清·吴绮《次感怀韵》："独卧敢希高士雪，远游空忆大王风。"

清·吴子光《寄题延平王庙壁·其一》："曾读丰碑渤澥东，开疆犹仰大王风。"

清·夏塏《过更衣亭》："直上禅关一径深，大王风好且披襟。"

清·文廷式《浪淘沙·赤壁怀古》："披襟聊快大王风。长剑几时天外倚，直上崆峒。"

清·李振钧《美人十八首·其十七·帐下》："兵气难扬歌欲阕，空怜垓下大王风。"

清末近代·陈瑚（沧玉）《谨和澂心君原韵赠伯毅兄》："九载未平神禹域，四邻久慑大王风。"

近现代·袁嘉谷《宾居大王庙东西平子厚》："万叠苍林访古祠，大王风助老夫诗。"

清末近代·柳亚子《咏史四首·其一》："亡秦三户大王风，竖子无端误乃公。"

清末近代·柳亚子《题芷畦燕游续草》："易水萧萧贯白虹，岂宜重问大王风。"

近现代·连横《国姓鱼》："国春回鹿耳东，渔人争说大王风。"

近现代·连横《咏史一百三十首·其三十六·赵武灵王》："中原今病弱，愿振大王风。"

近现代·连横《读西史有感三十七首·其三十》："得遗谋今尚在，俄沙鼓吹大王风。"

近现代·孔凡章《读项羽本纪（少年时作）·其一》："千秋犹想大王风，颈血横飞一剑红。"

近现代·聂绀弩《送大学生小王》："父老江东传话乐，大王风送小王回。"

近现代·钱仲联《丙戌秋兴八首次少陵韵·其七》："投杖未追夸父日，登台还诩大王风。"

当代·刘峻《长城》："饮马窟销征士骨，射雕歌起大王风。"

当代·陈永正《念奴娇》："大王风起，颓云一角崩裂。"

楚王风

"楚王风"，指凉风、大风。

南北朝·萧察《咏弓诗》："已悲轩主迹，复挹楚王风。"

唐·杜甫《天池·其二》："飘零神女雨，断续楚王风。"

宋·晁公溯《眉州燕游杂咏十首·其五·披风榭》："不畏赵盾日，知有楚王风。"

宋·袁说友《顺风至采石》："快哉真得楚王风，钲鼓喧江四面雄。"

宋·刘筠《代意》："明月自新班女扇，行云无奈楚王风。"

宋·孙觌《再和·其一》："逐影故惭夸父日，披襟聊快楚王风。"

宋·苏过《与范箕叟避暑西湖》："快哉楚王风，庶人安得共。"

宋·鹿敏求《福恩寺》："拂榻欲为庄叟梦，披襟聊挹楚王风。"

明·刘绶《次邵二泉公韵二首·其一》："今古独推崔子句，雌雄难辨楚王风。"

明·王廷陈《江上言怀四首·其二》："山悬神女雨，江进楚王风。"

近现代·袁嘉谷《书台湾事》："弩射潮头越江水，襟披台上楚王风。"

楚台风

"楚台风"，同楚王风。

宋·柳永《夏云峰》："楚台风快，湘簟冷、昶披襟。"

宋·陈楫《休沐端居有怀希圣》："琼屑半和仙掌露，兰沼轻泛楚台风。"

宋·左纬《题摘星岭》："遥看梁苑雪，独挹楚台风。"

宋·徐似道《虞仲房司马游园约予不赴因次其韵》："试问高吟梁苑雪，何如共快楚台风。"

宋·李壁《西江月·和提刑昂席新赋》："楚台风转一帆吹。朝列问君来未。"

宋·梅尧臣《燕》："轻如汉家后，斜避楚台风。"

宋·王十朋《别宋孝先》："楚台风骚客,遥遥有奇孙。"

宋·王安石《千秋岁引·其三·秋景》："楚台风,庾楼月,宛如昨。"

宋·陈师道《和寇十一雨后登楼》："预为逃暑约,一快楚台风。"

宋·韩淲《和周次公》："山园空琐楚台风,水路犹思剡溪雪。"

宋·魏了翁《生日和辛江陵(克承)即席韵·其一》："饮尽玉瓶天地阔,不知身客楚台风。"

元·方回《二十五日庚辰连作暴雨即霁》："斯须即开霁,共快楚台风。"

明·李孙宸《正月初六同饮天恍宗侯·其一》："过客共裁梁苑雪,披襟旋御楚台风。"

明·高启《次韵杨礼曹秋日见赠》："残雨翛翛映彩虹,怜君独咏楚台风。"

明·顾璘《虞美人·自嘲》："楚台风采竟如何。堪恨笔端无力、挽颓波。"

明·黄佐《白莲二首·其一》："洛浦雾繁珠作佩,楚台风急翠成帏。"

明·黄佐《院中同龙湖少湖二学士赏红莲·其一》："燕树日高犹泡露,楚台风静欲凌波。"

明·刘胜《苏幕遮》："楚台风,巫峡雨。暮暮朝朝,无计重相遇。"

明·沈宜修《浣溪沙》："楚台风月那禁留。画扇半遮微靦面,薄鬟推掠只低头。"

清·吴湖帆《行香子》："恍洛浦云,湘皋雨,楚台风。"

宋玉风

"宋玉风",同楚王风。因是宋玉命名,故称。

唐五代·齐己《杂曲歌辞·其三·杨柳枝》："秾低似中陶潜酒,软极如伤宋玉风。"

唐五代·齐己《荆州新秋寺居写怀诗五首上南平王·其四》："尊罍岂识曹参酒,宾客还亲宋玉风。"

宋·孔平仲《回王秀才二赋》："郭璞长江宋玉风,君才可与角豪雄。"

明末清初·吴伟业《宫扇》："乍可襟披宋玉风,不堪袖掩班姬月。"

清·吴绮《爱山台月夜同楚畹子寿弘载辰六燕孙·其二》："不分上下元

龙榻，共爱雌雄宋玉风。"

🏵 大王雄风

"大王雄风"，指清凉舒爽的风。

明·于慎行《送袁玉蟠太史册封楚藩》："故里歌成飞白雪，大王赋就起雄风。"

明·徐渭《谑雪》："初起青苹本亦同，大王毕竟是雄风。"

明·李之世《赋得楚天春雁送友人》："大王雄风起天末，神女行云漾翠翘。"

明·李攀龙《寄怀蒲圻魏使君·其三》："大王自啸雄风起，神女长携暮雨来。"

🏵 风入大王

"风入大王"，见"大王风"，谓清舒之风宜人心怀。

明·陈子龙《消夏·其一》："风入大王兰殿冷，水通天嫔绛河深。"

🏵 快哉风

"快哉风"，见"大王风"，指清凉舒爽的风。

宋·苏轼《水调歌头·快哉亭作》："一点浩然气，千里快哉风。"

宋·黄裳《新荷叶·雨中泛湖》："烟波醉客，见快哉、风恼娉婷。"

第三节　青萍之末

一、典出

　　"青萍之末"，典出宋玉《风赋》："夫风生于地，起于青萍之末，侵淫溪谷，盛怒于土囊之口……"

二、简释

　　"青苹（萍）"是一种水生植物，蕨类，它的特点是叶有长柄，顶端四片小叶，状如汉字中的"田"，故又称"田字草"。原文大意是：风从地面产生，从青萍这种水草的末梢飘起，逐渐弥漫山谷，到山的洞口时气势就凶猛起来。这个典故描绘风从地上产生出来，开始时先在青苹之上轻轻飞旋，最后会成为劲猛彪悍的大风，即是说大风是自小风发展而来。表面是在讲风的生成以至强大的过程，后喻指大影响、大思潮从微细不易察觉之处源发，类似西方人所说的"蝴蝶效应"。例如，春秋时期吴楚两国边界有女子争夺桑树，未曾想风起于青萍之末，居然引发吴、楚之间的大战。也可指某种倾向，或者是谣言的产生；也用于形容各种事物不知不觉地发生，经过一番轰轰烈烈，最后平息。若用来指当事物尚处于萌芽阶段，人们就会引用一句话："风起于青萍之末。"因"青苹"含义文雅，现代人尤其喜欢用这句话来形容无疾而终的爱情，就像一阵风，莫名地发生，渐渐地淡去。如晋江文学网刊载署名为三只虾的作品《青苹之末》，叙述蒋星和叶尘的爱情纠葛。起点中文网连载的易西的都市言情小说《青苹之末》。

三、变体（或不同典形）

　　"青萍之末"有时亦作"青蘋之末、青苹之末。"其变体主要有：青萍、苹末、青苹、青苹风、青萍末、风起青萍等。"青萍之末"的"萍"亦作

"蘋"或"苹"。

四、历代引用与释义

📖 青萍之末

宋·苏轼《十二琴铭·松风》:"忽乎青苹之末而生有,极于万窍号怒而实无。"

宋·潘庭坚《响玉集》:"傭鄙自甘者不得联袂清流,此其青萍之末,实始吴会而煽为丽景,遒为繁条。"

明·陈继儒《答项明父》:"新暑灼人,赖青萍之末少浣之,得手教之。又清凉台雪飞矣。"

明·沈佳胤《李中堂建霞》:"赵君名列前茅,然推毂者尚有人非敢谓青萍之末,而助扶摇也。"

明·谢元汴《旧遵化郭正夫》:"若夫掌大薄蹴以致所知,犹青萍之末岂能挽扶轮逆飚?"

清·顾光旭《暗香·题张五松坪编修荷静纳凉时小照》:"绿云空阔。看嫩凉送过,青萍之末。"

清·金圣叹《金圣叹批水浒传》第十回《朱贵水亭施号箭　林冲雪夜上梁山》:"夫柴进之于水泊,其犹青萍之末矣,积而至于李逵亦入水泊。"

清·钱大昕《杉亭诗集序》:"多不善也。今夫风起于青苹之末,徘徊于椒蕙之间,披飒山冈。"

清·袁枚《凝绪堂诗稿序》:"近而却远,飒飒然起于青萍之末,感人于毛发之间。其凉寒如此。"

清·张贵胜《遣愁集》卷五:"溽暑灼人,大地如炉。病躯当此,如燔似炙。全赖青萍之末一少浣之。忽得熏风和畅,洗却炎威,顿觉神清骨爽。"

近代·徐兆玮《徐兆玮杂著七种》:"夫风飙寥唳者,发动于青萍之末;国势熛腾者,胎源于纷扰之时。"

近代·许承尧《疑庵诗·民视报箴》:"风起于青萍之末,而其终能发屋拔木。"

现当代·周乃复《虞世南诗文集·序》："将虞世南视为唐文新风的青萍之末，给予充分的肯定。"

现当代·于坚《秦始皇陵上所见书》："山苍苍，云烟茫茫，风伏在青苹之末，黄土上有人在耕作。"

当代·姚佳《郭庄即兴·其三》："青萍之末传微意，拱手龙君会有期。"

当代·知乎："风起于青萍之末，浪成于微澜之间，友交于微末之时，妄终于菩提之巅。"

青萍

"青萍"，一种生于浅水中的草本植物。

唐·储嗣宗《和顾非熊先生题茅山处士闲居》："归耕地肺绝尘喧，匣里青萍未报恩。"

唐·权德舆《户部王曹长杨考功崔刑部二院长并同钟陵使府之旧因以寄赠又陪郎署喜甚常僚因书所怀且叙所知》："含毫白雪飞，出匣青萍利。"

唐·方干《王将军》："保宁帝业青萍在，投弃儒书绛帐空。"

唐·李涉《送杨敬之倅湖南》："久嗟尘匣掩青萍，见说除书试一听。"

唐·杜甫《秦州见敕目薛三璩授司议郎毕四曜除监察与二子有故远喜迁官兼述索居凡三十韵》："仰思调玉烛，谁定握（一作'淬'）青萍。"

唐·杜牧《分司东都寓居履道叨承川尹刘侍郎大夫恩知上四十韵》："火中胶绿树，泉下斸青萍。"

元·吴昌龄《张天师》第三折："青苹一点微微发，万树千枝和根拔。"

清·厉鹗《闰九日客广陵集吴氏城东水槛》："为谢红桥儿女道，不将歌舫污青苹。"

苹末

"苹末"，苹的叶尖，指风所起处。

唐·李峤《风》："落日生苹末，摇扬遍远林。"

宋·卢祖皋《木兰花慢》："汀莲凋晚艳，又苹末、起秋风。"

宋·尹焕《唐多令·苕溪有牧之之感》："苹末转清商。溪声供夕凉。"

宋·晁端礼《满庭芳·其一》："十里横塘过雨，荷香细、苹末风清。"

宋·米友仁《宴桃源／如梦令》："苹末起微风，山外一川烟雨。"

宋·葛胜仲《蓦山溪·送李彦时》："画船珠箔，苹末水风凉，随柳岸，楚台人，景与人俱好。"

宋·蔡伸《浣溪沙·其三·仙潭二首》："苹末风轻入夜凉。飞桥画阁跨方塘。"

宋·蔡伸《归田乐》："风生苹末莲香细。新浴晚凉天气。"

宋·袁去华《谒金门·其五》："烟水阔。夜久风生苹末。"

宋·袁去华《水调歌头·其三》："跨海晴虹垂饮，极目沧波无际，落日去渔舟。苹末西风起，橘柚洞庭秋。"

宋·赵长卿《瑞鹤仙·张宰生辰》："西风苹末起。动院落清秋，新凉如水。"

元·王结《贺新郎·次范君铎诏后喜雨韵》："万斛清愁萦怀抱，更萧萧、苹末西风起。"

明·胡俨《豫章十咏·其七·滕阁秋风》："萧瑟青苹末，凄清红蓼间。"

明·胡俨《病中秋思八首·其三》："秋风起苹末，秋意日萧然。"

明·王世贞《弇园杂咏四十三首·其三十九·文漪堂》："清漪感苹末，悠然自成文。"

明·王世贞《文漪堂之后凉风堂》："凉风起苹末，集我凤凰条。"

明·沈守正《偶兴》："风生苹末纤纤织，月上林端细细湾。"

清·姚燮《祝英台近·二十四阕·其十四（并序）》："真同锦鲤吞钩，珠虾堕罩，托微命、响波苹末。"

清·曹贞吉《贺新凉·壬子岁寄家弟用韵》："有苹末、清飙相寄。出守一麾谁抵掌，莫长风万里成吾辈。"

清·曹贞吉《贺新凉·咏茨菰》："苹末惊飙连紫箨，稳宿沙洲凫雁。"

清·曹贞吉《摸鱼子·咏莼》："青门外，苹末凉风微度。"

清·程颂万《曲游春·题双美人垂钓画帧》："瘦腕禁寒，恰风回苹末，茜丝无主。"

清·郑元昭《八声甘州·小楼看月》："旧梦西风苹末，湖渌荡轻鸥。"

📚 青苹风

"青苹风"，初起之风，小风。

宋·贺铸《小重山》："青苹风转彩帆轻，樯头燕，多谢伴人行。"

元·钟嗣成《南吕·骂玉郎过感皇恩采茶歌·四景·风》："熏风起自青苹外，应时候自南来，此身如在清凉界。"

元·汤式《南吕·一枝花·题崇明顾彦升洲上居》："荡炎蒸青苹风六月凄凄，翻渤澥红桃浪三春汹汹。"

> **注**："青苹风"，即指六月间的凉风。

📖 青萍末

"青萍末"，指初起的风，小风。

唐·张聿《景风扇物》："何处青苹末，呈祥起远空。"

唐·权德舆《新安江路》："啸起青苹末，吟瞩白云端。即事遂幽赏，何心挂儒冠。"

第四节　兰台公子

一、典出

"兰台公子"，典出宋玉《风赋》："楚襄王游于兰台之宫，宋玉、景差侍。"

二、简释

原文大意是：楚襄王在兰台游玩，宋玉、景差陪同。后用"兰台公子"代指宋玉。

三、历代引用与释义

📖 兰台公子

宋·柳永《击梧桐·香靥深深》："见说兰台宋玉，多才多艺善词赋。"

> **注**：作者暗将所恋女子比作神女，故而说想向宋玉打听她的下落。

宋·苏轼《水调歌头·快哉亭记》："堪笑兰台公子，未解庄生天籁，刚道有雌雄。"

> **注**："快哉亭"的命名来自宋玉《风赋》，词中以兰台公子称宋玉，表示自己对宋玉赋风的看法。

宋·秦观《南柯子·霭霭迷春态》："蓦然飞去断人肠，空使兰台公子、赋高唐。"

> **注：**这里用"兰台公子"表现词中男子失去所恋女子后的惆怅，谓宋玉赋徒然赞美神女，而神女却一去不返。

宋·马子严《月华清·忆别》："怕里，又悲来老却，兰台公子。"

> **注：**这里以宋玉喻指为伤别、相思而愁苦的男子。

宋·黄人杰《沁园春》："人在兰台公子上，更身寄风流屈宋卿。"

元·周砥《放歌行赠宋君》："兰台公子天下奇，心胆岂是他人知。"

第五节　披　襟

一、典出

"披襟"，典出宋玉《风赋》："有风飒然而至。王乃披襟而当之曰：'快哉此风！寡人所与庶人共者邪？'"

二、简释

原文大意是：这时一阵风飒飒地吹来，楚襄王就敞开衣襟，迎着清风纳凉。他说："这风真畅快呀，这是我与黎民百姓所共同享受的吗？"

"披襟"敞开衣襟，多喻舒畅心怀。

三、变体（或不同典形）

披襟风、披襟兰台、一快披襟

四、历代引用与释义

📚 **披襟**

"披襟"，敞开衣襟。

魏晋·佚名《梦蓬莱四真人作诗四首·其二·张诱世作》："有怀披襟友，欣欣高晨会。"

魏晋·谢安《与王胡之诗》："五弦清激，南风披襟。"

南北朝·刘缓《奉和玄圃纳凉诗》："披襟深睿赏，曲卷何由同。"

南北朝·沈约《侍宴乐游苑饯吕僧珍应诏诗》："函轘方解带，峣武稍披襟。"

隋末唐初·褚遂良《辽东侍宴山夜临秋同赋临韵应诏》："三韩初静乱，八桂始披襟。"

唐·赵志集《奉酬刘长史》："披襟穷雅论，握管赋新诗。"

唐·上官婉儿《游长宁公主流杯池二十五首·其十五首》："霁晓气清和，披襟赏薜萝。"

唐·任希古《和长孙秘监伏日苦热》："披襟扬子宅，舒啸仰重闱。"

唐·吴秘《风光草际浮》："耐可披襟对，谁应满掬收。"

唐·李世民《月晦》："披襟欢还眺望，极目畅春情。"

唐·李世民《咏雨》："对此欣登岁，披襟弄五弦。"

唐·李世民《春日望海》："披襟眺沧海，凭轼玩春芳。"

唐·刘禹锡《乐天是月长斋鄙夫此时愁卧里间非远云雾难披因以寄怀遂为联句所期解闷焉敢惊禅》："风光徒满目，云雾未披襟。"

唐·司空图《白菊杂书四首·其一》："黄昏寒立更披襟，露浥清香悦道心。"

唐·杜甫《奉赠卢五丈参谋》："入幕知孙楚，披襟得郑侨。"

唐·王勃《圣泉宴》："披襟乘石磴，列籍俯春泉。"

唐·白居易《题新涧亭兼酬寄朝中亲故见赠》："何处披襟风快哉，一亭临涧四门开。"

唐·白居易《立秋夕凉风忽至炎暑稍消即事咏怀寄汴州节度使李二十尚书》："披襟有馀凉，拂簟无纤埃。"

唐·翁承赞《华下霁后晓眺》："花畔水边人不会，腾腾闲步一披襟。"

唐·翁承赞《晨兴》："披襟徐步一萧洒，吟绕盆池想狎鸥。"

唐·许浑《秋夜棹舟访李隐君》："望月忆披襟，长溪柳半阴。"

唐·赵嘏《杜陵贻杜牧侍御》："紫陌尘多不可寻，南溪酒熟一披襟。"

唐·钱起《春夜宴任六昆季宅》："向隅逢故识，兹夕愿披襟。"

唐·陆龟蒙《同袭美游北禅院》："连延花蔓映风廊，岸帻披襟到竹房。"

唐·陆龟蒙《读襄阳耆旧传因作诗五百言寄皮袭美》："披襟两相对，半夜忽白昼。"

唐·韦应物《西郊燕集》："列坐遵曲岸，披襟袭兰芳。"

唐·韦应物《雨夜宿清都观》："旷岁恨殊迹，兹夕一披襟。"

唐·马云奇《白云歌（予时落殊俗随蕃军望之感此而作）》："披襟引袖

遽迎风，欲□吹云置袖中。"

　　唐五代·齐己《寄谢高先辈见寄二首·其一》："何因会仙手，临水一披襟。"

　　唐五代·齐己《渚宫谢杨秀才自嵩山相访》："惆怅雅声消歇去，喜君聊此暂披襟。"

　　唐末宋初·徐铉《代书寄宋州钱大监》："北窗时企足，东望一披襟。"

　　唐末宋初·徐铉《自题山亭三首·其三》："跂石仍临水，披襟复挂冠。"

　　宋·周德辉《大观堂》："披襟渺无际，一笑碧云头。"

　　宋·彭征《真人·其二》："散发披襟万仞冈，天池风度碧莲香。"

　　宋·释兴肇《武丘寺》："高僧危阁侵云际，尽日披襟濯好风。"

　　宋·陈三聘《满江红·其一·冬至》："但从今、散发更披襟，谁能束。"

　　宋·丁谓《途中盛暑》："下程欲选披襟处，满眼赭桐兼佛桑。"

　　宋·余靖《酬黄都官舟次近埛见寄次韵》："披襟许见过，握兰欣入觐。"

　　宋·冯时行《江月亭》："是时披襟揖灏气，蠲涤肺肝洗尘骨。"

　　宋·刘学箕《请游山之日于黎广文二首·其二》："天风吹皓月，归路细披襟。"

　　宋·刘学箕《满江红·避暑》："问何处、披襟散发，解衣扬袂。"

　　宋·刘攽《占晴·其二》："雄风不易得，无处可披襟。"

　　宋·刘攽《游东寺》："复阁披襟久，回廊步屧迟。"

　　宋·刘攽《寄韩持国》："雄风快披襟，佳境逾啖蔗。"

　　宋·刘敞《城楼避暑》："登临倦非土，潇洒劝披襟。"

　　宋·刘敞《北风》："正复开人意，披襟百尺楼。"

　　宋·刘敞《和持国登开宝寺上方院寄孔宁极崔象之孙曼叔》："不得及此时，披襟濯氛埃。"

　　宋·刘敞《寄深甫君章》："披襟两相照，话言仆屡更。"

　　宋·刘筠《属疾》："行药虹梁阔，披襟蕙径斜。"

　　宋·吴栻《暑雪轩》："咒土台头寺，披襟笑语闲。"

　　宋·喻良能《新浴》："新浴换轻縠，披襟临榥台。"

　　宋·孔平仲《寒食郊外》："归路日已炀，披襟涤初热。"

宋·孙仅《勘书》："端坐穷今古，披襟见圣贤。"

宋·孔武仲《龟山寺纳凉呈宗衍师》："弹指看浮世，披襟纳远风。"

宋·王珪《秋日白鹭亭》："开樽屏丝竹，披襟向萧籁。"

宋·孔武仲《次韵宋履中兄弟九日诗》："落帽想当追故事，披襟仍喜得新凉。"

宋·孔武仲《初秋大热》："披襟迎清飔，俯听惊鸿哀。"

宋·孔武仲《水上清风覆以乔木》："濯足临潺湲，披襟望青冥。"

宋·寇准《岐下西园秋日书事》："务简群吏散，披襟幽兴长。"

宋·宋庠《小园》："披襟时一至，未塞学心茅。"

宋·宋祁《晚晴》："披襟无内热，宁忆郑生瓜。"

宋·吕南公《以双井茶寄道先从以长句》："披襟忍辞拒，对案倾倒讫。"

宋·吕南公《麻姑山诗》："披襟喜此逢，再读目愈昏。"

宋·华镇《陪和守宴城楼罢留望江山怀古》："宾来不问礼数隔，披襟倚槛欣迎逢。"

宋·周邦彦《点绛唇·仙吕》："台上披襟，快风一瞬收残雨。"

宋·孙觌《再和·其一》："逐影故惭夸父日，披襟聊快楚王风。"

宋·吴芾《蒙恩易镇豫章丐假还乡途中偶成十七首·其十》："披襟临水坐，宁复畏炎威。"

宋·姜特立《友人招饮适云气大作雨意甚凉》："永日南熏入舜琴，故人邀我共披襟。"

宋·孙应时《和刘过夏虫五咏·其四·蚊》："披襟约凉夜，明月钓寒沙。"

宋·何梦桂《和寄可庵卢教谕》："散发披襟任坦率，时浇磊魂斝寒碧。"

宋·张镃《纳凉至夜深》："披襟径放清凉入，倚扇微教懒困催。"

宋·徐积《和李道源清风谣》："快心何羡楚王台，披襟适得麻姑爪。"

宋·晁说之《欲自邯郸趋府复从中山行觉风异常马上作》："披襟青苹末，玉也媚君王。"

明·杜岕《张大育头陀抱琴来同孟新听弹》："一曲《涂山操》，披襟此日过。"

披襟风

"披襟风"，见"大王风"，指清凉舒爽的风。

唐·白居易《题新涧亭》："何处披襟风快哉，一亭临涧四门开。"

清·乾隆皇帝《秋日西直门外·效二韵体》："习习披襟风，垂垂施架瓜。"

披襟兰台

清·王士禛《送陶季之潞州》："披襟兰台发高唱，快哉不辨风雌雄。"

一快披襟

宋·戴复古《柳梢青·岳阳楼》："万顷波光，岳阳楼上，一快披襟。"

第六节 土 囊

一、典出

"土囊"，典出宋玉《风赋》："夫风生于地，起于青苹之末，浸淫溪谷，盛怒于土囊之口。"

二、简释

原文大意是：风在大地上生成，从青萍这种水草的末梢吹起，逐渐进入山溪峡谷，在大山洞的洞口怒吼。李善注："土囊，大穴也。"也就是洞穴的意思。

三、变体（或不同典形）

囊风

四、历代引用与释义

🗂 土囊

唐·杜甫《九成宫》："曾宫凭风回，岢嵲土囊口。"

宋·苏轼《飓风赋》："忽野马之决骤，矫退飞之六鹢，袭土囊而暴怒，掠众窍之叱吸。"

明·黄宗羲《过云木冰记》："南箕哆口，飞廉弭节，土囊大隧，所在而是。"

🗂 囊风

"囊风"，大风、怒风。

宋·范成大《过鄱阳湖次游子明韵》："春工酿雪无端密，大块囊风不肯收。"

第七章　钓　赋

《钓赋》简介

　　《钓赋》录自《古文苑》第二卷《宋玉赋六首》其五。此文中以钓鱼之法为喻，阐明治国之术，具有明显的讽谏意义，是宋玉自作。今人认为赋中"禄利为饵"之类的话，不似战国时语言，而像是汉人所说；或认为"昔殷汤以七十里，周文以百里"一句抄自《孟子》，当悬后人伪托。其实，这都不能服人。早在战国时代，纵横之士早把功名利禄看为奋斗目标；一样的话，非独孟子可以说，宋玉同样也可以说。刘勰《文心雕龙·诠赋》说："宋玉《风》《钓》，爰锡名号"，肯定了《钓赋》为宋玉所作。再加上近年来，经朱碧莲、汤漳平、谭家健、郑良树、金荣权、高秋凤、罗漫、方铭、廖名春诸位先生的精心考证，可以肯定此为宋玉的作品。

　　此赋颇似荀子《礼》《智》《云》《蚕》《针》等写物小赋，只不过要比荀赋更加生动、形象、完整而明确。《钓赋》可以视为宋玉赋微言讽谏的代表作之一。《钓赋》以钓鱼之术喻治国之道，构思奇妙，跌宕有致：文章首先具体而又生动地描写了玄渊精湛的钓鱼技术，因而引得襄王称善；然后作者笔锋一转，对玄渊由扬转抑，由钓鱼说到治国，由叙事转到说理，劝谏楚王效法尧舜禹汤等古代圣主贤君，"以贤圣为竿，道德为纶，仁义为钩，禄利为饵，四海为池，万民为鱼"，"兴利除害"。

第一节　颉之颃之

一、典出

"颉之颃之"，典出宋玉《钓赋》："玄渊因水势而施之，颉之颃之，委纵收敛，与鱼沉浮。"

二、简释

"颉之颃之"，意为忽上忽下，亦作"颉亢"，"颉"通"斜"，"颃"通"杭"。原文文意如下：玄渊便根据水势情况来施放鱼饵和钓竿，钓竿忽上忽下，钓线忽放忽收，与水中的鱼儿一起上下浮动。

三、变体（或不同典形）

颉颃、颃颉、颉地颃空

四、历代引用与释义

📚 颉之颃之

宋·魏仲举编《五百家注昌黎文集》四十卷：乞君飞霞佩，（乞音气），《后汉》："乞扬生师。"与我高颉颃。（《诗》："颉之颃之。"飞而上曰颉，下曰颃。颉，胡结切；颃，音航。）

明·倪元璐《儿易内仪以》卷六："镶殡而在彼，独夫祸深力竭，不能就我。颉之颃之，彼之曰凶。我以为吉也。三曰：鼎耳革，其行塞雉膏。"

明·徐元太《喻林》卷一二○："差池喻顾视。衣服既飞而有上下，故以颉之颃之喻出入；前却既上下，而有音声。故以上下其音，喻言语大小。"

明·唐顺之《重刊荆川先生文集·新刊外集》卷三："林平皋广泽，蔚罗无所安，施矰缴尔，乃颉之颃之，翔而后集。辍云霄之劲，翰指天地以假息。"

清·许容监修，清·李迪编纂《甘肃通志》卷五十："㲉之啄，叴叴之呼，黄陵之庙。青草之湖，颉之颃之，以游以娱，丁首莘尾鼓。"

清·谢启昆修，清·胡虔纂《广西通志》二七九卷首一卷："歌曰：维松翘翘维竹斯耦；维梅斯右，颉之颃之，执我良友，执我良友，友节友贞，友洁其英，不欹不零，霜雪峥嵘，用考我德。"

清·杨士骧等修，清·孙葆田等纂（宣统）《山东通志》二〇〇卷首九卷："去何啻万里，固可与渔洋、荔裳诸前辈颉之颃之矣。"

清·杨廉等修（康熙）《重修嘉善县志》十二卷："《诗史》以浣花翁登龙门，扶风之堂，颉之颃之，吾未见其优劣也。夫诗者，苞括天地，剖割仪象，穷览草木，冥搜山川，知后稷公刘。"

清·徐树谷笺，清·徐炯注《李义山文集笺注》十卷："遂以将材相许戎，统见期颉颃，遝途诗，颉之颃之，纂修旧服，书缵禹旧服。光阴荏苒，潘岳悼亡。"

清·吴克俊等修，清·程寿保、舒斯笏纂《黟县四志》十六卷首一卷末一卷："穷厚以待人，约待己。郝钟他年合一传，颉之颃之，堪角抵君看，褒宠旌门间，志洁行芳成两美。噫吁嘻！志洁行芳成两美，卓立坤维。"

📚 颉颃

汉·司马相如《琴歌·其一》："何缘交颈为鸳鸯，胡颉颃兮共翱翔。"

> **注**：此处指鸟上下翻飞。

汉·张衡《归田赋》："交颈颉颃，关关嘤嘤。"

> **注**：此处指鸟上下翻飞、跳跃的样子。

汉·刘安《淮南子》："则虽王公大人有严志颉颃之行者，无不惮悇痒心而悦其色矣。"

> **注**：此处指刚直不屈的样子。

汉·王嫱《怨旷思惟歌》："志念抑沉，不得颉颃。"

> **注**：此处指鸟上下翻飞的样子。

晋·曹叡《短歌行》："归仁服德，雌雄颉颃。"

> **注**：此处指燕子上下翻飞的样子。

东晋·陶潜《归鸟》："遇云颉颃，相鸣而归。"

> **注**：此处指鸟上下翻飞的样子。

晋·夏侯湛《东方朔画赞》："苟出不可以直道也，故颉颃以傲世。"

> **注**：此处引申为刚直不屈的样子。

唐·房玄龄等《晋书·文苑传序》："潘（潘岳）、夏（夏侯湛）连辉，颉颃名辈。"

> **注**：此处指不相上下，相抗衡。

唐·许浑《孤雁》："昔年双颉颃，池上霭春晖。"

> **注**：此处指鸟上下翻飞。

唐·潘飞声《题披秘石门》："此来发奇秘，宇外高颉颃。"

> **注**：此处指鸟上下翻飞。

宋·陆游《叹老》："酒徒分散情疏索，棋敌凭陵意颉颃。"

> **注**：此处引申为刚直不屈的样子。

宋·岳珂《桯史·姑苏二异人》："（呆道僧）状不慧，而言发奇中，与何颉颃。"

> **注**：此处指不相上下，相抗衡。

清·刘大櫆《〈见吾轩诗集〉序》："中峻乃独得雄直之气，以与古之作者相颉亢。"

> **注**：谓不相上下，相抗衡。

清·蒲松龄《聊斋志异·王成》："进退颉颃，相持约一伏时。"

清·蒲松龄《聊斋志异·武技》："又年少喜胜，思欲败之，以要一日之名，方颉颃间，尼即遽止。"

> **注**：以上两句中的"颉颃"，引申为较量。

📚 颃颉

宋·晁公溯《春日》："颃颉莺衔逐，呢喃燕聚谋。"

> **注**：指黄莺上下飞动的样子。

宋·李吕《送赵彦修》："傥逢佳士重荐论，平视朝绅可颃颉。"

> **注**：此处指不相上下，相抗衡。

宋·王之道《和江和仲司理喜雨》："颃颉竞看飞石燕，蠛蠓应快洗桃虫。"

> **注**：此处指燕子上下翻飞的样子。

宋·江遹《冲虚至德真经四解卷之十三·詹何》："夫饰芳饵，挂微钩，下沈青泥，上乘惊波，因水势而施舍，颃颉委纵，与之沈浮，及其施绝，故生而获也。"

明·周士登《江上老渔行为赠大司农白阳毕老年丈请告荣归》："仁恕公明兼擅之，长才洁守谁颃颉。"

> **注**：此处是较量的意思。

明·张萱《题游中舍寿母卷》："时闻足足音，宛颈相颃颉。"

> **注**：此处指鸟儿上下翻飞的样子。

明·李之世《再题金粟泉书苏公祠壁》："曾浮杨子饮中泠，此泉堪与相颃颉。"

> **注**：此处是不相上下，相抗衡。

明·邵宝《两节妇诗·为毛黄门赋》："谁言人事有易难，两节相成竟颉颃。"

> **注**：此处指不相上下。

明·胡应麟《将负瓢笠入金华从赤松三子游作》："大药倘可逢，雄词冀颉颃。"

> **注**：此处指较量。

明·梅纯《损斋备忘录》："六一作庐山高，自谓与之颉颃，然详视之，终觉说得辛苦生受。"

明·胡应麟《八哀诗·其七·博士长洲文公彭》："京华遇伯子，忘年共颉颃。"

> **注**：此处指刚直不屈的样子。

清·伊朝栋《汪刺史守愚修元遗山先生墓诗以纪之》："同时李与辛，俯首敢颉颃。"

> **注**：此处指较量。

清·乾隆皇帝《赋得杨花》："颉颃迷狂燕，喝喁引醉鱼。"

> **注**：此处指燕子上下翻飞的样子。

清·曾国藩《题俞荫甫群经平议诸子平议后》："君昔趋承明，凤鸾与颉颃。"

> **注**：此处指凤鸟伴随君旁飞动，吉兆。

清·边中宝《劝学诗·其二》："高节轶尘伦，圣哲足颉颃。"

> **注**：此处指不相上下。

清·黄遵宪《感怀三首·其三》："圣清崇四术，众贤起颉颃。"

> **注**：此处指不相上下，相抗衡。

颉地颃空

元·郝经《铜雀台赋》："折角徙甍，颉地颃空。"

> **注**：此处指建筑物的构件有的向下、有的向上。

第二节　委　纵

一、典出

"委纵"，典出宋玉《钓赋》："玄渊因水势而施之，颉之颃之，委纵收敛，与鱼沉浮。"

二、简释

委纵：放开；收敛：收拢，忽放忽收。原文文意如下：玄渊便根据水势情况来施放鱼饵和钓竿，钓竿忽上忽下，钓线忽放忽收，与水中的鱼儿一起上下浮动。

三、变体（或不同典形）

收放自如

四、历代引用与释义

📚 收放自如

宋·释绍昙《偈颂一〇四首·其十四》："去住自如，收放在我。"

> 注：此处形容自己来去无牵挂，可以自由选择。

宋·白玉蟾《快活歌·其一》："收来放去任纵横，即是十方三世佛。"

📚 委纵

汉·刘安《淮南子·原道训》："优游委纵，如响之与景。"

> 注：此处是放任的意思。

魏晋·张湛《张湛注列子》："颉颃委纵，与之沉浮，及其弛绝，故坐而获也。"

南北朝·范晔《后汉书·张纲传》："时顺帝委纵宦官，有识危心。"

> **注**：以上两句中的"委纵"是放任的意思。

明·张萱《西园闻见录》一〇七卷："不一大创，虏终不遁匿，乃师李牧故事，委纵人畜，诱其深入而尽殪之，而言官不察疏，为失事。遂谪浙江参议，此非惟不悟兵机。"

清·杨泰亨、清·冯可镛《慈溪县志·光绪》五十六卷附编一卷："乃挟行床，与所拘人同寝，在愧即委纵遣焉。升守南康，先是军士骄悍，至则贴帖，检吏奸，省浮费，征税以法，民幸其利。进直秘阁，迁尚书右丞。"

第三节　南面而王

一、典出

"南面而王"，典出宋玉《钓赋》："南面而掌天下，历载数百，到今不废，其纶可谓纫矣。"

二、简释

古代以面朝南为尊位，君主临朝南面而坐，因此把为君叫作"南面而王"。原文大意：他们面朝南面称王，掌握天下大权，历经几百年，到现在还兴盛不衰，他们的钓线可以说是很结实的了。

三、变体（或不同典形）

南面称孤、南面称王、南面王、南面坐、南面

四、历代引用与释义

📖 南面而王

战国·韩非子《难势》："尧教于隶属而民不听，至于南面而王天下，令则行，禁则止。则此观之，贤智未足以服众，而势位足以诎贤者也。"

战国·韩非子《难势》："今桀、纣南面而王天下，以天子之威为之云雾，而天下不免乎大乱者，桀、纣之材薄也。"

汉·贾谊《过秦论》："秦灭周祀，并海内，兼诸侯，南面称帝，以养四海。天下之士，斐然向风。若是，何也？曰：近古之无王者久矣。周室卑微，五霸既灭，令不行于天下。是以诸侯力政，强凌弱，众暴寡，兵革不休，士民罢弊。今秦南面而王天下，是上有天子也。既元元之民冀得安其性

命，莫不虚心而仰上。当此之时，专威定功，安危之本，在于此矣。"

汉·刘向《新序》："陈余杖马策，下赵数十城。此亦各欲南面而王，岂为卿相哉？夫臣与主岂可同日道哉？顾其势始定，未敢三分而王且以长少先。"

汉·司马迁《史记·魏公子列传》："公子亦欲因此时定南面而王，诸侯畏公子之威，方欲共立之。"

汉·司马迁《史记·乐毅列传》："乃纵反间于燕，曰：'齐城不下者两城耳。然所以不早拔者，闻乐毅与燕新王有隙，欲连兵且留齐，南面而王齐。齐之所患，唯恐他将之来。'"

汉·司马迁《史记·田单列传》："顷之，燕昭王卒，惠王立，与乐毅有隙。田单闻之，乃纵反间于燕，宣言曰：'齐王已死，城之不拔者二耳。乐毅畏诛而不敢归，以伐齐为名，实欲连兵南面而王齐。齐人未附，故且缓攻即墨以待其事。齐人所惧，唯恐他将之来，即墨残矣。'"

宋·陆游《南唐书·刘潘李严张龚列传第十》："兵决一旦之命，安国家利社稷者，固如是乎？夫强则南面而王，弱则玉帛事大，屈伸在我，何常之有？"

宋·魏了翁撰，元·方回续《古今考》："沛公无张良以为之谋，遽然入秦宫，阙南面而王，有其珍宝，妻其妇女，如此则不必项羽可疾杀之。不出于怀王之命，夫人而能见。"

明·徐元太《喻林》："尧教于隶属而民不听，至于南面而王天下，令则行，禁则止。由此观之，贤智未足以服众，而势位足以任贤者也。"

📖 南面称孤

汉·司马迁《报任少卿书》："彭越、张敖，南面称孤，系狱抵罪；绛侯诛诸吕，权倾五伯，囚于请室。"

宋·司马光《田横墓·偃师西》："昔时南面并称孤，今日还为绛灌徒。"

> **注**：此处是指称王，即当皇帝，形容"田横"当时的地位之尊。

宋·宋庠《默记淮南王事·其一》："可怜南面称孤贵，才作仙家守厕人。"

宋·刘克庄《杂咏一百首·其七·田横》："南面称孤贵，西京谒帝卑。"

宋·刘克庄《杂兴·其三》："遂救东隅失，许称南面孤。"

宋·张耒《韩信祠》："千金一饭恩犹报，南面称孤岂遽忘。"

明·刘咸《过田横墓》："当时南面已称孤，曾视群雄轻若无。"

明·徐渭《漂母非能知人特一时能施于人耳观其对信数语可见而古今论者胥失之予过其祠感而赋此》："称孤南面魂无主，万古争夸漂母祠。"

明·区怀年《昌华废苑行》："南面称孤乐事多，椒庭歌舞盛纨罗。"

明·郑学醇《咏史二首·其二》："草昧英雄是钓徒，时来南面各称孤。"

明末清初·屈大均《南粤辞·其三》："西瓯众半裸，南面亦称王。"

清·张晋《读〈史记〉四十首·其十七·田横来》："当年南面俱称孤，今日谁能更屈体，好持吾头见天子。"

> **注**：以上十例中的"南面称孤"，都是指称王，即当皇帝。

📚 南面称王

南北朝·萧统《文选·孙楚》："信能右折燕齐，左振扶桑，凌轹沙漠，南面称王。"

明·卢楠《系狱敬呈王大任侍御李复斋工部丈六十韵》："天子坐明堂，南面称王制。"

> **注**：以两例中的"南面称王"，是指称王，即当皇帝。

📚 南面王

明·胡应麟《二酉山房歌》："一榻一几横疏寮，一琴一研祛烦嚣。焚香独拥四部坐，南面王乐宁堪骄。"

清·龚自珍《投宋于庭翔凤》："游山五岳东道主，拥书百城南面王。万人丛中一握手，使我衣袖三年香。"

清·严锦《野步》："死获黄土埋，长眠幸无恙。巍巍南面王，此乐亦不让。"

现代·常国武《乙卯仲夏偕吟友三人游黄山登飞来石以观西海群峰有感赋此》:"东向坐兮南面王,宫扇开兮锦屏张。"

> **注**:此处是指称王,即当皇帝。

当代·熊盛元《记梦步高青丘〈登金陵雨花台望大江〉韵》:"毓得佳丽如天仙,对此不欲南面王。"

> **注**:此处是指称王,即当皇帝。

🪨 南面坐

唐·柳宗元《乐府杂曲·鼓吹铙歌·曲十二篇·其十一·高昌》:"文皇南面坐,夷狄千群趋。"

> **注**:此处是指称王,即当皇帝。

唐·李颀《王母歌》:"头上复戴九星冠,总领玉童坐南面。欲闻要言今告汝。"

元末明初·胡奎《送浙江金宪金台王公考满之京》:"天子坐南面,视听自下民。"

> **注**:此处是指称王,即当皇帝。

元末明初·胡奎《君道篇》:"九重坐南面,四海奉一人。"

> **注**:此处是指称王,即当皇帝。

明末清初·顾炎武《秋风行》:"秦国丞相南面坐,三川郡守趋奉觞。"

> **注**:此处是形容丞相的地位之尊。

🪨 南面

汉·张衡《东京赋》:"是时称警跸已下阔輋于东厢。冠通天,佩玉玺,纡皇组,要干将。负斧扆,次席纷纯,左右玉几而南面以听矣。"

三国·曹植《丹霞蔽日行》："纣为昏乱，虐残忠正。周室何隆，一门三圣。牧野致功，天亦革命。汉祚之兴，阶秦之衰。虽有南面，王道陵夷。炎光再幽，殄灭无遗。"

魏晋·阮籍《大人先生传》："秦破六国，兼并其地，夷灭诸侯，南面称帝。娇盛色，崇靡丽。凿南山以为阙，表东海以为门，门万室而不绝，图无穷而永存。"

魏晋·曹摅《赠欧阳建诗》："嗟我良友，惟彦之选。弱冠参戎，既立南面。或踊而升，蔚焕其变。"

南北朝·邹浩《送张舜谐游上庠》："青青几千尺，寒峰正崔嵬。向来丝竹处，索寞空尘埃。明堂屹南面，梁栋支倾摧。匠石有青眼，肯为桃李开。"

南北朝·邹浩《陶丘》："分茅开国南面尊，屡致千金谢齐相。尔来日月几春冬，兴废相寻人物上。"

南北朝·邹浩《送荣子邕宰新郑》："子渊陋巷居，子真岩下耕。穷约一如此，不妨道自行。矧君有民社，南面恩光荣。问学□经济，岂不慰高情。"

南北朝·刘孝威《结客少年场行》："勇馀聊蹴鞠，战罢暂投壶。昔为北方将，今为南面孤。"

南北朝·王韶之《宋四厢乐歌廿首·其十二》："五玉既献。三帛是荐。尔公尔侯。鸣玉华殿。皇皇圣后。降礼南面。元首纳嘉礼。万邦同欢愿。"

唐·王勃《益州夫子庙碑》："虽复帝臣南面，降衢室而无为；岱畎东临，陟名山而有事。灵命不可以辞也，大典不可以推也。"

唐·韦应物《汉武帝杂歌三首》："承露盘中珠正圆。珠可饮，寿可永。武皇南面曙欲分，从空下来玉杯冷。"

唐·鲍溶《读李相心中乐》："负海狂鲸纵巨鳞，四朝天子阻时巡。谁将侯玉乖南面，几使戎车殷左轮。久作妖星虚费日，终□天洞亦何人。"

唐·高骈《赴安南却寄台司》："曾驱万马上天山，风去云回顷刻间。今日海门南面事，莫教还似凤林关。"

唐·薛逢《宣政殿前陪位观册顺宗宪宗皇帝尊号》："盛礼永尊徽号毕，圣慈南面不胜哀。"

唐·陈子昂《奉和皇帝上礼抚事述怀应制》："轩宫帝图盛，皇极礼容申。

南面朝万国，东堂会百神。"

唐·裴说《终南山》："九衢南面色，苍翠绝纤尘。寸步有闲处，百年无到人。"

唐·张鼎《邺城引》："君不见汉家失统三灵变，魏武争雄六龙战。荡海吞江制中国，回天运斗应南面。隐隐都城紫陌开。"

唐·黄滔《寄同年李侍郎龟正》："石门南面泪浪浪，自此东西失帝乡。昆璞要疑方卓绝，大鹏须息始开张。"

唐·韩愈《送温处士赴河阳军序》："夫南面而听天下，其所托重而恃力者，惟相与将耳。"

唐·欧阳詹《元日陪早朝》："斗柄东回岁又新，邃旒南面挹来宾。"

唐·杨巨源《赦相公称贺二首》："衣冠南面薰风动，文字东方喜气生。"

唐·刘知几《读汉书作》："汉王有天下，欻起布衣中。奋飞出草泽，啸咤驭群雄。淮阴既附凤，黥彭亦攀龙。一朝逢运会，南面皆王公。"

唐·李山甫《代孔明哭先主》："忆昔南阳顾草庐，便乘雷电捧乘舆。酌量诸夏须平取，期刻群雄待遍锄。南面未能成帝业，西陵那忍送宫车。"

唐·刘禹锡《海阳十咏·切云亭》："迥破林烟出，俯窥石潭空。波摇杏梁日，松韵碧窗风。隔水生别岛，带桥如断虹。九疑南面事，尽入寸眸中。"

唐·皇甫冉《山中五咏·远山》："少室尽西峰，鸣皋隐南面。柴门纵复关，终日窗中见。"

唐·王维《同庐拾遗过韦给事东山别业二》："侧闻景龙际，亲降南面尊。万乘驻山外，顺风祈一言。"

唐·刘禹锡《洛中初冬拜表有怀上京故人》："凤楼南面控三条，拜表郎官早渡桥。清洛晓光铺碧簟，上阳霜叶剪红绡。"

宋·周紫芝《大宋中兴颂》："南面垂衣，大壮帝室。曰皋曰雒，鼙鼓弗及。苍龙之阙，上摩星日。"

宋·刘坝《西捷》："神器宁容小智窥，黄河河上集王师。六龙南面皇威壮，万里西征凯奏驰。"

宋·戴表元《又坐隐辞》："不如诸葛草间谈管乐，陶潜醉里傲羲皇。南面之尊何如于据梧之贱，环辙之智无预于荷蓧之狂。"

宋·穆修《秋浦会遇》："南面同尧禹,岩廊即甫申。固应容一叟,鼓腹得还淳。"

宋·张伯端《挨排四象生真土诗》："东方青龙西白虎,南面朱雀北玄武。四兽狰狞不可当,定计将军能作主。"

宋·刘过《无锡道观》："髑髅南面蛆虫辈,鹏鷃逍遥各自天。"

宋·王禹偁《投逅殿院》："南面修文德,东吴纳土疆。苍生思抚育,丹诏择循良。"

宋·王禹偁《五老峰》："安得随人意,移将近帝都。吾君南面处,万岁一齐呼。"

宋·王禹偁《酬赠田舍人》："官衔新换版曹郎,腰佩初悬列侯印。西垣三字班列闲,南面百城资望峻。"

宋·曾巩《咏史二首·其一》："仲尼一旅人,吴楚据南面。不知千载下,究竟谁贵贱?"

宋·赵汝腾《乙卯仲春丁奠毕作王颂一首呈承祭之王颂曰》："贤於尧舜,功用之盛。专飨南面,此感彼应。笾豆牲牢,庭燎辉映。万有千载,垂于祀令。"

宋·强至《韩魏公生日三首·其二》："信令指挥千帐帖,仁恩涵养百城肥。西方几月留旌节,南面终朝待衮衣。"

宋·叶适《题五畏斋》："曹滕亦据南面权,坐衙吏贴群趋先。敢云威福自我出,下有赤子高苍天。"

宋·欧阳修《留题齐州舜泉》："无情草木亦改色,山川惨淡生云烟。一朝垂衣正南面,皋夔稷契来联翩。"

宋·司马光《田横墓》："昔时南面并称孤,今日还为绛灌徒。忍死祇能添屈辱,偷生不足爱须臾。"

宋·宋祁《张亚子庙》："伟哉真丈夫,庙食此山隅。生作百夫特,死为南面孤。"

宋·王安石《读孟尝君传》："擅齐之强,得一士焉,宜可以南面而制秦,尚何取鸡鸣狗盗之力哉?"

宋·真德秀《春贴子·其六》："阳进阴消属此时,凝旒南面盍深思。微臣自愧无规谏，愿献元朝学士诗。"

宋·汪梦斗《上故相留公·其二》："明伦一疏笔如椽，痛扫凶邪四海传。故使北人骑屋望，时闻南面独班宣。"

宋·《郊庙朝会歌辞》："钩陈肃列，金奏充庭。颙卬南面，如日之升。垂衣拱手，治无能名。顺履献岁，大安大荣。"

宋·王称《送郑舍人之岭南》："祥因散华甸，灵景耀神坼。东序盛玉帛，南面垂裳衣。"

宋·郑元祐《送刘廷美待聘》："文皇南面日，刘楚北游时。抗疏三公府，高名四海知。"

宋·郑元祐《送许具瞻进士》："山水窟中民讼简，弦歌声里昼阴长。圣朝南面求贤切，伫见才名上庙堂。"

宋·孙冕《送新知永州陈秘丞瞻赴任》："桂林南面近征黄，又爱江乡出帝乡。新命不辞提郡印，旧山重喜过衡阳。"

宋·张镃《园中杂书四首·其四》："黄昏桥上据胡床，青霭蒙笼总是香。未说居闲南面乐，且乘北面十分凉。"

宋·李纲《郡城南曰琼台北曰语海余易之曰云海登眺有感·其一》："孤城南面敞琼台，千里川原指顾开。试向绿云深处望，海山浮动见蓬莱。"

元·马致远《西华山陈抟高卧》第三折："是未发迹，卦铺里，那时节相识，曾算是他南面登基。"

元末明初·胡奎《送浙江金宪金台王公考满之京》："天子坐南面，视听自下民。苟乏耳目官，上天何由闻。"

元末明初·张昱《宫中词二十一首·其二十》："彤云捧起黄金殿，十二丹楹七户开。南面君临朝万岁，来仪应共凤归来。"

元·尚仲贤《尉迟恭三夺槊》第三折《双调·新水令》："你今日太平也不用俺旧将军，呀，来、来，把这厮豁恶气建您娘一顿。可知道家贫显孝子，直到国难用功臣。如今南面称尊，便撇在三限里不偢问。"

元·郑光祖《辅成王周公摄政·第三折·小桃红》："微臣冠服衮冕执桓圭，坐休近蟠龙椅，他每北面而朝能可南面立。臣恐失尊卑，将无能冢权休罪。"

元·张翥《四月望观帝师发思跋影堂》："佛子来西竺，巍然南面尊。法筵花散漫，香殿玉温黁。"

元·杨维桢《江西饶歌二章·其一·龙兴平》："王旅啴啴钲鼓搋，天威震赫群凶慑，八郡望风咸来降。武功既成毋从从，圣人南面殿万邦。"

元·张雨《道言》："正如散马牛，不识穿与络。异时老髑髅，会有南面乐。"

元·文矩《题中庆学庙壁二首·其二》："素王万世师，国经有常祀。滇南古荒服，荐裸岂异礼。王宫正南面，温厉思敬止。豆笾具威仪，登献何纚纚。"

明·王磐《羑里城文王庙》："君王在缧绁，不异南面听。淑气发神虑，淳和助心灵。"

明·汤珍《夏日寓感四首和陆子传作·其三》："五凤钟声出御楼，宫鸦初散曙星流。衮衣南面朝圭璧，华盖中间正冕旒。"

明·于慎行《纪赐四十首·其十八·甲戌七月奏进穆庙实录赐白金文绮宴于南宫》："濡毫每忆攀髯望，珥笔新承赐锦回。大典已成鸿号永，圣心南面尚含哀。"

明·汪睿《濠梁行奉制赋送太师韩国公还乡》："秉旄仗钺清朔方，拱手垂衣正南面。泰山若砺海涵天，黄河如带江澄练。"

明·顾清《送赵明嗣袭职之金陵》："二十辞家宦南国，已觉万里前无当。圣人南面驭八荒，风尘不动塞草长。"

明·王汝玉《周公进旅獒图》："皇姬启周剪大商，明堂南面垂衣裳。繄彼西旅宅金方，祗贡厥獒四尺强。"

明·王汝玉《次翰林博士先生岁除陪祀诗韵》："谅阴始终毕，南面裳衣垂。三千举礼典，五百符贞期。"

明·游朴《粤王台》："粤秀山前高筑台，粤王霸气亦雄哉。北图已割秦封在，南面犹勤汉使来。"

明·张家玉《答绣水李青来》："万卷足轻南面贵，千金难易国门悬。入林把臂仍嫌晚，何待山阴雪夜船。"

明·李之世《和饮酒·其十》："饮酒读离骚，百城南面居。"

明·皇甫汸《塞下曲·壬辰仲冬许中丞略地紫荆赋此寄之》："锁钥由来重北门，衣裳自是垂南面。此时月向陇头明，芦声吹入汉家营。"

明·胡应麟《孤愤篇挽王山人叔承八百字》："白杨号悲风，万叠斗萧索。昆仑眇何处，南面醉王乐。"

明·胡应麟《广三妇艳四首·其三》："小妇坐鸣筝，二八正敷腴。丈人但行乐，南面安得如。"

明·胡应麟《拟汉郊祀歌十九首·其四·朱明》："皇人法天，南面象离。万物相见，茂昭大夏。昭告昊穹，百神来下。"

明·唐寅《五王夜燕图》："花萼楼前夜开燕，沉水凝烟灯吐焰。列坐申王兴岐薛，让皇降席同南面。"

明·邹升《独感二首·其一》："南面百城严尔室，北窗五月乐吾师。偶然池上看蝌蚪，爱惜秦余有所思。"

明·孙一元《浔阳歌十首·其一》："半夜烟飞杀气横，水军攻破九江城。天子垂衣正南面，殊方逆贼敢称兵。"

明·王廷相《帝京篇》："帝京南面俯中原，王气千秋涌蓟门。渤澥东波连肃慎，太行西脊引昆仑。"

明·薛瑄《襄阳雪中杂咏六首·其二》："乌台南面郡城高，城外诸山雪乱飘。胜迹欲追羊叔子，会从岘首踏琼瑶。"

明·郭之奇《读南华外篇述以四言十五章·其十一·至乐》："庄子盆歌，介叔柳变。髑髅髐然，岂易南面。海鸟临郊，愁窥牢膳。"

明·郭之奇《后晋二主》："北面穹庐南面华，中原无主任胡憎。胡册初颁作晋皇，身愿为臣妻为妾。"

明·徐渭《陆子寄饼》："醉倚西邻招祊祭，戏将南面问骷髅。因之忽忆而翁睡，一觉今年三十秋。"

明·徐渭《漂母非能知人特一时能施于人耳观其对信数语》："秦项山河一手提，付将隆准作汤池。称孤南面魂无主，万古争夸漂母祠。"

明·宗臣《报刘一丈书》："幸主者出，南面召见，则惊走匍匐阶下。"

明·顾清《里生杨和为令尹张侯写百禽从凤图》："坐见四海登虞唐，圣人南面垂衣裳。一峰回首，惟有春云十里郁郁封甘棠。"

明·释函是《读大唐西域记十三首·其一》："世无转轮王，赡部有四主。人主南面尊，上下中规矩。"

明·释函可《重哭左吏部八首·其七》："如君可是忘情者，屡问曾无答一言。果尔不虚南面乐，招辞先拟到空门。"

明末清初·钱谦益《松谈阁印史歌为郭胤伯作》："朝罢君臣咸燕喜，南面并进南山觞。岂知瑞应不虚见，中兴天以授我皇。"

明末清初·屈大均《双声子·吊东皋别业故址》："汉台南面，越城东臂，胜地曾作蘅皋。湖通珠浦，溪连香谷，花木一一分曹。"

明末清初·尤侗《念奴娇·其七·饮梁宗伯蕉林书屋赋赠》："疏帘清簟，正高卧、南面百城书屋。丘壑夔龙权寄傲，勾当午桥松菊。"

清·洪亮吉《延年杖》："延年杖，南面植。大司马前为进舄，太师前为设席。皇帝陛下，北面进爵。"

清·姚鼐《赠侍潞川》："步登昭王台，漙沱荡南面。塞上来惊风，白日色俱变。"

清·严烺《徐州重修放鹤亭落成》："放鹤山亭亦偶然，祇凭一记事流传。隐居乐可轻南面，玉局才原比谪仙。"

清·牛焘《石晋》："南面中州北面虏，岁输金币割吾土。阳城一捷讵为功，维翰和亲计罔补。"

清·魏源《中条山王官谷双瀑吟》："晴空雨雪三千丈，终古风雷十二时。垂纶亭，濯缨涧，此间可以忘南面。"

清·徐釚《凤凰台上忆吹箫·为梁万倩题方邵村画竹林书屋》："万籁萧萧静也，还舒啸、醉豁眸。难消受，百城南面，忘却闲愁。"

清·叶舒崇《荷兰国进千里马歌》："姬王讵必重八骏，汉帝安用遣贰师。那知至尊方偃武，端拱南面垂裳衣。"

清·劳孝舆《典裘购书歌呈吴乐园使君》："惟余南面书百城，独向北堂钞《四库》。朝来萧寺访遗编，牙签玉轴多佳镌。"

清·姚燮《金八姑鹤骨箫诗为沈琛其赋》："以剪断发刀割襦，妾也薄命诚区区。堂皇南面县官猾，舌磔鸳鸯谶辞辣。"

清·成鹫《送王固山裕公入觐·其一》："拥书南面千秋业，倚剑长天万里侯。将相有才仙有骨，未须还问赤松游。"

清·林占梅《同友人迷途，夜宿山家，吟诗以记》："人耐幽寂难，我求不可获。贱者虽自贱，南面不与易。天明辞主人，恋恋怀难释。临别订后期，重来觅欢怿。"

明末清初·顾炎武《楼桑庙》："大雪闭河山，停骖阻燕界。日出见平冈，庙制颇宏大。昭烈南面尊，其旁两侯配。阴森宫前木，芜没畦首菜。"

明末清初·顾炎武《北岳庙》："赖以镇华戎，帝王得南面。河朔多强梁，燕云屡征战。"

第四节　形容枯槁

一、典出

"形容枯槁"，典出宋玉《钓赋》："今察玄渊之钓也，左挟鱼柳，右执槁竿，立乎黄污之涯，倚乎杨柳之间，睛不离乎鱼喙，思不出乎鲋鳊，形容枯槁，神色憔悴，乐不役勤，获不当费。"

二、简释

"形容枯槁"，指面容憔悴，形容人瘦弱，面色不好看。槁，干枯。原文大意：现在细察玄渊钓鱼，他左臂携着鱼柳，右手拿着钓竿，站在水池的边上，靠在杨柳的中间，眼睛观看的不外乎是鱼嘴吞钩，心里考虑的离不开鲫鱼鳊鱼，终于弄得人身体消瘦，面容憔悴，快乐不能驱走辛劳，收获不能抵偿消耗。

三、变体（或不同典形）

形容枯槁、形容憔悴

四、历代引用与释义

📚 形容枯槁

唐·寒山《诗三百三首·其二百九十一》："终日不肯尝，形容转枯槁。"

> **注**：此处指鹿被圈养之后身体瘦弱的样子，隐喻要顺应自然。

唐·曹邺《翠孤至渚宫寄座主相公》："惟恐道忽消，形容益枯槁。"

> **注**：此处形容平民百姓的艰辛与困苦。

唐·刘知几《咏史》："南国有狂生，形容独枯槁。"

> **注**：此处喻指屈原，形容其因忧国忧民而致身体瘦弱。

唐·杜甫《苏端薛复筵简薛华醉歌》："少年努力纵谈笑，看我形容已枯槁。"

> **注**：形容诗人因心忧国难而悲伤难耐的样子。

宋·孔平仲《寄孙元忠》："看我形容已枯槁，此岂有意仍腾骧。"

> **注**：形容自己病中面色不好。

宋·彭汝砺《和君时》："形容枯槁心若灰，参军新读法华来。"

> **注**：形容自己心如死灰，显现出来面色难看。

宋·王庭圭《次韵酬向县丞》："后会相逢应可期，顾我形容未枯槁。"

> **注**：形容诗人希望与友人再次相逢时年华仍盛，在这里"枯槁"指的是年老。

宋·祁彭年《不执宝大师房》："枯槁形容七十馀，见人无力出禅居。"

> **注**：此处是形容自己年老体衰的样子。

宋·郭祥正《送杨主簿（次公）》："嗟予学道苦不早，壮岁形容已枯槁。"

> **注**：此处是形容自己壮志难酬、久经风霜的沧桑。

宋末元初·仇远《寄史贵质》："齿发渐凋疏，形容顿枯槁。"

> **注**：此处是形容自己年老体衰的样子。

元·姬志真《招饮歌》："顷刻光阴下手迟，莫待形容变枯槁。"

> **注**：此处是指苍老、年老。

元·王恽《鹊桥仙》："霜风料峭。形容枯槁。愁绪百端萦绕。"

> **注**：形容因情生愁而身体瘦弱的样子。

元·胡天游《患疟·其二》："肝胆轮困犹顾我，形容枯槁似非吾。"

> **注**：此处是形容自己患病时身体瘦弱不似从前的样子。

元末明初·贡性之《送卢思敏归天台》："泪没尘埃徒我惭，憔悴形容渐枯槁。"

> **注**：形容自己在尘世历经风雨，面容憔悴的样子。

明·释宗泐《短歌行》："况闻安期生，形容亦枯槁。"

> **注**：此处是指年老，喻指生老病死是必经之路。

明·程通《和韵》："愁蹙眉端并两峰，形容枯槁更龙钟。"

> **注**：此处是形容因愁思而面容憔悴的样子。

明·胡应麟《董生行赠中秘董体仁》："朅来挟瑟齐门老，客子形容半枯槁。"

> **注**：此处是形容壮士暮年。

清·朱昆田《泉上书怀和丹徒公韵》："形容半枯槁，诵读长咿嘤。"

> **注**：此处是形容因忧愁而面容憔悴。

清·林占梅《岁暮杂感·其五》："短褐不蔽肤，形容更枯槁。"

> **注**：此处是形容因穷苦而面黄肌瘦。

清·田雯《舍弟有江南之游作此寄之》："见我形容日枯槁，展转怀抱如茹荼。"

> **注**：形容自己在官场历经险恶，以至于面容憔悴。

📚 形容憔悴

唐·《敦煌曲子·再相逢·情恨切》："谓君憔悴损形容。教儿泪落千重。"

> **注**：此处形容佳人的丈夫在外忙于奔波以至于身体瘦损的劳苦生活。

唐·拾得《诗·其三》："名利得到身，形容已憔悴。"

> **注**：此处形容为了名利致使身体受损、面容难看的样子。

唐·李洞《上灵州令狐相公》："笑倚凌烟金柱看，形容憔悴老于真。"

宋·张炎《琐窗寒》："怅玉笥埋云，锦袍归水，形容憔悴。"

宋·彭汝砺《病居寄程德林》："形容憔悴真衰汉，意气萧条似老人。"

宋·王之望《上曾二丈仲成·其三》："憔悴形容勋业镜，归依空寂祖师禅。"

> **注**：形容自己历经苦难、面容饱经风霜的样子。

元·方回《赠沈（复亨）雷阳》（沈雷阳父沈愚庵曾注《易》）："自云今代王辅嗣，憔悴形容人不识。"

金·高士谈《玉楼春·为伯永作》："少年人物江山秀。流落天涯今白首。形容憔悴不如初，文彩风流仍似旧。"

元·李延兴《和梅尹寄来韵·其二》："形容憔悴悲年暮，灯火青荧入夜深。"

明·刘溥《节孝堂为开封程用和赋》："母年三十失所天，形容憔悴心烦冤。"

> **注**：形容失去孩子的悲苦。

明·宋登春《江陵送王惟材还赵郡》："憔悴形容独归去，江楼细雨叹离群。"

明·龚诩《秋兴二首·其二》："眼底年华次第过，此身未老鬓先皤。形容憔悴已如此，事业蹉跎将奈何。"

明·朱诚泳《对酒歌》："君不见三闾大夫夸独醒，形容憔悴江潭行。"

明·杨慎《何满子·其二》："行见月圆还月缺，乡关犹隔三巴。客里形容憔悴，愁看匣里菱花。"

明·释函可《寄陈吴二子二首·其二》："形容憔悴气犹雄，携得江涛过海东。"

明·陈寿《秋日武陵客舍写怀·其三》："放逐江潭岁欲深，形容憔悴独行吟。看云每动思亲念，抚剑空怀报国心。"

清·刘存仁《老至寄呈林颖叔方伯刘冰如观察》："肝胆尚轮困，形容日憔悴。"

清·宋荦《送胡去骄七十四韵》："痛哭向昊天，形容日憔悴。"

> **注**：形容自己接连失去幼儿与老师的悲痛心情。

清·许禧身《高阳台·怀女》："憔悴形容，两耳龙钟。"

> **注**：此处指自己年老体衰。

📚 枯槁

魏晋·佚名《青阳邹子乐》："枯槁复产，乃成厥命。"

> **注**：此处指代枯萎了的草木。

东晋·陶潜《饮酒二十首并序·其十一》："虽留身后名，一生亦枯槁。"

> **注**：形容面容憔悴。

唐·成都醉道士《示胡二郎歌》："临樽只解醉醺醺，对镜方知渐枯槁。"

唐·佚名《汉祖天师口诀》："筋骨坚强返枯槁，截舌人间不须道。"

> **注**：以上两例中，"枯槁"形容身体干瘦。

唐·伏牛上人《三伤颂·其二》："一种情相生，尔独何枯槁。"

> **注**：形容思妇心情郁结而致身形消瘦。

唐·储光羲《效古二首·其一》："稼穑既殄绝，川泽复枯槁。"

> **注**：指代草木枯萎。

唐·卢象《紫阳真人歌》："每叹二疏不足道，复言四皓常枯槁。"

> **注**：形容身体干瘦。

唐·吕岩《赠刘方处士》："耳闻争战还倾覆，眼见妍华成枯槁。"

> **注**：形容人世无常，时光易逝。

唐·孟郊《怨别》："沉忧损性灵，服药亦枯槁。"

> **注**：形容因忧虑家国大事而身体消瘦。

唐·常建《赠三侍御》："谁念独枯槁，四十长江干。"

> **注**：形容身体干瘦。

唐·李白《拟古十二首·其八》："日月终销毁，天地同枯槁。"

> **注**：形容万物都有消逝的时候。

唐·李白《览镜书怀》："扪心空叹息，问影何枯槁。"

> **注**：以影子消瘦衬托诗人的失意情绪。

唐·李华《咏史十一首·其七》："当君逐鹿时，臣等已枯槁。"

> **注**：形容年老体衰。

唐·徐彦伯《拟古三首·其二》："何必岩石下，枯槁闲此生。"

> **注**：指像草木一样凋零。

唐·施肩吾《早春游曲江》："芳处亦将枯槁同，应缘遭化未施功。"

> **注**：指花草凋零。

唐·李山甫《山中病后作》："高峰枯槁骨偏峭，野树扶疏叶未摧。"

> **注**：指草木萧瑟。

唐·杜甫《送长孙九侍御赴武威判官》："东郊尚烽火，朝野色枯槁。"

> **注**：形容国难当头人人自危。

唐·杜甫《遣兴三首·其三》："劝汝衡门士，忽悲尚枯槁。"

> **注**：形容身体干瘦。

唐·杜甫《奉赠射洪李四丈》："南京乱初定，所向色枯槁。"

> **注**：形容战乱中民众疾苦的情状。

唐·杜甫《园人送瓜》："落刃嚼冰霜，开怀慰枯槁。"

> **注**：此处指代诗人自己。

唐·柳宗元《构法华寺西亭》："弃逐久枯槁，迨今始开颜。"

> **注**：形容心情郁郁不得志。

唐·滕倪《秋怀》："严霜一以冽，日夜色枯槁。"

> **注**：此处形容草木萧瑟。

唐·白居易《寄同病者》："年颜日枯槁，时命日蹉跎。"

> **注**：此处形容脸色消瘦。

唐·白居易《首夏》："天和遗漏处，而我独枯槁。"

> **注**：此处指的是与家人分别而心伤以至于身体衰弱。

唐·白居易《赠韦处士六年夏大热旱》："骄阳连毒暑，动植皆枯槁。"

> **注**：此处衬托天气炎热。

唐·皎然《奉酬于中丞使君郡斋卧病见示一首》："枯槁未死身，理心寄行坐。"

> **注**：此处指使君病中身形消瘦的样子。

唐·贯休《上顾大夫》："闭门十余载，庭杉共枯槁。"

> **注**：此处指代庭院草木萧索。

唐·贾岛《酬姚少府》:"枯槁彰清镜,孱愚友道书。"

> **注**:此处形容友人兢兢业业、身形消瘦。

唐·陆龟蒙《杂讽九首·其六》:"千林尽枯槁,苦节独不死。"

> **注**:表面指代草木枯萎,实则衬托自己高洁傲岸的品质。

唐五代·齐己《岁暮江寺住》:"山依枯槁容,何处见年终?"

> **注**:此处形容冬日山林萧瑟的样子。

宋·刘敬《观沧浪亭石感而有作》:"君不见吴兴长史春襕衫,闭门抱恨长枯槁。"

> **注**:此处形容仕途不畅的失意心情。

宋·严粲《菊》:"寒林色枯槁,粲粲篱菊鲜。"

> **注**:此处形容草木萧瑟。

宋·冯山《和徐之才雪》:"枯槁全妆饰,勾萌暗养培。"

> **注**:此处形容身形消瘦。

五、附注

玄渊之钓,竿美、丝纫、饵香,钩细,行动从容,"与鱼沉浮",可谓善钓者矣,但是在宋玉看来,这不过是小儿游戏、雕虫小技罢了,不可登大雅之堂。庸俗之人,有此钓术,还可将就,但作为一国之君,却就不足仿效了。

玄洲钓鱼,左手提篓,右手执竿,立于水边,倚靠杨柳,注意精力,竭尽思想,以至于"形容枯槁,神色憔悴",得不偿失,没有任何乐趣可言。而与之相形的是宋玉所推崇的尧舜汤禹之钓:"以贤圣为竿,道德为纶,仁义为钩,禄利为饵,四海为池,万民为鱼。"于是,在宋玉笔下,同一钓鱼之术,得到了新的解释,被提高,被升华了。

　　究其用意，正是劝谏襄王，要任用贤能之人，修明自身道德，施仁用义，兴利除害，为万民设想，以国家为事，有统一四海的宏伟志向，重振楚国大业，千万不可沉溺于一般的钓鱼之术，荒废国政。唯有如此，才能具备一个君王的气度，高枕无忧，万世流芳。

　　文章采用喻证法说明治国的道理，对比说明了"役夫之钓"与"大王之钓"的区别，否定了役夫之钓，赞美了大王之钓。作品寓意深刻，主题鲜明，委纵收敛，精妙幽微，无论从思想内容看，还是从艺术技巧看，《钓赋》都是《古文苑》所载宋玉诸赋中的一篇代表作。难怪刘勰在《文心雕龙·诠赋》中将此赋和《风赋》并提，说："荀况《礼》《智》，宋玉《风》《钓》，爰锡名号，与诗画境。六义附庸，蔚为大国。"既肯定《钓赋》为宋玉作品，又指出《钓赋》和《风赋》是最早的以赋名篇的作品，在中国赋体文学发展史上具有极其重要的地位。

　　在这篇赋中，重新显示了《九辩》的精神境界，只不过是寓庄于谐，更加挥洒自如而已，无论其艺术，还是其思想性，都可算是宋玉赋的上乘之作。

第八章　讽　赋

《讽赋》简介

　　《讽赋》录自《古文苑》第二卷《宋玉赋六首》其四。此赋过去很多学者认为不是宋玉所作。近年来，经汤漳平、谭家健、郑良树、金荣权、高秋凤、罗漫、方铭、廖名春诸位先生详加考证，可以肯定是宋玉的作品。朱碧莲先生原先认为《讽赋》是伪作，但后来改变了看法，也主张《讽赋》为宋玉所作。

　　刘向《说苑·正谏》："谏有五：一曰正谏，二曰降谏，三曰忠谏，四曰戆谏，五曰讽谏。孔子曰：'吾其从讽谏矣乎！'"班固《白虎通义·谏诤》则说："人怀五常，故有五谏，谓讽谏、顺谏、窥谏、指谏、伯谏，讽谏者智也，患祸之萌流，睹其事未彰而讽告，此智性也。"所谓讽谏，是指用婉言隐语来劝谏君主，希望君主觉悟，纠正自己的过失。宋玉的这篇《讽赋》就是采用讽谏的进谏方式来劝谏楚襄王。文章表面上是宋玉辩驳自己好色，而其深层含义却是劝谏楚襄王不要沉迷色欲。不过由于宋玉对房东之女的轻浮渲染得有些过分，客观效果上却有些鄙俗，其深意往往不被人理解，也难以被人理解。故南宋章樵说《讽赋》："词丽以淫，谓之劝可也。"此赋对后代辞赋亦有影响。汉代大名鼎鼎的司马相如所创作的《美人赋》，从语言、情节到立意、谋篇都因袭了宋玉的这篇《讽赋》。

第一节　颇有微词

一、典出

"颇有微词"，典出宋玉《讽赋》："唐勒谗之于王曰：'玉为人身体容冶，口多微词，出爱主人之女。入事大王，愿王疏之。'"

二、简释

颇有：很有、有不少。微词，即微辞，婉转而巧妙的话，后引申为隐含批评和不满的话语。颇有微词：有很多（隐晦的）批评和不满的话语，表示对某人某事不满。

三、变体（或不同典形）

口多微词、微辞、微词

四、历代引用与释义

📚 口多微词

宋·刘克庄《冬夜读几案间杂书得六言二十首》："宋玉口多微词，曼倩言不纯师。"

📚 微辞

"微辞"，同"微词"，指委婉而隐含讽喻的言辞，或隐晦的批评。孔广森："微辞者，意有所托而辞不显，唯察其微者，乃能知之。"

汉·东方朔《非有先生论》："故卑身贱体，说色微辞，愉愉呴呴，终无益于主上之治，即志士仁人不忍为也。"

南北朝·刘勰《文心雕龙·征圣》："虽精义曲隐，无伤其正言；微辞婉晦，不害其体要。"

唐·李商隐《有感》："非关宋玉有微辞，却是襄王梦觉迟。"

> **注**：此处借宋玉婉辞劝谏喻自己。

宋·钱惟演《七夕》："若比人间更肠断，万重云浪寄微辞。"

> **注**：此处指有情人之间诉说衷肠。

明·王彦泓《余旧诗悉已遗忘而韬仲皆为存录展阅一过觉无端往事交集胸怀怅然久之因呈四韵》："多为微辞猜宋玉，敢持才语傲非烟。"

> **注**：此处借宋玉喻自己。

明·沈周《玉兰》："指酒通微辞，愿言修净缘。"

> **注**：此处指酒后真言。

元·胡天游《续丽人行》："东风南浦之离章，微辞谴浪空彷徨。"

> **注**：此处指佳人饱含惜别之情的离别之语。

清·方仁渊《题萧云孟镌红馆随笔诗词集后二首·其二》："座客莫持无鬼论，微辞终属有情天。"

> **注**：此处指婉转说出而真意隐晦的话。

近现代·鲁迅《热风·对于批评家的希望》："（批评家）虽然似乎微辞过多，其实却是对于文艺的热烈的好意，那也实在是很可感谢的。"

近现代·郭沫若《李白与杜甫·杜甫的门阀观念》："杜甫对陶渊明却有微辞。"

> **注**：此处的"颇有微辞"指不直接说明而用隐晦方式批评的言辞。

📚 微词

唐·唐彦谦《绯桃》："敢同俗态期青眼，似有微词动绛唇。"

> **注**：此处指婉转说出真意隐晦的话。

唐·李益《莲塘驿》："渺渺溯洄远，凭风托微词。"

> **注**：此处指婉转说出而真意隐晦的话。

宋末元初·周密《〈齐东野语〉·自序》："定哀多微词，有所辟也；牛李有异议，有所党也。爱憎一衰，论议乃公。"

> **注**：指包含批评和不满的话语。

明·冯梦龙《古今谭概·微词·陆念先》："陆念先口无择言，时出微词，乃足绝倒。"

> **注**：指包含批评和不满的话语。

第二节　雕胡饭

一、典出

"雕胡饭"，典出宋玉《讽赋》："为臣炊雕胡之饭，烹露葵之羹，来劝臣食，以其翡翠之钗，挂臣冠缨，臣不忍仰视。"

二、简释

雕胡：菰米（雕芯、雕胡、菰粱、安胡），六谷之一。汉代刘歆《西京杂记》卷一："太液池边，皆是雕胡、紫箨、绿节、蒲丛之类。盖菰之有米者，长安人谓为雕胡。"雕胡形如蒲苇，野生，一般长于陂泽河边，南方北方皆有生长。司马相如《子虚赋》中载楚国云梦泽边有很多。唐朝时，广东曲江两岸也多有此物。雕胡饭是招待贵客的食品，宋玉连用"雕胡饭"与"露葵羹"显示其对自己的敬重。到了西汉，枚乘《七发》列举"天下之至美"，其中就有"楚苗之食，雕胡之饭"。唐朝人对雕胡饭情有独钟，当时的大诗人们几乎没有哪个不喜欢吃的。李白宿五松山下荀媪家，硬是美美地"撮"了一顿雕胡饭，诗兴勃发，下笔如神："跪进雕胡饭，月光明素盘。"元稹春分投简阳明洞天，"琼杯传素液，金匕进雕胡"，也饱餐了顿雕胡饭。王维最爱吃雕胡饭，晚年退隐蓝田，潜心向佛，"蔬食去情尘"，专吃雕胡饭和一些"野味"，如露葵、芋羹、野蕨等，朋友们则投其所好。春过贺遂员外药圃，王维吃到了"蔗浆菰米饭"；晦日游大理韦卿城南别业时，"雕胡先晨炊，庖脍亦云至"；游感化寺时，王维又一次品尝了"香饭青菰菜"。至于诗圣杜甫，更是多次品尝雕胡饭："朱李沈不冷，雕胡炊屡新"（《热三首》），"滑忆雕胡饭，香闻锦带羹。溜匙兼暖腹，谁欲致杯罂"（《江阁卧病走笔寄呈崔卢两侍御》）。

雕胡饭香滑软口，惹人垂涎。那雕胡饭到底美味到什么地步呢？王维诗云：“郇国稻苗秀，楚人菰米肥。”一个“肥”字，使人想到它油脂欲滴芳香扑鼻。李时珍说：“菰米甚白而滑腻，作饭香脆。”用雕胡煮成的饭清脆可口，清香四溢，是一种色香俱有的珍品，美味佳肴，无以过之，无怪乎古人都以吃雕胡饭自夸！

三、变体（或不同典形）

雕胡

四、历代引用与释义

📚 雕胡饭

以下的“雕胡饭”都指的是菰米饭。

唐·李白《宿五松山下荀老媪家》：“跪进雕胡饭，月光明素盘。”

唐·王维《登楼歌》：“琥珀酒兮雕胡饭，君不御兮日将晚。”

唐·杜甫《江阁卧病走笔》：“滑忆雕胡饭，香闻锦带羹。溜匙兼暖腹，谁欲致杯罍。”

唐·皮日休《鲁望以躬掇野蔬兼示雅什，用以酬谢》：“紫甲采从泉脉畔，翠牙搜自石根傍。雕胡饭熟餔饴软，不是高人不合尝。”

宋·崔敦礼《太白招魂》：“列珍羞些。月光素盘，饭雕胡些。鲁酒琥珀，紫锦鱼些。白酒新熟，黄鸡肥些。山盘秋蔬。”

宋·晁补之《调笑》：“上客风流名重楚，临街下马当窗户。饭煮雕胡留住，瑶琴促轸传深语，万曲梁尘不顾。”

元·王冕《寄恢长老》：“眼底纷纷涸辙鱼，道人遇地即安居。瓦盂香软雕胡饭，松几晴翻贝叶书。老到世情深脱略，年来生计亦萧疏。相逢休论当时事，我亦西郊结草庐。”

明·陈子龙《送子服之维扬》：“玉碗雕胡饭，兰舫芙蓉泽。”

明·李之世《春日尹世立携同高仲良陈伯良集放生社是日微雨·其二》：“湿烟含阁润，滑雨点林酥。晴霁虽云好，空濛似此无。泉堪供碧乳，饭亦出雕胡。尽日闲吟眺，为欢尚未徂。”

明·欧大任《燕京卧病书怀五首·其二》："三谢雕胡饭，频窥贝叶书。白头思牧豕，只合在田庐。"

明·黎民表《飞花曲》："碧复云屏昼不开，莺啼燕语空徘徊。慵妆未进雕胡饭，揽带方临玉镜台。摘蕊攀条还自爱，睡起曾无一枝在。"

明末清初·屈大均《送李十还晋康山中》："尚平五岳游初返，四十为农殊未晚。安得田园湖海傍，朝朝暮暮雕胡饭。"

📚 雕胡

以下的"雕胡"都指的是菰米。

汉·司马相如《子虚赋》："其卑湿则生藏莨蒹葭，东蔷雕胡，莲藕觚卢、菴闾轩于，众物居之，不可胜图。"

南北朝·沈约《三月三日率尔成章诗》："宁忆春蚕起，日暮桑欲萎。长袂屡已拂，雕胡方自炊。爱而不可见，宿昔减容仪。且当忘情去，叹息独何为。"

南北朝·费昶《行路难二首·其一》："丹梁翠柱飞流苏，香薪桂火炊雕胡。当年翻覆无常定，薄命为女何必粗。"

唐·元稹《春分投简阳明洞天作》："琼杯传素液，金匕进雕胡。掌里承来露，桴中钓得鲈。"

唐·陆龟蒙《大堤》："大堤春日暮，骢马解镂衢。请君留上客，容妾荐雕胡。"

唐·韩翃《赠别崔司直赴江东兼简常州独孤使君》："春衣淮上宿，美酒江边醉。楚酪沃雕胡，湘羹掺香饵。"

唐·王翰《谢李荣惠枣实》："君园紫玉三百斛，分散贫家胜赤珠。晨食甘香宜豆粥，晚炊柔脆杂雕胡。"

唐·皮日休《重玄寺元达年逾八十好种名药凡所……余奇而访之因题二章》："怪来昨日休持钵，一尺雕胡似掌齐。香蔓蒙茏覆昔邪，桂烟杉露湿袈裟。"

唐·杜甫《热三首》："朱李沈不冷，雕胡炊屡新。将衰骨尽痛，被褐味空频。"

唐·王维《慕容承携素馔见过》："灵寿君王赐，雕胡弟子炊。空劳酒食馔，持底解人颐。"

唐·王维《晦日游大理韦卿城南别业四声依次用各六韵》："雕胡先晨炊，庖脍亦云至。高情浪海岳，浮生寄天地。"

宋·晏殊《元日词其三·御阁》："南国雕胡奉紫庭，九重楼阁瑞云生。丹毫玉策延洪算，八表欢娱四海清。"

宋·梅尧臣《永叔自南阳至余郊迓焉首访谢公奄然相与流涕》："归来授予馆，自为炊雕胡。且勿厌兹会，日月易以徂。"

宋·杨冠卿《秋日自武林病归渔社李使君惠以长篇诵之再四》："雕胡饭新炊，云腴饮甘液。杞狗杂苓龟，夜吠更晨吸。"

宋·李弥逊《子美士曹送示梅花似表弟有诗因次其韵》："速令解盎倾雕胡，叩门换酒呼长须，对花剧饮百不问，此身如视秦人臞。"

宋·刘弇《赠贾仲武》："满注羿矢连九旸，沉魂夜泣青女霜。此来继辱厚意将，殆欲引辙观怒蟷。狗尾续貂弥足伤，雕胡未易加糠麷。抟空方见一鹗飏，短翮便可枪榆枋。"

宋·刘筠《公子》："行庖爨蜡雕胡熟，永埒铺金汗血骄。"

宋·高斯得《次韵功远兄惠诗见劳》："会逢故人刘，危言取眙愕。腥庖忌雕胡，蓥蒙妒芳若。遂仇作俑人，意欲屏医药。乐哉余不亭，闲身颇堪著。"

宋·姚述尧《念奴娇·冬日赏菊次前韵》："况有凫朋来，拼金钱都罄，晚醉留客。应笑陶潜孤负了，多少傲霜余色。鲸饮方豪，龙吟未已，更著雕胡设。清欢无限，醉归犹记前说。"

宋·陈造《竹米行》："密砌玉粒缀旒珠，株株撷取虽锱铢。弥顷亘亩无闲株，硙磨蒸炊胜雕胡。"

宋·李吕《题焦山寺》："针锋悬持妙善住，蚊睫坐睨焦螟居。山中老禅眼于菟，香饭遣化分雕胡。"

宋·朱翌《宣城书怀》："示爽归田约，怀冰洒篆娱。白公谢霞绮，荀媪进雕胡。"

宋·陆游《村饮示邻曲》："雕胡幸可炊，亦有社酒浑。"

宋·徐照《釜下吟》："不数肉瓮夸安胡，老妻热贮儿怒呼。"

宋·文天祥《赠明脉萧信叔》："我欲炊雕胡，俯凿菊水泉。寿彼方舆人，六气何由訾。"

元·陈樵《山馆》："苜蓿带茸初映日，雕胡落釜半成糜。石楠花落无人扫，谁卧水阴歌采薇。"

元·贡师泰《学圃吟》："蔓菁芦菔连根株，牡丹芍药尊重跌。茄房豆荚悬瓠壶，紫姜红蓼郁雕胡。"

元末明初·贡性之《溪山小隐和胡虚白韵》："云中鸡犬知几家，胡麻已熟雕胡掌。此中此乐何纤馀，赴陇无烦来鹤书。便欲相从学耕钓，细和山声同水调。"

明末清初·王夫之《前雁字诗十九首·其十九》："天变人终定，云生道不孤。无心持换米，生计有雕胡。"

明·王世贞《初秋独游张园五首·其二》："景物乡心在，诗篇病骨苏。流霞散醽醁，飞雪破雕胡。"

明·王彦泓《御君兄内子妆阁被火敬唁以诗八首·其六》："炒薪已并庋庪空，一箸雕胡甚日同。话到不因人热处，始知夫婿是梁鸿。"

明·于慎行《题云间林谏议重寿卷》："晨羞沆瀣滓，夕进雕胡盘。老人为儿啼，七十戏堂端。"

明·王慎中《宴洪郑川公席上赠歌》："雕胡柔滑杂香闻，菰菌流丹每溜匙。手持匕箸劝我尝，当馈屡兴辞不止。"

明·程敏政《上巳日修禊南山溪上限韵》："一瓢春酒胜雕胡，聊与山阴续旧图。临水坐分盘石净，倚天吟望玉峰孤。"

明·胡应麟《结夏西山诸佛刹效初盛体为排律十首·其八》："沈檀霏贝叶，茗荈浥雕胡。板屋双扉静，绳床一衲枯。玄谈披沆瀣，妙义发醍醐。"

元末明初·苏伯衡《送宋起居还金华》："沆瀣晨三咽，雕胡昼九曝。从今猿与鹤，不复怨幽独。"

明·李之世《舟中遣怀效吴音兼寄方孟旋·其三》："昼永人闲睡思浓，沿洄孤棹任从容。茶烹雪乳称禅味，饭惜雕胡罢午供。"

明·杨璿《陆墟别业》："酒熟漫判金谷饮，诗成先许锦笺题。已闻孙笋如蓬贱，更说雕胡似掌齐。”

明·徐渭《野豕》：“谁猎野豨归，雕胡此日磾。辕生老难刺，公子立能啼。”

明末清初·毛奇龄《益都相公招集易园即席奉和原韵二首·其二》：“雕盘翠进安胡饭，玉液香分顾渚茶。”

明末清初·毛奇龄《菩萨蛮·其十一·颠倒韵伯兄大千侄阿莲同作》：“簸钱金压花裙唾。唾裙花压金钱簸。斜日斗钿车。车钿斗日斜。酒胡雕列缶。缶列雕胡酒。孤独醉当垆。垆当醉烛孤。”

清·顾景星《野菜赞》：“茭苗，吴越秋种者良，生水中。苗白，充蔬，米可炊饭，是曰：雕菰、菰穗、雕胡，叶如蔗荻。匹彼露葵，可以荐客。”

明末清初·屈大均《摸鱼儿·柬友》：“蒹葭际、雕胡但向渔人取。流莺未老。且花卧浮丘，月吟香濑，嬉尔小儿女。”

清·成鹫《夏日陈牧止孝廉招游南园舟中与庞若云张直咨诸子同赋》：“雕胡盈瓦盘，藜羹胜粱肉。茗苦井泉甘，何事醽与醁。”

清·徐德音《题大痴老人山水图》：“连云欲接富春岭，鼓棹直溯桐君滩。晚饭雕胡然楚竹，路转山腰见茅屋。”

清·钱名世《闻雁》：“江南八月烟水阔，回汀枉渚流喈喈。雕胡接呷易充腹，勿慕爽垲嫌卑洼。”

清·陈忠平《孟秋毗陵之什·其一·携蕙若纫霞立中并晨儿游天目湖长歌以志》：“禾黍瓜豆满园俱。小立茅茨想莼鲈。谁来为我进雕胡。”

清·赵翼《宴集九峰园》：“烹鲜斫鲙炊雕胡，主人称觞客避席。”

第三节　露葵羹

一、典出

"露葵羹"，典出宋玉《讽赋》："为臣炊雕胡之饭，烹露葵之羹，来劝臣食，以其翡翠之钗，挂臣冠缨，臣不忍仰视。"

二、简释

露葵：即冬葵，又名冬寒菜。《本草纲目·草部·葵》："古人采葵必待露解，故曰露葵。今人呼为滑菜。……古者葵为五菜之主，今不复食之。"羹：用肉或菜调和五味做成的带汤的食物。

三、变体（或不同典形）

露葵羹、露葵

四、历代引用与释义

🕮 露葵羹

南北朝·沈约《咏菰诗》："垂叶满皋泽。匹彼露葵羹。"

唐·王维《春过贺遂员外药园》："蔗浆菰米饭，蒟酱露葵羹。颇识灌园意，於陵不自轻。"

清·王筠《和吴主簿诗六首·其五·游望》："徒设露葵羹，谁酌兰英酒。"

🕮 露葵

颜之推《颜氏家训·勉学》："梁世有蔡朗者讳纯，既不涉学，遂呼莼为露葵。"王利器集解曰："《古文苑》载宋玉《讽赋》：烹露葵之羹。即指水产之莼，则蔡朗所呼，不无所本。"李时珍《本草纲目·草五·葵》："古人采葵必待露解，故曰露葵。今人呼为滑菜……古者葵为五菜之主，今人不复食之。"后世"露葵"词义扩大，可指莼菜，亦可指冬葵，亦可指向日葵等作物。

三国·曹植《七启》："镜机子曰：芳菰精粺，霜蓄露葵，玄熊素肤，肥豢脓肌。蝉翼之割，剖纤析微；累如叠縠，离若散雪，轻随风飞，刃不转切。"

南北朝·沈约《古意诗》："露葵已堪摘，淇水未沾裳。"

南北朝·沈约《咏菰诗》："结根布洲渚，垂叶满皋泽。匹彼露葵羹，可以留上客。"

南北朝·刘孝绰《淇上人戏荡子妇示行事诗》："桑中始奕奕，淇上未汤汤。美人要杂佩，上客诱明珰。日暗人声静，微步出兰房。露葵不待劝，鸣琴无暇张。"

唐·李白《赠闾丘处士》："野酌劝芳酒，园蔬烹露葵。"

唐·杜甫《夔府书怀四十韵》："赏月延秋桂，倾阳逐露葵。大庭终反朴，京观且僵尸。高枕虚眠昼，哀歌欲和谁。南宫载勋业，凡百慎交绥。"

唐·王维《积雨辋川庄作》："山中习静观朝槿，松下清斋折露葵。"

唐·王维《田园乐七首·其七》："酌酒会临泉水，抱琴好倚长松。南园露葵朝折，东谷黄粱夜春。"

唐·陆龟蒙《袭美先辈以龟蒙所献五百言既蒙见和复示荣唱》："虽然苦贫贱，未省亲嚅呷。秋倚抱风桂，晓烹承露葵。穷年只败袍，积日无晨炊。远访卖药客，闲寻捕鱼师。"

唐·陆龟蒙《奉酬袭美苦雨见寄》："横眠木榻忘华荐，对食露葵轻八珍。欲穷玄，凤未白。欲怀仙，鲸尚隔。不如驱入醉乡中，只恐醉乡田地窄。"

唐·皎然《酬秦山人系题赠》："思山石藓净，款客露葵肥。果得宗居士，论心到极微。"

唐·贯休《闲居拟齐梁四首》："苦吟斋貌减，更被杉风吹。独赖湖上翁，时为烹露葵。"

宋·陆游《岁暮》："露葵收半绿，霜稻杵微红。"

宋·释居简《黄蔷薇》："紫透红殷态度陈，露葵生色借芳新。春风便是黄金屋，羞杀黄金屋里人。"

宋·邵桂子《疏屋诗为曹云西作》："菘羔抱孙，蹲鸱将雏。丝滑露葵，练净土酥。野荠馄饨，水苔脯脼。饼炊菠棱，鲊酿苞芦。"

明·李昌祺《春日忆诸弟》："凌云壮气消磨尽，只有丹心似露葵。"

> **注**：此处"露葵"形容自己真心似露葵一样凌霜傲雪刚直不屈。

明·袁宗道《夏日黄平倩邀饮崇国寺葡萄林，同江进之、丘长孺、方子公及两弟，分韵得阁字》："露葵带雨烹，云芽拣水瀹。石砌滴玲玲，铜铛鸣霍霍。"

清·阎学海《晓起园中》："露葵团宿蝶，风柳见藏鸦。"

清·宋荦《摸鱼儿·莼》："甚江东、绿波无际，泖湖风物尤美。露葵生处春洲远。翠叶紫茎铺水。轻摘起，见说道、参差荇菜浑难比。"

清·方文《题宋射陵蔬枰卷》："其畦历落如楸枰，露葵霜薤长滋荣。"

清·梁清标《月上海棠·庭前秋色》："西风暗里窥窗牖。小庭闲、独立夕阳久。花落金钱，露葵开、药栏如绣。关情处、自叹吾衰白首。"

清·张印《种菜》："于此压豆笑，于彼播露葵。秋菘与春韭，燥湿相所宜。"

第四节　玉体横陈

一、典出

"玉体横陈"，典出宋玉《讽赋》："主人之女又为臣歌曰：'内怵惕兮玉床，横自陈兮君之傍，君不御兮妾怨谁？日将暮兮下黄泉。'"

二、简释

"横自陈兮君之傍"：将自己横着躺在您的身旁。"陈"本义为陈列，此处是引申义，躺的意思。傍，一作"旁"，指美人的身体（或尊贵的身体）横躺（或横卧）着。

三、变体（或不同典形）

横陈

四、历代引用与释义

📖 玉体横陈

唐·李商隐《北齐二首·其一》："小怜玉体横陈夜，已报周师入晋阳。"

> **注**：此处暗讽高纬生活之荒淫。

宋·周邦彦《玉团儿》："妍姿艳态腰如束。笑无限、桃粗杏俗。玉体横陈，云鬟斜坠，春睡还熟。"

> **注**：此处形容佳人睡觉的姿态之美。

宋·洪咨夔《朝南以诗送巴石研屏香几用韵·香几》："玉版横陈醉眼边，尚余金鸭水沉烟。"

宋·朱晞颜《天香·寿桂金堂竹泉总管》："碧玉横陈，黄金细屑，天然画堂风景。古月浮香，冷风度曲，不许一尘侵近。"

明·杨慎《新曲古意》："翠织屏风交屈戌，红罗斗帐挂香囊。腻鬟斜坠乌云滑，脂体横陈白雪光。"

清·田雯《咏古》："谁教玉体两横陈，粉黛香消马上沉。刘项看来称敌手，虞夫人后戚夫人。"

清末近代·杨玉衔《荔枝香近·荔支，用七十三字体》："卸罗襦、玉体横陈温暖。途远。尘骑何劳盼断。"

> **注**：此处指佳人躺在床上的样子。

📚 横陈

三国·曹植《侍太子坐诗》："白日曜青春。时雨静飞尘。寒冰辟炎景。凉风飘我身。清醴盈金觞。肴馔纵横陈。"

南北朝·萧绎《兽名诗》："王孙及公子，熊席复横陈。"

南北朝·陈叔宝《三妇艳词十一首·其十一》："大妇年十五，中妇当春户。小妇正横陈，含娇情未吐。"

南北朝·徐陵《玉台新咏序》："西子微颦，得横陈于甲帐。陪游馺娑，骋纤腰于结风；长乐鸳鸯，奏新声于度曲。"

南北朝·刘缓《敬酬刘长史咏名士悦倾城诗》："工倾荀奉倩，能迷石季伦。上客徒留目，不见正横陈。"

南北朝·刘孝威《都》："愈忆凝脂暖，弥想横陈欢。行驱金络骑，归就城南端。"

唐·陆龟蒙《蔷薇》："倚墙当户自横陈，致得贫家似不贫。"

唐·李百药《杂曲歌辞·妾薄命》："太常应已醉，刘君恒带醒。横陈每虚设，吉梦竟何成。"

唐·李百药《杂曲歌辞·火凤辞》："娇啭眉际敛，逸韵口中香。自有横陈分，应怜秋夜长。"

唐·李涛《处事》："处事无心万象春，任渠逆境自横陈。笼中无疗家贫药，门外有催诗债人。"

宋·张炎《台城路》："处楼之正中，苍翠横陈，是斯楼之胜境也。"

宋·姚勉《题河沙寺西崖》："一湖横陈白于银，一溪西来净如练。"

宋·蔡戡《游归来园追想主人高风恨不及见因赋二诗·其一》："相门戚畹昔无邻，令代衣冠不乏人。怪底山林成独往，从渠钟鼎漫横陈。"

宋·高观国《东风第一枝·为梅溪寿》："春暗寄、付情云杳。爱随青女横陈，更怜素娥窈窕。调羹雅意，好赞助、清时廊庙。羡韵高、只有松筠，共结岁寒难老。"

宋·卢祖皋《瑞鹤仙》："深院。绮霞低映，步障横陈，暮天慵倦。无言笑倩。尊前恨，仗谁遣。"

宋·戴复古《题邹震甫江山伟观》："八境横陈淦水滨，异乡谁识倚楼人。"

宋·王安石《清凉寺白云庵》："庵云作顶峭无邻，衣月为衿静称身。木落冈峦因自献，水归洲渚得横陈。"

宋·向子諲《减字木兰花·韩叔夏席上戏作》："洗尽胸中万斛愁。剩烧蜜炬。只恐夜深花睡去。想得横陈。全是巫山一段云。"

宋·汪藻《嘲人买妾而病二首·其一》："封侯燕颔何妨瘦，伐性蛾眉却怕鬘。从此空花扫除尽，定须嚼蜡向横陈。"

宋·释德洪《登控鲤亭望孤山》："水面微开笑靥，山形故作横陈。彭泽诗中图画，为君点出精神。"

宋·周麟之《和陈大监》："我辈等是风月人，昔也同闬今为邻。不妨对语味如蜡，扰扰万事从横陈。"

宋·葛立方《满庭芳·评梅》："何似此花清绝，凭君为、子细推评。幽奇处，素娥青女，著意为横陈。"

宋·杜范《十二月初六日出郊途只值雪偶成小律诗》："横陈瑞色今如许，定似丰年可大书。"

宋·释居简《慈感寺蚌珠尊者阁新成》："部勒溪山胜，横陈压丽谯。老蟾栖峭崿，饥蜃吐岩峣。"

宋·谢翱《夏日游玉几山中》："岂无城中山，爱此足幽野。横陈玉几峰，隐护碧殿瓦。"

宋·王庭圭《刘虞卿衣弊履穿有号寒之忧赋绝句以道其意》："江上丹枫半摇落，檐间青女忽横陈。可怜范叔寒如此，谁解绨袍念故人。"

宋·曾极《澄心堂》："楮生玉面务深藏，未肯横陈翰墨场。"

宋·高斯得《九日会客面岳亭以采纳菊东篱下悠然见南山分》："游子感萧辰，命侣登爽垲。湘山俨横陈，秀色如有待。"

宋·王炎《和王宫教韵》："六籍横陈日醉心，忍贫不肯问钱神。"

宋·白玉蟾《梅花》："月夜一枝香暗度，溪楼数点影横陈。"

宋·王存《忆粤中黄皮果不置写寄二绝句·其一》："已倦横陈疏女颊，所须丹药火吾宫。爬搔痒垢除巾袜，剩受凉宵一簟风。"

元·耶律铸《故宫对雪三首·其三》："飘飘举似霓裳舞，烂漫横陈玉树花。宁知点点飞来意，生自幽人两鬓华。"

元·耶律铸《何狂醉隐三首·其一》："只须推倚杖，不必论穷通。且把无边事，横陈在酒中。"

金·任诟《巨然山寺》："孤撑山作碧螺髻，漫散水成苍玉鳞。野寺荒凉人不到，水光山影正横陈。"

元·元好问《沁园春》："花柳横陈，江山呈露，尽入经营惨澹中。闲身在，看薄批明月，细切清风。"

元·张雨《宿玛瑙寺》："一宿葛洪丹井上，化为蝴蝶梦魂清。湖田凉蛤四骰吠，烟寺晓钟相递鸣。孤屿横陈为玉几，初阳焕烂似霞城。拿舟又入水云去，还我风篁雪窦声。"

元·耶律楚材《和平阳王仲祥韵》："冰岩上新句，文质能彬彬。冰雪相照映，珠玉如横陈。"

元末明初·舒頔《雨中呈丰彦辉》："江山明秀动归兴，花柳横陈惊壮心。休上贾生流涕策，且赓梁父《白头吟》。"

元·袁桷《简马伯庸》："象榻香浓翠幄春，美人倦绣态横陈。平明欲进朝天袜，小立兰灯熨贴频。"

元·袁桷《同子唯赋水车》："萦纡香轮过流水，突兀云梯卷清雨。横陈歌板促纷纶，倒流谷帘声龃龉。"

元·张希复《小小写真联句》："昔时知出众，情宠占横陈。"

元·李溥光《溧阳道中》："青山绿水万家邻，一井川原画障新。紫塞风光推独擅，锦城佳丽入横陈。"

明·杨慎《题周昉琼枝夜醉图·其五》："百子池头丽人，三花树下长春。襟解微闻香泽，帷褰想见横陈。"

明·杨慎《菩萨蛮·其一》："袅袅腰肢浑似柳。碧花茗椀劳纤手。清昼小横陈。阳台梦未真。"

明·杨慎《戏效西昆体无题十六韵》："回盼传深意，横陈脱薄妆。青鸾工渡海，赤凤巧踰墙。"

明·杨慎《刘虚湖封白石载酒过高峣》："登楼醉水浑无夜，著屐寻山剩有春。爨舞滇歌元惯见，渝儿巴妠愧横陈。"

明·释今无《上滩》："一滩才到又酸辛，倾侧何曾敢动嗔。手捉竹篙供野哭，身流珠汗苦横陈。"

明·王彦泓《事十首·其十》："飞燕风情疑近远，惊鸿神彩乍阴阳。关心正此堪研赏，似较横陈味颇长。"

明·王彦泓《舍读讽赋为冯友作》："空院乍来浑胆怯，曲阑偷凭觉鬟偏。那知上客调饥甚，咏遍横陈积雪篇。"

明·吴兆《正月十三夜同王若观伎共用来字》："舞飞雕砌雪，歌落绮窗梅。不尽横陈态，犹期三五来。"

明末清初·王夫之《见诸生咏瓶中勺药聊为俪句示之》："二十四桥春，何年度楚滨。感君垂采折，芳意在横陈。"

明末清初·王夫之《广遣兴五十八首·其十九》："一折一波皆绝倒，依稀雁字看横陈。久将六义衰丁卯，别有十香涠乙辛。"

明·胡应麟《夜饮芙蓉馆大醉放歌寄黎惟敬康裕卿李惟寅朱汝脩》："生计犹馀二顷田，谋身岂必千头橘。五侯七贵俱浮云，邺侯万卷堪横陈。"

明·焦竑《石鼓歌》："辟雍横陈杂晬艳，庙堂胪列参樽罍。想见周王盛羽猎，从臣撰述皆奇才。"

明·沈宜修《浣溪沙·秋思》："尽日轻阴锁画阑。横陈锦瑟曲声残。一庭秋色半阑珊。"

元末明初·陶宗仪《腊月五日早霜》："鸳鸯万瓦玉参差，青女横陈肆腊威。晓起推窗疑是雪，棱棱还向太阳晞。"

明·王鏊《中五适·其二·竹夫人》："湘筠剪玲珑，横陈在君床。虽然缺妩媚，亦可藉清凉。"

明·王鏊《观福建内臣进花鸟赋》："玄猿呈艺宛如人，孔雀鹓雏貌总真。怪石铅松曾入贡，名花异卉总横陈。"

明·顾清《南夫有诗嘲之往返良苦予最后作为之解围》："清晓诗筒入递频，夜窗虚榻看横陈。贾馀竞欲收三捷，戒狃予方息两民。"

清·袁枚《游风洞登高望仙鹤明月诸峰》："一笻偃又竖，两目阚复纵。远山亦献媚，横陈怪石供。"

清·朱彝尊《行香子·蚕月桑津》："有绿并坐，不在横陈。话夜阑时，人如月，月如银。"

清·林则徐《高阳台·和嶰筠前辈韵》："玉粟收余，金丝种后，蕃航别有蛮烟。双管横陈，何人对拥无眠。"

清·陈维崧《怨朱弦·寄淄川毕载积使君》："正吴娘、细鲙红鳞。玉箫作使，绣簟横陈。小史菱花，妖童荷叶，宜笑宜嗔。"

清·吴敬梓《如此江山》："一船离恨斜阳外，遥凝数行穿翠。乱藻横陈，崇兰稚密，才过清明天气。"

清·项鸿祚《沁园春》："输他见惯横陈，笑比似、红墙隔几层。记销金寒重，枕怜双桼，软绡凉透，床怯初分。"

清·李慈铭《祝英台近二首·其二》："倩痕重。任他芳草横陈，屐边忍轻弄。怕有离魂，尚恋栈香冢。"

明末清初·尤侗《临江仙·其六·题汪蛟门锦瑟图》："二十五弦弹夜月，花间锦瑟横陈。春风鬓影看文君。一窗三妇艳，谁雨复谁云。"

清·郑文焯《蝶恋花·其四》："一叶秋阴辞露井。暗卜星期，怕与西风近。冰簟横陈双玉并。"

清末民初·朱祖谋《齐天乐·半塘翁吟忆见贻，依韵报之》："横陈艳绮。肯输与西廊，媚春桃李。不嫁含章，堕梅馀恨蕊。"

清·厉鹗《沁园春·其二》："金尽低颜，玉存暖老，渐近横陈嚼蜡时。

吾衰矣，但摸棱不管，趺坐偏宜。"

清·厉鹗《摸鱼儿·尘梅追和元人颜吟竹》："无乍有。想漠漠轻寒、昨夜穿窗透。纱笼护否。恐疏朵横陈，探春多误，更与洒冰溜。"

清·厉鹗《疏影·菊影和袚江》："东西活脱残枝畔，合赚得、闲情词赋。待醒来、重觅横陈，低捲小帘寒曙。"

清·钱贞嘉《十六字令》："鸳被暖，横陈白玉床。贪午睡，不识晓来霜。"

清末民初·郑孝胥《樱花花下作·其一》："仙云昨夜坠庭柯，化作蹁跹万玉娥。映日横陈酣国色，倚风小舞荡天魔。"

清末民初·易顺鼎《八声甘州·其四·眠》："甚东风相扶不起，被春愁困了柳腰身。凭仗着三生恩眷，消受横陈。"

清末民初·易顺鼎《齐天乐·为王种樗题美人画幅》："罗巾此时慵裹，让弯环月子，偷学眉妩。酒后横陈，镫边侧看，犹胜玉颜尘土。"

清·宋育仁《流寓江南杂诗·其三》："麝和红泪捣成尘，梦醒惊鸿瘦阿甄。终夜不眠长倚瑟，横陈嚼蜡莫横陈。"

清·史承谦《满庭芳五首·其三》："已是欢丛去眼，今生料、空盼横陈。危栏外，寒鸦落木，愁杀倚楼人。"

清·史承谦《风入松六首·其二》："罗帷舒卷任风飘，锦字凭谁挑。楚山花簟横陈处，绕湘屏、曲曲魂销。"

清·史承谦《琴调相思引》："不为横陈忆小怜，夜窗风细月如弦。拟添银叶、安稳耐孤眠。"

清·杨葆光《沁园春》："相亲。莫笑横陈。悄不觉微太半晌身。喜合欢裁就，被池熨贴，文涛翻出，纱碧停匀。"

清·沈善宝《满庭芳·寒夜对月忆兰心夫人》："堪叹人间聚散，转轮与、皓魄三分。徘徊处，暗香浮动，梅影又横陈。"

清·陈维崧《贺新郎·乙巳端午寄友用刘潜夫韵》："醉凭阑干吐。倚清狂、横陈冰簟，后堂无暑。闻说吴儿工作剧，吊屈龙舟似虎。"

清·丘逢甲《荔枝·其三》："每将佳果比佳人，自笑多生与种因。粤艳闽香消受遍，不曾嚼蜡视横陈。"

明末清初·屈大均《赋为王紫诠使君寿兼送迁任川南》:"定贪暮行香雨去,芙蓉飞坠知横陈。天上王郎谁识得,烟霄一下婴埃尘。"

清·何振岱《高阳台·三月十六夜对月》:"墙匡谁洒南宫墨,看离离、林影横陈。甚心情、一样蟾圆,偏爱当春。"

清·何振岱《法曲献仙音·花影》:"冷写墨痕深,耿无言、题句初就。侧弹横陈,恋金釭、伫立夜久。"

清·林占梅《冬杪忽闻内兄伟山广文讣音,不觉五中如裂,泪沾襟袂。感今忆昔,以歌当哭》:"粉白与黛绿,妍媸无别甄。每值如泥时,醉眼睨横陈。"

清·左锡璇《汉宫春·梅》:"玉骨冰肌,任霜欺雪压,越见丰神。亭亭倩影独立,篱角黄昏。春风料峭,奈轻寒、勒住花魂。待夜来、晶帘月上,一枝疏影横陈。"

清·朱仕玠《瀛涯渔唱·其七十二》:"谁云羁客坐无聊,姬侍横陈伴寂寥。青佩遍垂裙带豆,朱颜纷坼美人蕉。"

清·庄棫《祝英台近·夜坐》:"枕函欹,钗玉堕。深院晚凉卧。玉簟横陈,林影月筛破。"

清·郁永河《舟中夜坐》:"东望扶桑好问津,珠宫璇室俯为邻。波涛静息鱼龙夜,参斗横陈海宇春。"

清·缪烜《行上党山中》:"胜地由来妙迹垂,何年寺渺仅留基。闲寻夕照荒榛裹,太息横陈耐辱碑。"

清·戴梓《芍药花分赋拈得七言长律》:"粉黛横陈期梦接,胭脂遥引隔阑奢。翻阶翠落娟娟影,照槛光流片片霞。"

清·龚翔麟《红窗听》:"滑簟横陈金带枕。春梦窄、见日高还寝。蜃窗过雨蘋飘迅,被万荷喧醒。"

清·顾贞立《百字令》:"文窗潇洒,青梅小、正是牡丹时节。珠箔低垂微雨过,险韵词成新阕。轻拂乌栏,横陈绿绮,燕子香泥湿。朱樱初熟,炉香茗椀清绝。"

五、附注

　　《讽赋》无论结构还是内容，都与宋玉的《登徒子好色赋》有相似之处。但是，《登徒子好色赋》有着较明显的讽谏之义，而此赋却不甚明显。此赋似乎为宋玉游戏之作，对情与色有较多描写，反映出宋玉空虚无聊的一面，难怪后人会把宋玉说成是多情的花花公子，这种误会是有根源的。章樵评此赋："词丽以淫，谓之劝可也。"是有道理的。

　　具体来说，此赋中说宋玉坏话的不是登徒子，而是唐勒。唐勒的谗言也是三点，一、二两点与登徒子所说相同，第三点略有不同，是说宋玉"出爱主人之女"。宋玉驳斥唐勒谗言的方法，与他驳斥登徒子的方法有相同之处，也有不同的地方。对唐勒所说的第一、二两点，他也只是一语带过："臣身体容冶，受之二亲；口多微词，闻之圣人"，没有多说。重点是第三点。与《登徒子好色赋》不同，宋玉只是谈了与主人之女交往的经过，而没有对唐勒反唇相讥，当时也没有章华大夫在场插话。可是宋玉所说的情况已足够为自己洗雪诬枉了，是主人之女主动向宋玉示爱，宋玉遵守礼义没有接受。这一番话赢得了襄王的信任，唐勒的谗言也就起不了作用。

　　主人之女与宋玉的应对一段还是写得很出色的。主人女处处主动，她请宋玉吃饭，故意将钗挂在宋玉的帽带上，进行试探、挑逗，后来还更大胆地表示求爱的意思。虽然只是简练的几笔勾勒，这个主人之女的形象却表现出来了。

第九章　舞　赋

《舞赋》简介

《舞赋》录自《古文苑》卷二《宋玉赋六首》其六。

战国晚期，楚国"巫音"盛行、国势衰败，宋玉的《舞赋》蕴含着两层意思：一是继续屈原对巫术乐舞的改革，向楚王推荐《激楚》等新乐，希望改变"巫音""巫舞"一统楚宫舞坛的局面；一是在赋中凸显《激楚》等乐舞"激越""美和"的艺术境界，希望楚国君臣能在乐舞的启发下，振作精神，精诚团结，复兴国家。这一结论也为宋玉《舞赋》并非伪作的说法提供了可信的证据。

《舞赋》极写歌舞声容之盛，在艺术描写上不失为成功之作。从歌舞者的年龄、面容、服饰、打扮写到歌声舞态，仿佛重现当年的歌舞场面。歌舞者载歌载舞的形象以及各种高超的舞姿写得非常生动，末了还用观者的赞美作结。因此本篇是研究中国古代舞蹈的宝贵文献，它生动形象地表现了中国传统舞蹈圆润流转的美学风格、虚实相生的审美原则、华美飘逸的艺术境界，研究中国舞蹈艺术史和中国传统舞蹈美学风格的学者，认真研究此赋可大有裨益。

第一节　流　睇

一、典出

"流睇"，典出宋玉《舞赋》："眉连娟以增绕，目流睇而横波。"

二、简释

形容女子眼睛流盼传递着情肠。流睇：流盼，斜视。

三、变体（或不同典形）

流目

四、历代引用与释义

📚 **流睇**

汉·张衡《南都赋》："微眺流睇，蛾眉连卷。"

> **注**：形容女子眼睛微挑，斜视顾盼的样子。

南北朝·徐陵《新亭送别应令诗》："神襟爱远别，流睇极清漳。"

> **注**：此处是指诗人自己与友赠别之后，极目望远的神态。

唐·李益《莲塘驿》："斜光动流睇，此意难自持。"

> **注**：此处是形容女子斜视顾盼的灵动眼神。

唐·景耀月《长歌行》："越国女子扬妙讴，修容流睇照双眸。"

> **注**：此处是形容女子斜视顾盼的灵动眼神。

唐·顾况《朝上清歌》："曼声流睇，和清歌些。"

> **注**：斜视顾盼。此处是形容舞女斜视顾盼的灵动眼神。

宋·苏轼《西江月·佳人》："碧雾轻笼两凤，寒烟淡拂双鸦。为谁流睇不归家。"

> **注**：此处是形容佳人等待良人归来而眼睛左顾右盼的急切心情。

宋·释智圆《病中玩月》："流睇及群物，光彩一何殊。"

> **注**：此处是描写诗人自己在月色下环顾屋舍摆设的样子。

元末明初·陶宗仪《悯鹤次韵顾语溪》："翻怀丁令威，流睇青山郭。"

> **注**：此处是描写青山环绕，诗人斜视青山的样子。

明·于慎《行古意十二首·其四》："俯仰念昔游，流睇双龙阙。"

> **注**：此处与"俯仰"对应，指左右斜视。

明·张时彻《秋胡行》："含情流睇，黄金是将。"

> **注**：此处是形容女子眼波流动，更添美丽。

明·李玮《秋色吟浮东钱湖作》："倚棹一长谣，传杯更流睇。"

> **注**：此处是描写诗人自己与友人饮酒推杯换盏，左右顾盼的样子。

明·王汝玉《杂诗十首·其十》："飘飘八纮外，流睇九垓中。"

> **注**：此处是指左右斜视。

明·高启《咏轩》："临楹一流睇，幽事忽满前。"

> **注**：此处是指望远怀思。

清·吴绮《雪后望西山》："策马度深泥，绝壑徒流睇。"

> **注**：此处是指左右顾盼。

清·徐喈凤《少年游·清明前二日惠山闲步》："但恨蛾眉，轻纨半掩，流睇未分明。"

> **注**：此处是指女子眼神流转。

清·戴亨《感怀·其三》："流睇荡人心，顾盼自生怜。"

> **注**：此处是指左右顾盼。

清·戴亨《和程侍御（鏉）四首·其二·听曲》："流睇逗层波，纤喉递缓节。"

> **注**：此处是形容舞女的左右顾盼、眼神灵动的美貌。

清·朱彝尊《洞仙歌》："起折赠黄梅镜奁边，但流睇无言，断魂谁省。"

> **注**：此处是形容女子因悲伤而不愿直视。

清末民初·郑孝胥《十月初九日侗伯立之向元同游罗氏菊圃》："好奇流睇绯与褐，何来粉碧端可疑。"

> **注**：此处是形容左右顾盼比较"绯、褐"两色。

📚 流目

辽·王鼎《焚椒录》："皇太叔重元妃入贺，每顾影自矜，流目送媚。"

> **注**：形容元妃的眼神波光流转，秋波暗送。

清·袁枚《随园诗话》卷四："许流目送笑，若将昵焉。"

> **注**：形容佳人因笑而目光流动。

当代·徐迟《牡丹·六》："他穿着男装，向着明镜，流目送盼，模拟着女性的动作。"

> **注**：形容眼神流动，似水横流。

第二节　横　波

一、典出

"横波"，典出宋玉《舞赋》："眉连娟以增绕，目流睇而横波。"

二、简释

形容女子眼睛流盼转递着情愫。横波：喻女子的眼睛流动似水横流。

三、变体（或不同典形）

曼睇横波、横波流转、一寸横波、横波目、流睇、横波、目波

四、历代引用与释义

📚 横波

南北朝·庾信《拟咏怀诗二十七首·其七》："纤腰减束素，别泪损横波。"

> 注：此处指代女子的眼睛。

南北朝·萧绎《燕歌行》："横波满脸万行啼，翠眉暂敛千里结。"

> 注：此处是形容女子泪眼如水横流。

南北朝·江总《七夕诗》："横波翻泻泪，束素反缄愁。"

> 注：此处指代女子的眼睛。

南北朝·鲍泉《南苑看游者诗》："浮云无处所，何用转横波。"

> 注：此处指代女子的眼睛。

唐·杨师道《初宵看婚》："轻啼湿红粉，微睇转横波。"

> **注**：此处指代女子的眼睛。

唐·《敦煌曲子词·柳青娘·其一·倚阑人二首》："故使横波认玉郎。叵耐不知何处去。"

> **注**：此处指代女子的眼睛。

唐·《敦煌曲子词·凤归云·其一·鲁女坚贞二首》："眉如初月，目引横波。"

> **注**：此处指比喻女子眼神流动，如水横流。

唐·《敦煌曲子词·倾杯乐·五陵堪娉》："翠柳画蛾眉。横波如同秋水。"

> **注**：此处比喻女子眼神流动，如同秋水荡荡。

唐·佚名《七夕歌·题拟》："敛横波而向秋野，垂玉箸兮沾罗裳。"

> **注**：此处指代女子的眼睛。

唐·张碧《古意》："手持纨扇独含情，秋风吹落横波血。"

> **注**：此处比喻女子眼神流动，如水横流。

唐·梁锽《观王美人海图障子》："仍怜转娇眼，别恨一横波。"

> **注**：此处比喻美人眼神流动，哀伤之意如水横流。

唐·水府君《与郑德璘奇遇诗·其三》："沈潜暗想横波泪，得共鲛人相对垂。"

> **注**：此处指代女子的眼睛。

唐·孟简《咏欧阳行周事》："座上转横波，流光注夫君。"

> **注**：比喻女子因爱恋和欣喜而眼神流动。

唐·元稹《莺莺诗》："频动横波嗔阿母，等闲教见小儿郎。"

注：比喻崔莺莺因羞怯、羞恼而眼神流动的样子。

唐·元稹《答姨兄胡灵之见寄五十韵》："传盏加分数，横波掷目成。"

注：比喻女子眼神流动，如水横流。

唐·元稹《酬乐天劝醉》："美人醉灯下，左右流横波。"

注：此处指泪水，比喻美人醉酒后情感流露而落泪。

唐·元稹《崔徽歌·其一》："眼明正似琉璃瓶，心荡秋水横波清。"

注：此处指横流的水波。

唐·李白《九日登巴陵置酒望洞庭水军》："长风鼓横波，合沓蹙龙文。"

注：此处指洞庭湖里横流的水波。

唐·权德舆《杂诗五首·其三》："一顾授横波，千金呈瓠犀。"

注：此处指代美人的眼睛。

唐·李商隐《追代卢家人嘲堂内》："道却横波字，人前莫谩羞。"

注：此处喻指字迹如同横流的水波。

唐·李群玉《和人赠别》："颦黛低红别怨多，深亭芳恨满横波。"

注：此处指代女子的眼睛。

唐·李贺《相劝酒》："歌淫淫，管愔愔，横波好送雕题金。"

注：此处指代女子的眼睛。

唐·李群玉《醉后赠冯姬》："二寸横波回慢水，一双纤手语香弦。"

注：喻指女子情感流动的眼神。

唐·欧阳炯《春光好·其六》："空遣横波传意绪，对笙簧。"

注：此处形容女子眼中含了绵绵情意，眼神流动，如水横流。

唐·毛熙震《南歌子·其一》："远山愁黛碧，横波慢脸明，腻香红玉茜罗轻。"

> **注**：此处指女子眼眸闪亮。

唐·温庭筠《江南曲》："横波巧能笑，弯蛾不识愁。"

唐·许浑《晨起西楼》："留情深处驻横波，敛翠凝红一曲歌。"

唐·郑仁表《赠妓命洛真》："时时欲得横波眄，又怕回筹错指人。"

唐·韦庄《秦妇吟》："蓬头垢面狼眉赤，几转横波看不得。"

> **注**：以上四例中，"横波"均指代女子的眼睛。

唐·韩琮《题商山店》："红锦机头抛皓腕，绿云鬟下送横波。"

> **注**：此处形容女子的情谊藏在眼底，情意流动，如水横流。

唐·韩偓《个侬》："隔帘窥绿齿，映柱送横波。"

> **注**：此处形容女子羞怯但眼神流动传递情意。

唐·顾夐《醉公子·其一》："睡起横波慢，独望情何限。"

> **注**：此处形容佳人刚醒时的眼神流动，如水横流。

宋·欧阳修《蝶恋花》："酒力融融香汗透，春娇入眼横波溜。"

> **注**：此处形容佳人因醉酒而眼神迷离的娇艳姿态。

宋·懒堂女子《烛影摇红》："恨锁横波，远山浅黛无人扫。"

> **注**：此处指代女子的眼睛。

宋·刘泾《句·其一》："初起褪红唇启绛，半沾斜绿眼横波。"

> **注**：此处形容佳人眼神流动，如水横流。

宋·吕渭老《千秋岁·宝香盈袖》："洞房晚，千金未直横波溜。"

> **注**：此处形容佳人眼神流动，羞怯但期待的样子。

宋·吕渭老《南乡子·小雨阻行舟》："欲挈一尊相就醉，无由。谁见横波入鬓流。"

> **注**：此处指代眼泪。

宋·周邦彦《望江南·大石咏妓》："歌席上，无赖是横波。"

> **注**：此处形容佳人眼神流动，如水横流。

宋·吴文英《声声慢·其九·饯魏绣使泊吴江，为友人赋》："泪雨横波，遥山眉上新愁。"

> **注**：此处指代佳人的眼睛。

宋·徐得之《明妃曲》："朦胧胡雾染宫花，泪眼横波时自雨。"

> **注**：此处形容佳人眼神流动，如宁静水波。

宋·李廷忠《沁园春·刘总干会饮同寮，出示新词，席上用韵》："坐上疏狂，帘间姝丽，应想横波一笑回。"

> **注**：此处形容佳人眼神流动，如水横流。

宋·晏几道《浣溪沙·其九》："几处睡痕留醉袖，一春愁思近横波。"

> **注**：此处形容佳人因愁绪导致眼神流动，如水横流。

宋·曾布《水调歌头·排遍第二》："窈窕佳人，独立瑶阶，掷果潘郎，瞥见红颜横波盼，不胜娇软倚银屏。"

> **注**：此处形容佳人期待的流动眼神，如水横流。

宋·李之仪《千秋岁·咏畴昔胜会和人韵，后篇喜其归》："眉压横波皱。歌断青青柳。"

> **注**：此处指代女子的眼睛。

宋·晁端礼《菩萨蛮·其五》："远山眉映横波脸。脸波横映眉山远。"

> 注：此处指代女子的眼睛。

明·汤显祖《牡丹亭·玩真》："相看四目谁轻可！恁横波、来回顾影不住的眼儿睃。"

> 注：此处形容佳人因情思而流动的眼神，如水横流。

当代·茅盾《霜叶红似二月花·四》："婉小姐横波嗔了和光一眼。"

当代·冰心《我们太太的客厅》："对面一个椭圆形的镜框，正嵌着一个椭圆形的脸，横波入鬓，眉尖若蹙。"

◈ 目波

汉·佚名《杂事秘辛》："目波澄鲜，眉妩连卷。"

> 注：此处指代佳人的眼睛。

唐·黄滔《泉州开元寺佛殿碑记》："升者骨冰，观者目波。"

> 注：此处指代旁观者的眼睛。

明·何景明《七述》："掬腰擢步随风移，左右盼睐目波施。"

> 注：此处指代佳人的眼睛。

◈ 曼睇横波

南北朝·杨皦《玉台新咏·咏舞》："鬓容生翠羽，曼睇出横波。"

明·欧大任《苏子川席上观舞歌》："行云送曲那能住，曼睇横波谁不怜。"

> 注：以上两例中，"曼睇横波"是形容舞女的美丽的眼睛传递情思。

◈ 横波流转

宋·贺铸《忆仙姿／如梦令·其四》："罗绮丛中初见。理鬓横波流转。"

> 注：形容女子的容貌美丽，眼睛波光流转。

清·汪中《吴趋行》："横波醉流转，巧笑心和柔。"

> **注**：形容女子的容貌美丽，眼睛波光流转让人心醉。

一寸横波

唐·韦庄《秦妇吟》："西邻有女真仙子，一寸横波剪秋水。"

> **注**：喻指女子流动的眼神像盈盈秋水。

宋·佚名《减字木兰花》："春融酒困。一寸横波千里恨。"

> **注**：喻指女子醉酒后情感流动的眼神。

宋·吕渭老《豆叶黄 / 忆王孙·其三》："月如钩。一寸横波入鬓流。"

> **注**：喻指女子望月神伤，眼底泪光闪动并缓缓流下。

明·何绛《赠桃溪主人新宠·其二》："或时小饮醉颜酡，一寸横波转顾多。"

> **注**：喻指女子醉酒后情感流动的眼神。

清·厉鹗《眼儿媚·一寸横波惹春留》："一寸横波惹春留，何止最宜秋。"

> **注**：喻指女子的眼神中情感流动。

清·裴维安《过秦楼》："一寸横波，双弯新黛，个是暗销魂处。"

> **注**：喻指女子情感流动，眼神流转。

波横一寸

宋·吕渭老《蝶恋花·其一》："醉笑眼波横一寸。微微酒色生红晕。"

> **注**：喻指女子眼神迷离，生动流转。

宋·晁补之《行香子·赠轻盈》："恼乱层波横一寸，斜阳只与黄昏近。"

> **注**：喻指女子因羞恼而灵动的眼神。

❧一寸波

"一寸波"是"一寸横波"的省略说法。

唐·郑遨《咏西施》(一作《杜光庭诗》):"脸横一寸波,浸破吴王国。"

> **注**:喻指女子眼神灵动,情意绵绵。

宋·贺铸《减字浣溪沙·十三》:"两点春山一寸波。当筵娇甚不成歌。"

> **注**:喻指女子眼神灵动,眉目传情。

❧横波目

南北朝·王筠《和吴主簿诗六首·其四》:"愁萦翠羽眉,泪满横波目。"

> **注**:喻指女子因伤怀流泪,泪眼像波动的湖水。

唐·李白《杂曲歌辞·其一·长相思三首》:"昔时横波目,今做流泪泉。"

> **注**:喻指女子情感充盈的眼神。

唐·毕耀《古意》:"横波美目虽往来,罗袂遥遥不相及。"

> **注**:喻指女子情意绵绵的眼神。

第三节　顾影自怜

一、典出

"顾影自怜"，典出宋玉《舞赋》："顾形影，自整装。"

二、简释

顾盼自己的身影，自觉可爱令人怜惜。

三、变体（或不同典形）

顾影自怜（媚）、顾形影、顾影

四、历代引用与释义

📚 顾影自怜

魏晋·陆机《赴洛道中作诗二首·其一》："伫立望故乡，顾影凄自怜。"

> **注**：此处形容自己离乡远去的凄凉悲切之意。

晋·束皙《贫家赋》："债家至而相敦，乃取东而偿西，行乞贷而无处，退顾影以自怜。"

> **注**：此处形容自己家境困苦、无人相助的孤苦与无奈。

南北朝·张率《绣赋》："顾影自媚，窥镜自怜。"

清·杨掌生《京尘杂录·长安看花记》："江潭憔悴，顾影自怜。"

清·余怀《板桥杂记·丽品》："科亦顾影自怜，矜其容色，高其声价，不屑一切，卒为一词林所窘辱。"

清·魏秀仁《花月痕·第九回》："奈秋痕终是顾影自怜！甚至一屋子人，

酒酣烛池，哗笑杂沓，他忽然淌下泪来。"

近现代·聂绀弩《论时局》："但她究竟是山谷间少有的姿色，故搔首弄姿，顾影自怜，并不为舆论所左右。"

当代·王以仁《流浪》："眼眶中不知不觉的有些润湿起来，便独自顾影自怜地叹了一口气。"

📑 顾形影

唐·卢纶《春日卧病示赵季黄（时陷在贼中）》："今日支离顾形影，向君凡在几重恩。"

> **注**：此处形容自己孤身一人的悲伤之情。

唐·佚名《庐山女赠朱朴·鲤鱼》："任是怀礼容，无人顾形影。"

> **注**：此处是形容无人相伴的落寞之情。

宋·薛季宣《中秋对月戏呈觅举诸兄》："跳掷回旋顾形影，生儿往往皆毛颖。"

> **注**：此处指顾盼自己的身影。

元·薛汉《送牟伯厚还雪》："低回守缯网，自顾形影单。"

> **注**：此处形容送别友人后的怅然心情。

明·李攀龙《悲歌》："中夜顾形影，泣下沾衣裳。"

> **注**：此处形容自己环顾家中，形单影只而潸然泪下。

明末清初·钱谦益《赠归元恭八十二韵戏效元恭体》："怦怦顾形影，刺刺忌僮婢。"

清·许诵珠《薄悻 秋闺漏永，顾影凄然，涉笔成章，封题寄远》："镜中顾形影，凄红韇黛，丰姿憔悴难回首。"

> **注**：以上两例中，皆指对镜自照。

清·黄景仁《月下杂感·其一》："倾城顾形影，壮士抚头颅。"

> 注：上下两句互文，指佳人顾看自己的身影。

清·黄景仁《雨中入山访曹以南二首·其二》："归鸟刷倦羽，相与顾形影。"

> 注：此处形容鸟儿互相对看的温馨情景。

📚 顾影

南北朝·范泰《鸾鸟诗》："明镜悬高堂，顾影悲同契。"

> 注：此处形容失去伴侣独自望明镜的哀伤与悲痛。

南北朝·萧纲《咏独舞诗》："因羞强正钗，顾影时回袂。"

> 注：此处形容舞者舞蹈时的动作柔美迅速。

南北朝·谢朓《和王长史卧病诗》："顾影惭骍服，载笔旅江沱。"

> 注：此处是指看自己身上的衣服。

唐·王维《冬夜书怀》："汉家方尚少，顾影惭朝谒。"

> 注：此处指作者看自己年老身影，抒发仕途失意的怅惋。

唐·刘长卿《江州重别薛六柳八二员外》："寄身且喜沧洲近，顾影无如白发何。"

> 注：此处指对着明镜来回照影。

唐·卢纶《新移北厅因贻同院诸公兼呈畅博士》："华轩迩台座，顾影忝时伦。"

> 注：此处指作者看自己的身影。

唐·元稹《三叹·其二》："顾影不自暖，寄尔蟠桃鸡。"

> 注：此处指作者环顾自身。

五代·冯延巳《菩萨蛮·其八》："顾影约流萍，楚歌娇未成。"

> **注**：此处指佳人回头望江面上的倒影。

唐·李白《江夏送友人》："裴回相顾影，泪下汉江流。"

> **注**：此处指回头看，形容不愿离别的不舍之情。

唐·戴叔伦《孤鸿篇》："顾影明月下，哀鸣声正悲。"

> **注**：此处是形容失去伴侣的孤鸿的悲痛之情。

唐·张祜《琴曲歌辞·雉朝飞操》："朝阳陇东泛暖景，双啄双飞双顾影。"

> **注**：此处指双飞燕互相爱恋双宿双飞的样子。

唐·李建勋《白雁》："边风昨夜起，顾影空哀咽。"

> **注**：此处形容失去伴侣的白雁的凄苦之情。

唐·杜甫《骢马行》："雄姿逸态何崷崒，顾影骄嘶自矜宠。"

> **注**：此处指马儿不时低头看自己，形容骢马的自傲。

唐·梁锽《狷氏子》："含声歌扉举，顾影舞腰回。"

> **注**：此处指舞女低头看影子，形容其舞姿神态。

唐·韩愈《朝归》："顾影听其声，颒颜汗渐背。"

> **注**：此处是指看见来人的身影。

宋·吴元可《采桑子·春夜》："清宵欲寐还无寐，顾影颦眉，整带心思。"

> **注**：此处是指月夜下看见自己孤身一人深感寂寞的样子。

宋·张惠卿《题常山店壁》："一灯明复暗，顾影不成双。"

> **注**：此处指看见灯下自己一人的影子，不免生出寂寥之情。

宋·刘学箕《春夜对月弹琴有怀》："栏杆浩叹三顾影，有酒有酒谁
与斟。"

> **注**：此处是低头看月影。

宋·吴泳《八月十四夜神泉官满再别同官》："旅雁无俦顾影单，明朝且
向龙岩去。"

> **注**：此处是以旅雁形容自己孤身一人别友人的伤感。

第四节　长袖舞

一、典出

"长袖舞"，典出宋玉《舞赋》："罗衣从风，长袖交横。"

二、简释

罗衣：用轻软的丝织品做成的衣服。原文大意：轻柔的罗衣，随着风飘起，长长的袖子，不时左右交横，飞舞浮动。这里是形容舞者衣袂翻飞，舞姿灵动。

三、变体（或不同典形）

衣袂飘飘、长袖翩跹、罗袖舞

四、历代引用与释义

📚 长袖舞

唐·刘希夷《春女行》："纤腰弄明月，长袖舞春风。"

> 注：此处指佳人舞蹈时的曼妙姿态。

宋·柳永《思归乐·林钟商》："皓齿善歌长袖舞。渐引入、醉乡深处。"

> 注：此处指佳人舞蹈时的秀美身姿。

宋·张先《凤栖梧·小石调》："红翠斗为长袖舞。香檀拍过惊鸿翥。"

> 注：此处指舞女们跳舞的轻盈姿态。

宋·赵磻老《南柯子·和洪丞相约赏荷花》："要令长袖舞胡靴席。须是檐头新霁、鹊查查。"

> **注**：此处指舞女伴舞的场面。

宋·杨冠卿《秋怀十首微云淡河汉疏雨滴梧桐为韵》："墨数食指多，坐羞长袖舞。"

> **注**：此处指诗人自惭而挥动衣袖掩面。

宋·黄庭坚《次韵几复和答所寄》："地褊未堪长袖舞，夜寒空对短檠灯。"

> **注**：此处指诗人伸展衣袖。

宋·释绍昙《颂古五十五首·其一》："浊酒松醪吃两钟，醉拖长袖舞春风。"

> **注**：此处指诗人醉酒舞动衣袖。

宋·毛滂《上林内翰二首·其二》："短褐风霜可奈何，懒求长袖舞阳阿。"

> **注**：此处指舞女跳阳阿曲之舞。

元·元好问《江城子·醉来长袖舞鸡鸣》："醉来长袖舞鸡鸣，短歌行，壮心惊。"

> **注**：此处指作者喝醉仍能像刘琨他们那样长袖舞动，闻鸡起舞。

元·元好问《鹧鸪天》："长袖舞，抗音歌。月明人影两婆娑。"

> **注**：此处指舞女跳舞奏乐的场景。

元·叶颙《野客清欢三首·其一》："醉来长袖舞，兴动短琴弹。"

> **注**：此处指诗人和客人歌舞相和的场景。

元·方回《赠笔工冯应科》："多钱而贾长袖舞，工良器利贵相得。"

> **注**：此处是化用"长袖善舞，多钱善贾"。

明·徐熥《赠歌姬爱卿十二韵》："娇喉歌自啭，长袖舞偏宜。"

> **注**：此处指舞女舞姿曼妙。

清·姚燮《杨山人铸作画梅仙歌见赠诗以答之》："虚空不碍长袖舞，花底波涛走风雨。"

> **注**：此处形容梅仙翩跹起舞的样子。

📚 衣袂飘飘

宋·高翥《三峡桥》："客子倚栏思羽化，未仙衣袂已飘飘。"

> **注**：此处指衣衫随风飘舞飞扬，形容客子轻盈潇洒的样子。

元·叶颙《疏斋清乐》："衣袂飘飘羽扇轻，草庐潇洒兴怀清。"

> **注**：此处指衣袖随风飞扬，形容其人超尘脱俗的样子。

宋·释元肇《次方蕙岩行春韵》："飘飘衣袂风云转，草草杯行笑语间。"

> **注**：此处指友人衣袖随风飘荡、轻松而惬意的样子。

宋·张元干《永遇乐·其二·为洛滨横山作》："揽浮丘、飘飘衣袂，相与似游蓬岛。"

> **注**：此处指自己衣袖随风飞扬，好似神仙。

宋·度正《送李莽之制干东归探韵得今字》："飘飘衣袂青云去，伫立东风听惠音。"

> **注**：此处指自己衣袖随风飞扬，蕴含诗人对友人前程似锦的美好祝愿。

📚 长袖翩跹

明·徐石麒《意难忘·美人舞》："长袖翩跹。惯迷云弄月，轻似秋千。"

清·邹祗谟《红林檎近·为钱山铭题琴瑟图小影》："白头绿绮，明珰长袖翩跹。"

> **注**：以上两例中的"长袖翩跹"，均指舞者衣袖随动作翻飞舞动，形容舞姿轻巧美丽。

罗袖舞

唐·纪唐夫《横吹曲辞·骢马曲》："今日虏平将换妾，不如罗袖舞春风。"

> **注**：此处代指盛世太平。

元·宋褧《都城杂咏·其四》："罗袖舞低杨柳月，玉笙吹绽牡丹花。"

> **注**：此处指舞女的舞姿动人。

第五节　逸态横生

一、典出

"逸态横生"，典出宋玉《舞赋》："逸态横出，瑰姿谲起。"

二、简释

轶态：又作逸态；横出：层出不穷。飘逸的情态，洋溢腾出。原文大意：超逸的姿态交相出现，瑰丽的姿容又各有各的特质。

三、变体（或不同典形）

逸态

四、历代引用与释义

📚 逸态横生

南北朝·庾信《赵国公集序》："发言为论，下笔成章，逸态横生，新情振起。"

> 注：此处形容文章清新美妙。

清·洪昇《长生殿·第十六出》："妙哉，舞也！逸态横生，浓姿百出。"

> 注：此处形容舞女清新美妙的姿态洋溢而出。

清·朱彝尊《甘泉汉瓦歌为候官林（侗）赋》："长生未央字当中，逸态横生恣涂写。"

> 注：此处形容文章颇具情致，清新隽永。

清·周亮工《〈金陵览古〉序》:"新情振起,逸态横生,展诵未终,感慨系之!"

> **注**:此处形容文章清新雅致。

逸态

唐·武平一《杂曲歌辞·妾薄命》:"绰约多逸态,轻盈不自持。"

> **注**:此处指佳人清秀美丽的姿态。

宋·赵佶《腊梅山禽图》:"山禽矜逸态,梅粉弄轻柔。"

> **注**:此处形容山禽灵活的动作。

第六节 华袿

一、典出

"华袿"，典出宋玉《舞赋》："珠翠的砾而照耀兮，华袿飞髾而杂纤罗。"

二、简释

袿：古代妇女所穿的华丽的衣服。髾：古时妇女上衣的装饰，形如燕尾。原文大意：佩戴的珠宝翡翠闪烁耀眼，华贵的上衣和衣饰飘飞，其中还混着精致的绫罗。

三、历代引用与释义

📚 华袿

明·李梦阳《白纻词三首·其一》："镫繁月明夜何长，华袿凤髾曳鸣珰。"

> 注：此处代指佳人。

明·张时彻《行路难》："饮君蒲萄琥珀之美酒，服以华袿绣结之衣裳。"

> 注：指华丽的衣服。

清·毛正学《叶已畦招集二弃草堂用昌黎醉赠张秘书韵》："但知逐淫哇，不解谢膻荤。相将飏华袿，无复曳缟裙。"

清·唐孙华《同宋药州太史登滕王阁》："忆昔骄王盛意气，临风歌舞飘华袿。"

> 注：以上两例中，"华袿"形容王侯将相意气风发的华贵样貌。

清·申涵光《邯郸行》："亦不见垆边倡，华裾凤髻明月珰。"

注：此处形容卓文君衣饰华美。

第七节　蛾　飞

一、典出

"蛾飞"，典出宋玉《舞赋》："纤縠蛾飞，纷焱若绝。"

二、简释

蛾飞：像蛾子在飞舞，形容舞姿轻快。纷：众多貌。焱：焱风，此泛指风。绝：断。原文大意：轻纱做成的衣服，像蛾子在那里飞扬，飘飘然好像要飘走一样。

三、历代引用与释义

📚 **蛾飞**

南北朝·周南《晚妆诗》："拂黛双蛾飞，调脂艳桃发。"

> **注**：此处形容像蛾翅一样的眉毛。

南北朝·吴均《和萧洗马子显古意诗六首·其一》："花舞依长簿，蛾飞爱绿潭。无由报君信，流涕向春蚕。"

南北朝·江淹《悼室人诗十首·其六》："凉霭漂虚座，清香荡空琴。蜻引知寂寥，蛾飞测幽阴。"

元·长筌子彤《鹧鸪天·冬》："彤云掺粉蛾飞舞，柳絮随风蝶往还。"

> **注**：以上三例中，"蛾飞"均指蛾子飞舞的样子。

明·袁华《彩燕》："晓倩婵娟红缕系，春迎倭堕翠蛾飞。"

> **注**：此处指蛾翅一样的眉毛。

清·罗绕典《留坝道中见桑》："叶坠行篮轻，枝攀罗袖窄。入簇蚕堆红，剪纸蛾飞白。"

五、附注

南朝梁萧统编《文选》卷十七收有一篇九百三十三字的《舞赋》，题为傅毅作。而唐代欧阳询编《艺文类聚》卷四十三《乐部三·舞》引后汉傅毅《舞赋》，共二百六十三字，则系摘录《文选》所收傅毅《舞赋》。《艺文类聚》所载傅毅《舞赋》与《古文苑》所载宋玉《舞赋》只有个别字句不同。因此宋章樵注释《古文苑》时，在此篇末尾作注说："傅毅《舞赋》，《文选》已载全文，唐人欧阳询简节其词，编之《艺文类聚》，即此篇是也。后之好事者以前有楚襄、宋玉相唯诺之词，遂指为玉所作，其实非也。"但问题似乎又没有这样简单。因为《古文苑》卷二所载《宋玉赋六首》，包括《笛赋》《大言赋》《小言赋》《讽赋》《钓赋》《舞赋》。据谭家健、朱碧莲、高秋凤三位先生考证，其中的《笛赋》《大言赋》《小言赋》《讽赋》《钓赋》确是宋玉赋。既然《古文苑》所载六篇宋玉赋有五篇不伪，那么《舞赋》一篇是伪作可能性便不大。更重要的是，此篇的语气、结构、风格确实和宋玉其他赋的风格相同。许多学者往往指摘《古文苑》将《舞赋》作者张冠李戴，但事实上也不能排除是《文选》将《舞赋》的作者弄错了。因此，对于《古文苑》所载《舞赋》的作者，我们暂以存疑为好。方铭教授对此有很精辟的见解。[①]他说："《古文苑》有宋玉《舞赋》一篇，此篇又见于《文选》卷十七以及《艺文类聚》卷四十三，所不同者是署名为傅毅，而《文选》中所载比《古文苑》所载铺张，《古文苑》以《舞赋》为宋玉之作，或有依据，而推测《古文苑》所载之宋玉《舞赋》，乃宋玉原有《舞赋》传世，由傅毅代为铺张逸出宋玉原作得来；或者《舞赋》即为宋玉所作，实皆难考，仍存而不论。"他还指出："前人怀疑《古文苑》诸宋玉赋，甚于怀疑《文选》诸宋玉赋，其原因是人们怀疑《古文苑》本身的可靠性。按《古文苑》二十一卷，

---

① 方铭:《战国文学史》，武汉出版社，1996，第417页。

所载自周秦而迄南齐，凡二百六十余首。《四库全书总目提要》谓该书所选'皆史传文选所不载，然所录汉魏诗文多从《艺文类聚》《初学记》删节之本，石鼓文亦与近本相同，其真伪盖莫得明也。'实则怀疑该书的可靠性是没有道理的，因为史传、文选所选载，不当包括一人的全部著作；而编辑者要捏造《古文苑》所造之文，岂非需要一个轰轰烈烈的造假运动？而如此伪托前人，目的又是为什么呢？这都是匪夷所思之事。在没有确切证据之前，对像《古文苑》这样现今存世的辑本，不可以轻下否定之结论，才是科学的态度。"① 郑良树先生也据南北朝以前文人学者明白言及宋玉《高唐赋》《神女赋》《舞赋》，认为："当时宋玉确有此等赋作，则可以断言。"② 当然，很多学者仍认为《古文苑》所收宋玉《舞赋》系傅毅《舞赋》的摘录，它的作者是傅毅而不是宋玉。台湾高秋凤女士所撰《宋玉作品真伪考》的第三章第五节《〈舞赋〉真伪考》，对此种观点做了进一步论证和发挥，也值得我们重视。③

---

① 方铭：《战国文学史》，武汉出版社，1996，第 415—416 页。
② 郑良树：《论〈宋玉集〉》，《文献》1995 年第 4 期，第 20 页。
③ 高秋凤：《宋玉作品真伪考》，文津出版社有限公司（台湾），1999，第 370—384 页。

第十章　大言赋

《大言赋》简介

　　《大言赋》录自《古文苑》第二卷《宋玉赋六首》其二。此赋过去很多学者定为伪作，近年来经汤漳平、谭家健、李学勤、郑良树、高秋凤、罗漫、方铭、廖名春等八位专家精心考证，可以肯定是宋玉的作品。朱碧莲先生原先认为《大言赋》不似宋玉所作，但后来改变了看法，也主张《大言赋》为宋玉所作。此赋描写的是楚襄王与唐勒、景差、宋玉比说大话。楚襄王的话霸气；唐勒的话豪气；景差的话很形象，但很怪；而宋玉的话有包举宇内之意、并吞八荒之心，特别符合君王的口味。《大言赋》不直接描写壮士的形象、力量，而只间接描写那把倚天长剑，更加耐人寻味，此赋和《小言赋》是姊妹篇，都没有什么深意，是宋玉的游戏之作，是作为文学侍从的宋玉为了博得襄王欢心而创作的娱乐文学作品。

第一节　倚天长剑

一、典出

"倚天长剑"，典出宋玉《大言赋》："楚襄王与唐勒、景差、宋玉游于阳云之台。王曰：'能为寡人大言者上座。'……宋玉曰：'方地为车，圆天为盖，长剑耿介，倚天之外。'"

二、简释

宋玉在《大言赋》中，形容人极高大，宝剑极长，须倚天才能挥出，刻画了巨人的形象，他手持光芒闪耀的长剑，倚在天边。后以此典形容志气或才气豪迈纵横，凌绝世间。

三、变体（或不同典形）

倚天剑、倚剑、长剑倚昆仑

四、历代引用与释义

📚倚天长剑

唐·皎然《周长史昉画毗沙门天王歌》："降魔大戟缩在手，倚天长剑横诸绅。"

唐·李白《司马将军歌》："手中电曳（又作击）倚天剑，直斩长鲸海水开。"

唐·杨巨源《述旧纪勋寄太原李光颜侍中二首》："河源收地心犹壮，笑向天西万里霜。倚天长剑截云孤，报国纵横见丈夫。"

唐·贯休《少监三首》："倚天长剑看无敌，绕树号猿已应弦。"

宋·晁冲之《夷门行赠秦夷仲》："京兆知名不改捕，倚天长剑着崆峒。"

宋·白玉蟾《呈万庵十章·火候》："无位真人炼大丹，倚天长剑逼人寒。"

宋·何麒《岩下观瀑旦晚异状子文有诗辄次其韵》："更将七字写亭午，倚天长剑拖芒锋。"

宋·廖行之《水调歌头·其七·寿武公望》："平生壮志，凛凛长剑倚天门。"

宋·姚勉《代谒张别驾·其二》："放浪江湖已几年，袖携长剑倚天边。"

宋·张纲《次韵伯寿述怀》："倚天长剑君休问，腐肉当前亦敛铓。"

宋·李曾伯《沁园春·其六·壬寅饯余宣谕入蜀》："画舸呼风，长剑倚天，壮哉此行。"

宋·晁补之《赠金堤刘承制景文》："长剑堪倚天，语大世莫酬。"

宋·晁补之《和关彦远秋风吹我衣》："吞若云梦者八九，长剑耿介倚天外。"

宋·杨冠卿《水调歌头·前调·次吴斗南登云海亭》："长剑倚天外，功业镜频看。"

宋·汪莘《夜兴》："倚天长剑为谁收，欲献君王镇九州。"

宋·苏辙《游庐山山阳七咏·其一·开先瀑布》："入海明河惊照曜，倚天长剑失提携。"

宋·胡楚材《仙池岩》："一道翠微间，长剑倚天净。"

宋·辛弃疾《水龙吟·其一·过南剑双溪楼》："举头西北浮云，倚天万里须长剑。"

宋·辛弃疾《水调歌头·其六·送杨民瞻》："长剑倚天谁问，夷甫诸人堪笑，西北有神州。"

宋·释克勤《偈五十三首·其十五》："直饶释迦弥勒，不敢当头着眼。倚天长剑，凛凛神威。"

宋·释克勤《偈五十三首·其四十四》："理绝，事绝，行绝，照绝，用绝，权绝，实绝，直似倚天长剑，凛凛神威，铁牛之机，牢笼不住。"

宋·释心月《东林彻长老请赞》："倚天长剑用还磨，分付明岩彻长老。"

宋·释正觉《赞芙蓉师祖真》："据令兮长剑倚天，应机兮明珠在掌。"

宋·释重显《再酬》："倚天长剑如重战，更有龙头复是谁。"

宋·释重显《送廷利禅者》："利禅者，利禅者，倚天长剑应牢把。"

宋·释重显《僧问四宾主因而有颂颂之·其八》："长剑倚天，谁敢当御。"

宋·韩元吉《毛平仲挽词二首·其二》："倚天长剑在，欲挂漫兴悲。"

宋·韩元吉《念奴娇·其二·再用韵答韩子师》："倚天长剑，夜寒光透银阙。"

宋·释慧开《偈颂八十七首·其八》："静闹掀翻行正令，倚天长剑逼人寒。"

宋·释可湘《偈颂一百零九首·其四十二》："长剑倚天，寒光焰焰。"

宋·韩淲《送顾丞赴张军师辟书》："倚天长剑在，谈笑即公侯。"

元·元好问《岐阳三首·其三》："三十六峰长剑在，倚天仙掌惜空闲。"

元·元好问《送奉先从军》："卷月清笳渭城晓，倚天长剑蜀山苍。"

元·元好问《范宽秦川图》："紫髯落落西溪君，长剑倚天冠切云，望之见之不可亲。"

元·元好问《双峰竞秀图为参政杨侍郎赋》："安得北风吹雨去，倚天长剑看峥嵘。"

元·元好问《此日不足惜》："倚天长剑插少室，颇欲四海皆东湖。"

元·刘因《游郎山》："长剑倚天立，皎洁莹鹏鹈。"

元·李源道《虎丘剑池》："倚天长剑斫山破，劈石对峙寒潭清。"

元末明初·汪广洋《答友人军中诗韵·其三》："倚天长剑砍祆星，排斥风云气愈精。"

明·周瑛《吊陈方伯辞》："长剑倚天兮殒于中宵，河汉凄凉兮斗牛寂寥。"

明·孙绪《寄乔太宰四首·其四》："长剑倚天外，永夜蛟龙吟。"

明·屠达《拜木兰祠》："十年长剑倚天外，一日红妆拜膝前。"

明·于慎行《奉寄李北山先生四首·其一》："倚天长剑在，犹觉气成虹。"

明·区越《元宵》："长剑倚天空耿介，鳌山出海亦嵯嵯。"

明·唐寅《无题》："长剑倚天磨十载，东君为我且重开。"

明·夏煜《读宋太史潜溪集》："大弨射日孰能彍，长剑倚天谁敢斫。"

明·张元祯《挽少司空南平罗宏毅》："倚天长剑落谁手，斗间紫气光芒斜。"

明·张弼《送丘一诚省亲之京》："照雪短檠那可弃，倚天长剑正须磨。"

明·张弼《怀天骏第二首·其二》："倚天长剑重须磨，越砥鹅膏今若何。"

明·彭睿埥《送同人周藻思从龚舍人含五太史入都门》："倚天长剑截云孤，盖世雄心半有无。"

明·徐有为《上凌军门大征德庆两山平》："帷设曾分阃外忧，倚天长剑定遐陬。"

明·徐溥《送王民望擢河南少参》："长剑倚天酬壮志，疏钟落月动离情。"

明·李麟《湖南书屋为太宰李公作》："长剑倚天人境寂，绝弦流水夜窗闲。"

明·释宗泐《赠郭子庄之南昌》："近水高城江势转，倚天长剑斗光摇。"

明·韩雍《忆秋谷柬其高徒陈绍祯》："出岫孤云裛晴昼，倚天长剑凌清秋。"

明·林俊《登黄鹤楼》："醉击珊瑚抚长剑，倚天孤啸一峰横。"

明·王希文《勉门人胡廷兰》："跃冶黄金须百炼，倚天长剑用霜磨。"

明·胡直《咏怀》："长剑倚天外，耿耿飞英芒。"

明·林大春《读陈郎中赠诗和答》："忽看长剑倚天愁，坐读新诗满院幽。"

明·林大春《生辰在途其夜梦长剑耿耿倚天外之句晓起因足成之》："长剑耿耿倚天外，疏星脉脉傍河明。"

明·胡应麟《哭苏学使君禹十八韵》："划地雕戈红日驻，倚天长剑白虹飘。"

明·毕自严《送李懋明中丞擢少司马兼归省亲二律·其二》："落日片帆

彭蠡泽，倚天长剑豫章城。"

明·苏葵《漫书答陈学之地曹二首·其一》："世事南公石上松，倚天长剑漫藏锋。"

明·苏葵《江上行和答周廷瑞别驾》："长剑倚天外，此志宁容衰。"

明·谢元汴《赋得揽察草木犹未得示诸子五首·其三》："龙比负尸徒往事，倚天长剑客星孤。"

明·邓云霄《今昔行赠叶紫虚社兄南归》："君归仍坐白云窝，倚天长剑还再磨。"

明·释函是《答梁同庵叠前韵》："挥空长剑倚天青，万里无云月在庭。"

明·饶建第《忠说凝岚》："倚天长剑有吴钩，欲向山灵乞胜游。"

明·邝露《浮海（时南都已失）》："孤楂与客曾通汉，长剑怀人更倚天。"

明·李寄《晚下三峰》："长剑倚天外，此语善品题。"

清·丘逢甲《鲇浦喜晤萧伯瑶夜话》："长剑倚天悲未遇，流布人间剩诗句。"

清·丘逢甲《题菽园看云图》："平生长剑空倚天，未能划断云连绵。"

清·丘逢甲《以摄影法成澹定村心太平草庐图，张六士为题长句，次其韵》："此间山水清雄良足寄怀抱，且收倚天长剑韬神锋。"

清·吴藻《水调歌头·孙子勤看剑引杯图，云林姊属题》："长剑倚天外，白眼举觞空。"

清·孙德祖《古诗一首呈张孝达师》："毋使散作蚩尤芒，范大千界铸成倚天长剑，先刳吞月痴蟆肠。"

清·张罗澄《纪韩事三首·其二》："短衣迹绝无行地，长剑秋莹经倚天。"

清·张问安《筒车》："安得驾双轮，长剑倚天外。"

清·洪亮吉《满江红·谭子受英雄儿女图》："只亘亘、倚天长剑，势将离鞘。"

清·胡承珙《雁来红》："三年长剑倚天东，手种扶桑映日红。"

清·丁子复《水调歌头·西台吊谢翱》："剩有倚天长剑，分付平生知己，未便死前休。"

清·洪繻《欲辟荒榛感作》:"须扬长剑倚天外,神奸巨憝供削剿。"

清·黄毓祺《剑门》:"长剑倚天外,此是试剑石。"

清末近代·陈匪石《龙山会·水堂与傅君剑话旧》:"倚天长剑在,明镜里、添了霜丝盈把。"

清末民初·冯煦《金缕曲·其一·题次珊前辈日照楼饯别图,用瞿盦前辈均》:"苍狗白衣经几变,更倚天、长剑商歌阕。"

清·樊增祥《西江月·其六·得新疆抚部书却寄》:"崆峒长剑倚天高。惆怅玉关人老。"

清末近代·祝廷华《赠要塞司令杨春圃先生允华七古一章》:"倚天长剑久低昂,誓殄鲸鲵泄吾愤。"

清末近代·赵熙《北山诗三十八首·其四》:"独立倚天长剑在,便从左股割蓬莱。"

清末近代·赵熙《满庭芳·得哲生欧洲来书》:"倚天长剑,伸足踏全球。"

清末民初·冯骧《剑门关》:"又闻邓艾度阴平,倚天长剑终无着。"

近现代·李冰若《城南纵步七首·其二》:"长念汉家飞将烈,倚天长剑逐匈奴。"

近现代·詹安泰《壶中天慢·兵火连天乡音沈滞分寄渝沪诸友》:"咽月凉箫,倚天长剑,去住真难碻。"

近现代·连横《剑潭》:"且提长剑倚天啸,他日屠龙大海东。"

当代·胡乔木《沁园春·杭州感事》:"谁共我,舞倚天长剑,扫此荒唐。"

当代·胡惠溥《昨宵灯弥瑰丽,纂珠连璧,盖有非常之观焉。易曰,几者动之,微诗以问之·其四·客纳溪,时退职泸州二中》:"倚天掷长剑,换此日沉醉。"

当代·王翼奇《水龙吟·望中虎垒鹏湾》:"气寒西北,神州长剑,倚天万里。"

📑 倚天剑

唐·陆龟蒙《袭美先辈以龟蒙所献五百言既蒙见和复示荣唱》:"虽非倚

天剑，亦是囊中锥。"

唐·张乔《华山》："谁将倚天剑，削出倚天峰。"

唐·皮日休《吴中苦雨因书一百韵寄鲁望》："直拔倚天剑，又建横海纛。"

唐·贯休《上顾大夫》："谁云倚天剑，含霜在怀抱。"

唐·来鹄《题庐山双剑峰》："倚天双剑古今闲，三尺高于四面山。"

唐·吴筠《建业怀古》："安得倚天剑，斩兹横海鳞。"

唐·李白《司马将军歌·代陇上健儿陈安》："手中电击倚天剑，直斩长鲸海水开。"

唐·李白《临江王节士歌》："安得倚天剑，跨海斩长鲸。"

唐·李白《留别贾舍人至二首》："拂拭倚天剑，西登岳阳楼。"

唐·白居易《自蜀江至洞庭湖口，有感而作》："手提倚天剑，重来亲指画。"

唐·元稹·《送东川马逢侍御使回十韵》："词锋倚天剑，学海驾云涛。"

唐·陈陶《赠江西周大夫》(一作《赠周太史》)："三朝倚天剑，十万浮云骑。"

宋·姜遵《剑门关》："极目双峰剑倚天，重门因设据高山。"

宋·程公许《剑门》："谁遣五丁通蜀险，擘开双剑倚天长。"

宋·陆游《泛三江海浦》："醉斩长鲸倚天剑，笑凌骇浪济川舟。"

元·元好问《水调歌头·长源被放，西归长安，过予内乡》："丈夫儿，倚天剑，切云冠。"

📚倚剑

南北朝·江淹《杂体诗三十首·其二十九·鲍参军昭戎行》："息徒税征驾，倚剑临八荒。"

唐·□钊《沙门崇惠登刀梯歌》："百尺凌空倚剑梯，千峰回拔接天霓。"

唐·刘长卿《旅次丹阳郡遇康侍御宣慰召募兼别岑单父》："倚剑看太白，洗兵临海门。"

唐·刘长卿《疲兵篇》："自矜倚剑气凌云，却笑闻笳泪如雨。"

唐·刘长卿《从军行六首·其三》："倚剑白日暮，望乡登戍楼。"

唐·卢照邻《中和乐九章·歌东军第三》："横戈碣石，倚剑浮津。"

唐·李白《古风·其五十四》："倚剑登高台，悠悠送春目。"

唐·李白《登邯郸洪波台置酒观发兵》："观兵洪波台，倚剑望玉关。"

唐·李白《郢门秋怀》："倚剑增浩叹，扪襟还自怜。"

唐·李白《发白马》："倚剑登燕然，边峰列嵯峨。"

唐·李益《盐州过胡儿饮马泉》："几处吹笳明月夜，何人倚剑白云天。"

唐·李咸用《庐山》："峰奇寒倚剑，泉曲旋如盆。"

唐·李贺《句》："倚剑登高台，悠悠送春目。"

唐·杜甫《寄司马山人十二韵》："悬旌要路口，倚剑短亭中。"

唐·杜甫《哭王彭州抡》："蛟龙缠倚剑，鸾凤夹吹箫。"

唐·胡曾《咏史诗·垓下》："拔山力尽霸图隳，倚剑空歌不逝骓。"

唐·许浑《长安岁暮》："独望天门倚剑歌，干时无计老关河。"

唐·高适《送董判官》："逢君说行迈，倚剑别交亲。"

唐·高适《塞上》："倚剑欲谁语，关（一作'山'）河空郁纡。"

唐·高适《淇上酬薛三据兼寄郭少府微》："倚剑对风尘，慨然思卫霍。"

唐·高适《古大梁行》："暮天摇落伤怀抱，倚剑悲歌对秋草。"

宋·刘敞《阴山》："悲歌愁倚剑，侧步怯扶绳。"

宋·卢襄《雍丘歌》："胡儿倚剑摩崆峒，范阳兵火烧天红。"

宋·王称《送陈贡士》："五侯少知己，倚剑思平原。"

宋·王称《行路难》："倚剑且勿叹，听我《行路难》。"

宋·崔敦礼《太白远游》："将倚剑乎天外兮，欲挂弓于扶桑。"

宋·宗泽《葬妻京岘山结庐龙目湖上》："一对龙湖青眼开，乾坤倚剑独徘徊。"

宋·廖刚《重九书怀》："倚剑长吟楼阁暮，淡烟寒月不胜秋。"

宋·孙应时《送虞仲房赴潼川漕·其二》："平沙八阵在，倚剑夕阳看。"

宋·戴复古《客自邵武来言王野使君平寇·其一》："扁舟载母去，倚剑到天明。"

宋·李弥逊《过留侯庙》："倚剑悬弓默运筹，终令敌国寝戈矛。"

宋·白玉蟾《舒啸》："倚剑呼黄鹤，遽然发长啸。"

宋·范成大《次韵知郡安抚九日南楼宴集三首·其三》："锵金绝世诗情妙，倚剑凌空隶墨鲜。"

宋·葛长庚《贺新郎·其十七·游西湖》："倚剑西湖道。望弥漫、苍葭绿苇，翠芜青草。"

宋·薛田《成都书事百韵》："倚剑灵关凌绝顶，梦刀孤垒削危巅。"

宋·赵希䂀《春莫》："壮心不逐流年去，倚剑青天发浩歌。"

宋·于石《有虎行》："倚剑睨天三太息，弱肉强食今何时。"

宋末元初·林景熙《读文山集》："书生倚剑歌激烈，万窍松声助幽咽。"

金·王元粹《寿李长源》："听诗未觉秦川远，倚剑长怀晋水清。"

元·元好问《横波亭为青口帅赋》："倚剑长歌一杯酒，浮云西北是神州。"

元·张养浩《游华不注》："翠刃刺云天倚剑，白头归第日挥金。"

元·张翥《潼关失守哭参政舒噜杰存道》："北风吹尽英雄泪，倚剑悲歌一怆魂。"

元·范梈《和柳提学赠危太朴》："绝域尚怀身倚剑，深居曾梦手持环。"

元·郝经《秋兴五首·其四》："拘云琢句鬼神泣，倚剑长歌天地愁。"

元·萨都刺《赓眠字韵》："孤臣泣血紫塞外，壮士倚剑青云边。"

元·许恕《戏马台怀古》："缅怀彭城公，倚剑一慷慨。"

元·陈宜甫《闻鸡》："度关人已远，倚剑夜初分。"

元·倪瓒《赋宜远楼》："若为倚剑崆峒外，回望齐州九点烟。"

元末明初·刘崧《送省掾刘宗弼之岭南买官马》："倚剑看明月，停杯问故乡。"

元末明初·刘崧《游武山》："仙客不归尘世换，为君倚剑望蓬瀛。"

元末明初·刘炳《壶中天慢·感怀》："抗节登车，悲歌倚剑，太华青如粟。"

明·戴良《抵富阳宿县治作》："解鞍憩危岭，倚剑望幽壑。"

元末明初·胡奎《送张皋百户之京》："昔年倚剑医无间，披甲上马擒单于。"

元末明初·谢肃《淮海怀古》："倚剑哦前史，中阳太不情。"

元末明初·赵介《怀仙吟题玉枢经卷后》："倚剑长歌一壶酒，龙吟万壑松声寒。"

元·郭钰《和周霁海吴镇抚诗就呈李伯传明府·其三》："愁来倚剑立苍茫，谁在筹边策最良。"

元·郭钰《挽李心原征士》："蓟阙驱车远，吴山倚剑斜。"

元末明初·邓雅《题陈氏学堂山房》："倚剑丹霄近，看书白日长。"

元末明初·邓雅《次刘观澜为题群玉山房韵》："倚剑秋高看鹤舞，吹箫夜半作龙吟。"

元末明初·邓雅《沧洲秋夜对月》："乘槎万里思河汉，倚剑三更望斗牛。"

元末明初·刘绍《涿州》："倚剑事悲咤，令人忆轩皇。"

明·孙绪《嘉靖癸巳余甲子既周戏集唐句二律自寿·其一》："日暮长堤更回首，何人倚剑白云天。"

明·查焕《季秋望后一日同僚友登岱》："振衣龙峪青云湿，倚剑天门白日寒。"

明·王恽《关山月》："漠北征人齐倚剑，城南思妇独登楼。"

明·谭耀《玉皇顶》："披裘寒六月，倚剑落长虹。"

明·郑旦《夜归洱海道中》："客怀频倚剑，时事正论兵。"

明·陈炌《德符侄请为汪时勉题谢廷循山水图》："仰天倚剑发长啸，懒云堕地空重重。"

明·王谊《谪居后归访钱清陈文达相与酌酒话旧凄然有感翌日赋此却寄》："常同幕府谈棋坐，曾向辕门倚剑歌。"

明·何吾驺《送孙公子还贵州》："锋露宁缘锥处囊，青天倚剑生颜色。"

明·何瑭《追挽王户部》："玄武挂冠头正黑，青云倚剑志犹高。"

明·何瑭《癸亥杂诗八首·其八》："观国念存空倚剑，思乡魂断独登楼。"

明·严嵩《赠寇都宪赴镇》："秋城落日烽尘静，倚剑遥登万里台。"

明·何景明《旅行》："系舟南斗近，倚剑北云孤。"

明·何景明《送赵元泽之嵩明州》："一官万里何嗟叹，倚剑长歌行路言。"

明·何景明《月夜王宗哲宅赠田勤甫江西提学》："西江日落移舟入，南斗星悬倚剑看。"

明·于慎行《中贞王孙过访少岱山房酬赠二首·其一》："倚剑冲星气，停杯待月阴。"

明·于慎行《寄吴少溪宫录七十·其十七·暮春邢侍御子愿命驾过访夜谈喜赋》："色动青天看倚剑，寒生白雪坐论诗。"

明·于慎行《送业师黄东野先生左迁卫辉郡博》："三河地接太行秋，倚剑悲鸣回紫骝。"

明·于慎行《夜郎歌送贾谏议德修奉使黔中临问属夷酋长》："倚剑秋回七泽云，挂帆夜渡三湘雨。"

明·于慎行《赠于子冲大参请急南旋》："竞说请缨临瀚海，争言倚剑出昆仑。"

明·伍瑞隆《城上晚望寄龙友·其一》："凭虚渺无际，倚剑望长天。"

明·伍瑞隆《即事闲题·其四》："沙塘秋好发红莲，倚剑峰头尽日眠。"

明·佘翔《酬许希旦郑兆采陈尧勋方子韩四子赠别之作》："河梁别酒见交情，倚剑当年气不平。"

明·俞大猷《舟师》："倚剑东溟势独雄，扶桑今在指挥中。"

明·区益《解官抵家口号·其一》："四百芙蓉看倚剑，白云飞断世间情。"

明·史谨《摩尼岭》："徘徊秋风前，倚剑三叹息。"

明·叶春及《初春滕方伯支学宪招饮药洲药洲南汉离宫有池今名白莲池畔有九曜石·其五》："河汉支机远，芙蓉倚剑寒。"

明·叶春及《小岞石台》："倚剑孤城暮，登台万壑秋。"

明·叶春及《访江惟诚华林寺并赠同学诸子·其三》："倚剑昆仑近，搴帷渤澥深。"

明·叶春及《秋登大武山·其二》："哀壑莫云看倚剑，高秋落叶伴登台。"

明·吴宽《送汝行敏》："久闲池上挥毫手，未怯天边倚剑心。"

明·周子显《怀陈会斌职方》："倚剑辕门看壮士，有谁投笔觅侯封。"

明·唐濂伯《璞墩》："倚剑发浩歌，为谢桐璞墩。"

明·姚光虞《送周国雍守顺庆》："溢城月色扬舲渡，巫峡涛声倚剑看。"

明·夏良胜《送王质夫乃弟静夫归安城》："倚剑男儿易别离，壮游风味许谁知。"

明·唐顺之《三沙抱病夜坐柬默林督府》："领军韦睿本清癯，药裹常随倚剑余。"

明·宋贤《陪孙月岩道长登超然台次韵》："睇眄不可及，倚剑吟崆峒。"

明·宗臣《寄陆子》："风尘虚倚剑，日月负垂纶。"

明·宗臣《秋风》："登楼来朔雨，倚剑下胡霜。"

明·宗臣《得黄山人书》："半世行藏频倚剑，各天消息一沾缨。"

明·宗臣《伤春四首·其三》："何能遂倚剑，祇自失垂纶。"

明·宗臣《古剑篇》："江上秋风倚剑行，波涛上沸如山峙。"

明·尹台《寄西昌陈子虚人制阁》："怜余尚滞周南迹，倚剑思君日几回。"

明·尹台《壬寅元日舟中作》："投簪霄汉去朝远，倚剑江湖行路难。"

明·尹台《送全太史告省得归》："龙沙雁塞方多事，倚剑须思叱驭人。"

明·尹台《晚春高唐道中得丁中丞朱方伯书有述》："东南倚剑同孤抱，怅望空为梁甫吟。"

明·屠叔方《读外舅功德赠言有感二首·其一》："壮士由来思倚剑，浮言谁复念韬弓。"

明·庞尚鹏《谒韩范二公祠》："丰碑绿草祠前月，万树鸣飙倚剑看。"

明·庞尚鹏《简谭见日昔年以布衣远游曾上书阙下时论伟之》："飘飘文藻擅名流，倚剑胸藏五岳秋。"

明·庞尚鹏《谭永明中秋枉顾谈时事因及高堂白发感而赋此》："披襟正忆都亭梦，倚剑宁忘国士忧。"

明·张元祯《漫兴三首·其二》："倚剑登高台，纵目瞻四极。"

明·张嗣纲《雪中遇东征兵船·其二》："主恩深重何时报，空请长缨倚剑看。"

明·张弼《读乌符观碑刻无上宫访蒋晖诗四首·其一·龙山史和韵》：
"何人倚剑留孤调，夜半清光贯斗寒。"

明·张弼《南宁山行联句》："理琴鸣鹤调，倚剑发龙光。"

明·彭年《庚戌秋书事八首·其一》："北望星辰愁倚剑，南来消息愧
投竿。"

明·徐文通《岱宗》："振衣日观三秋曙，倚剑天门六月寒。"

明·徐𤊹《送人之边·其二》："满路寒霜朝倚剑，一天明月夜吹芦。"

明·方茂夫《送李与可应贡北上》："倚剑白日暮，长啸春江深。"

明·曾仕鉴《毗陵访吴太史不值》："星霜孤倚剑，风浪几维舟。"

明·朱同《次韵冯伯昂见寄·其二》："起来倚剑看青天，月光出海半
轮破。"

明·李云龙《送何大将军》："三竺芙蓉朝倚剑，六桥箫鼓夜维舟。"

明·李云龙《都督王公阅兵海上歌·其五》："将军倚剑飞艎上，却似当
年下濑还。"

明·李云龙《咏怀十首·其一》："弯弓射旄头，倚剑天山旁。"

元·吴镇《鞠歌行·其一》："倚剑望八荒，不知何故忽悲伤。"

明·李孙宸《初冬何龙友集小寓重送区启图》："扬帆冰乍合，倚剑雁
初声。"

明·李孙宸《驼山冷翠亭为伍国开赋·其一》："倚剑群峰来雪色，落霞
环翠到窗前。"

明·李孙宸《驼山冷翠亭为伍国开赋·其四》："倚剑峰头乱石蹲，烟霞
半入野人村。"

明·李孙宸《留别林少宗伯次韵二首·其二》："倚剑前途怜紫气，沾裳
何处和朱弦。"

明·李孙宸《淮上午日逢韩绪仲宗伯挈赵裕子之官南院·其一》："天边
倚剑双龙合，海畔开樽片月深。"

明·李应兰《挽弟经可》："瀛海天高遥倚剑，潞河秋冷泛归航。"

明·李时行《燕京怀友》："客愁不为食无鱼，倚剑临风叹索居。"

明·李时行《别刘吉卿》："春江二月仙帆去，倚剑看云无限情。"

明·李时勉《九日》："摘花随意看春色，倚剑长歌对酒尊。"

明·林鸿《观赵龙虎习兵》："登坛久论安边计，倚剑平临近海城。"

明·林鸿《送余司马归晋中》："沧洲旧业惊蓬断，白马流年倚剑过。"

明·梁可澜《寄怀黄寓庸仙吏》："天游倚剑闻长笑，日醉投壶听雅歌。"

明·梁有誉《燕京感怀·其四》："材官羽骑多如雨，夜夜旄头倚剑看。"

明·梁有誉《送同年张子畏使代·其一》："书生倚剑心徒切，诸将挥戈意未平。"

明·梁有誉《豫章遇时睿夫行人时奉使兹地》："海内风烟虚倚剑，江中秋色独登台。"

明·梁民相《吊厓门·其二》："中原此日妖氛静，风雨无劳倚剑看。"

明·梁民相《自临清入京道上口占·其一》："三年厌说长安道，倚剑漳河首重低。"

明·樊起龙《过东莞伯墓》："登坛结士先刑赏，倚剑观星识至尊。"

明·欧大任《超然台放歌》："登高作越吟，倚剑歌转哀。"

明·欧大章《秋夜同诸子雅集城南楼因与少芝玩月分韵得东字》："酣歌击筑心俱切，倚剑谈天气并雄。"

明·沈本初《啸台晚眺》："倚剑白云中，赋诗苍厓巅。"

明·石宝《望封龙山》："郭震志豪频倚剑，李躬望重几临雍。"

明·石宝《冬日寄雷广文》："风烟近望阻谈笑，倚剑长吟有所思。"

明·胡俨《送陈侍郎洽镇抚交址》："听笳月转青油幕，倚剑风生细柳营。"

明·陈琏《拟古十九首·其十一》："倚剑登高台，流盼青云端。"

明·薛瑄《卢溪冬夜五首·其五》："久客霜风入缊袍，壮心犹倚剑吹毛。"

明·程敏政《送俞浚之侍御赴四川宪副饬兵备于绵安》（浚之季父钦尝以兵部郎中从先公）："倚剑休歌蜀道难，提刑风采重台端。"

明·黄佐《登吴山驿楼晓望》："凭高倚剑歌回首，家在天南烟水村。"

明·王希文《和洗云厓南园步月晚归韵·其三》："倚剑看云万感生，因歌古调惹归情。"

明·杨爵《送忽百行》："倚剑无歧路，仁云有旧思。"

明·陆粲《游大西洞天》："乾坤辽阔吴楚长，倚剑青冥只翘首。"

明·谢榛《秋日即事五首·其四》："闭城山日在，倚剑野云深。"

明·谢榛《渡黄河》："倚剑嗟身事，张帆快旅情。"

明·谢榛《吊古战场》："翻然挽辔独归去，浩歌倚剑天苍凉。"

明·王渐逵《赠张可兰总兵》："有时倚剑直南斗，无事放歌临越台。"

明·王渐逵《石葵歌赠乔都阃》："醉时倚剑撑斗牛，豪来落笔窥班马。"

明·王渐逵《玉泉歌赠莫希颜锦衣》："有时走上西山巅，倚剑挂天默无语。"

明·黄廷用《塞上杂歌赠赵总制·其十二》："独上高台倚剑看，大荒风净白云间。"

明·沈炼《饮张水部园中得琴字》："秋风行倚剑，晓月坐调琴。"

明·江瓘《黄鹤楼图》："回首风光如旧观，不须倚剑惊流年。"

明·李攀龙《送张肖甫出计闽广·其二》："落日中原看倚剑，清秋大海傍登台。"

明·李攀龙《与元美登郡楼二首·其一·得秋字》："上国风尘还倚剑，中原我辈更登楼。"

明·李攀龙《杪秋登太华山绝顶·其三》："振衣瀑布青云湿，倚剑明星白日寒。"

明·陶益《闻破虏道上有怀》："当垆留去马，倚剑望征鸿。"

明·林大春《宰荔湾陈文学》："晴云金谷飞觞暮，皓月珠江倚剑寒。"

明·林大春《李山人春日别予郊居以诗画寄予作此答之》："徙鳄溪头频倚剑，眠牛陇上忆还金。"

明·林大春《塞上读霞海篇寄管涔子》："夜梦抽簪侣，秋怀倚剑篇。"

明·林大春《夏日过延平曾徐二郡伯邀游凌虚阁陪杨少府时杨谪居将乐》："清歌宛转变秦声，倚剑西临怀玉京。"

明·陈吾德《陈霞谷来顾西园送别时北上谒选》："西园地僻携琴至，北极天遥倚剑看。"

明·朱多炡《司寇临海敬所王公阅视三镇远以图说见遗赋诗二章为

报·其二》：“上谷去天低倚剑，黄河如带稳飞凫。”

明·王弘海《北上再发琼南阻寇·其二》：“罗浮东去扶桑近，红日出门倚剑看。”

明·王弘海《赠王南薰》：“握兰相对怀深旨，倚剑光芒射斗牛。”

明·李英《江州元日》：“匡岳有怀频倚剑，江湖作客即浮萍。”

明·胡应麟《送顾观察之蓟中二首·其二》：“倚剑苍龙鸣涿鹿，扬鞭白马照飞狐。”

明·胡应麟《送区用孺之楚中便道还粤》：“星动斗牛人倚剑，天垂河汉客停槎。”

明·胡应麟《张孝廉话旧作》：“历落雄心摧倚剑，蹉跎华发付沾裳。”

明·胡应麟《昆仑行送大司空朱公驰驿还豫章并呈唐太常万直指》：“酒阑倚剑心飞扬，语及前朝俱感伤。”

明·董其昌《送李伯襄太史封秦藩二首·其二》：“崆峒倚剑意如何，故里题桥载笔过。”

明·董其昌《赠尹惺麓参知阅兵海上四首·其四》：“将因倚剑崆峒后，复此投醪渤澥宽。”

明·欧必元《赵侯则苏经佐梁羲年何子玉苏平仲见过草堂分得豪字迟黄元生昆玉不至》：“尊前倚剑神偏壮，酒后分题语自豪。”

明·孙传庭《夏夜独坐》：“旁皇清不寐，倚剑看欃枪。”

明·孙传庭《送别武子·其二》：“病骨开樽懒，雄心倚剑多。”

明·孙传庭《朱抱贞参戎擢阳和协镇赋赠》：“制府政虚帷幄待，伫看倚剑落欃枪。”

明·孙传庭《秋夜不寐·其六》：“不禁倚剑生悲壮，斗下频将紫气占。”

明·卢象升《过太平驿》：“请缨岂是书生业，倚剑长吟祝太平。”

明·申佳允《连白石前辈赠鹈鸪翁诗一章后学申子偶读而壮之次其韵》：“岁寒诗句在，倚剑雪花侵。”

明·申佳允《春兴·其七》：“明光赓和阳春曲，气合双龙倚剑看。”

明·张家珍《十四夜陈晚卿聂遂公区麟子李木从蔡叶先过集濠梁小斋分赋得十四寒》：“酒阑倚剑江天迥，一夜旄头何处看。”

明·罗奕佐《双忠庙》："倚剑为君歌易水,萧萧风雨海门生。"

明·罗泰《寄林尚默》："壮怀倚剑临孤馆,归梦惊秋感露柯。"

明·苏葵《代谈时英宪副作谈湖州人也》："抱琴懒鸣弦,倚剑厌吹映。"

明·谢与思《夏日得诸君登镇海楼游浮邱二作喜而赋和·其二》："俱瞻紫气濡毫动,见说青云倚剑低。"

明·邓云霄《和苏汝载雪诗四首·其四》："窥帘同泪落,倚剑拂花残。"

明·邓云霄《登匡庐排律二十韵》："吹笙黄鹤下,倚剑赤龙翔。"

明·邓云霄《大观楼歌·壬子仲春落成,携郡邑诸公同登赋》："划长空而倚剑,蹑天山而挂弓。"

明·郑东白《七星岩》："倚剑已惊白日寒,振衣自觉青云泻。"

明·郑关《挽任本达》："临风倚剑肠堪断,月落空梁梦渐遥。"

明·郑岳《赠杨子丰尹河源》："罗浮高倚剑,越井净流厄。"

明·郑真《寄方参政文敏·其一》："月落西城人倚剑,云深东海客浮槎。"

明·释今无《周长孺过谈灯下口占贻之(时自燕还)》："云过草堂时倚剑,鸿鸣秋浦罢弹琴。"

明·钟芳《贺司马浚川王公荣满·其二》："濯足江汉中,倚剑苍冥外。"

明·陈大纶《秋夜旅怀》："凭谁为遣羁栖兴,独自悲歌倚剑雄。"

明·陈尧典《游小金山》："天边倚剑星流彩,花下裁诗鸟为催。"

明·陈履《春日邀彦吉集烟雨楼漫赋》："酒酣倚剑湖天暮,唏嘘感叹空含情。"

明·陈炅《秋兴·其一》："楼头星火依檐落,槛外云山倚剑看。"

明·陈言《送人入蜀以下集明句》："沧洲别业惊蓬断,白发流年倚剑过。"

明·陈迁《赋得乘风万里送潘惟迁丈北上》："圣主临轩访茂才,何人倚剑白云隈。"

明·陈邦彦《闻变·其十一》："朝廷可是书生责,倚剑酣歌笑尔狂。"

明·韩上桂《送人归紫帽》："将归紫帽觅真源,倚剑弹歌酒一尊。"

明·黄衷《送曹本忠出守临江》："倚剑吴天碧,吹铙楚水长。"

明·黄衷《蜀国弦》:"倚剑一夫关,驰车九折难。"

明·黎民表《送何东莞之任江宁》:"草青梦渚悬帆度,日落关门倚剑看。"

清·成鹫《送王固山裕公入觐·其一》:"拥书南面千秋业,倚剑长天万里侯。"

明末清初·陈子升《自五羊至河源得二十绝句(存八首)·其一》:"帐借江风盖借云,离情倚剑帖龙文。"

明末清初·尤侗《吊南塘》:"江陵已没二华亡,倚剑悲歌古战场。"

明末清初·屈大均《雁门关与天生送曹使君返云中四十韵》:"扬旗过广武,倚剑失崆峒。"

清·丘逢甲《客窗夜话,同王晓沧作》(己亥稿下,清光绪二十五年秋冬):"荒鸡声满野,倚剑此同听。"

清·丘逢甲《菊坡精舍作》(丙申稿,清光绪二十二年):"风尘满眼文章贱,倚剑危栏夕照黄。"

清·丘逢甲《题梅花帐额·其二》(乙未稿,清光绪二十三年):"莽莽边尘暗海南,中宵倚剑对横参。"

清·丘逢甲《雨中与季平待柳汀不至,戏寄·其三》(己亥稿上,清光绪二十五年春、夏):"精灵倘识神仙过,来听江楼倚剑歌。"

清·丘逢甲《观澜亭题壁,亭旁有庵供佛·其一》(庚子稿,清光绪二十六年):"不信狂澜回不得,西风倚剑独题诗。"

清·丘逢甲《题张生所编东莞英雄遗集》(己酉稿,清宣统元年):"手持乡土英雄史,倚剑长歌南斗旁。"

清·任举《登固原鼓楼》:"崆峒倚剑城南峙,瀚海连云塞北来。"

清·何慧生《青玉案》:"倚剑天涯偏岁暮。骊歌一曲,伤心南浦,明日知何处。"

清·何栻《九月十二日,赵次侯见招,及钱仲谦(棠)吴冠英(俊)李申兰(子寿)汪友梅(尚鑅)吴肖陶同游虞山。晚归饮仲谦墨园,赋次以记》:"徘徊倚剑立,兹山最奇处。"

清·何震彝《读元遗山集四首·其四》:"幕府空悲青口帅,擎杯倚剑看神州。"

清·全祖望《瞿将军行》："弯弓未殉沙场血，倚剑时伤国士魂。"

清·刘敦元《雨后》："碧天云散尘氛净，倚剑何人把酒看。"

清·刘梁嵩《天险阁》："白云无际疑天尽，翠巘何年倚剑开？"

清·刘淳初《秋怀》："壮志多乖愁倚剑，中原无事任衔杯。"

清·刘瑞芬《桐西阁感旧》："苏台银甲弹筝夜，梁苑金灯倚剑吟。"

清·吴敬梓《赠李俶南二十四韵》："忆昔横戈数，曾闻倚剑看。"

清·吴琪《送别》："万里从军急，孤身倚剑游。"

清·吴绮《初春友沂邀同仙裳定九诸子泛舟平山得杨字》："横琴流素征，倚剑发清商。"

清·吴绮《青山下望黄将军墓道》："倚剑空持南壁天，北来烽火照甘泉。"

清·姚鼐《郡楼寓目》："授衣霜露齐民节，倚剑江天大国郊。"

清·姚莹《感怀杂诗·其二》："东海何人匿赵岐，杜陵曾倚剑南时。"

清·姚燮《杂诗六章·其六》："倚剑兀然啸，其声远以裂。"

清·姚燮《错愕岭》："左拥刀作林，右倚剑为阁。"

清·左宗棠《拂云楼联》："积石导流趋大海；崆峒倚剑上层霄。"

清·康有为《秋登越王台》："临睨飞云横八表，岂无倚剑叹雄才！"

清·周音《读清河吴明府檄书感赋·其一》："酒酣倚剑发冲冠，道旁筑室古所患。"

清·唐际虞《书怀·其二》："大风摇坤轴，倚剑登层台。"

清·宋伯鲁《古尔图道中》："倚剑孤云晚，停轺片月清。"

清·宋永清《番社夜赋》："中原佳气凭栏望，海外星文倚剑看。"

清·张元升《赠别云间高日采二首·其一》："倚剑寒灯夜，题诗异国身。"

清·张谦宜《中卫》："倚剑崆峒外，垂纶瀚海涯。"

清·曹光升《酬郁宣夏见贻》："天畔月高时倚剑，江干秋老共呼卢。"

清·朱雅《秋日书怀》："辽海飞云人倚剑，燕山斜月客思乡。"

宋·李结《塞鼓》："谁知貂锦客，倚剑望三边。"

清·杜文澜《好事近·癸丑冬与黄子湘同从军于邘上重逢话别赋此赠之》："帐拂晓星寒，倚剑共吟晴雪。"

清·查慎行《送友人入蜀》："扬鞭倚剑出斜谷，钩栈盘云几驿过。"

清·查慎行《题王璞庵南北游诗卷》："俛今仰古气执搂，长篇倚剑顷刻成。"

清·林则徐《出嘉峪关感赋四首·其二》："塞下传笳歌敕勒，楼头倚剑接崆峒。"

清·王鸣盛《梦游岱岳歌》："振衣便觉凌紫极，倚剑真欲生飞翰。"

清·蒋深《晓行》："闻鸡莫叹客途穷，拂曙星河倚剑雄。"

清·蒋士铨《酹江月五首·其一》："松下吟诗，云中倚剑，坐看黄冠局。"

清·赵本扬《荆州怀古·其二》："倚剑来登王粲楼，楚天寥落望中收。"

清·过泽充《寄沈客子》："趋庭时会鸣琴意，倚剑常深怀古情。"

清·陈秉《渡漳河》："倚剑中原回白日，开樽上国渺苍波。"

清·顾印愚《褒斜》："攀飞未拟愁猿鸟，直上青天倚剑行。"

清·顾维钫《赠蔡斯篁》："一片青山倚剑天，往时曾此梦凌烟。"

清·顾贞观《菩萨蛮·送当如弟入秦，时客临汾》："秋空倚剑人何处。羁心远挂咸阳树。"

清·马毓林《丽江视事见年岁丰稔汉夷安恬喜赋见志·其一》："慷慨有情思倚剑，升平无事欲弹琴。"

清·魏裔介《赠伯衡周掌科》："归来倚剑啸，白云满秋屋。"

清·黄钧宰《摸鱼儿·其一·送春寄内，即答友人问讯近况》："月明空照肝膈，酒酣倚剑理头睡，梦绕清淮南北，谁诉得。"

清末民初·高野竹隐《水调歌头》："天风吹散发，倚剑啸清秋。"

清末民初·冯煦《百字令·题黄豪伯印度辨方图》："倚剑空同，乘查博望，回首成陈迹。"

清末民初·缪荃孙《萧寺养疴焚香枯坐怀人感旧得三十篇柬锦里同人兼寄都门旧友（存廿七首）·其二十》："月冷弹筝急，秋空倚剑来。"

清末民初·易顺鼎《扬州慢·鄂渚晤沈大伯华，用白石韵》："剩白月飞觞，青天倚剑，犹赚豪情。"

清末民初·梁鼎芬《梦江南》："倚剑看天云。"

清末近代·许南英《和厦门李子德原韵三首·其三》："似闻烽火滇池急，倚剑看天抱杞忧。"

清末民初·潘飞声《浪淘沙·登石门》："匹马破蛮烟。倚剑峰峦。"

近代·陈三立《雪夜咏一首》："怒海鱼龙静，谁怜倚剑看。"

近代·陈三立《侯总兵疏勒望云图·其三》："匈奴早缚降王出，曾上昆仑倚剑无。"

清末近代·郭则沄《探春·诗趣轩春禊，分得苑字》："倚剑心孤，题裙约误，搀入琼华幽怨。"

近现代·王用宾《百字令·其三》："倚剑长吟，凭鞍环顾，欲问天天醉。"

近现代·连横《登赤嵌城》："七鲲山色郁苍苍，倚剑来寻旧战场。"

近现代·连横《游鼓浪屿》："倚剑来寻小洞天，延平旧迹委荒烟。"

近现代·连横《鹿泉》："麾戈且驻乌衣国，倚剑重开赤嵌天。"

近现代·连横《咏史一百三十首·其二十八·儿岛高德》："樱花春烂熳，倚剑读题词。"

当代·徐震堮《念奴娇·用东坡居士韵，继宛春作》："倚剑空同，洗兵辽海，气作胥涛雪。"

当代·卢青山《永遇乐·成〈女儿曲〉后作》："元龙怎在，危楼倚剑？"

当代·范诗银《广武城》："浮尘流彩凭风举，残霓寒光倚剑长。"

当代·范诗银《西北望并序》："长天倚剑啸千里，破雾一鞭天山行。"

📖 长剑倚昆仑

唐·鲍溶《述德上太原严尚书绶》："军人歌无胡，长剑倚昆仑。"

明·梁有誉《怀罗浮吟》："长剑欲倚昆仑丘，深杯欲吸沧海流。"

明·郑善夫《金山纪胜》："平生爱飞动，长剑倚昆仑。"

第二节　无所容止

一、典出

"无所容止"，典出宋玉《大言赋》："玉曰：'并吞四夷，饮枯河海，跋越九州，无所容止。身大四塞，愁不可长，据地分天，迫不得仰。'"

二、简释

宋玉接着说："我吞并四夷之地，喝干河流海域里面的水，跨越九州，没有可以容身之所。身躯巨大，充盈四方边塞，发愁空间还是不够大，顶天立地，被压迫得无法抬头仰面。"

三、变体（或不同典形）

容止

四、历代引用与释义

📚 无所容止

汉·刘向《列女传·齐孤逐女》："妾三逐于乡，五逐于里，孤无父母，摈弃于野，无所容止。"

📚 容止

南北朝·刘孝威《重光诗》："风神洒落，容止汪洋。"

南北朝·萧衍《戏作诗》："燕赵羞容止，西妲惭芬芳。"

南北朝·萧统《相逢狭路间》："容止同规矩，宾从尽恭卑。"

南北朝·虞羲《敬赠萧咨议诗》："容止可观，卷舒可度。"

南北朝·虞羲《赠何录事諲之诗十章》："容止可观，进退可度。"

南北朝·颜之推《和阳纳言听鸣蝉篇》："容止由来桂林苑。无事淹留南斗城。"

唐·《敦煌曲子词·皇帝感·其八·新集孝经十八章十八首》："为作宫室四时祭，容止可法得人观。"

唐·刘庭琦《奉和圣制瑞雪篇》："美人含笑出联翩，艳逸相轻斗容止。"

唐·卢纶《送姨弟裴均尉诸暨（此子先君元相旧判官）》："东阁谬容止，予心君冀言。"

唐·宋光嗣《判小朝官郭延钧进识字女子》："应见容止可观，遂令始制文字。"

唐·韦应物《送杨氏女》："孝恭遵妇道，容止顺其猷。"

宋·刘学箕《满江红·双头莲》："二陆比方夸俊少，两乔相并修容止。"

宋·刘次庄《尘土黄·译》："妾本倡家子，笄鬌擅容止。"

宋·宋白《牡丹诗十首·其五》："澹黄容止间深檀，妥婧香红露未干。"

宋·史浩《如梦令·其一·饮妇人酒》："容止忒精神，一似观音形像。"

宋·崔敦诗《皇帝上太上皇帝寿乐曲·三举酒用瑞鹤之曲》："芝田下啄，容止安停。"

宋·苏颂《与诸同僚偶会赋八题·其五·府庠小沼》："不用植菰蒲，惟将鉴容止。"

宋·苏辙《和子瞻凤翔八观八首·其三·王维吴道子画（在普门及开元寺）》："美人婉娩守闲独，不出庭户修容止。"

宋·秦观《调笑令·其三·崔徽》："翡翠。好容止。"

宋·程公许《景行堂》："萍梗记经行，丹青肖容止。"

宋·赵构《文宣王及其弟子赞·其三十三》："周旋中规，容止可度。"

宋·赵蕃《送吴提刑赴召三首·其一》："不惟宽大难容止，正畏精明莫可欺。"

宋·《效庙朝会歌辞·皇后庙十五首·其二·太尉行用〈舒安〉》："容止跄跄，威仪翼翼。"

宋·《郊庙朝会歌辞·绍兴朝会十三首·其二·群臣酒行用〈正安〉》："乐胥君子，容止可观。"

宋·《郊庙朝会歌辞·绍兴十三年发皇后册宝十三首·其九》："母仪正兮，容止可观。"

宋·陈傅良《送吴德夫》："声名无处着，容止与人同。"

宋·释月涧《偈颂一百零三首·其七》："丑恶容止，喂狗不噇。"

宋·陈著《九月十日乡人酿饮丹山分韵得地字》："老成示典刑，少壮修容止。"

宋·陈著《送曾孙灼出赘卢氏》："其修汝容止，其谨汝吻唇。"

宋·韩淲《昔先公欲刊白苹集今教授刊之》："空对遗编想容止，休论往事记从游。"

金·佚名《升自西阶登歌奏夹钟宫嘉宁之曲（馀并同亲祀）》："锵然纯音，节乃容止。"

元·耶律楚材《和李世荣韵》："忧国心情常悄悄，闲居容止自申申。"

元·蒲道源《送府史窦彦立迁调奉元》："简书迫程期，信宿不容止。"

元末明初·丁鹤年《送赤土矶巡检徐白任满》："便便善辞令，济济习容止。"

元末明初·杨维桢《即墨女》（一作《逐女词》）："三逐乡，五逐里，即墨女儿乏容止。"

元末明初·汪广洋《奉旨讲宾之初筵》："容止慎有节，语言矜有常。"

明·张宇初《孝节行为黄贞妇赋》："姑嫜刚毅善容止，侍养晨昏具甘美。"

明·卢楠《九日奉怀谢四溟逸人兼酬往日见寄之作》："陶令行藏只尽醉，孟嘉容止独清栽。"

明·唐顺之《古镜歌·瞿翰林来自汴西亭王孙寄此》："却忆朝朝镜里人，已谓衰容止如是。"

明·张宁《林良九鹆图》："翔集低昂敛鸣缩，舒近时临容止变。"

明·李贤《和陶诗·酬丁柴桑二章》："作邑有道，俨乎容止。"

明·黄仲昭《寄寿母舅郑梅所先生暨妗李氏七十得齿字》："我昔栖迟故国时，长向堂前拜容止。"

明·朱诚泳《听嵇美中弹琴》："有客有客携焦尾，玉立庭阶俨容止。"

明·湛若水《孝思诗·为卢上舍尧俞母应氏作》："笑语与居处，优乎见容止。"

明·陈沂《除岁书怀》："驾驺不容止，回舵犹未能。"

明·王守仁《天心湖阻泊既济书事》（赴谪诗，正德丁卯年赴谪贵阳龙场驿作）："凭陵向高浪，吾亦讵容止。"

明·黄省曾《临病咏怀九首·其二》："神情既潜会，叹息曷容止。"

明·凌义渠《越州城外山水》："髣髴共高士，无言容止肃。"

明·黎景义《林伯渐宅蜀茶花》："意欣含化霖，容止丽朝阳。"

明末清初·吴骐《杂诗六首·其四》："诗礼夙所娴，容止何安详。"

清·刘绎《送符征岩进士出宰楚南》："应对容止间，登场诧同类。"

清·姚鼐《湖上作二首·其一》："名姓不可闻，何况觌容止。"

清·姚燮《曾珣五真图诗·其四·第四图》："朽蝶蜕千古，容止难复窥。"

清·彭孙遹《七夕饮徐振子园亭作歌示歌起》："容止风流绝可观，谈谐雅令谁堪偶。"

清·梁同书《葛林禅院联》："德行高妙，容止可法。"

清·顾太清《金缕曲·题刘季湘夫人〈海棠巢乐府〉孙平叔总制室》："肃肃雍雍廊庙器，岂寻常、粉黛娇容止。"

清·顾太清《玉交枝·上元屏山生日，过堪喜斋，滇生大司马属咏白牡丹》："天然素质端方，不须假借，淡妆翻称容止。"

清·顾太清《金缕曲·题吴淑芳夫人霜柏慈筠图》："画图中、雍雍肃肃，端方容止。"

清·顾太清《金缕曲·题俞彩裳女史〈慧福楼诗集〉》："爱翩翩、温柔态度，端庄容止。"

清·龚自珍《自春徂秋偶有所触拉杂书之漫不诠次得十五首·其九》（丁亥）："在昔与先民，三称口容止。"

清末近代·森川竹蹊《贺新郎·题霞庵〈潭上题袗诗卷〉后》："到底刘郎情尚重，合难忘、灯下闲容止。"

近代·陈三立《有所思》："绮罗不足贵，容止何修修。"

近现代·王陆一《买陂塘·行察江防，小舟过长湖、白鹭湖，将之潜江、监利、沔阳，舟中读白石藕花拂衣，片云孤飞，景地清绝》："这万水千花，绕映春容止。"

近现代·刘蘅《浣溪沙》："耽幽容止爱萧闲。"

第三节　并吞四夷

一、典出

"并吞四夷"，典出宋玉《大言赋》："玉曰：'并吞四夷，饮枯河海，跋越九州，无所容止。身大四塞，愁不可长，据地分天，迫不得仰。'"

二、简释

宋玉接着说："我吞并四夷之地，喝干河流海域里面的水，跨越九州，没有可以容身之所。身躯巨大，充盈四方边塞，发愁空间还是不够大，顶天立地，被压迫得无法抬头仰面。"

三、变体（或不同典形）

四夷

四、历代引用与释义

📚 四夷

汉·佚名《汉青盖镜铭》："青盖作竟四夷服，多贺国家人民息。"

汉·刘彻《西极天马歌》："承灵威兮降外国。涉流沙兮四夷服。"

汉·刘彻《柏梁诗》："和抚四夷不易哉。刀笔之吏臣执之。"

魏晋·佚名《霍将军歌》："四夷既护诸夏康兮。国家安宁乐无央兮。"

魏晋·曹睿《野田黄雀行》："四夷重译贡。百姓讴吟咏太康。"

唐·《敦煌曲子·感皇恩·其四·四海清平四首》："万邦无事减戈鋋。四夷来稽首。"

唐·刘商《琴曲歌辞·胡笳十八拍·其一·第一拍》："汉室将衰兮四夷

（一作'方'）不宾，动干戈兮征战频。"

唐·孟郊《哭刘言史》："可惜大国谣，飘为四夷歌。"

唐·刘禹锡《平蔡州三首·其三》："四夷闻风失匕箸，天子受贺登高楼。"

唐·建初《感圣皇之化有炖煌都法师悟真上人特疏来朝因成四韵》："褐衣特献疏，不战四夷空。"

唐·李益《登长城》（一题作《塞下曲》）："当今圣天子，不战四夷平。"

唐·张祜《大唐圣功诗》："八蛮与四夷，朝贡路交争。"

唐·张籍《杂曲歌辞·妾薄命》："汉家天子平四夷，护羌都尉褒尸归。"

唐·张衮《梁郊祀乐章·庆休》："大业来四夷，仁风和万国。"

唐·李商隐《韩碑》："誓将上雪列圣耻，坐法宫中朝四夷。"

唐·杜甫《后出塞五首·其三》："六合已一家，四夷且孤军。"

唐·柳宗元《视民诗》："既柔一德，四夷是则。四夷是则，永怀不忒。"

唐·白居易《读李杜诗集因题卷后》："吟咏留千古，声名动四夷。"

唐·贯休《寿春节进大蜀皇帝五首·其一》："文经武纬包三古，日角龙颜遏四夷。"

唐·贯休《读〈玄宗幸蜀记〉》："圣两归丹禁，承乾动四夷。"

唐·贯休《寿春节进》："出震同中古，承乾动四夷。"

唐·韩偓《感事三十四韵（丁卯己后）》："四夷同效顺，一命敢虚捐。"

唐五代·齐己《煌煌京洛行》："大观无遗物，四夷来率服。"

宋·何麟瑞《天马歌》："万乘临观动一笑，盛气从此无四夷。"

宋·何麟瑞《后天马歌》："天子作歌畅皇明，四夷竭蹶咸来庭。"

宋·司马光《从始平公城西大阅》："坐镇四夷真汉相，武侯空复道英才。"

宋·吕陶《裴矩》："西巡北幸四夷朝，权宠功名尽易邀。"

宋·吕陶《送冯枢密》："无为群动悦，不陈四夷宾。"

宋·喻汝砺《八阵图》："汉大将军亲阅试，四夷闻风皆褫气。"

宋·守亿《正月五日从德俭大夫游卢山圣境坐中作以纪一时异事》："吾皇德泽被四夷，产此正是兴龙时。"

宋·华镇《神功盛德诗·其四·猗欤》："既绥寰中，亦静四夷。"

宋·周必大《寄题王公明枢使豫章侂老堂》（甲午）："恭惟中兴圣明主，焦心劳思抚四夷。"

宋·刘过《盱眙行》："何不夜投将军飞（《江湖集》作'扉'），劝上征伐鞭四夷。"

宋·刘过《谒郭马帅（傀）》："然亦壮心胆，志慕鞭四夷。"

宋·任希夷《赴御宴》："四夷来致三呼祝，万舞骙同九奏声。"

宋·度正《步自玉局会饮于判院涂丈廨舍正得日字》："来为中国用，往往四夷出。"

宋·包恢《寿家君克堂先生》："东南盛仁气，不战屈四夷。"

宋·岳珂《后元佑行上辨章乔益公》："一尘不起四夷服，轨顺星躔蕃五谷。"

宋·刘克庄《挽林夫人（方孚若母）》："奉使年三十，声名满四夷。"

宋·张俞《博望侯墓》："争残四夷国，只在一枝筇。"

宋·张嵲《绍兴圣孝感通诗》："兵革不试，四夷款附。"

宋·强至《韩魏公生日二首·其一》："一代尽宗萧相画，四夷犹服晋公名。"

宋·彭汝砺《晨起祠先农道中》："四夷共安富，兵偃祭类袥。"

宋·文同《仁宗皇帝挽诗十首·其十》："仙仗朝三后，蕃仪集四夷。"

宋·晁公溯《中岩十八咏·其十八·西方阁》："官失学四夷，寂寥洙泗滨。"

宋·晁公溯《阎才元因程伯珍来寄近诗一轴不能尽和用师淮父韵奉简》："四夷幸兵休，万邦喜时平。"

宋·李庆孙《句·其二》："四夷妙赋无人诵，三酌酸文举世传（哭钱熙）。"

宋·李曾伯《丁亥纪蜀百韵》："有道守四夷，初何事穷黩。"

宋·李曾伯《记十五日夜星犯月》："自今有道守四夷，海寓一家混吴越。"

宋·李师中《自胜留诗四章以志岁月·其一》："镇抚四夷吾道在，可怜壮志日因循。"

宋·曾巩《仁宗皇帝挽词三首·其三》：“服丧三月遍，遏乐四夷均。”

宋·李之仪《东坡先生赞·其二》：“光时显被，外薄四夷。”

宋·晁补之《题李俦推官颐斋》：“君家严君业夔伊，虎视眈眈雄四夷。”

宋·晁说之《痛恨》：“殄灭四夷心不遂，裕陵萧瑟独悲风。”

宋·晁说之《陈情》：“四夷堡障静，三农田野耕。”

宋·李新《出塞》：“先王修德怀四夷，梯航重译归无为。”

宋·朱翌《竞渡示周宰》：“因而语兵法，可以威四夷。”

宋·曹勋《春风引》：“太平一百六十载，四夷面内无征诛。”

宋·杜衍《新居感咏》：“无术毗万务，无才抚四夷。”

宋·李流谦《送王总卿》：“峨冠置之一堂上，不劳折棰四夷服。”

宋·杨万里《送胡端明赴召》：“中国如今相司马，四夷见说问非衣。”

宋·杨万里《寄贺建康留守范参政端明二首·其一》：“寄衣不是未教归，不合威名满四夷。”

宋·杨亿《太常乐章三十首·其二十一·皇帝回仗乾元殿奏采茨之曲》（奉圣旨撰，咸平五年，1002 年）：“四夷来王，群后辑瑞。”

宋·梅尧臣《裕享观礼二十韵》：“巍巍百世业，坦坦四夷柔。”

宋·梅尧臣《和吴冲卿元会》：“群公抃蹈丹墀下，尚书奏瑞四夷怀。”

宋·欧阳修《答杜相公宠示去思堂诗》：“得载公诗播人口，去思从此四夷闻。”

宋·欧阳修《重读徂徕集》：“或落于四夷，或藏在（一作‘于’）深山。”

宋·欧阳修《答圣俞白鹦鹉杂言》：“俾尔归托宛陵诗，此老诗名闻四夷。”

宋·沈遘《七言道中示三使二首·其二》：“自古所求中国治，于今无复四夷功。”

宋·沈辽《夜坐有感》：“四夷正耀兵，百姓食不足。”

宋·沈辽《德相所示论书聊复戏酬》：“朝廷方洽熙，四夷皆远愒。”

宋·汪藻《学士蒋公母挽词三首·其三》：“才大惊馀子，名高压四夷。”

宋·汪藻《次韵周圣举过苏次元四首·其一》：“功名四夷知，无愧越裳操。”

宋·王十朋《观国朝故事·其三》："四夷各自守，天下几太平。"

宋·李龏《前有一樽酒》："字民之官不爱钱，四夷妥帖无狼烟。"

宋·王子俊《淳熙内禅颂》："四夷攸同，莫敢或讹。"

宋·赵光义《赐陈抟·其一》："大阐无为三教盛，承平方说四夷宽。"

宋·田锡《塞上曲》："素臣称有道，守在于四夷。"

宋·范仲淹《谢黄惣太博见示文集》："颂声格九庙，王泽及四夷。"

宋·范仲淹《阅古堂诗》："四夷气须夺，百代病可针。"

宋·石介《南山赠孙明复先生》："我愿天子修明堂，坐朝诸侯会四夷。"

宋·石介《西北》："四夷皆臣顺，二鄙独不庭。"

宋·石介《观棋》："尽使四夷臣，归来告太平。"

宋·石介《感事》："实以险为恃，四夷皆潜匿。"

宋·石介《安道登茂材异等科》："万物蒙休嘉，四夷奉正朔。"

宋·石介《庆历圣德颂》："诸侯畏焉，四夷服焉。"

宋·祖无择《次韵和》："主人名重闻四夷，典册高文推大手。"

宋·邵雍《中原吟》："仁义既无，四夷来侮。"

宋·王安石《何处难忘酒二首·其二》："和气袭万物，欢声连四夷。"

宋·王安石《次韵元厚之平戎庆捷》："朝廷今日四夷功，先以招怀后殄戎。"

宋·王安礼《琼林苑赐燕饯别留守太尉辄继元韵》："名德从来重四夷，朝廷今日见官仪。"

宋·范祖禹《文潞公生日》："长城万里远，奠枕四夷宾。"

宋·王洋《代徐思远谢张季万》："礼乐尊中国，春秋挥四夷。"

宋·王灼《李彦泽从余求卫公兵法》："出其绪馀教君集，犹谓四夷莫予侮。"

宋·秦观《驾幸太学》："风动四夷将遣子，礼行三舍遂宾王。"

宋·程俱《江再和戏答四篇·其四》："太平一春台，好在四夷守。"

宋·綦崇礼《和李元叔秋怀·其一》："叛寇不足灭，四夷其来庭。"

宋·苏过《叔父生日·其三》："我公庙堂人，端委四夷惮。"

宋·苏洞《十六日伏睹明堂礼成圣驾恭谢太一宫小臣敬成口号·其七》：

"且愿君王省征伐，明郊重见四夷宾。"

宋·虞俦《赠总领韩郎中四十韵》："经纶一门事，风采四夷听。"

宋·谢翱《宋铙歌鼓吹曲·其十二》："四夷君长，来称藩。"

宋·邓忠臣《和胡宿韵寄蒋之奇·其二》："坐幄每闻千里胜，占云初见四夷来。"

宋·《郊庙朝会歌辞·明道元年章献明肃皇太后朝会十五首·其二·酒再行作〈四海会同之舞〉》："四夷宾附，罔不承式。"

宋·郭祥正《漳南书事》："四夷还旧疆，百辟奉新律。"

宋·释德洪《无尽居士以峡州天宁见邀作此辞免六首·其三》："四夷八蛮想风采，灶妇乳儿知姓名。"

宋·释德洪《东坡居士赞》："非雷非霆，而名震四夷。"

宋·黄庶《嵩山》："云高四夷见，雨到八方齐。"

宋·黄庭坚《司马文正公挽词四首·其二》："加璧延诸老，櫜弓抚四夷。"

宋·黄庭坚《常父惠示丁卯雪十四韵谨同韵赋之》："有道四夷守，无征万邦休。"

宋·黄庭坚《重赠徐天隐》："定鼎百世长，櫜弓四夷静。"

宋·陆游《凉州行》："安西北庭皆郡县，四夷朝贡无征战。"

宋·释居简《桃花犬行》："四夷来王亦典丽，御考自称前进士。"

宋·钱时《稚女谈命有感》："但愿吾皇有道守四夷，未消琐琐且为将军悲。"

宋·释智愚《偈颂二十一首·其五》："四夷拜舞，八表宣传，笑看红日上阑干。"

宋·释智愚《偈颂二十一首·其十六》："忧民恤物敛天威，坐断乾坤肃四夷。"

宋·释文珦《古意·其四》："既已长中国，复欲威四夷。"

宋·释文珦《悠悠荒路行》："四夷奉琛贽，万国尊王室。"

宋·高似孙《琵琶引》："长城不战四夷平，臣妾一死鸿毛轻。"

宋·韩淲《送王景育弋阳尉官满入吴》："国家仁德深，丕冒及四夷。拔茅果汇征，四夷易鞭笞。"

宋末·郑思肖《续洗兵马》："四夷交侵小雅废，率其子弟攻父母。"

宋末元初·毛直方《赠督师曹将军》："已分勾当江南归，流芳奕叶今孙枝，此行且赋从军诗，时清未用歌采薇，天子有道守四夷。"

宋末元初·赵文《上之回》："四夷服，咸稽首。"

元·耶律楚材《和张敏之诗七十韵三首·其一》："永酬千古耻，一怒四夷攘。"

元·耶律楚材《怀古一百韵寄张敏之》："黩武疲中夏，穷兵攘四夷。"

宋末元初·熊铄《茶荔谣·和詹无咎》："昭陵锐图治，四夷息鞭笞。"

宋末元初·宋无《唐宫词补遗·其一》："海内升平服四夷，远邦贡物尽珍奇。"

元·丁复《赠送择中记室东游》："诸侯匝藩卫，四夷乃宾徕。"

元·房皞《卖剑行赠韦汉臣》："蛟龙一出雷雨随，翕忽变化清四夷。"

元·柳贯《题苏长公书曹侍中与王省副论赵元昊事》："自古泰治世，守道在四夷。"

元·陈孚《野庄公与孚论汉唐以来宰相有王佐气象得四人焉命孚为诗并呈商左山参政谢敬斋尚书·其三·裴中立》："瘦骨昂昂五尺长，四夷闻名惊欲僵。"

元末明初·乌斯道《金陵行送王廷助》："四夷宾贡走珠玉，箫韶九成飞凤凰。"

元末明初·刘崧《忆昔行美达监州》："圣王端居总四夷，黄河妥帖东南驰。"

元末明初·刘炳《醉蓬莱》："万国衣冠，四夷玉帛，两阶干羽。"

元末明初·舒頔《西湖曲》："不识干戈战四夷，良辰歌舞酣朝暮。"

元末明初·胡翰《东征诗》："皇国既平，四夷既率。"

元末明初·蓝仁《放歌一首效苏仲简》："万方一日纲纪新，四夷重译来称臣。"

元末明初·贝琼《送盛孔赴淄川丞二首·其一》："小白相夷吾，尊周攘四夷。"

元末明初·贝琼《李将军歌》："天子诏书开四夷，五年出塞事征西。"

明·佘光裕《侠客行》："闻道四夷多未格，拥裘谁画平原策。"

明·余承勋《与杨用修峨眉联句》："中原五岳遗，殊域四夷扩。"

明·徐养量《嘉峪关漫记》："王者守四夷，天险亦空设。"

明·杨荣《赐游东苑诗》："但当祝圣寿，垂拱朝四夷。"

明·林廷玉《出塞行次韵》："纲纪修明储蓄广，王者之守在四夷。"

明·谢贞《咸阳古堞》："风驰万国秦威声，四夷惕息敢横行。"

明·高壁《元世失政太祖兵起淮泗遂定金陵开王业·其七·雀之微》："雀既亡，土宇绥，海鹊来贡覃四夷。"

明·何治《厓山吊古·其一》："无怠无荒，四夷来王。"

明·何景明《战城南》："男儿立功，横行四夷。"

明·于慎行《平倭奏捷歌》："明王守御在四夷，属国君臣尔莫玩。"

明·区大相《闻西征中路官军消息·其二》："明王有道四夷服，安用越国寻兵争。"

明·吴宽《送赵武靖西征》："四夷瞠若在眼底，不知何物为西戎。"

明·唐之淳《又次颐庵老丈韵》："四夷不惊风雨顺，月光如镜长团圆。"

明·夏原吉《钦和御制重阳节赐糕酒诗》："圣主龙飞抚四夷，万方鼓舞乐清时。"

明·孙蕡《骊山老妓行（补唐天宝遗事戏效白乐天作）》："海晏河清久息兵，四夷宾贡尽充庭。"

明·孙承恩《古像赞二百零五首·其九十一·周高祖》："鞭笞四夷，混一区宇。"

明·唐顺之《密云阅兵作》："有道四夷方设守，年年长此护神京。"

明·唐时升《园中十首·其九》："六军百战后，四夷不能支。"

明·尹耕《胡人牧羊图》："圣王有道四夷守，沙场闲杀射雕人。"

明·康海《王总制维纲凯还歌》："吾闻天子之守在四夷，爪牙之士皆熊罴。"

明·归有光《缫丝灯次李西涯杨邃庵二先生韵二首·其二》："四夷离靺

归鞬鞻，南海珠玑属妇功。"

明·徐渭《代寿黔公·其一》（袁宏道评曰：苍雅为杜嗣响）："有道明王守四夷，公家锁钥在雕题。"

明·戴冠《和唐愚士会稽怀古诗三首·其一·铸浦次韵》："佩之临四夷，惊落旄头星。"

明·方孝孺《蜀府敬慎斋》："奄宅九有，丕冒四夷。"

明·林光《将之严州写怀留别京师诸友八首·其五》："闲因旧学窥千古，何用虚名慕四夷。"

明·梁兰《以谢玄晖鼓吹曲分题赋诗送萧伯龄赴春官·其二·金陵帝王州》："明堂当中开，四夷日来庭。"

明·梁兰《送僧赴京》："四夷悉来庭，万姓咸雍熙。"

明·梁潜《咸阳怀古》："风驰万国奉威声，四夷慑息敢横行？"

明·欧大任《天马篇》："万姓都人颂且歌，四夷君长手加额。"

明·王缜《蓟门别意送何德彰正郎奉敕之蓟州督粮》："岂知天地覆帱恩，四夷万国如一身。"

明·解缙《南行题扇·其二》："只今流落江南去，还有清风及四夷。"

明·陈琏《行营即事四首·其一》："不日平胡虏，欢声洽四夷。"

明·陈琏《狮子诗》："四夷慕仁化，入贡来重译。"

明·韩雍《庆备倭翁都督》："方今万国固悉臣，犹有四夷须镇抚。"

明·童轩《感寓·其九》："明王慎大德，四夷乃咸宾。"

明·李东阳《送张修撰养正擢佥都御史北巡》："诸侯有道四夷服，圣德浩荡被八荒。"

明·朱诚泳《圣君曲》："常道陈中夏，仁恩洽四夷。"

明·朱诚泳《轻薄篇》："愿言执其人，为君投四夷。"

明·邵宝《闻三原公讣二首·其二》："四夷相问相司马，千载独知师敬舆。"

明·朱谏《短箫铙歌》："委身守四夷，四夷皆辟易。"

明·王守仁《谒伏波庙二首·其一》（两广诗。嘉靖丁亥起，平思田之乱）："从来胜算归廊庙，耻说兵戈定四夷。"

明·李梦阳《土兵行》："天下有道四夷守，此辈可使亦可虞。"

明·李梦阳《内教场歌》："武臣不习威，奈彼四夷。"

明·陆深《戊戌冬至南郊礼成庆成宴乐章四十九首·其十七·新水令》："一大统，四夷来贡。"

明·郑善夫《暮秋》："王气平三极，兵尘黯四夷。"

明·郑善夫《秋月》："铁骑喧今夜，金波及四夷。"

明·薛蕙《战城南》："吾闻古者天子，守在四夷。"

明·薛蕙《从军行》："献捷归双阙，扬威耀四夷。"

明·黄佐《春兴八首·其四》："燕台自昔兴王地，今日垂衣驭四夷。"

明·黄佐《嘉靖丙戌郊祀庆成侍宴有述八十韵》："鳌抃连三极，鸿恩遍四夷。"

明·黄佐《南园三忠祠分韵得院字》："有道四夷守，无为万情忤。"

明·王慎中《朔日昌平城登览二首·其一》："四夷自古明王守，勒边谁数李将军。"

明·高拱《圣寿无疆诗》："礼乐回三代，威灵摄四夷。"

明·王世贞《汉铙歌十八曲·其十七·远如期》："远如期，招四夷。"

明·胡应麟《赋八诗后鄙怀不能已已伏枕呻吟再成八律共前什计十六章辄命使者焚之几筵次公有灵当为我击节三神之顶浮一大白也·其二》："惟应翰墨留千载，盛有文章落四夷。"

明·胡应麟《拟汉郊祀歌十九首·其十七·朝陇首》："八蛮共，四夷王。"

明·张家玉《月夜避地征兵》："功成何日酬明主，再见垂衣驭四夷。"

明·童冀《次平仲酬唐宗鲁侍郎韵二首·其一》："玉帛四夷重译贡，车书一统万方同。"

明·童冀《送刘簿归云中》："少年此乐无时忘，方今四夷尽来王。"

明·童冀《送郡庠诸贡士会试》："四夷万里玉帛朝，七旬两阶干羽舞。"

明·管讷《侍从朝京还国舟中简府僚》："四夷率服英风远，九域同仁化日舒。"

明·邓云霄《度北峡关作效谢灵运体》："吾闻世有道，四夷自为守。"

明·邓林《章亚卿徐通政奉使交阯还次钱塘会于公馆赋诗赠之三首·其二》："天子恩威被四夷，廷臣衔命远驱驰。"

明·郑岳《泰陵望引哀歌·其三》："屡蠲天下赋，深却四夷勋。"

明·郭之奇《读南华杂篇述以五言十一章·其八·说剑》："远则四夷包，近亦四封止。"

明·陈维裕《送副使邓崇政》："天下皆鼓舞，四夷尽来王。"

明·陈航《丙戌金陵作》："五侯宾从集如云，四夷门馆多迎款。"

明·黎瞻《哭李太华时为宁德令倭寇陷城死节》："封守在四夷，疆场有常处。"

明末清初·纪映钟《金陵故宫》："有道字四夷，宸居盘石荤。"

明末清初·屈大均《维帝篇》："四夷若牛马，累累受拘牵。"

清·刘先衮《挽左宗棠联》："正气毓衡湘，文潞国精力过人，四夷所畏；"

清·刘景侨《挽张百熙联》："妇孺知司马之名，四夷方望公入相。"

清·周鸿钊《挽曾纪泽联》："威震四夷，千古几人足千古？"

清·佚名《讥评时事联》："两月间四夷宾服，战守和异议，半推半就半含糊。"

清·佚名《挽张之洞联》："江汉仰文宗，学在四夷，教朱育通卅六国语。"

清·曹广渊《挽曾纪泽联》："使臣本天下才，能令威播四夷，郑公诚信莱公断。"

清·曾德麟《挽曾纪泽联》："望着中朝，抚绥重译，缅远獉丕懋，此日四夷宾服，东西南北感同深。"

清·沈东成《挽曾纪泽联》："赵营平学问，通晓四夷，忆都护府开，会同馆启，边机陪末议，空余威略憺华戎。"

清·王光明《挽曾纪泽联》："四夷群慑服，痛承文顿谢，风生蝉嫣孰经纶。"

清·萧文昭《挽曾纪泽联》："学通四夷，赵营平以还，谁方远略。"

清·万廷兰《望长城》："有道四夷宾，胡为自阨陧。"

清·严遂成《刘忠宣大夏》："万里团操携仆去，四夷入贡问安来。"

清·吴曾溪《汉皋寄东京雷生眉生二首·其二》："治术穷三岛，雄心拓四夷。"

清·吴翊《谒范文正公祠》:"少思天下任,老至四夷传。"

清·乾隆皇帝《宴准噶尔夷使》:"守在四夷常勖志,敢夸驭远有权衡。"

清·乾隆皇帝《恭奉皇太后启跸幸避暑山庄之作》:"东巡五载兹惟倍(前以乾隆癸亥至盛京阅今十年余矣),西极四夷彼剩三。"

清·乾隆皇帝《马嘶》:"闻鸡起舞壮士心,守在四夷王者道。"

清·乾隆皇帝《弹汗行》:"而何四夷君长上尊号,既笑却之,后乃赐书四夷遂用可汗名。"

清·乾隆皇帝《咏塞上达兰海兰松木皮笔筒用旧题韵》:"守在四夷吾夙志,干戈绝域息战攻。"

清·乾隆皇帝《静宜园驻跸》:"人土非所利,善守在四夷。"

清·吴荣光《偕邓嶰筠太守移唐冯尚书碑至碑洞作》:"再变即为元和脚,石版照耀光四夷。"

清·吴振棫《松文清公虎字歌》:"怒猊渴骥妙绝伦,书中之圣自有人,守在四夷谁虎臣。"

清·孙鼎臣《送陈颂南给谏还晋江》:"四夷仿佛想风采,键户著书犹老儒。"

清·张之洞《铜鼓歌》:"圣人有道四夷服,何用大食日本歌金刀。"

清·周锡溥《承天寺西夏断碑歌》:"国家有道四夷守,文字要以扶人网。"

清·宋书升《拟古·其三》:"一鼓神人洽,再奏四夷安。"

清·屠寄《又愁·其二》:"武德当年容抗礼,诸臣犹恐四夷轻。"

清·彭玉麟《羊城军中有感二首·其二》:"华夏最行宽大政,四夷犬性几时驯?"

清·徐士霖《轮舶夜行》:"四夷知向化,锁钥故常开。"

清·朱煌《平夷即事》:"贡使络绎来,四夷皆镇抚。"

清·李慈铭《潘伯寅光卿属题小像》:"百司汗缩奉教令,四夷抵衅窥畿藩。"

清·杨廷果《题倪高士竹木图真迹轴》:"清閟高风动四夷,早知名盛有危机。"

清·林则徐《壬寅腊月十九日嶰筠前辈招诸同人集双砚斋作坡公生日此

会在伊江得未曾有诗以纪之》："中原俎豆不足奇，请公乘云游四夷。"

清·杨锐《闻官军收复准部四城·其三》："明明四夷守，经国意何如。"

清·王士祯《谒文忠烈公祠》："精神如破贝州时，晚节犹能动四夷。"

清·范轼《大冶铁山歌》："四夷宾服新政平，千夫锤凿声丁丁。"

清·洪繻《帝京篇》："控制寰中朝四夷，隆隆王气曾几时。"

清·洪繻《老妇哀》："叹息百年上，琛赆朝四夷。"

清·裕禄《挽曾纪泽联》："折冲万里而不亢，抚绥四夷而不卑，柔远体天子深仁，属国交推中国使。"

清·诸锦《诔字》："内自宫壸达四夷，保氏掸人象胥司。"

清·载湉《再咏昆明池习水战》："有道惟闻守四夷，筹边端合驻雄师。"

清·那逊兰保《瀛俊二兄奉使库伦故吾家也送行之日率成此诗》："天子守四夷，原为捍要荒。"

清·郑永功《恭和御制赐朝鲜琉球安南诸国使臣诗》："四夷骈贡蒙王化，五代同堂仰圣人。"

清·黄遵宪《岁暮怀人诗·其三》："既死奸谀胆尚惊，四夷拱手畏公名。"

清·黄遵宪《罢美国留学生感赋》："欲为树人计，所当师四夷。"

清·黄遵宪《锡兰岛卧佛·其六》："到今四夷侵，尽撤诸边防。"

清·徐揯珊《时事歌十首·其十》："边地烽烟奈若何？四夷无事辄生波。"

清·樊增祥《挽张之洞联》："廿八载身都将相，行乎中国，达乎四夷，平生东阁宏开，主旧学，宾新学。"

清末民初·易顺鼎《挽郭嵩焘联》："王者守在四夷，坛坫折冲诚有道。"

近代·陈三立《近阅邸钞易顺鼎授右江兵备道冯煦授四川按察使沈曾植授广信知府皆平生雅故而当世之丈人也诗以纪之》："中原正苦输孤注，儒术由来渐四夷。"

近代·陈三立《送饶石顽监督出游大西洋诸国》："裹粮莽苍欲何之，手挈儿郎学四夷。"

近代·陈三立《泊九江谒壶天遁叟琴心楼一首》："豫乎进退不自揆，躬率子弟学四夷。"

清末近代·陈曾寿《题陶斋毛公鼎拓本为杨诵清作》："重器第一馀可屏，足夸万世雄四夷。"

近现代·马一浮《孤斟》："不存三代直，常患四夷侵。"

近现代·马一浮《远征军》："小雅而今看尽废，四夷无日不交侵。"

近现代·汪荣宝《哀张生》："四夷交侵小雅废，麟鸾一见疑非祥。"

近现代·梁鸿志《洛阳》："东周汉晋迄元魏，中天下立宾四夷。"

近现代·李洸《非园酒座遇王病山丈因赠》："衡门咫尺供吟眺，瓯脱真愁在四夷。"

当代·伯昏子《步韵奉和庞坚兄》："洛城自有银花树，缯帛相缠叹四夷。"

当代·程滨《太易行》："四夷愚氓，中夏先觉。"

第十一章 小言赋

《小言赋》简介

　　《小言赋》收录在《古文苑》第二卷《宋玉赋六首》其三。此赋过去被很多学者定为伪作，近年来经汤漳平、谭家健、李学勤、郑良树、高秋凤、罗漫、方铭、廖名春等八位专家精心考证，肯定其确为宋玉的作品。朱碧莲先生原先认为《小言赋》不似宋玉所作，但后来改变了看法，也主张《小言赋》为宋玉所作（见其所著）。此赋描写的是楚襄王命令景差、唐勒、宋玉比说小言。景差和唐勒的小言生动而又形象，而宋玉的小言则抽象而又神秘：在这场楚王组织的语言游戏比赛中，宋玉终以其玄乎其玄的言辞获得了云梦之田的赏赐，这篇游戏文章表明宋玉除擅长形象思维外，亦长于哲学思辨。文章虽无深意，却有特色。

第一节　宋玉田

一、典出

"宋玉田"，典出宋玉《小言赋》："楚襄王既登阳云之台，令诸大夫景差、唐勒、宋玉等并造《大言赋》，赋毕。……王曰：'……有能为《小言赋》者，赐之云梦之田。'……宋玉曰：'无内之中，微物潜生，比之无象，言之无名。……'王曰：'善！'赐以云梦之田。"

二、简释

原文故事大意是：楚襄王登上云梦之台后，命景差、唐勒、宋玉几位大夫一起作《大言赋》。写完后，只有宋玉受到赏赐。楚王说："……虽然赐给上座，还不足以表明赏赐。诸位贤士有能够做《小言赋》的，我将赐给他云梦的田地。"宋玉陈述完毕，襄王又夸赞道："说得好，就赐给你云梦的田地吧。"

战国时，楚国宋玉因奉命作《小言赋》，楚襄王便把云梦之田赏赐给他。后便以"宋玉田"指称云梦一带的田地。

三、变体（或不同典形）

云梦田

四、历代引用与释义

📚 宋玉田

唐·李白《安州应城玉女汤作》："散下楚王国，分浇宋玉田。"

明·皇甫汸《题陆氏资隐田卷》："何如宋玉惟题赋，乞得君王云梦田。"

明·张萱《赠何参戎书记方伯谏兼订榕溪之约伯谏昔者余友佥宪子及之从侄也》："莫问陆生橐，曾饶宋玉田。"

明·张邦奇《冬日杂咏三首·其一》："《九歌》凄宋玉，三易老田何。"

宋末元初·仇远《朋酒》："朱云难作吏，宋玉易悲秋。陵谷何曾改，田园未可求。"

📚 云梦田

南北朝·张正见《咏雪应衡阳王教诗》："睢阳生玉树，云梦起琼田。"

唐·储光羲《采菱词》（一作《相和歌辞·采菱曲》）："潮没具区数，潦深云梦田。"

唐·刘希夷《巫山怀古》："愁思潇湘浦，悲凉云梦田。"

唐·孟浩然《从张丞相游南纪城猎戏赠裴迪张参军》："从禽非吾乐，不好云梦田。"

唐·张说《岳州西城》："日去长沙渚，山横云梦田。"

唐·张说《登九里台是樊姬墓》："漠漠渚宫树，苍苍云梦田。"

唐·李白《秋登巴陵望洞庭》："风清长沙浦，山（一作'霜'）空云梦田。"

明·志淳《晚登阳春台》："颇怀鹿门隐，欲耕云梦田。"

明·欧大任《答尹昆润登海上洲见寄》："云梦田非赐，王官谷自深。"

明·欧大任《赠临淮李侯惟寅》："赋留云梦田，铭待燕然石。"

明·皇甫汸《夏时对酒歌》："云梦徒夸献赋田，天禄终惭校书阁。"

明·黎民表《巫山高》："平瞻景夷馆，俯瞰云梦田。"

明·邝露《猛虎行》："未贵洛阳纸，谁分云梦田。"

清·丁澎《题曾青藜尊人传后》："赋就欲夺云梦田，剑击长凌武安瓦。"

第二节 蒙昧

一、典出

"蒙昧"，典出宋玉《小言赋》："宋玉曰：'无内之中，微物潜生。比之无象，言之无名。蒙蒙灭景，昧昧遗形。超于大虚之域，出于未兆之庭。纤于毫末之微蔑，陋于茸毛之方生。视之则眇眇，望之则冥冥。离朱为之叹闷，神明不能察其情。二子之言磊磊皆不小，何如此之为精？'"

二、简释

这段话的意思是：宋玉说："无穷小之处，却有微小的东西暗暗生长，比画它没有形象，要讲它也没有名称。朦朦胧胧，没有影子；昏昏暗暗，没有身子。超越于太虚之域，出身于无迹之家。比羽毛的尖端还要纤细，比初生的茸毛还要小巧。近观则渺小，远望则昏暗。离朱为之叹息发闷，神明也不能看清楚其真实的情况。你们两位所说的东西，都是大大的．不能算小，哪里像我所说的那样精微呢？"

三、变体（或不同典形）

昧昧、蒙蒙昧昧

四、历代引用与释义

📚 蒙昧

魏晋·佚名《晋鼙舞歌五首·其三·景皇篇》："蒙昧恣心。治乱不分。"

魏晋·棘腆《答石崇诗》："少怀蒙昧，长无耿介。"

魏晋·许穆《诗》："玄翰启蒙昧，顾景思自新。"

南北朝·到溉《仪贤堂监策秀才联句诗》："如纶疾影响，裁蒲启蒙昧。"

唐·释智严《十二时·普劝四众依教修行·人定亥·其六·九首》："眼目昏。耳沉聩。渐觉心神转蒙昧。"

唐·周昙《晋门·惠帝》："蒙昧万机犹妇女，寇戎安得不纷披。"

唐·孟郊《卧病》："倦寝意蒙昧，强言声幽柔。"

唐·沈佺期《九真山净居寺谒无碍上人》："机疑闻不二，蒙昧即朝三。"

宋·刘弇《留题王公谟》（一作《谋冲阁》）："檐牙排青冥，眺听脱蒙昧。"

宋·李觏《千福寺昧轩》："何人指蒙昧，题作此轩名。"

宋·沈辽《寄题僧荣妙胜斋》："世道久蒙昧，至人绝勾绳。"

宋·王令《登城》："闲郊草树漫蒙昧，落日燕雀争依栖。"

宋·林希逸《前后身》："古今传说多蒙昧，觌面须知我即渠。"

宋·赵蕃《晚立有作》："顾虽甚蒙昧，讵敢规造物。"

宋·阳枋《送文大监赴召》："霁月海东悬秋霜，照破蒙昧横津梁。"

宋·陈宓《某尝次赞府卢丈（原误作"仗"）高韵复承见示佳篇叹咏之馀辄成二首·其二》："乞我刀圭剂，发此蒙昧姿。"

宋·陈著《次韵竹窗兄欲死叹》："纷纷蒙昧徒，知有外物尔。"

宋末元初·周密《藏书示儿》："中焉得良师，讲说击蒙昧。"

宋末元初·陈普《劝学》："植立纲常鳌戴地，开发蒙昧龙衔烛。"

元·长筌子《倾杯》："恋惜妻男，竞争名利，念念随他，蒙昧真如。"

元·谭处端《水龙吟》："逈生增爱，缘尘蒙昧，无穷真宝。"

元·谭处端《西江月》："宝鉴尘埃蒙昧，须从磨炼辉辉。"

元·谭处端《沁园春》："认元初本有，无穷宝染，尘埃蒙昧，慢慢揩摩。"

元·谭处端《踏莎行》："一颗玄珠，从来蒙昧。贪嗔痴染难分解。"

元末明初·张昱《晚望东村》："开门见东村，晨光尚蒙昧。"

明·刘基《感怀三十一首·其十》："离披引刺蚝，蒙昧喧鸟雀。"

明·区大相《赠七弟·其一》："蹇余实蒙昧，于世寡俦侣。"

明·李德丰《病起见雪》："古画久蒙昧，对此见毫发。"

明·谢复《旸谷樵遁》："晨光启蒙昧，万象含清辉。"

明·李杰《早行舟中有作》："晨光正蒙昧，莫辨河山色。"

明·顾璘《湘山寺同客作》："自从窜逐得逍遥，始叹风尘昔蒙昧。"

明·陆师道《八月十六日同文太史诸公登郊台觞治平寺竹下待月行春桥夜泛胥门作》："薄云灏气互吐吞，坐看东天尚蒙昧。"

明末清初·吴伟业《思陵长公主挽诗》："天道真蒙昧，君心顾慨慷。"

明末清初·顾炎武《玉田道中》："地道无亏崩，天行有蒙昧。"

清·乾隆皇帝《新正咏雪联句》："森然豁蒙昧，煜尔腾煌荧。"

清·戴亨《赠陈石闾五首·其五》（景元奉天镶红旗布衣）："光芒发蒙昧，惊怪委泥涂。"

清·王慧《禹陵》："草木开蒙昧，龙蛇涤秽腥。"

清·蒋曰豫《墨宧歌》："书成掷笔忽长啸，万古蒙昧如飞埃。"

清·费锡章《琉球纪事一百韵》："习俗沿蒙昧，专员代测量。"

清·陆懋修《示袁生上池三十二韵》："卮言叹日出，至理久蒙昧。"

清·陈沆《上庾岭憩云峰寺拜张文献公祠》："大矣唐相功，蒙昧一朝改。"

清·马维翰《大喇嘛寺歌》："因势利导牖蒙昧，欲使寒谷回春阳。"

清末近代·王易《羊儿诞生》："汝生尚蒙昧，前路尽艰难。"

当代·伯昏子《东山》："蒙昧知难久，良议能先预。"

当代·张海鸥《水调歌头》："寒饿度长夜，蒙昧对昏鸦。"

当代·汪茂荣《谒潮州韩文公祠一百韵》："卒乃重科学，蒙昧蹶然寤。"

当代·王蛰堪《水龙吟》："奈前生蒙昧，今生缘了，结来生债。"

昧昧

魏晋·傅玄《晋鼓吹曲二十二首·其二十二·钓竿》："天人初并时。昧昧何芒芒。"

宋·佚名《太学生徐公》："六龙不翔，昧昧八荒。"

宋·员兴宗《歌两淮》："当时战死身昧昧，今日分付当其人。"

宋·刘子翚《晓起闻明仲谒家叔尝过门追已无及继读观雾长句因次原

韵》："向来昧昧六合间，日月山河但如故。"

宋·姜夔《丁巳七月望湖上书事》："白天碎碎如析绵，黑天昧昧如陈玄。"

宋·岳珂《苏文忠潘墨诗帖赞》："姓昧昧以污人，虽千年而亦瘠。"

宋·曹勋《琴操·残形操》："维元首之昧昧兮，而股肱孰为其良。"

宋·王安石《夜梦与和甫别如赴北京时和甫作诗觉而有作因寄纯甫》："千里永相望，昧昧我思之。"

宋·王柏《挽时金判·其三》："羌前修之典刑兮，何后生之昧昧。"

宋·王柏《洌井》："人孰不死，我无昧昧。"

宋·程公许《岷峨叹》："昔何烜兮今昧昧，山灵未必真忘情。"

宋·米芾《萧闲堂诗》："昧昧起我思，有怀斯士吉。"

宋·米芾《天鸡》："昧昧万殊俱默契，穷达于君宁智理。"

宋·萧元之《与程右史论诗道》："昧昧作者流，行行信且疑。"

宋·赵蕃《以旧诗寄投谢昌国三首·其三》："昧昧鼠为璞，纷纷虫语冰。"

宋·项安世《题澹山岩二首·其二》（秦人周贞实隐于此山）："书迹向昧昧，苔痕日斑斑。"

宋·韩淲《次韵伯皋至日》："眼中林密更山深，昧昧从前直至今。"

宋·韩淲《柬仲至帑辖蹈中理丞》："如知山泽臞，昧昧徒好修。"

元·方回《次韵宾旸池字》："冥冥失马福，昧昧亡羊岐。"

元·王哲《祝英台·咏骷髅》："往来人诽谤，在生昧昧了真修。"

元·洪希文《贫甚食草具作》："贤哲逝已远，昧昧余所思。"

元·黄玠《故建昌州判岳德敏哀辞》："舍昭晰之茂旦兮，即永夕之昧昧。"

明·刘基《秋怀·其三》："沉沉翳光景，昧昧感昏旦。"

元末明初·刘崧《题幽居读书图为萧翀赋》："世昧昧以去古兮，礼乐散而莫寻。"

明·孙承恩《示子效玉川子》："书斋坐清昼，昧昧心弗怡。"

明·薛瑄《有闷二首·其二》："昧昧思尝胆，纷纷谩拥戈。"

明·沈周《孝诗六章为颜季栗赋·其六·哀殒操之二》："茫茫昧昧，而理胡然。"

明·陈献章《寄刘东山方伯用送缉熙韵》："堂堂白日青天见，昧昧苍生赤子思。"

明·郭之奇《既渡河车中即事以新旧见闻作古今愿怀诗八首·其二》："忧时注将总偏词，昧昧何如一个思。"

明·钟芳《憨叟答问》："嵚崟更百艰，昧昧窨前步。"

明·钟芳《有感·其二》："胡为混浇尘，昧昧忘止足。"

明末清初·毛奇龄《康熙十七年七月二十八日京师地震大厌朝廷下诏修省群工怵惕予以谨戒之馀窃读政府作续纪一首和益都夫子韵》："填阴与渗土，相习总昧昧。"

明末清初·赵湛《省心吟·其四》："试问平生心，胡为皆昧昧。"

清·刘华东《财神庙联》："昧昧我思之，伤者贫也；仆仆亟拜尔，彼何人斯？"

清·姚燮《青天高高当董桃行》："小民非昧昧者，奈何驱之为瓮中鲊？"

清·姚燮《九喻九章章二十句》："息不昧昧，知能蹈经。"

清·唐烜《二哀诗·兰午亭明府（维均）》："昧昧我思之，针砭彻心髓。"

清·朱昆田《用王临川赠曾南丰韵寄蘅圃》："生事殊悠悠，天道亦昧昧。"

清·朱琰《读张杨园先生补农书作·其四》："八口既嗷嗷，百事皆昧昧。"

清·王士禄《祝英台近·用吴淑姬韵》："昧昧高天，转掌幻云雨。"

清·赵青藜《过蔡家庄》（即今县北十八里北蔡庄）："客心真汗漫，昧昧失更畴。"

清·郭麟《疏影梦》："茫茫昧昧匆匆极，尚病里、厌厌情味。"

清·郑用锡《闻有司置盗冢者于法，感作》："乃知厚葬非，斯世何昧昧！"

清·郑珍《樾峰次前韵见赠兼商辑郡志奉答》（丙申）："独思有此邦，昧昧古疆畎。"

清·曹家达《代人挽歌三首·其三》："君若昧昧兮发阳阿兮谁听。"

近现代·方地山《赠南花妹妹（美美）老七》（乙亥冬月）："昧昧思之堪大笑；卿卿我不更谁当。"

近现代·马一浮《野兴二首·其二》："昧昧将何极，营营亦可嗟！"

当代·添雪斋《迷雾起，春雨发，一城淋漓》："昧昧转头年少事，近时面目已笼纱。"

第三节 大 虚

一、典出

"大虚"，典出宋玉《小言赋》："超于大虚之域，出于未兆之庭。"

二、简释

句意为："没有身子。超越于太虚之域，出身于无迹之际。"这里是宋玉幻想的虚无缥缈的世界，类似今天灵魂深处的小宇宙。

三、变体（或不同典形）

《庄子·知北游》塑造"太虚"一词以指虚无缥缈之境。宋玉"大虚"是否师习庄子，存疑。故"太虚"一词的历代引用颇著，但考察这些引用，关系到庄子与宋玉的学术传承及思想影响，此编暂缺，待编者及学术界努力研究之后再作后续补充。

四、历代引用与释义

◈ 大虚

南北朝·萧绎《金楼子·立言》："大虚所以高者，以其轻而无累也。"

唐·克符道者《汾州玉》："却是江西逢马祖，回头踏转大虚空。"

唐·曹松《浙右赠陆处士》："白浪吹亡国，秋霜洗大虚。"

宋·孙道绚《句·其二》（拟进士试月华临静夜诗）："大虚万籁息，人散一帘斜。"

宋·刘弇《和许亢秀才适轩三咏·其二·小池》："吾闻水月故相摄，小水还同大虚量。"

宋·张守《余旧供观音比得蒋颖叔所传香山成道因缘叹仰灵异因为赞于后》："犹如大虚空，云电或风霾。"

宋·文同《对酒》："茫然大虚内，蒸胡尽和气。"

宋·朱松《秋怀十首·其五》："大虚同一如，浮云渺何依。"

宋·李纲《六言颂六首赠安国觉老·其一》："大虚一点真气，都卢半掬水中。"

宋·李流谦《和钱大虚清映亭韵》："西风振槁如发蒙，危亭创见心眼工。"

宋·杨万里《舟中夜坐》："若无篷与簟，身在大虚中。"

宋·王云《赠大仰齐禅师》："体与大虚合，心将诸祖同。"

宋·王庭圭《刘大虚作十花词相示复以诗来有求挥斤之句兼简中问仆无恙吠犬不为灾次韵一首奉酬》："新词蔼蔼吐春云，清似金炉百和焚。"

宋·王庭圭《次前韵酬刘大虚惠端砚》："端溪之水深莫测，千夫挽绠下取石。"

宋·王庭圭《惠门寺钟铭》："万动俱寂，如大虚空。虚空无椎，何物为钟。傍震万壑，高闻九穹。"

宋·王庭圭《刘大虚喜神赞》："画无老幼，形全神守。"

宋·沈遘《奉祠东太乙宫·五言读道书》："天风起寒门，便欲凌大虚。"

宋·王洋《沈大虚以丁求安韵寄两篇次韵》："长淮千里拥双旌，揽辔曾闻志已清。"

宋·程俱《山居 寂照堂》："古镜悬大虚，摩尼珠五色。纷然百草头，寂照照常寂。"

宋·章甫《杂诗平韵·其二十八》："若悟充饥徒画饼，应知解醉早携柑。小中见大虚中寔，万古乾坤一草庵。"

宋·释印肃《示徒·其一》："妄心不灭祸难除，任向祈求卜大虚。"

宋·释印肃《三昧诸颂·其八》："大虚涂毒鼓，有病闻皆愈。"

宋·释印肃《信士画真请赞·其六》："等大虚空一体，雾露云霞表衣。"

宋·释道宁《偈六十三首·其十一》："纵经尘劫空劳力，争似忘言合大虚。"

宋·释惟一《镜空》："团团荷叶不相似，豁豁大虚难比伦。"

宋·释祖钦《跋圆觉经》："大虚圆满，妙觉混融。"

宋·陈轩《上竺寺记赞》："我观圣心等大虚，其视万物犹一物，细视一物如一身。"

元·方回《题江君天泽古修堂（雷）三首·其一》："大虚空重片光悬，何异初开混沌天。"

元·王实甫《杂剧·吕蒙正风雪破窑记·第一折》："便似那石中稳玉蚌含珠，五色光明射大虚。人怀才义终须贵，腹有文章志有余。"

元·刘永之《到郡不入城寄彭声之雪印大虚》："凤洲秋水日渐渐，江水浑如博士衫。"

元·成廷圭《白云上人悼章》："青城今夜白眉月，似汝招摇出大虚。"

明·庄昶《灵岩山逢大虚僧》："云水秋江与别踪，三年不见意何穷。"

明·徐庸《庆寿分得如字》："蓬莱山高凌大虚，金银楼阁仙人居。"

明·汤铉《松江塔阁》："灏气返大虚，元英满广漠。"

明·王恭《题传别驾存省堂》："谁知灵台中，澹然大虚静。"

明·罗伦《文乡书舍》："大虚皆我屋，明月可芳邻。"

明·顾璘《送斌上人游杭州》："少事大虚老，空门初发蒙。"

明·李英《春日登五羊城楼眺望因寄溪上友人》："翩翩归雁过扶胥，独客登楼俯大虚。"

明·符锡《双节（白马萧氏）》："明月皎大虚，烈风起长阿。"

明·释函是《乌鹊吟》："养成毛翮健且长，旷大虚空一任东冲西突何曾奈得我。"

明·邝露《咏怀》："东海有小鸟，遗形潜大虚。"

清·成鹫《署中赠周季鹰刘山铭》："真宰互相答，大虚中寂然。"

明末清初·钱谦益《方庵诗为心函长老作》："无将大虚空，迷方贮瓶缶。"

清·林占梅《池上夜坐》（壬子）："浮云净大虚，穴寥清似洗。"

清·符曾《赠李庆生》："古人才大虚中偏，巨壑要受千回漩。"

清·郑鋐《送族弟瀛洲之官安县七十韵》："譬之笃疾后，大虚损荣卫。"

清·钱载《坐祝融峰顶石观云海歌》："盘陀与我在云上，大虚之天惟倚天。"

清末近代·刘永济《鹧鸪天》："识破从来四大虚，一编遮眼亦蘧蘧。"

近现代·袁荣法《蝶恋花·世父赋落花诗八章，一时和者甚众。番禺廖丈忏庵更拈六一词语为起句，成蝶恋花若干阕。世父属同作·其二》："广大虚空清净土。人天尽有安排处。"

第四节　眇眇冥冥

一、典出

"眇眇冥冥"，典出宋玉《小言赋》："视之则眇眇，望之则冥冥。离朱为之叹闷，神明不能察其情。"

二、简释

近观则渺小，远望则昏暗。神明也不能看清楚真实的情况。

三、变体（或不同典形）

眇冥、眇眇、冥冥

四、历代引用与释义

📚 眇眇冥冥

"眇眇冥冥"，又作"渺渺冥冥"。

明·黄宗羲《明儒学案·甘泉学案·侍郎许敬菴先生孚远》："凡宇宙间形形色色，万紫千红，无一不胚胎完具於其内，故曰：'天命之谓性。'此自是实在道理，原不落空。若曰：'天命之性，渺渺冥冥，一切俱无。'如此不知天命的，是个甚么？便於天命二字说不去矣。"

清·曹雪芹《红楼梦·第六十六回》："可怜'揉碎桃花红满地，玉山倾倒再难扶'，芳灵蕙性，渺渺冥冥，不知那边去了。当下唬得众人急救不迭。尤老一面嚎哭，一面又骂湘莲。贾琏忙揪住湘莲，命人捆了送官。"

清·康基田《晋乘搜略》三十二卷："白云吞吐，云雷孤山直对，而雷首中条渺渺冥冥，乍见乍没，蹴蹬而下至流丹亭，亭北倚石崖，其南半悬中流下，亭就河壖西山。"

清·张毓碧修、谢俨等纂《云南府志·康熙》二十六卷："云树苍莽，夕阳细雨，阴阳互薄，渺渺冥冥，凄凄瑟瑟，不又与孤臣迁客随时浮沉，口欲鸣而畏谗，志欲奋而惧罪守雌守黑。"

清·黄宅中、邓显鹤纂《宝庆府志·道光》一四三卷首二卷、末三卷："叠嶂横开，紫崖叠起，白云摩顶，古水浮青，渺渺冥冥，神旷情怡，已不知身之在人世也。复下里许，乃抵荆竹，入揖慧公，茗语移时出步。"

清·徐淦、江普光等纂《醴陵县志·同治》十四卷首一卷、末一卷："北固望王气于金陵，葱葱蒨蒨，渺渺冥冥，睹蛟蟠而螭据，思虎斗而龙争，幸金汤之如故，怀保障之无能，亦或仰长空飞。"

清·卢建其、张君宾、胡家琪纂《宁德县志·乾隆》十卷首一卷："和卿云而霭霭，则见渺渺冥冥，江天四映，灿冯夷之晶宫，拂瑶空之乌镜，启画舫之洞箫，拨骚人以吟咏。乃歌曰：日出瞳瞳。"

近代·郑贤书修，张森楷纂《民国新修合川县志》八十三卷："岂贻讥于馁才？神于是凝，思于是运，渺渺冥冥，悠悠汶汶，拓静开明，涵虚登进。境随乎通塞，资权乎利钝，气判乎刚柔。"

近代·何横、张高修、邹家箴等纂《宣平县志》十四卷："亦如嗔人往来而遮塞焉，着陟数磴，眇眇冥冥，蒙迷如初入时。谢诗所谓昼夜蔽日月，李诗所谓巫山夹青天者，正似委蛇而转。"

📚 眇冥

唐·杜甫《桥陵诗三十韵，因呈县内诸官》："永与奥区固，川原纷眇冥。"

宋·张九成《三月十一日不出》："何日当晴霁，西山云眇冥。"

宋·范成大《提刑察院王丈挽词·其二》："日者悲离索，公今又眇冥。"

宋·郭茂倩《郊庙歌辞·绍兴以后祀五方帝六十首·其二·白帝降神用〈高安〉》："祗越眇冥，鸿基永昌。"

宋·郭茂倩《郊庙歌辞·绍兴祀九宫贵神十首·其二·降神用〈景安〉》："象舆眇冥，金奏远姚。"

明·崔光玉《无相寺方丈寺（旧为王季文书堂）》："霰雪眇冥当昼合，

芙蓉蘡沓倚檐多。"

明·王履《始至玉泉院时从院外西转将上因目击洞中稍立以挹其概欲赋诗未暇今还至所立之地却赋此以补之》："玄化韬空曲，神机注眇冥。"

明·王履《华山西北夹路皆荷花望不知其顷之为几大石小石错杂乎中边询之途人有老者云此地本山址昔因崩而下陷故水聚荷生》："水晶之宫秋眇冥，绿娟红腻琉璃屏。"

明·胡应麟《琴操十一首·其五·采芝操》："郁郁崇冈，龍嵸眇冥。"

📚 眇眇

汉·东方朔《七谏·其三·怨世》："卒不得效其心容兮，安眇眇而无所归薄。"

汉·东方朔《七谏·其六·哀命》："含素水而蒙深兮，日眇眇而既远。"

汉·刘向《九叹·其八·思古》："悲余心之悁悁兮，目眇眇而遗泣。"

汉·王褒《九怀·其六·蓄英》："微霜兮眇眇，病夭兮鸣蜩。"

汉·王逸《九思·其一·逢尤》："世既卓兮远眇眇，握佩玖兮中路踬。"

魏晋·佚名《魏夫人与众真吟诗二首·其二·十二月一日夜南岳夫人作与许长史》："解脱遗波浪，登此眇眇清。"

魏晋·佚名《大洞真经诗》："眇眇灵景元，森洒空清华。"

魏晋·紫微王夫人《诗一十七首·其八·紫微吟此再三》："玄清眇眇观，落景出东渟。"

魏晋·张翼《赠沙门竺法頵三首·其三》："翘翘羡化伦，眇眇陵岩正。"

魏晋·傅玄《历九秋篇》："逸响飞薄梁尘，精爽眇眇入神。"

魏晋·孙绰《表哀诗》："微微冲弱，眇眇偏孤。"

魏晋·支遁《述怀诗二首·其一》："萧萧猗明翮，眇眇育清躯。"

魏晋·荀济《赠阴梁州诗》："容仪虽眇眇，梦想尚昭昭。"

魏晋·许穆《诗》："眇眇濯圆罗，佛佛驾飞轮。"

魏晋·陆云《答兄平原诗》："峨峨高踪，眇眇贸辰。"

东晋·陶潜《始作镇军参军经曲阿》："眇眇孤舟逝，绵绵归思纡。"

魏晋·云林右英夫人《诗二十五首·其八·九月六日夕云林喻作与许侯

（真诰并上为一篇）》：“清净云中视，眇眇蹑景迁。”

魏晋·云林右英夫人《诗二十五首·其十四》：“公侯徒眇眇，安知真人灵。”

三国·曹植《情诗》：“眇眇客行士，遥役不得归。”

南北朝·汤惠休《秋思引》：“思君末光光已灭，眇眇悲望如思何。”

南北朝·刘铄《拟行行重行行诗》：“眇眇陵长道，遥遥行远之。”

南北朝·宗夬《别萧咨议（衍）》：“眇眇追兰径，悠悠结芳枝。”

南北朝·沈约《梁甫吟》：“寒光稍眇眇，秋塞日沉沉。”

南北朝·沈约《和王卫军解讲诗》：“眇眇玄涂旷，高义总成林。”

南北朝·王僧孺《湘夫人》：“桂栋承薜帷，眇眇川之湄。”

南北朝·沈君攸《桂楫泛河中》：“眇眇云根侵远树，苍苍水气合遥天。”

南北朝·谢庄《自浔阳至都集道里名为诗》：“眇眇高湖旷，遥遥南陵深。”

南北朝·萧纲《咏寒凫诗》：“眇眇随山没，离离傍海飞。”

南北朝·谢朓《隋王鼓吹曲十首·其五·出藩曲》：“眇眇苍山色，沉沉寒水波。”

南北朝·鲍照《幽兰五首·其四》：“眇眇蛸挂网，漠漠蚕弄丝。”

南北朝·鲍照《冬至诗》：“眇眇负霜鹤，皎皎带云雁。”

隋·佚名《第三无色界魔王歌》：“三界之上眇眇大罗。上无色根云层峨峨。”

隋·佚名《文武舞歌四首·其二·文舞辞》：“眇眇舟车，华戎毕会。”

唐·魏徵《郊庙歌辞·五郊乐章黄帝宫音·肃和》：“眇眇方舆，苍苍圜盖。”

唐·《南岳魏夫人传》所引诗《高仙盼游洞灵之曲一章并序》：“清净太无中，眇眇蹑景迁。”

唐·佚名《郊庙歌辞·明皇祀圜丘乐章豫和》：“眇眇圜阖，昭昭上玄。”

唐·佚名《太帝君赞大有妙经颂一章》：“翳翳元化初，眇眇晨霞散。”

唐·刘长卿《题萧郎中开元寺新构幽寂亭》：“沉沉众香积，眇眇诸天空。”

唐·吴筠《游仙二十四首·其二十三》：“纵身太霞上，眇眇虚中浮。”

唐·孟云卿《杂曲歌辞·生别离（一作“今别离”）》：“眇眇天海途，悠悠吴江岛。”

唐·张说《再使蜀道》：“眇眇葭萌道，苍苍褒斜谷。”

唐·张九龄《始兴南山下有林泉尝卜居焉荆州卧病有怀此地》："行行念归路，眇眇惜光阴。"

唐·朱放《送温台》："眇眇天涯君去时，浮云流水自相随。"

唐·杜甫《子规》："眇眇春风见，萧萧夜色凄。"

唐·杜甫《舟月对驿近寺》："城乌啼眇眇，野鹭宿娟娟。"

唐·杜甫《过津口》："圣贤两寂寞，眇眇独开襟。"

唐·独孤及《题思禅寺上方》："眇眇于越路，茫茫春草青。"

唐·王维《青龙寺昙璧上人兄院集》："眇眇孤烟起，芊芊远树齐。"

唐·白居易《贺雨》："顾惟眇眇德，遽有巍巍功。"

唐·皇甫冉《杂言迎神词二首·其一·迎神》："启庭户，列芳鲜；目眇眇，心绵绵，因风托雨降琼筵。"

唐·皇甫冉《江草歌送卢判官》："目眇眇兮增愁，步迟迟兮堪搴。"

唐·皎然《南湖春泛有客自北至说友人岑元和见怀因叙相思之志以寄焉》："春草思眇眇，征云暮悠悠。"

唐·皎然《兵后早春登故郭南楼望昆山寺白鹤观示清道人并沈道士》："新阳故楼上，眇眇伤遐眷。"

唐·皎然《寄崔万芳夔》："归思忽眇眇，佳气亦沉沉。"

唐·皎然《晚冬废溪东寺怀李司直纵》："眇眇湖上别，含情初至今。"

唐·皎然《古别离（代人答阎士和）》："云离离兮北断，鸿（一作'雁'）眇眇兮南多。"

唐·裴夷直《别蕲春王判官》："今日一杯成远别，烟波眇眇恨重重。"

唐·韦应物《淮上即事寄广陵亲故》："前舟已眇眇，欲渡谁相待。"

唐·韦应物《送李侍御益赴幽州幕》："悠悠行子远，眇眇川途分。"

唐·韦应物《王母歌》（一作《玉女歌》）："玉颜眇眇何处寻，世上茫茫人自死。"

唐·韦渠牟《步虚词十九首》："云容衣眇眇，风韵曲泠泠。"

唐·骆宾王《艳情代郭氏答卢照邻》："迢迢芊路望芝田，眇眇函关恨蜀川。"

唐末宋初·徐铉《题白鹤庙》："白鹤唳空晴眇眇，丹砂流涧暮潺潺。"

宋·石安期《白鹤台》："稻粱不逐群鸡乐，眇眇高情未易呼。"

宋·刘敞《新雁二首·其一》："眇眇江汉阻，萧萧霜露秋。"

宋·史达祖《换巢鸾凤·梅意花庵作春情》："人悄。天眇眇。花外语香，时透郎怀抱。"

宋·吴惟信《题李师德书楼》："眇眇新吟思，谁怜合古初。"

宋·宋祁《怀三封墅·其二》："泱泱云抱岑，眇眇林鸣崑。"

宋·崔鷗《早秋雨霁图》："风裾映山青，眇眇行李幽。"

宋·周紫芝《隆茂宗鄮余所得苏后湖像别为作短轴超然有物外意》："悠悠跨蹇驴，眇眇出寒谷。"

宋·倪稱《水调歌头·其二》："西望群山千叠，眇眇飞鸿没处，爽气与俱浮。"

宋·姜夔《过湘阴寄千岩》："眇眇临风思美人，荻花枫叶带离声。"

宋·姜夔《汉宫春·其二·次韵稼轩蓬莱阁》："更坐待、千岩月落，城头眇眇啼乌。"

宋·度正《送别罗坚文·其二》："眇眇初晴日，蒙蒙欲暮云。"

宋·张嵲《自顺阳至均房道五首用陈符宝去非韵·其一》："霜风吹草树，眇眇连荒陂。"

宋·晁公溯《园中二首·其二》："眇眇周垣总路平，森森夏木已阴成。"

宋·晁公溯《远望》："云来翳遥碧，眇眇没飞鸟。"

宋·朱熹《次韵刘彦采观雪之句》："朔风吹空林，眇眇无因依。"

宋·朱熹《卓国太生朝·其二》："惟应玄中趣，眇眇自本根。"

宋·李纲《宿安仁云锦堂》："北陆寒凝风眇眇，东吴音断意茫茫。"

宋·李纲《去岁道巴陵登岳阳楼以望洞庭真天下之壮观也因诵孟浩然气蒸云梦泽波撼岳阳城之句追古今绝唱用以为韵赋诗十篇·其六》："眇眇帝子愁，欲降山之阿。"

宋·杜浚之《书警》："所得甚眇眇，所丧已漫漫。"

宋·杨万里《后圃散策》："明明去人近，眇眇弥步远。"

宋·梅尧臣《拟张九龄咏燕》："眇眇双来燕，长年与社违。"

宋·沈辽《登澧阳楼》："眇眇江湘万里平，夕阳明处楚山横。"

宋·沈辽《寄崇德大师》："沧波眇眇太湖边，引领西风为怅然。"

宋·沈与求《过徐氏郊居》："林梢眇眇堕斜晖，剥啄还来扣隐扉。"

宋·洪朋《排闷》："泛泛藕花飘，眇眇仙茅靡。"

宋·王安石《即事三首·其三》："眇眇上古历，回环今几周。"

宋·苏轼《食槟榔》："眇眇云间扇，荫此八月暑。"

宋·王当《戏画松柏壁》："冰厅昼日永，眇眇谁与语。"

宋·白玉蟾《飞仙吟送张道士》："摇头不答径拂袖，白云眇眇迷清都。"

宋·薛季宣《九奋·其九·沈湘》："其穷幽兮眇眇，皇合德兮太皓。"

宋·苏泂《霜毛》："深深四檐雨，眇眇一枝灯。"

宋·葛立方《九效·其六·君臣》："世卓兮眇眇，矩蒦兮可寻。"

宋·辛弃疾《汉宫春·会稽秋风亭怀古》："只今木落江冷，眇眇愁余。"

宋·郑克己《芦花》："眇眇临窗思美人，荻花枫叶带鸡声。"

宋·郑应开《游鼓山》："眇眇愁余歌石鼓，漫磨枯墨洒苍苔。"

宋·郭印《再和前韵·其一》："飞萤眇眇何时见，惊鹊纷纷特地愁。"

宋·郭祥正《后云居行寄和禅师》："于是曳屣却步，循磴道而复返兮，岁眇眇而屡残。"

宋·陈与义《粹翁用奇父韵赋九日与义同赋兼呈奇父》："白衣终不至，眇眇空愁予。"

宋·陈与义《己酉九月（四库本作"日"）自巴丘过湖南别粹翁》："眇眇孤飞雁，严霜欺羽翼。"

宋·黄公度《和郑邦达主簿（元之）五绝·其四》："风姿眇眇志堂堂，诗句惊人易数长。"

宋·释智愚《颂古一百首·其九十》："郊原眇眇青无际，野草闲花次第生。"

宋·阳枋《和黄循斋送景正辅户曹之夔三首·其三》："端倪还眇眇，勋绩自巍巍。"

宋·陶梦桂《大儿时中堂成德修弟喜而赋之因次元韵》："眇眇居人世，骎骎过隙曛。"

宋·高似孙《九怀·其七·秦游（东君）》："愁人兮奈何，目眇眇兮微波。"

宋·韩淲《昌甫题徐仙民诗集因和韵两篇·其一》："眇眇三灵见，萧萧一叶知。"

宋·韩淲《次韵昌甫·其七》："秋风过秋雨，眇眇正愁予。"

宋·韩淲《赵履常湖北仓经过因话昔惘然久之》："眇眇桃宫聊记取，峨峨芸阁久回旋。"

宋·韩淲《次韵上饶见怀苍筤》："眇眇高人怀栗里，悠悠佳梦付巫阳。"

宋·韩淲《冷寻》："门外屡成三尺雪，茫茫眇眇欲何之。"

宋·韩淲《九日·其一》："悠悠两高峰，眇眇见落木。"

宋·韩淲《三月八日·其一》："来燕翩翩归，啼鹃眇眇至。"

宋·韩淲《怀斯远》："眇眇兮章丘，所见惟我独。"

宋·韩淲《过履道山堂及子潜家方斋》："悠悠我所思，眇眇天一方。"

宋·韩淲《赵主簿以许旌阳李八百像刻来因得二首·其一》："眇眇西山路，谁知许旌阳。"

宋末元初·林景熙《南山有孤树》："惊秋啼眇眇，风挠无宁枝。"

金·赵沨《留题西溪三绝·其二》："波光湛碧冷无痕，眇眇轻风起縠纹。"

元·乃贤《罗稚川山水十韵为甬东应可立题》："眇眇溪云净，涓涓石溜悬。"

元·揭傒斯《京城闲居杂言四首·其三》："眇眇寒门士，客游燕蓟城。"

元·柳贯《三月十日观南安赵使君所藏书画古器物》："交游聚散等萍絮，春风眇眇吹江湖。"

元·范梈《奉和李监丞醉赠羽人之作》："眇眇美人绛珠宫，弦白雪兮歌清风。"

元·郝经《后听角行》："馀音眇眇渡江去，依稀似向愁人说。"

元·陈基《鸿雁篇》："西飞眇眇秦山曲，东去悠悠沧海湄。"

元·戴良《辛亥除夕三首·其一》："眇眇家何在，悠悠岁又阑。"

元·戴良《夜泊吴江长桥宿垂虹亭》："飘飘形若蜕，眇眇思何极。"

明·刘基《二鬼》："谋之不能行，不意天帝错怪恚，谓此是我所当为，眇眇末两鬼，何敢越分生思惟。"

元末明初·王逢《往扬名（一作"阳明"）开化二乡掩骼》："骎骎度冈坂，眇眇循薮泽。"

元末明初·陆仁《题文海屋洛神图》："扬舲兮遽远，目眇眇兮愁余。"

元末明初·黄哲《过梁昭明太子墓》："眇眇因怀昔，营营徒慨今。"

元末明初·王冕《庐山行送行》："浮岚吐秀挹南斗，黛色眇眇来青湖。"

元末明初·王翰《途中》："蔓草野多露，眇眇天之涯。"

明·冯裕《劈山》："仙境茫茫天地外，霸图眇眇有无中。"

明·徐缙《送陆甥绶适淮阴》："征帆眇眇去江滨，千里垂杨暗绿津。"

明·何景明《登楼二首·其一》："眇眇凭高暮，凄凄景物闲。"

明·何景明《益门》："眇眇征途子，云山谁见招。"

明·倪岳《中秋大雨无月作嫦娥怨时会陈师召宅》："美人悠悠怀永夕，孤影眇眇临悲风。"

明·唐顺之《送人上陵作》："祠坛眇眇神光下，路寝荧荧燎火升。"

明·李袠《胡明府书来道旧花园之游怅然作歌》："美人眇眇春水长，万里斜阳坐西没。"

明·欧大任《广陵怀古二十首·其二·邗沟》："千秋霸气孤，眇眇原臣目。"

明·欧大任《大司徒钟阳马公哀词》："目眇眇兮愁予，恍四顾兮彷徨。"

明·释宗泐《送大彰徐博士还钱塘以客路青山外五字为韵赋诗五首·其四》："孤云度天际，眇眇何时还。"

明·胡俨《游蓟门》："纷扶疏兮轮囷，忽眇眇兮无垠。"

明·沈周《题画》："眇眇古招提，更出群木颠。"

明·沈周《制髻披巾一首》："匀匀布烟华，眇眇绚雾縠。"

明·程敏政《杂诗二首·其一》："试问创者谁，眇眇秦汉王。"

明·祝允明《述行言情诗·其五十》："眇眇予日接，泳洽如渊鳞。"

明·湛若水《蛋子》："蛋子何眇眇，自得同水族。"

明·王守仁《答朱汝德用韵》（滁州诗，正德癸酉年到太仆寺作）："青鸾眇眇无消息，怅望烟花又暮春。"

明·王守仁《天成素有志于学兹得告东归林居静养其所就可知矣临别以此纸索赠漫为赋此遂寄声山泽诸贤》："眇眇素心人，望望沧洲去。"

明·薛蕙《留别》："迟迟去燕阙，眇眇向吴荆。"

明·黄省曾《赠叔禾宪使田子一首》："眇眇言骛玄，彬彬意凌雅。"

明·杨爵《元日次晴川韵》："形踪眇眇寰帱下，世故忡忡方寸间。"

明·杨爵《遗偲男归秦·其一》："万里云山形眇眇，几年天道鉴懵懵。"

明·黄廷用《九日送友人还莆·其二》："眇眇青冥飞一雁，飘飘白羽过三山。"

明·赵贞吉《峨眉山歌》："雪岭星桥何小小，铜梁玉垒何眇眇。"

明·李攀龙《录别·其一》："眇眇远行客，绵绵思故乡。"

明·汤显祖《送前宜春理徐茂吴》："西湖徐君美如此，眇眇东来渡江水。"

明·归昌世《叔父季思别业》："归途殊眇眇，月白萝阴繁。"

明·叶纨纨《秋日睡起感悟》："眇眇犹若梦，恍惚又谓起。"

明·梁朝钟《黄陂县经黄祖旧战场时段游击有百馀骑护予行》："烽烟归未得，眇眇欲愁余。"

明·郭之奇《自吴城至马当湖江八景·其五·大姑山（俗云大姑鞋在湖口上三十里）》："佳期夕望逾荒忽，眇眇愁予隔步趋。"

明·郭之奇《五日》："湘娥目眇眇，楚臣恨悠悠。"

明·郭之奇《愁三水》："金陵兮望终，尚眇眇兮难通。"

明·钟芳《射隼（亦为马都督题）》："隼兮隼兮何眇眇，死向将军为君兆。"

明·黄衷《次韵燕泉司空和陶五首·其四·余闲》："眇眇泛泽士，茶灶留孤烟。"

明·邝露《君山怀二妃》："眇眇愁予地，芙蓉北渚期。"

明·邝露《美女篇》："袅袅洞庭波，眇眇愁余目。"

明末清初·郭金台《寄和毛子霞郢中楼居》："眇眇思神女，空瞻解佩声。"

明末清初·陆求可《红林檎近（舟雨）》："翠黛愁眇眇，红袖湿盈盈。"

明末清初·尤侗《二郎神慢·李笠翁招饮观家姬新剧》："自笑周郎愁眇眇，好央及、灯花剔亮。"

明末清初·汪琬《决策》："久抛猿鹤计全非，眇眇吴昌匹练微。"

明末清初·王夫之《续落花诗三十首·其二十一》："愁予眇眇云中子，卸取徐妃半面钿。"

清·丘逢甲《题崧甫弟遗像》："眇眇一秀才，诏令侨海阳。"

清·姚燮《宫井营晓憩》："眇眇余怀去天末，沙云烟草竟无涯。"

清·姚燮《水仙花四章·其三》："美人眇眇阻江南，落日微微照远岚。"

清·姚燮《画梅毕各系以诗得四章·其四》："琴声眇眇钟沉沉，老鹤步月荒烟阴，吾屋窈若空山深。"

清·姚燮《齐天乐·题苏芝樵（悼元）疏烦图》："银涛如线走壁，感今淘古涤，眇眇何尽。"

清·尤钧《小孤山》："眇眇疑含睇，垂垂欲画娥。"

清·张景祁《换巢鸾凤·用梅溪韵同魏丈滋伯作》："愁悄。人眇眇。心事问谁，明镜当怀抱。"

清·曹贞吉《木兰花慢·寄武曾》："迢递岁华徂。眇眇正愁予。"

清·李锴《孟冬晓发之闽南》："漫漫江海遥，眇眇独愁予。"

清·柳是《秋思赋》："缤纷可裁，暗蔼眇眇。"

清·王士禛《题三闾大夫庙四首·其一》："眇眇思公子，依依问楚人。"

清·康熙皇帝《长江静浪歌》："风波云雾全眇眇，群峰屹立暝烟微。"

清·蒋敦复《瑶台第一层》："高寒绛阙，天空眇眇，海碧迢迢。"

清·郭麟《珍珠帘·忆竹帘》："挂起潇湘天接水，隔眇眇、横波不断。"

清·陈廷敬《盘山拙庵禅人索诗二首·其一》："青沟依约白毫光，眇眇禅栖在上方。"

清·黄侃《辛未除夕和苏子瞻·其一》："眇眇一身仍有累，恢恢六合竟无归。"

清末近代·龚乾义《题石遗室小池》："宴坐观化者，眇眇动此性。"

清末近代·杨圻《代玉帅挽南海联》："满眼是莺飞草长，眇眇愁余。"

近代·陈三立《丁叔雅户部至白下颇劝贷钱营濒海垦田既去海上寄此调之》："眇眇吾安放，堂堂富可求。"

近代·陈三立《发吴城取江路指南昌凡百八十里》："持余眇眇身，来御风如虎。"

近现代·顾随《南乡子·其二》："教发祖银裳。眇眇予怀水一方。"

近现代·寇梦碧《点绛唇·丛翁病目新愈》："眇眇愁予，太清何意微云掩。"

近现代·黄咏雩《临江仙·黄陵庙》："骋望陟方人去远，数峰江上依稀。"

愁予眇眇为谁思。"

近现代·饶宗颐《点绛唇·题张二乔画兰卷》:"倦红颓草,眇眇伤孤抱。"

当代·幻庐《国家大剧院观意大利威尔第歌剧〈阿伊达〉,祖宾梅塔指挥,女中音杨光女士出演第三主角埃及公主安奈瑞斯》:"忽变幽鳞悬游丝,眇眇秋穹远独鹤。"

当代·张力夫《汉宫春·新登泰山作》:"眇眇正愁予,听山阳邻笛。"

当代·傅义《惊梦次烟云了了韵》:"莽莽乾坤眇眇身,行香那有不尊神。"

当代·陈永正《和斯奋归琼诗》:"垂垂不可折,眇眇待君时。"

📚 冥冥

汉·《汉乐府·战城南》:"蒲苇冥冥,枭骑战斗死。"

汉·《汉乐府·陌上桑》:"杳冥冥。羌昼晦。"

汉·《汉乐府·孔雀东南飞》:"儿今日冥冥,令母在后单。"

汉·东方朔《七谏·其三·怨世》:"专精爽以自明兮,晦冥冥而壅蔽。"

汉·刘向《九叹·其三·怨思》:"征夫皇皇其孰依兮。经营原野杳冥冥兮。"

汉·王褒《九怀·其七·思忠》:"历广漠兮驰骛,览中国兮冥冥。"

汉·王逸《九思·其八·哀岁》:"冬夜兮陶陶,雨雪兮冥冥。"

汉·蔡琰《悲愤诗二章·其一》:"还顾邈冥冥,肝脾为烂腐。"

三国魏·阮瑀《七哀诗》:"冥冥九泉室,漫漫长夜台。"

魏晋·刘程之《奉和慧远游庐山诗》:"冥冥玄谷里,响集自可闻。"

魏晋·佚名《赤蛟》:"延寿命,永未央。杳冥冥,塞六合。"

魏晋·张翼《赠沙门竺法頵三首·其二》:"冥冥积尘昧,永在岩底闭。"

魏晋·傅玄《晋天地郊明堂歌六首·其五·地郊飨神歌》:"昭若存,终冥冥。只之至,举欣欣。"

魏晋·陆云《答兄平原诗》:"苟克析薪,岂惮冥冥。"

魏晋·陆机《泰山吟》:"峻极周已远,曾云郁冥冥。"

魏晋·陆机《董桃行》:"长夜冥冥无期。何不驱驰及时。"

三国·曹植《三良诗》:"长夜何冥冥,一往不复还。"

南北朝·何承天《鼓吹铙歌十五首·其五·巫山高篇》："崇岩冠灵林冥冥。山禽夜响。"

南北朝·何逊《入东经诸暨县下浙江作诗》："虚信苍苍色，未究冥冥理。"

南北朝·伏挺《行舟值早雾诗》："水雾杂山烟，冥冥不见天。"

南北朝·周子良《彭先生歌》："太霄何冥冥。灵真时下游。"

南北朝·江淹《杂体诗三十首·其十一·潘黄门岳悼亡》："梦寐复冥冥，何由觌尔形。"

南北朝·朱异《田饮引》："鹏纷纷而聚散。鸿冥冥而远翔。"

南北朝·王锡《细言应令诗》："冥冥蔼蔼。离朱不辨其实。"

南北朝·谢朓《送神 其四》："有湋兴，肤寸积。雨冥冥，又终夕。"

南北朝·范邈《南岳魏夫人传》所引诗《方诸青童歌一章》："盼观七曜房，朗朗亦冥冥。"

隋·葛玄《空中歌三首·其一》："冥冥未出期，劫尽方当止。"

唐·释智严《十二时·普劝四众依教修行六首·其一》："身即冥冥枕上眠。魂魄悠悠何处去。"

唐·于鹄《宿西山修下元斋咏》："幽人在何处，松桧深冥冥。"

唐·储光羲《题太玄观》："所喧既非我，真道其冥冥。"

唐·储光羲《过新丰道中》："雷雨杳冥冥，川谷漫浩浩。"

唐·僧鸾《苦热行》："西郊云色昼冥冥，如何不救生灵苦。"

唐·元结《补乐歌十首·其八·大韶》："欲闻朕初兮，玄封冥冥。"

唐·刘复《经禁城》："昔人竟何之，穷泉独冥冥。"

唐·刘言史《潇湘游》："青烟冥冥覆杉桂，崖壁凌天风雨细。"

唐·刘长卿《题魏万成江亭》："不是莲花府，冥冥不可求。"

唐·卢纶《和马郎中画鹤赞》："暮云冥冥，双垂雪翎。"

唐·司马退之《洗心》："去矣丹霄路，向晓云冥冥。"

唐·吕岩《七言·其一百零六》："杳杳冥冥莫问涯，雕虫篆刻道之华。"

唐·吴融《宪丞裴公上洛退居有寄二首·其一》："鸿在冥冥已自由，紫芝峰下更高秋。"

唐·孟云卿《古挽歌》："冥冥何所须，尽我生人意。"

唐·孟郊《湘妃怨》（一作《湘灵祠》）："冥冥荒山下，古庙收贞魄。"

唐·孟郊《伤春》："乱兵杀儿将女去，二月三月花冥冥。"

唐·孟郊《登华岩寺楼望终南山赠林校书兄弟》："地脊亚为崖，耸出冥冥中。"

唐·元稹《清都夜境》："楼榭自阴映，云牖深冥冥。"

唐·元稹《忆云之》："奇树花冥冥，竹竿凤袅袅。"

唐·元稹《有酒十章·其四》："何三光之并照兮，奄云雨之冥冥。"

唐·崔涂《湘中弦（一作"谣"）·其二》："烟愁雨细云冥冥，杜兰香老三湘清。"

唐·崔融《韦长史挽词》："冥冥多苦雾，切切有悲风。"

唐·庞蕴《诗偈·其五十三》："实是可怜许，冥冥不见日。"

唐·张九龄《感遇十二首·其六》："今我游冥冥，弋者何所慕。"

唐·张九龄《巫山高》："神女去已久，云雨空冥冥。"

唐·李白《鸣皋歌送岑征君（时梁园三尺雪，在清泠池作）》："望不见兮心氛氲，萝冥冥兮霰纷纷。"

唐·李白《杂曲歌辞·远别离》："日惨惨兮云冥冥，猩猩啼烟兮鬼啸雨。"

唐·李华《仙游寺》（仙游寺中有龙潭穴、弄玉祠）："冥冥翠微下，高殿映杉柳。"

唐·权德舆《送张詹事致政归嵩山旧隐（青字）》："群公来蔼蔼，独鹤去冥冥。"

唐·权德舆《奉和李大夫题郑评事江楼》："何必栖冥冥，然为（一作'后'）避矰缴。"

唐·张籍《猛虎行》："南山北山树冥冥，猛虎白日绕林村行。"

唐·徐光溥《题黄居寀秋山图》："崎岖石磴绝游踪，薄雾冥冥藏半峰。"

唐·方干《经故侯郎中旧居》："一朝寂寂与冥冥，垄树未长坟草青。"

唐·曹唐《小游仙诗九十八首·其四十八》："云鹤冥冥去不分，落花流水恨空存。"

唐·李商隐《酬令狐郎中见寄》："封来江渺渺，信去雨冥冥。"

唐·李商隐《井泥四十韵》："顾于冥冥内，为问秉者谁。"

唐·李建勋《东楼看雪》："一上高楼醉复醒，日西江雪更冥冥。"

唐·李群玉《规公业在净名得甚深义仆近获顾长康月宫真影对戴安道所画文殊走笔此篇以屈瞻礼》："五浊之世尘冥冥，达观栖心于此经。"

唐·李郢《郢自街西醉归马鞭坠失崔员外起秘书知其阙用皆许见贻俄顷之间二信俱至短长坚重价不相饶辄抒短章仰酬珍锡》："蜀岩阴面冷冥冥，偃雪欺霜半露青。"

唐·李频《八月上峡》（一作《八月峡口作》）："汹汹滩声急，冥冥树色愁。"

唐·杜甫《梅雨》："湛湛长江去，冥冥细雨来。"

唐·杜甫《高楠》："楠树色冥冥，江边一盖青。"

唐·杜甫《独坐二首·其一》："竟日雨冥冥，双崖洗更青。"

唐·杜甫《雨》："冥冥甲子雨，已度立春时。"

唐·杜甫《客旧馆》："无由出江汉，愁绪（一作'秋渚'）月（一作'日'）冥冥。"

唐·杜甫《诸将五首·其四》："回首扶桑铜柱标，冥冥氛祲未（一作'不'）全销。"

唐·杜甫《即事》（一作《天畔》）："天畔群山孤草亭，江中风浪雨冥冥。"

唐·杜甫《寄刘峡州伯华使君四十韵》："咄咄宁书字，冥冥欲避矰。"

唐·杜甫《题郑十八著作虔（一作"丈"）》："台州地阔（一作'僻'）海冥冥，云水长和岛屿青。"

唐·杜甫《醉歌行》："风吹客衣日杲杲，树搅离思花冥冥。"

唐·杜甫《法镜寺》："冥冥子规叫，微径不复（一作'敢'）取。"

唐·杜甫《寄韩谏议》："鸿飞冥冥日月白，青枫叶赤天雨（一作'飞'）霜。"

唐·杜甫《古柏行》："落落盘踞虽得地，冥冥孤高多烈风。"

唐·杜牧《重题绝句一首》："何如自筹度，鸿路有冥冥。"

唐·杨巨源《别鹤词送令狐校书之桂府》："雌（一作'雄'）飞唳冥冥，此意何由传。"

唐·杨彝《过睦州青溪渡》："天阔衔江雨，冥冥上客衣。"

唐·杨衡《题玄和师仙药室》："绕室微有路，松烟深冥冥。"

唐·武元衡《使次盘豆驿望永乐县》："欲驻征车终日望，天河云雨晦冥冥。"

唐·沈佺期《古镜》："长河何冥冥，千岁光不彻。"

唐·沈千运《感怀弟妹》（一作《汝坟示弟妹》）："冥冥无再期，哀哀望松柏。"

唐·温庭筠《秋雨》："秋阴杳无际，平野但冥冥。"

唐·王昌龄《过华阴》："何意昨来心（一作'乍冥冥'），遇物遂迁别。"

唐·王昌龄《赠宇文中丞》："为语弋林者，冥冥鸿远矣。"

唐·王梵志《道情诗》："我昔未生时，冥冥无所知。"

唐·王梵志《诗并序·其八》："冥冥地狱苦，难见出头时。"

唐·王维《送友人归山歌二首·其二》："山中人兮欲归，云冥冥兮雨霏霏，水惊波兮翠菅靡。"

唐·王贞白《出自蓟北门行》："蓟北连极塞，塞色昼冥冥。"

唐·白居易《送客南迁》："春畬烟勃勃，秋瘴露冥冥。"

唐·白居易《梦仙》："半空直下视，人世尘冥冥。"

唐·白居易《丘中有一士二首·其一》："勿矜罗弋巧，鸾鹤在冥冥。"

唐·皇甫冉《杂言湖山歌送许鸣谦》："湖中之山兮波上青，桂飒飒兮雨冥冥。"

唐·皎然《送薛逢之宣州谒废使（一作"谒裴使君"）》："六月鹏尽化，鸿飞独冥冥。"

唐·皎然《哀教》："伊人独冥冥，时人以为愚。"

唐·皎然《酬元主簿子球别赠》："劝君寄一枝，且养冥冥翼。"

唐·皎然《送穆寂赴举》："冥冥鸿鹄姿，数尺看苍旻。"

唐·皎然《咏史》："独负高世资，冥冥寄浮俗。"

唐·皮日休《奉和鲁望四明山九题·其四·云北》："云北昼冥冥，空疑背寿星。"

唐·皮日休《杂体诗·奉和鲁望闲居杂题五首·寺钟暝》："重击蒲牢唅山日，冥冥烟树睹栖禽。"

唐·神颖《宿严陵钓台》："独猿叫断青天月，千古冥冥潭树秋。"

唐·章孝标《游地肺》："市朝扰扰千古，林壑冥冥四贤。"

唐·蔡希寂《赠张敬微》："大河东北望桃林，杂树冥冥结翠阴。"

唐·贯休《古意九首·其一》："一雨火云尽，闭门心冥冥。"

唐·郑巢《送省空上人归南岳》："又归衡岳寺，旧院树冥冥。"

唐·陆龟蒙《杂讽九首·其五》："利尘白日冥冥，独此清夜止。"

唐·韦应物《赋得暮雨送李胄》："漠漠帆来重，冥冥鸟去迟。"

唐·韦应物《听莺曲》："东方欲曙花冥冥，啼莺相唤亦可听。"

宋·员兴宗《题山月水月二亭》："寒光注夜夜，琼树舒冥冥。"

宋·周文璞《皋桥》："累累各高大，冥冥春草萋。"

宋·周文璞《水仙庙鼓吹曲四首·其四》："云冥冥，雷阗阗。"

宋·周行己《武陵烟雨》："桃花流水武陵源，烟雨冥冥暗一川。"

宋·喻良能《晓霁》："夜来细雨暗冥冥，晓起秋容入画屏。"

宋·孔平仲《九月十八日作》："浩浩风吹木，冥冥雨压城。"

宋·孔武仲《和四弟夏雨》："蚕月雨冥冥，愁云满太清。"

宋·宋伯仁《梅花喜神谱·欲谢一十六枝》："庄周鸿冥冥，胡恋花枝巧。"

宋·张嵲《自铅山如鹅湖》："长松十里晓冥冥，行尽松林到法城。"

宋·张嵲《闰月二日始开北窗篱门》："夏郊群树绿冥冥，北户今朝又脱扃。"

宋·王安石《饮裴侯家》："天边眼力破万里，桑麻冥冥山四起。"

宋·蒋之奇《石岩》："冥冥烟雨里，枉道访仙岩。"

宋·苏轼《上清词（补编）》："南山之幽，云冥冥兮。"

宋·苏辙《次韵柳真公闲居春日》："春寒渐欲减衣绵，雨势冥冥水拍天。"

宋·苏辙《和文与可洋州园亭三十咏·其五·竹坞》："空陂放修竹，肃肃复冥冥。"

宋末元初·林景熙《青感》："柳花衮雪春冥冥，溪风一夜吹为萍。"

金·刘志渊《踏莎行》："冥冥杳杳涤神珠，昏昏默默开心月。"

金·王处一《满庭芳·抄化孤魂经纸》："杳杳穷魂，冥冥长夜，沉沉莫辨年龄。"

金·段克己《自讼》:"无将大车尘冥冥,无迩宵人恶易形。"

金末元初·丘处机《劳山诗·其四》:"造物建标东枕海,云舒霞卷日冥冥。"

金末元初·丘处机《云屯山》:"云屯山,云冥冥,天风动摇飞雨零。"

元·姬翼《西江月》:"浩浩弥天匝地,冥冥贯石穿金。"

元·张希孟《惜鹤十首·其六·招鹤》:"歌彻楚人些,冥冥恨亦增。"

元·佚名《沁园春》:"片片不教尘污,落处冥冥不听声。"

元·潜真子《苏幕遮》:"认得刀圭,掌内冥冥杳。"

元·王吉昌《长相思·无色界》:"物我双忘阐慧风。冥冥一混同。"

元·乃贤《题匡禅师看云亭》:"禅房花竹昼冥冥,白发匡公住草亭。"

元·何中《喜雨》:"冥冥天下雨,湛湛圃中蔬。"

元末明初·刘崧《仲秋八日赴洪都应试夜宿盐堆头》:"风沙开漠漠,烟浪入冥冥。"

元末明初·刘崧《孙景武从赵伯友先生游宁都兹归省豫章诗以赠之并柬知己者·其二》:"豫章城头山色青,深烟疏雨昼冥冥。"

元·郭钰《同罗伯刚赠栖碧山尊师》:"铜仙夜送玉盘露,孤月炯炯秋冥冥。"

明·陈谟《送参政周公赴台中丞任》:"省垣榕桂青复青,紫薇花发秋冥冥。"

元末明初·陶宗仪《谷日雨》:"寒风剪剪雨冥冥,水白云黄菜麦青。"

明·何瑭《归雁次孟望之韵》:"冥冥霄汉上,罗网莫相寻。"

明·何瑭《挽薛处士倒用旧韵》:"云暗天边处士星,客窗寒雨夜冥冥。"

明·严嵩《登雨花台》:"猎猎海风至,冥冥江雾流。"

明·何景明《怀王舍人文熙》:"江湖春浩浩,鸿雁日冥冥。"

明·佘翔《题九鲤湖九首·其六·五星》:"悬崖千树昼冥冥,一片潭光聚五星。"

明·余继登《哭泊阳王丈·其五》:"今日浇君君醉否,悲风吹雨昼冥冥。"

明·倪岳《和于京兆景瞻金山八诗·其四·拟赋重游金山》："新赏已孤三日醉，旧题聊续一联诗。"

明·倪谦《送李保章宗善》："太史三年谒帝廷，言归秋日正冥冥。"

明·冯惟敏《禽言六首·其二》："得过且过，风雨冥冥巢欲堕。"

明·冯惟健《姑熟道中三首·其三》："冥冥雨不绝，呖呖啼征鸿。"

明·刘师邵《梦梅》："春掩残香烟漠漠，曙分疏影月冥冥。"

明末清初·薛始亨《送屈子·其四》："孤鸿尚冥冥，独鹄思凤鸾。"

清·成鹫《东林七问·其一·问天》："碌碌今如此，冥冥非所知。"

清·丘逢甲《秋怀八首·其五》："山南山北枉张罗，云路冥冥鸟去多。"

清·丘逢甲《游西岩作·其二》："沧洲东望昼冥冥，一角荒山仗佛灵。"

清·嵇永仁《半城村》："夏雾野冥冥，琅琊枕北屏。"

清·姜实节《题黄鹤山樵听雨楼卷》："湖天过雨水冥冥，吹绿东风草一汀。"

清·姚范《游山寺》："山根雨气愁冥冥，山上日落石气青。"

清·乾隆皇帝《松明火》："塞山云沉天冥冥，虞人薄夜燃松明。"

清·姚湘《荆州道中》："女婴砧响杳冥冥，楚些吟成不忍听。"

清·左锡嘉《雨中花慢·孤雁》："水国秋深，关山月落，孤飞杳杳冥冥。"

清·张深《石井行》："神龙触石石中裂，直下万仞深冥冥。"

清·曾习经《题朱强村侍御归鹤图》："忠謇流闻出禁廷，十年湖海但冥冥。"

清·朱琦《武昌南楼》："洞庭一泻八百里，孤鹜冥冥冲远天。"

清末近代·严既澄《念奴娇·纪遇》："了了蛾烟，冥冥麝雨，芳泽禁寻呢。"

清末民初·冯煦《忆江南·其八》："鬼雨冥冥山月堕，短衣匹马又淮西。"

清末近代·俞明震《泛黄河自宁夏达包头镇舟行杂咏·其七》："扁舟出碱涝，日薄昼冥冥。"

清末近代·黄浚《上巳日十刹海修禊分韵得形字》："水滨复何有，佳日花冥冥。"

近现代·周作人《丁亥暑中杂诗·黑色花》："冥冥如长夜，设喻将非夸。"

近现代·孙熙泽《挽蔡锷联》："杳冥冥兮东行，又兆众所仇也。"

近现代·傅子馀《次仲则登楼元韵》："寂寂秋来意，冥冥月上时。"

近现代·吴梅《玉簟凉·重至金陵，寓斋寥寂，闲庭对月，凄然其为秋也》："西风梳短发，甚夜气冥冥。"

近现代·姚鹓雏《南歌子》："轻雷隐隐夜冥冥。"

当代·熊盛元《临江仙·春雨》："底事东君悭送暖，一春都付冥冥。"

当代·石任之《菩萨蛮·柳》："忆花人困愁天气。冥冥更问归来未。"

当代·陈振家《即事有赋》："连天阴雨晦冥冥，隔岭猴声带湿听。"

当代·魏新河《成渝道中（用词韵）》："千秋巴蜀地，烟雨尚冥冥。"

当代·胡惠溥《今冬十一月十六日，余七十有一矣。会余病肺，养疴连云乡山家。是日，生徒有自城中来者，奉樽酒为寿。窃念去年此日曾写为四律，今兹不可以遂无也。因写此二律用志鸿遗·其一》："掩户张灯酒再行，蒙蒙其雨昼冥冥。"

当代·陈永正《新月》："冥冥忽难觅，灿以众星繁。"

第十二章　招　魂

《招魂》简介

　　《招魂》收录在《楚辞章句》第九卷。胡念贻、潘啸龙、罗义群三位先生认为《招魂》的著作权应该归还宋玉。古人认为，人生病是因为魂魄离开了躯体，在外游荡，要用巫术招回来。招魂要念"招魂词"，讲家里生活如何好，外面如何危险，叫魂魄快回到家里。《招魂》就是宋玉为招楚襄王的生魂而精心创作的一篇"招魂词"。尽管《招魂》多"荒淫之意"(《文心雕龙·辨骚》)，且弥漫着浓厚的神怪观念，思想性不高，但它以明确的语言否定天地四方可以找到幸福的幻想，而无比执着地诉说着对尘世生活、对故国故居的深深眷恋，显示了对人生的亲切明朗的乐观态度；它对楚宫居室、侍御、饮食、女乐、娱戏的铺陈和夸饰，还展示了楚国的堂皇气派和楚文化在物质文明方面的创造成果。因此，《招魂》具有较高的历史文化和民俗价值。在艺术上，《招魂》借鉴了屈原的《大招》，但青出于蓝而胜于蓝，取得了很高的成就。它想象丰富，刻画细致，善于铺陈。它的铺张描写的方法，对后来的汉赋有直接的影响。

第一节　楚臣伤江枫

一、典出

"楚臣伤江枫"，典出宋玉《招魂》："湛湛江水兮上有枫。目极千里兮伤春心。魂兮归来，哀江南！"

二、简释

原文大意是：清清江水深又深，岸上有片枫树林。一望无涯千万里，春天景色伤人心。灵魂归来吧，哀伤江南此风景。王逸注："言湛湛江水浸润枫木，使之茂盛，伤己不蒙君惠而身放弃，曾不若树木得其所也。"此处借写江边枫树的茂盛引起内心的伤感。后遂用为咏伤叹失意之典。唐·李白《同友人舟行游台越作》："楚臣伤江枫，谢客食海月。"以江枫烘托泛舟远游的愁绪，即本此。"楚臣伤江枫"的变体主要有："伤春心、哀江南、枫树出人"等。中国感伤文学的永恒主题是"伤春"和"悲秋"。就"伤春"主题而言，其发轫之作可以上溯到《诗经》，但直到宋玉才最早明确地提出"伤春"主题，并围绕这一主题进行了最为深细、最为生动的描写。诗人借乐景写哀情，通过对自然的春天与家国的江南的双重哀伤，感时伤事，眷怀故国，强烈表现了作者对国家前途的忧念感伤，为后世留下了宝贵的精神遗产，形成了中国源远流长的伤春文学传统。《全唐诗》中含有"伤春"一词的诗句达六十五例，《全宋词》中含有"伤春"一词的词句更有一百二十四例之多。"伤春"就像一条贯穿的感情主线，展现在后代无数诗词歌赋之中，成为中国文人感伤美的流逝的首选意象。

三、变体（或不同典形）

楚臣悲、伤春心、哀江南、江枫

四、历代变体及释义

📚 楚臣伤江枫

唐·李白《同友人舟行游台越作》："楚臣伤江枫，谢客拾海月。"

明·梁有誉《谒张丞相祠》："楚臣伤江枫，汉女悲团扇。"

明·郭之奇《五日》："湘娥目眇眇，楚臣恨悠悠。颇疑洞庭叶，先飞天地秋。江枫湛千里，渚竹变双眸。春心伤夏日，朱野动炎飔。"

📚 楚臣悲

唐·宋之问《洞庭湖》："楚臣悲落叶，尧女泣苍梧。"

唐·柳宗元《汨罗遇风》："南来不作楚臣悲，重入修门自有期。"

宋·卫宗武《和友人秋怀》："林薮发枯山敛眉，凛秋岂但楚臣悲。"

宋·林表民《重建神秀楼》："却笑楚臣作，空因秋气悲。"

宋·程公许《和乔择善别若水韵》："默坐勿书殷浩怪，拟骚休作楚臣悲。"

宋·项安世《送李大着赴阙》："玉观金桥无限诗，楚臣汉女不胜悲。"

元·方回《偶题五言绝句五首·其二》："如何萧瑟气，有许楚臣悲。"

明·张萱《甲寅秋兴十首·其一》："自是多情情转懒，楚臣休更赋悲哉。"

明·张萱《邓玄度金宪分俸贻书注念笃挚感而赋谢情见乎词》："梦笔尚存身尚健，赋成不拟楚臣悲。"

明·何景明《沅水驿四首·其四》："怀古过沅水，悲秋吊楚臣。"

明·宋登春《再送俞山人游黄冈兼讯袁郡丞》："锦瑟悲燕士，幽兰忆楚臣。"

明·陈献章《画兰》："记得湘潭秋雨后，清香犹带楚臣悲。"

明·祁顺《夏意》："五十年来闲是福，此身羞作楚臣悲。"

清·颜光敏《送宋观察荔裳之蜀》："三闾昔日沉沉湘，楚臣憭栗长悲凉。"

近现代·潘受《丰州韩冬郎墓道》："颂橘赋蕉同感慨，香奁真类楚臣悲。"

近现代·黄锡朋《隆裕皇太后挽诗二首·其一》："让德弥增尧母痛，吟魂徒使楚臣悲。"

楚臣　悲

宋·张耒《冬至（丛刊本作"日"）三首·其三》："萧条陶令酒，清怨楚臣骚。凛凛悲秋意，何须待二毛。"

明末清初·彭孙贻《盛葵园髡头虞美人与蕙同植一时吐花有时诗见示奉訓来韵》："粉黛尚惊炎汉月，光风长拂楚臣冠。宁须角险骚坛上，一夜悲歌折澧兰。"

明·罗万杰《次韵答郭正夫招同诸公入陶社之作·其一》："柴扉冷处见遗民，手揽江蓠忆楚臣。白社那邀采药客，青门旧识种瓜人。一春屡费登山屐，万事堪悲漉酒巾。"

明末清初·屈大均《哭从兄泰士·其八》："求仁商士志，争义楚臣辞。子舍魂长绕，天形化未知。清宵应入梦，语我夜台悲。"

清·郭恩孚《次陶先生以自题王廉生祭酒遗墨见示敬赋长句》："无为斋墙土花碧，悲风飒飒响通夕。墨耶泪耶不可知，白头老儒对镫泣。金茎兰畹楚臣骚，丹凤城中鬼夜号。"

伤春心

唐·吕温《和恭听晓笼中山鹊》："惊晓一闻处，伤春千里心。"

唐·李商隐《寄恼韩同年二首（时韩住萧洞）·其二》："我为伤春心自醉，不劳君劝石榴花。"

唐·杜甫《涪江泛舟送韦班归京（得山字）》："追饯同舟日，伤春一水间。"

唐·白居易《和微之诗二十三首·和知非》："春无伤春心，秋无感秋泪。"

唐·钱起《省中春暮酬嵩阳焦道士见招》："朝花飞暝林，对酒伤春心。"

宋·周容《小重山》："伤春还上去年心。怎禁得，时节又烧灯。"

宋·卫宗武《和张石山惜春韵·其一》："怀古空陈迹，伤春徒苦心。"

宋·朱淑真《莺》："底事伤春心绪懒，不堪愁里听莺声。"

宋·朱藻《采桑子》："楼影沉沉。中有伤春一片心。"

宋·王柏《夜坐呈外舅·其一》："伤春心事正无聊，短发萧萧任意搔。"

宋·范浚《春望二首·其二》："长日凭高目，伤春望远心。"

明·于慎行《江南曲·其二》："踟蹰解佩伤春心。伤春心，骋远目。"

明·区元晋《题弄花香满衣》："点滴留痕在，伤春心自知。"

明·邝露《拟古·其一》："美人在青云，极目伤春心。"

清·况周颐《减字浣溪沙·其四》："一晌温存爱落晖，伤春心眼与愁宜，画阑凭损缕金衣。"

清·张之洞《送王壬秋归湘潭》："不嫁不悲好颜色，不知何事伤春心。"

清·孙寿祺《郡斋遣兴叠韵》："伤春心绪愁来易，隔岁家书盼到难。"

清·张鸿《落花八首寄和芜恙·其二》："薄暮倚栏人独立，伤春心事问谁同。"

清·纳兰性德《茅斋》："色冶眩春目，音姣伤春心。"

清·纪昀《读小元和鹑衣子传戏题转韵》："斜阳芳草谁长吟，别鹤一曲伤春心。"

清末近代·许南英《落花，和贡觉原韵·其四》："况是天涯沦落客，伤春心事不成欢。"

清末近代·黄浚《姚一鄂（华）属题秋草图》："芊芊伤春心，肠断台城曲。"

清末近代·黄浚《北归经青岛大连杂书所感·其一》："目极伤春心，遂舍江南归。"

清末近代·陈曾寿《觚庵先生挽诗·其二》："身世惟残山，供眼伤春心。"

清末近代·郭则沄《石湖仙·题映盦所藏大鹤山人词札》："瘦碧沈吟，等是伤春心眼。"

近现代·陈逸云《苏幕遮·首都陷匪，寄友》："岂为伤春心绪恶。"

当代·金鉴才《题刘金珠惜花仕女图》："一宿雨狂暮色昏，伤春心事莫重论。"

📚 哀江南

宋·刘敞《欲于旧州石桥作偶语台以备游览先为五言》："楚人哀江南，倚沼而畦瀛。"

宋·刘敞《去年得澄心堂纸甚惜之辄为一轴邀永叔诸君各赋一篇仍各自书藏以为玩故先以七言题其首》："君能赋此哀江南，写示千秋永无极。"

宋·周文璞《诵哀江南赋》："高桥沙水涸，台城蔓草缠。"

宋·谢翱《续琴操哀江南·我赴蓟门四之一》："我赴蓟门，我心何苦。"

宋·谢翱《续琴操哀江南·瞻彼江汉四之二》："瞻彼江汉，截淮及楚。"

宋·谢翱《续琴操哀江南·我操南音四之三》："我操南音，爰酌我酒。"

宋·谢翱《续琴操哀江南·兴言自古四之四》："兴言自古，使我速老。"

宋·黄庭坚《金陵》："至今哀江南，咏歌在渔船。"

宋·韩淲《次韵昌甫同酌宋知军家酿》："庾信哀江南，李白日暮云。"

宋·韩淲《次韵昌甫斯远落花行》："繁阴匝地人醉起，哀江南兮临结绮。"

宋·邓剡《挽文文山》："魂归哀江南，千秋俎乡社。"

宋·刘挚《庾信宅》："暮齿哀江南，聊将赋心迹。"

元·方回《挽委顺子王防御》："哀江南赋笺成传，从此韦编锁蠹鱼。"

元·周霆震《燕山万里雪》："愿言哀江南，尽洗毒雾蒸。"

元·陈樵《哀江南效李义山》："几年王谢望升平，戎马临淮日绕营。"

元末明初·杨维桢《览古四十二首·其三十一》："乡关思萧瑟，作赋哀江南（叶任）。"

明·区大相《东征从军行·其三》："庾信哀江南，亡臣困羁旅。"

明·谢榛《哀江南八首·其一》："为说江南胜，豪华异往年。"

明·谢榛《哀江南八首·其三》："战马嘶江上，寒生枫树村。"

明末清初·来集之《金缕曲·哀江南》："今古英雄泪。"

明末清初·王夫之《广落花诗三十首·其二十六》："沈炯自泣茂陵树，庾信长哀江南春。"

明末清初·钱澄之《哀江南·其一》："太宰四朝遗，清风三十载。"

明末清初·钱澄之《哀江南·其十三》："顾侯尹钱塘，才气素英果。"

清·佚名《挽华世芳联》："哀江南兮千里，故国有芙蓉城郭，杨柳楼台。"

清·柳诒征《代挽李郁华联》："公之直声震天下；魂兮归来哀江南。"

清·吕宗健《哀王孙》："庾信哀江南，侬今哀王孙。"

清·丁惠康《感事》："披发茧足行遭遭，有人流涕哀江南。"

清·周季琬《满江红·哀江南》："舞罢歌沉，问多少，黄金轻掷。"

清·姚燮《哀江南诗五叠秋兴韵八章·其一》："夸父投戈向邓林，海门薄日匿寒森。"

清·王希玉《和月锄舅父》："续座右铭崔子玉，哀江南赋庾兰成。"

清·葛宜《哀江南妇》："五月新蒲叶正齐，清江极目远萋萋。"

清·陈锡金《有感》："读到哀江南一赋，千秋肠断庾兰成。"

清末近代·杨圻《再挽孟璞》："草木哀江南，谁惮士龙多笑疾。"

清末近代·汪东《鹧鸪天·题湖帆为龙榆生所作哀江南图》："一片荒寒境界开。"

近现代·刘冰研《哀江南用工部原韵·其一》："莺花宫殿好河山，灯火楼台夜不关。"

近现代·冒效鲁《忍寒嘱题哀江南图》："终古长江水，沉舟复载舟。"

近现代·汪石青《哀江南》："凄凄恻恻哀江南，一时泪洒春波绿。"

近现代·李洸《重过南屏乡》："重来秋色老，臣甫哀江南。"

近现代·汪荣宝《丙寅中秋横滨野毛山公园对月有感次青邱中秋玩月张校理宅韵》："一杯相属不能饮，浩歌惟有哀江南。"

当代·林昭《秋声辞五首·其三》："《哀江南赋》墨溶尘，抱恨楚囚志未伸。"

📖 江枫

南北朝·萧纲《曲水联句诗》："汉艾凌波出，江枫拂岸游。"

唐·刘得仁《送越客归》："霜薄东南地，江枫落未齐。"

唐·刘长卿《秋杪江亭有作》："寂寞江亭下，江枫秋气斑。"

唐·刘长卿《湘中纪行十首·花石潭》："江枫日摇落，转爱寒潭静。"

唐·刘长卿《听笛歌留别郑协律》："商声寥亮羽声苦，江天寂历。"

唐·刘长卿《登吴古城歌》："天寒日暮江枫落，叶去辞风水自波。"

唐·包佶《酬于侍郎湖南见寄十四韵》："雪花翻海鹤，波影倒江枫。"

唐·司空曙《金陵怀古》："辇路江枫暗，宫庭野草春。"

唐·司空曙《奉和常舍人晚秋集贤院即事寄徐薛二侍郎》："离群惊海鹤，属思怨江枫。"

唐·刘禹锡《酬窦员外郡斋宴客偶命柘枝因见寄兼呈张十一院长元九侍御》："若问骚人何处所，门临寒水落江枫。"

唐·元稹《春六十韵》："悠悠铺塞草，冉冉着江枫。"

唐·元稹《和乐天秋题曲江》："况乃江枫夕，和君秋兴诗。"

唐·张说《南中别蒋五岑向青州》："愿作江枫叶，随君度洛阳。"

唐·李白《同友人舟行游台越作》："楚臣伤江枫，谢客拾海月。"

唐·权德舆《晓发桐庐》："烟重江枫湿，沙平宿鹭寒。"

唐·张继《枫桥夜泊》："月落乌啼霜满天，江枫渔火对愁眠。"

> **注**：因宋玉"湛湛江水兮上有枫，目极千里伤春心"首创"江枫"意象符号，寄寓羁旅愁思之感。唐诗人征引"江枫"多喻此意。张继也是以"江枫"意象暗示因"安史之乱"而避乱江南的士子们的离情羁思。受张继这首《枫桥夜泊》的影响，姑苏城的"封桥"更名为"枫桥"，"江枫"也在原先"伤春"之意上（有名如初唐张若虚"青枫浦上不胜愁"即以"江枫"暗指"伤春"）又增添了"悲秋"的兴托，说明"江枫"典故中所沉积的伤感愁闷内容已成为诗人们的无意识联想。

唐·徐仲雅《句》："败菊篱疏临野渡，落梅村冷隔江枫。"

唐·成彦雄《江上枫》："江枫自翕郁，不竞松筠力。"

唐·李端《送濮阳录事赴忠州》："赤叶黄花随野岸，青山白水映江枫。"

唐·独孤及《同皇甫侍御斋中春望见示之作》："因君赠我江枫咏，春思如今未易量。"

唐·白居易《江南喜逢萧九彻因话长安旧游戏赠五十韵》："红叶江枫老，青芜驿路荒。"

唐·皎然《送杨校书还济源》："楚月摇归梦，江枫见早秋。"

唐·郎士元《送李敖湖南书记》："入楚岂忘看泪竹，泊舟应自爱江枫。"

唐·钱翊《江行无题一百首·其八十二》："停船搜好句，题叶赠江枫。"

唐·顾况《酬本部韦左司》："白云帝城远，沧江枫叶鸣。"

唐·孟贯《江边闲步》："闲来南渡口，迤逦看江枫。"

宋·毛开《谒金门·其二》："回首故人天一角。半江枫又落。"

宋·刘攽《寄胡完夫》："晴云乱眼江枫色，宿雨销魂野菊花。"

宋·刘敞《晴小园偶步》："江枫千里思，醉眼向天涯。"

宋·吴惟信《多景楼》："江枫秋雨过，塞草夕阳愁。"

宋·周文璞《诵哀江南赋》："我生楚臣后，身在江枫前。"

宋·岳甫《巾山晓望》："江枫作意红千叠，野水何心绿一遭。"

宋·宋祁《远行》："江枫极目外，陇水断肠初。"

宋·宋祁《秋夕池上》："楚江枫老树无烟，池上悲秋一惘然。"

宋·宋祁《忆旧言怀寄江宁道卿龙图》："惟应心报国，丹赤斗江枫。"

宋·崔敦礼《平江府钱丘知府致语口号》："别恨江枫烟雨暝，愁云沙草晓波平。"

宋·何执中《巾山广轩》："亭柏僧归路，江枫客渡湾。"

宋·华镇《峄阳孤桐》："发扬羞谷黍，疏散愧江枫。"

宋·吕本中《初抵曹南四首·其四》："细雨檐花夜，长江枫叶秋。"

宋·向子諲《满江红·奉酬曾端伯使君，兼简赵若虚监郡》："雁阵横空，江枫战、几番风雨。"

宋·吴儆《浣溪沙·其六》："江枫园柳半青黄。"

宋·姜特立《屋角丹枫》："金行肃物欲功成，一夜江枫点翠屏。"

宋·姜夔《秋宵吟·越调》："摇落江枫早。嫩约无凭，幽梦又杳。"

宋·刘克庄《竹溪直院盛称起予草堂诗之善暇日览之多有可恨（原缺，据冯本补）者因效颦作十首亦前人广骚反骚之意内二十九首用旧题惟岁寒知松柏被褐怀珠玉三首效山谷馀十八首别命题或追录少作并存于卷以训童蒙之意·其二·岁寒知松柏》："塞草枯先白，江枫冷变丹。"

宋·周弼《枫桥寒山寺》："江枫吟咏工，幽寺冷遗踪。"

宋·周弼《闻友人过吴》："诗囊挂在船篷上，吟过江枫落叶中。"

宋·吴文英《尾犯·其一·黄钟宫赠陈浪翁重客吴门》："十载江枫，冷霜波成缬。"

宋·吴文英《宴清都》："题红泛叶零乱，想夜冷、江枫暗瘦。"

宋·张嵲《题均州超然亭》："江枫染绛照林莽，芦花吐雪连沧洲。"

宋·张枢《庆宫春/高阳台》："楚驿梅边，吴江枫畔，庾郎从此愁多。"

宋·张炎《小重山·赋云屋》："江枫外，不隔夜深钟。"

宋·张耒《寒食》："故园北望一千里，极目江枫客未归。"

宋·张耒《福昌杂咏五首·其四》："汉帛北来邀塞雁，楚招南望忆江枫。"

宋·徐积《君向潇湘我向秦》："马嘶山坞谁家宿，缆系江枫何处留。"

宋·徐元杰《云锦堂》："来从西蜀江水肥，似绚吴江枫落时。"

宋·晁端友《甘露寺》（甘露寺中，山有石如卧羊，谓之狠石）："越舶楼前聚，江枫户外丹。"

宋·晁补之《赠关浍关沼》："功成裘氏九里湿君家，会稽山头松树清江枫。"

宋·晁补之《次韵苏公翰林赠同职邓温伯怀旧作》："九关沉沉虎豹静，无复极目江枫哀。"

宋·李新《中江道中》："江枫摇落市烟青，石壁方严水面平。"

宋·曹勋《题董亨道画西湖》："晓云贴水菰蒲冷，正是吴江枫落时。"

宋·曹勋《索酒·四时景物须酒之意》："江枫装锦雁横秋，正皓月莹空，翠阑侵斗。"

宋·杨万里《同刘季游登天柱冈四首·其二》："我行谁与报江枫，旋摆旌旗一路红。"

宋·杨万里《霜晓》："只有江枫偏得意，夜援霜水染红衣。"

宋·杨万里《出真阳峡十首·其五》："江枫新染绿衣衫，知费春风几把蓝。"

宋·杨万里《将赴高安出吉水报谒县官归涂宿五峰寺二首·其一》："楚楚江枫新结束，柿红衫子锦缠头。"

宋·杨万里《题唐德明建一斋》："从渠散漫汗牛书，笑倚江枫弄江水。"

宋·杨亿《再赋》："巴天迷峡雨，楚泽映江枫。"

宋·柳永《卜算子慢》："江枫渐老，汀蕙半凋，满目败红衰翠。"

宋·欧阳修《旅思》："陌草熏沙绿，江枫照岸青。"

宋·欧阳修《寄徐巽秀才》："睢苑树荒谁共客，楚江枫老独悲秋。"

宋·王之望《还鲜于蹈夫诗编》："春归池草难专美，冷入江枫称所传。"

宋·王十朋《寄鲤鱼与万大年》："江枫摇落江梅破，江上诗人有佳句。"

宋·林光朝《哭伯兄鹊山处士蒿里曲·其三》："桐棺三寸更何疑，却取江枫短作碑。"

宋·胡宿《早雁》："关树来时紫，江枫到日丹。"

宋·祖无择《落星寺》："微红看海日，远绿认江枫。"

宋·王安石《送吴叔开南征》："春草凄凄绿，江枫湛湛清。"

宋·王灼《和唐山叟所赠三诗·其一》："吴江枫落摇归棹，更喜新诗惬所闻。"

宋·王炎《用元韵寄周推萧法》："管城之外别用志，懒哦五字吴江枫。"

宋·王炎《用元韵答徐尉》："怀归我正念篱菊，招魂谁为吟江枫。"

宋·王质《和沈述之赠权干诗》："江枫不敌寸心丹，何待霜雄吏自寒。"

宋·王质《和游子明效李长吉体二首·其一》："江枫摇落秋吹清，吴波夜澄孤桨横。"

宋·白玉蟾《舟行适兴》："岸柳江枫共招手，西风吹我出贲隅。"

宋·白玉蟾《杜鹃行》："山花红，江枫绿。"

宋·白玉蟾《秋思》："一写此诗聊问秋，江枫岸柳替人愁。"

宋·秦观《乐昌公主》："空携破镜望红尘，千古江枫笼辇路。"

宋·秦观《调笑令·其二·乐昌公主》："辇路，江枫古。"

宋·程公许《枫桥寺侍悦斋先生海语三日而别》："唐人旧题处，那复有江枫。"

宋·范成大《春日三首·其三》："青苹白芷皆愁思，不独江枫动客心。"

宋·袁去华《垂丝钓》："江枫秋老。晓来红叶如扫。"

宋·袁陟《过金陵谒吴大帝庙》："徘徊灵庑下，暮叶乱江枫。"

宋·赵师秀《过弋阳》："磨圆滩石几年浪，丹尽江枫昨夜霜。"

宋·赵蕃《三诗寄郭古夫·其一》："山桧风霜老，江枫日夜疏。"

宋·赵蕃《呈宜之兄八首·其七》："弟诗吴江枫，未秋先陨风。"

宋·赵蕃《次韵徐运使送行》："吴江枫落曾四愁，行行重到江东州。"

宋·陈与义《别伯共》："樽酒相逢地，江枫欲尽时。"

宋·陆游《夜坐》："篱犬吠残月，江枫凋早霜。"

宋·陆游《秋夜二首·其一》："秋色满江干，江枫已半丹。"

宋·陆游《初冬》："雨荒园菊枝枝瘦，霜染江枫叶叶丹。"

宋·陆游《雨复作自近村归》："野菊枝长半狼藉，江枫叶落正凄迷。"

宋·释居简《霜晓》："江枫霜后醉痕朝，商略随风趁落潮。"

宋·释元肇《晓过吴江》："雨洗云梳晓色迟，空江枫冷一虹垂。"

宋·陈允平《江村》："烟深南浦远，难认楚江枫。"

宋·陈宓《感秋》："西风忽起江枫末，偏喜萧萧弄华发。"

宋·陈宗远《八月初五日有怀旧事》："篱菊趁阴移别径，江枫向晚落行舟。"

宋·章甫《海滨即景》："水利生涯何处是，江枫一带卖鱼虾。"

宋·高观国《八归》："新霜初试，重阳催近，醉红偷染江枫。"

宋·韩淲《酒尽》："萧萧陶径柳将落，渺渺吴江枫欲丹。"

宋·韩淲《崇福庵·其六》："水落空江枫叶堕，岸明沙碛见虚舟。"

宋·陈杰《徐子苍自金陵遣诗来用韵送鱼腊》："寄诗曾自日边邮，眼底江枫几换秋。"

宋末元初·周密《南楼令/唐多令·其二·又次君衡韵》："闲省十年吴下路，船几度、系江枫。"

宋末元初·周密《征招·九日登高》："江蓠摇落江枫冷，霜空雁程初到。"

宋末元初·艾性夫《次吴寿翁溪园韵寄题》："料得江枫吟未了，载诗应汗谪仙牛。"

宋末元初·艾性夫《别离词·其一》："郎从江上买行舟，妾对江枫生晚愁。"

宋末元初·黄庚《王琴所话别》："客舍相逢日，江枫正落时。"

元·方回《秀亭秋怀十五首·其四》："湛湛长江枫，落叶逝流水。"

宋末元初·杨公远《次姚舍人·其一》："吴江枫老萧萧下，紫塞鸿归点点秋。"

宋末元初·仇远《报恩寺权公方丈》："江枫千百年，时作海潮音。"

金·李俊民《集古·送客之荆南》："千山红树万山云，山鸟江枫得雨新。"

元·佚名《江叟吹笛图》："江枫叶赤芦花白，烟水茫茫晚山碧。"

元·张之翰《念奴娇》："正是雨洗芙蓉，风翻野菊，霜染江枫树。"

元·张翥《怀临川旧游赋以赠别戈直伯敬》："诗思入江枫叶冷，乡心随雨雁声秋。"

元·张翥《百字令·眉间雁》："几度揉损啼红，恨卿卿不到，吴江枫冷。"

元·王璋《送傅扩斋廉访满秩归长安二十韵》："楚江枫叶赤，陶宅菊华黄。"

元·袁易《洞仙歌》："江枫汀树，挂寒云零乱。"

元·许有壬《石州慢·次张凝道韵》："想见苦吟诗，满吴江枫叶。"

元·陈旅《题陈氏潇湘八景图·其八·江天暮雪》："寒云不成雨，暝色凝江枫。"

元·陈镒《客窗晚望》："旅景萧条霜气催，江枫树树锦成堆。"

明·刘基《重用韵荅严上人·其一》："江枫恰似知人意，强学芳菲二月初。"

明·刘基《冬暖》："江枫未肯换故色，汀草强欲抽新芽。"

明·刘基《发安溪至青田戎事急不得留有感》："昔迈园柳青，今来江枫老。"

明·刘基《捣练子》："吴死树，楚江枫，一样秋光雨不同。"

元·叶颙《丁巳秋暮》："垣竹流寒翠，江枫舞晚红。"

元末明初·张以宁《次韵同年李孟圁编修见贻》："笑予卜居问詹尹，江枫摇落霜鸿影。"

元末明初·孙华孙《枫桥夜泊》："画船夜泊寒山寺，不信江枫有客愁。"

明·王佐《忆舍弟彦常》："庭草秋仍绿，江枫晚渐稀。"

元末明初·胡奎《吴宫子夜四时歌》："梦入关山去，江枫树树红。"

元末明初·蓝智《湘江舟中赋红叶寄友人》："秋容生野柏，寒色带江枫。"

元末明初·谢肃《分韵送夏副枢》："江枫照落日，马首行离觞。"

元末明初·王冕《舟中杂纪十首·其二》:"江枫缘岸赤,河蓼杂烟红。"

元末明初·虞堪《为季丙卿题卫明铉所画咒钱出井图》:"花飞苑树秋霜薄,叶落江枫夜雨疏。"

元末明初·刘绍《送王贞念之官泉南》:"江枫丹落日,野菊黄远甸。"

元末明初·至仁《次韵答柳仲修宣使》:"海门雁叫江枫赤,泽国云来野日黄。"

明·周瑛《和水云亭诸公作》:"山雨未收云尚湿,江枫欲落雁初来。"

明·张草《河满子·中秋》:"铅水泻如清泪,江枫绚似红妆。"

明·张萱《归兴诗·其十》:"塞草向人碧,江枫几叶丹。"

明·黄友正《彭蠡渔歌.》:"落霞孤鹜飞,江枫上秋色。"

明·丘浚《夜宿江馆》:"潮生海岸两崖倾,落月江枫映火明。"

明·于谦《秋兴四首·其四》:"野草忽从霜后白,江枫故向日边红。"

明·于谦《重阳感怀》:"江枫点缀秋光好,篱菊包藏晚节香。"

明·何景明《送良伯》:"江枫野泊停霜夜,海日官舡动水程。"

明·俞晖《旅次》:"记得出门桃李秋,今朝忽见隔江枫。"

明·倪谦《国子吴检讨先茔四景之二·其一·枫桥月落》:"吴江枫落水通桥,斜月将沉斗转杓。"

明·倪谦《沧浪弄笛图》:"江枫翻绯松叶青,江水湛碧迷烟汀。"

明·刘黄裳《寄王承甫代书》:"吴江枫冷秋鸿飞,可怜词客异乡县。"

明·卢楠《酬华大馈饭》:"西哭几湮秦帝阙,南冠虚忆楚江枫。"

明·卢楠《秋日奉别王元美比部详刑还京四首·其二》:"山木既云苍,江枫亦已脱。"

明·卢龙云《赠段明府》:"九江枫叶随乡路,五岭梅花待客觞。"

明·史谨《别陆伯瞻》:"江枫换色秋容老,山雨催诗别兴浓。"

明·吴与弼《客夜述怀》:"江枫细雨斜风梦,总是衰龄悼古情。"

明·周立《将过江阴访朱善继涂中风雨乃回》:"江枫落叶红销树,野水冰生白满田。"

明·孙蕡《幽居杂咏七十四首,自洪武十一年平原还家作也·其四十五》:"湛湛长江枫树底,扁舟正可学鸥夷。"

明·夏言《苏武慢·其九·次虞韵，写怀一十二首》："楚水吴山，长途倦客，愁对江枫渔火。"

明·唐顺之《病中秋思八首·其一》："闲对江枫诵楚骚，病容秋色偶相遭。"

明·唐顺之《次韵赠薛仲常》："祇应黄马（春泉溪田）频来往，春日江枫共倚栏。"

明·宗臣《寄赵山人》："故园剩有沧浪水，寒雨江枫吾赋归。"

明·宗臣《秋夜高伯宗徐汝思李伯承汪正叔张子畏沈吉来集赋得难字》："岂菊今逢紫，江枫昨忆丹。"

明·宗臣《武陵歌》："令君欲归归不得，楚江枫冷钓渔船，明月来移北山篇。"

明·宗臣《山中夜坐》："吴江枫落客已远，楚塞秋深鸿未归。"

明·尹嘉宾《舟泊惠山夜坐思琴》："明月兼葭浦，秋江枫树林。"

明·居节《无题简洵美》："昨日江枫吹叶紫，横塘无复采莲舟。"

明·张元凯《淮南秋日感怀》："不知客鬓今朝白，但见江枫昨夜红。"

明·张同祁《厓山吊古·其三》："大洗腥风承圣主，不须含恨在江枫。"

明·张弼《饮陈千兵于云封寺》："万叠江枫浑是醉，醉眸疑是艳阳春。"

明·张天赋《和邑博林吴航韵四首录二·其一》："天马真空冀北群，吴江枫落协前闻。"

明·张瑰《夜泊黄塘怀黄二昌》："霜明岸芷花偏白，露下江枫叶渐丹。"

明·徐渭《闻里中有买得扶桑花者·其二》："海女缠头虽绛帕，江枫落叶亦殷腮。"

明·徐渭《送金先生宰武康》："芳佩陆离纷水草，短蓬朱碧写江枫。"

明·徐问《送王伯存守雷州》："我怀同舍心悠悠，夕阳望断江枫秋。"

明·文征明《寄鲁南陈子·其二》："满地干戈卒未休，吴江枫冷又惊秋。"

明·景昂《秋日过村友》："岩桂香浮秋气早，江枫红映夕阳低。"

明·朱右《春怀》："舵楼空阔望京华，芦荻江枫岸岸花。"

明·李之世《浮波片叶石》："江枫飘一片，断梗截中流。"

明·李之世《彭峨昆过访话别》："江枫黄叶渡，烟舸白苹洲。"

明·李云龙《客次逢乡人》：“逆旅馀春梦，江枫今又飞。”

明·李云龙《哭崔季嘿·其七》：“粤江枫落晓霜微，郁水连天秋雁飞。”

明·李云龙《西行·其二》：“红日光杲杲，江枫露犹响。”

明·李云龙《雁声篇》：“秋江枫林连水生，水上罗网共林横。”

明·李江《梅花百咏·其九十三·即景》：“自信所闻如所见，吴江枫落不须猜。”

明·李秉钝《送刘掌教归闽》：“三载雁稀乡梦远，千江枫叶客思忙。”

明·李默《南剑程文学赴官富阳为赋短句》：“江枫乱落翻红蓼，古道惊鸦出林杪。”

明·杨王休《小金山送萧昶昆玉还朝》：“江枫影合横孤鹤，海屿云闲彻洞箫。”

明·杨祜《答陈李二侍御》：“吏隐沧洲远，江枫伴索居。”

明·林尊宾《将归莆阳留别吴江诸子》：“荔支亭下清秋月，还忆吴江枫落时。”

明·林鸿《题凭高送远图》：“江枫寒堕叶，山店静闻砧。”

明·林鸿《秋江别思图》：“江枫叶落填沙岸，塞雁声寒到驿楼。”

明·梁孜《送潘象安归省八首·其三》：“最是江枫惜离别，不堪片片舞行镳。”

明·梁有誉《谒张丞相祠》：“楚臣伤江枫，汉女悲团扇。”

明·梁炫《立秋先一日写怀》：“闻说江枫动素商，天涯羁旅正茫茫。”

明·梁炫《中秋答宁上舍寄怀》：“断续笛声来远浦，两三鸿影度江枫。”

明·梁维栋《大小二姑志作孤》：“大姑山接小姑娇，玉树江枫翠黛摇。”

明·欧大任《子与将之瑞州予亦南行寄此为别》：“山雪思君曲，江枫去国恩。”

明·欧大任《张幼于自白下过广陵见访》：“山雨沾书阁，江枫落弩台。”

明·欧大任《十四夜同陆华父登方清臣问月台》：“还同吴苑客，今夕赋江枫。”

明·欧大任《度岭五日胥江南下见青萝山》：“江枫内史渡，沙草伏波营。”

明·欧大任《南溪泛舟遇雨客有怀江南者共赋中字》：“多少燕姬愁翠黛，

共将离思寄江枫。"

明·欧大任《梁彦国量移德安司理过草堂为别》:"海鹤飘零人事异,江枫涕泣主恩宽。"

明·欧大任《答纪判官自亳州以论草玄草诸刻见寄》:"秋深一望江枫路,憔悴谁能荐子虚。"

明·欧大任《秦淮》:"女墙明月高,江枫夜深落。"

明·欧大任《九日姚伯子陈伯春陆无从张叔龙集斋中得风字·其三》:"江枫摇落处,犹得映房栊。"

明·欧大任《发横浦驿大司寇刘公邀詹侍御王武昌移舟饯送留别三首·其二》:"清歌送酒不能醉,回首江枫一路寒。"

明·欧大任《答用晦见寄》:"欲问归来瓢笠客,白头犹望楚江枫。"

明·欧大任《寄吴明卿》:"湛湛长江枫树林,故人何处寄高吟。"

明·江禹奠《夜泊燕子矶徐润海同宿舟中》:"江枫隐渔火,山犬吠寒烟。"

明·王廷陈《闻子言消息因作短歌寄赠》:"忆昔江枫赤叶下,含凄别子城之隅。"

明·王恭《寄蒋节庵炼师》:"孤云野鹤悠悠别,积水江枫夜夜心。"

明·王恭《岁暮岱峰同龙门漫士留别高景度先辈》:"离堂夜烛猿声断,别路江枫雁影深。"

明·王恭《夏夜舟中》:"何事故人千里外,江枫渔火共关愁。"

明·王恭《江上吟》:"更吹横笛望空阔,江枫寂历江山青。"

明·王恭《闻笛歌送人之塞上》:"《杨柳》繁音愁复愁,梧桐萧瑟江枫秋。"

明·王汝玉《送杜德润》:"吴江枫叶下,楚泽苹花荣。"

明·王汝玉《送曾先生》:"吴江枫落水增波,忽报山人放棹过。"

明·王汝玉《皆山轩为吴太仆赋》:"坐忘寒暑屡迁改,临江枫叶霜频殷。"

明·王绅《调弦江上夜坐》:"此时无限相思意,坐对江枫夜不眠。"

明·王缜《重阳房村驿有感次韵》:"空忆黄花需白酒,愁看渔火对江枫。"

明·陶安《哭孙伯融》:"丹心故国江枫晓,白骨他乡塞草春。"

明·陶安《壬辰清明日客有携酒城东邀陈致中谢行可程子舟马希穆及

余游月盘洞天偶遇张文泰遂同饮欢甚行可以老杜清明二诗次韵纪事因就韵赋·其二》："冷节伤神登墓道，禁钟未夕惨江枫。"

明·黄淮《和友人九日感旧诗》："江枫染霜锦为幄，塞雁书空云作笺。"

明·陈琏《宿枫桥》："杳杳归心逐去鸿，江枫渔火对孤篷。"

明·罗亨信《送人省亲归肇庆三首·其二》："江枫坠锦雪飞花，才子归宁宦况赊。"

明·薛瑄《送姚侍郎巡察云南》："霜早楚江枫叶赤，雨晴蜀道菊花黄。"

明·陈政《秋江晚眺图十三韵》："翠稀零岸苇，丹密变江枫。"

明·童轩《京口夜泊》："江枫人独宿，汀苇雁相呼。"

明·祁顺《冷庵为陈金宪粹之作》："坐客无毡杜老吟，吴江枫落崔郎咏。"

明·陆容《夜酌不能成趣辄命儿辈出韵引杯得二首·其一》："白雁南来送蚤霜，江枫一夜换新妆。"

明·章懋《送吴学士俨考绩》："禁庭花柳关心久，客路江枫得句新。"

明·程敏政《樗老》："爨焦久惜吴山桐，霜落亦任吴江枫。"

明·王鏊《送汝行敏知南安》："庾岭梅华春信早，吴江枫叶暮吟寒。"

明·林俊《四休述怀·其一》："红雨满江枫叶暮，青霜孤径菊花秋。"

明·顾清《初举不第却回书所历》："故园到日天已寒，江枫落叶秋斑斑。"

明·顾清《赋栖翠楼送曹良金出使归省》："登高作赋远莫致，目极吴江枫叶丹。"

明·鲁铎《渔景四首·其三》："江芦黄尽江枫赭，远岫幽村景堪写。"

明·邹智《漫赋寄杨方震》："宫柳依依辞北阙，江枫撼撼度南陬。"

明·潘希曾《送童贰守栗卿之姑苏》："回首吴江枫落夜，诗成须向故人夸。"

明·顾璘《小画二首·其二》："泽苇江枫共远，玄凫白鹭争飞。"

明·韩邦奇《满江红·客思》："正此际、潮生越海，吴江枫落。"

明·杨慎《雨夕梦安公石张习之觉而有述因寄》："樾荫江枫赤，庭芜塞叶黄。"

明·黄省曾《王仪部钦佩寄历日》："驿使江枫远，缄书雪案亲。"

明·谢榛《送罗侍御还巴东》："棹经巫峡云根险，家在巴江枫树深。"

明·谢榛《野父杂感》："泉冲涧石声自清，霜染江枫色更好。"

明·皇甫汸《念别再赋》："江枫落后淮城暮，沙雁飞时楚塞寒。"

明·王立道《送李威甫掌长兴教》："归心依岸柳，秋色动江枫。"

明·李攀龙《送李司封谪广陵》："广陵鸿雁来秋色，寒雨江枫度逐臣。"

明·王世贞《吴城送梁彦国大理左迁归岭南》："江枫乍点逐臣桡，鸡骨逢君黯自销。"

明·王世贞《朱定国解馆归明州赠之得三绝·其三》："惜别飞觞各斗干，吴江枫落未成寒。"

明·王世贞《吴江赵令君特访我吴闾走笔得二绝句赠之·其一》："此去吴江枫落候，好题红叶到留京。"

明·王世贞《赠别燕山萧君之蕲州守》："皂盖透迤挂山月，玉壶旖旎酣江枫。"

明·陈吾德《舟中即事》："渔翁持竿夜不归，客子扁舟犹未泊，江枫汀苇故依依。"

明·王稚登《送舒伯明还太末三首·其一》："吴江枫树锦萧疏，千顷寒波翠湿裾。"

明·袁昌祚《小金山·其一》："高阁佛灯冥岭树，前村渔火乱江枫。"

明·王弘诲《九日同王慎斋馆丈游泛》："回波侵岸柳，晚照映江枫。"

明·胡应麟《潞河南发永叔黄门虚所乘舟以见待赋谢二章·其二》："联舻且角新题句，何限江枫逐夜谈。"

明·胡应麟《诘朝雪不解再柬永叔黄门二十四韵并邀同赋》："冻埋深浦竹，寒折大江枫。"

明·胡应麟《四知篇·其三·盱眙李大保惟寅》："名篇诵池草，绣句翻江枫。"

明·董其昌《贻陈征君仲醇二首·其二》："篱蕊酬嘉节，江枫堕落曛。"

明·程嘉燧《病中送履和兼怀李茂修》："江枫落后见君迟，欲雪前林又别时。"

明·程嘉燧《王翘草虫册四首·其二·蟹》："吴江枫落夜，公子已无肠。"

明·谢肇淛《十六夜彭城对月》："胡为劳我心，愁对江枫眠。"

明·袁宏道《潞河舟中和小修别诗·其六》："江柳江枫道，秋来倍损神。"

明·欧必元《卧病村居寄李四伯襄》："江枫落处溪溪叶，寒月光时夜夜尊。"

明·凌义渠《永丰馆归梦》："远从云际见江枫，是夜归心得暂通。"

明·叶小鸾《疏帘淡月·秋夜》："剪江枫、飘红荻浦。画栏东角，疏帘底畔，徘徊闲伫。"

明·张煌言《挽大宗伯吴峦徨先生·其一》："深负先生归骨望，吴江枫冷鹤还来（先生吴江人）。"

明·张家珍《过李子草堂》："渔舫隔州烟火乱，江枫夹岸浦帆遥。"

明·翟祖佑《穷泛湖源》："一函诒我江枫咏，曾泛荃桡白鹭前。"

明·董纪《枫桥夜泊》："江枫渔火都禁得，只怕寒山寺里钟。"

明·董纪《夜泊江上》："一灯隔岸渔船火，愁似江枫对照时。"

明·袁华《次韵钱思复五山留题》："别后相思对明月，吴江枫落有清霜。"

明·许炯《文溪紫水》："吴江枫叶凌波去，湘浦荷花带露流。"

明·邓云霄《吴门秋怀八首·其三》："久居泽国谙吴语，每向江枫吊楚魂。"

明·邓云霄《悲秋十八咏·其三·秋枫》："逐臣何处想遗踪？湛湛江枫淡更浓。"

明·邓云霄《赋得枫桥流水五绝送孙建侯归金陵·其四》："浣纱人去冷姑苏，寂寞江枫怨夜乌。"

明·郭之奇《舟夜守立秋·交节以十三夜亥二刻》："愁客思归坐晚风，梦回秋色度江枫。"

明·郭之奇《孟夏念八日奉命册封荆藩德安王并妃就道计程之作》："客心耽古迹，长啸入江枫。"

明·郭之奇《五日》："江枫湛千里，渚竹变双眸。"

明·释今无《轻巧莲》（一瓣而兼红白，故曰轻巧）："远公曾种东林社，迟及江枫送雁群。"

明·释今无《罗浮红鸟·其七》："惭愧秋霜功力薄，江枫犹不及人红。"

明·释今沼《暮至梁颙若田舍》："遥开向井舍，独映临江枫。"

明·释古邈《送允执上人归扬州》："驿路菊黄霜渐冷，长江枫落雁初横。"

明·陈繗《送廷宾先生分教璚台》："红落吴江枫叶冷，碧连秦树桂花清。"

明·陈绚《集饮东林梁先生书舍题赠》："江枫半系盟鸥艇，堤柳低临浴鹤池。"

明·陈邦彦《浩溪雨泊·其一》："雁叫江枫变，蝉鸣陇秫齐。"

明·陈锜《秋凉闻寇·其二》："穷愁亦有江枫咏，高调谁传郢雪诗。"

明·陈鹤《送袁山人还广陵》："吴江枫叶红千树，一夜随风满客舟。"

明·黄衷《清明舟中》："霏雨满天分野火，低云随眼暗江枫。"

明·黎民表《拙清楼闻笛》："候雁霜前苦，江枫露下愁。"

明·黎民表《十三夜同莫公远张羽王袁文毂梁公智别梁持伯之楚》："青骊又逐江枫远，题札能无凤沼东。"

明·黎民表《焦山别陈玉叔犬参》："潮水欲生淮浦月，暮云多在楚江枫。"

明末清初·钱谦益《丁老行送丁继之还金陵兼简林古度》："西风飒拉催繁霜，江枫落红岸草黄。"

明·沈宜修《菩萨蛮·暮秋夜雨时在金陵》："小楼应寂寞。一夜江枫落。"

明·沈宜修《乌夜啼》："强将樽酒排闲闷，愁晕楚江枫。"

明末清初·李元鼎《双调望江南·和南归期虎丘观月》："淮水潭深迷夜雨，吴江枫落冷秋汀。"

明末清初·陈子升《秋霞效骆丞》："染江枫失叶，烛野烧无灰。"

明末清初·陈子升《寄林潜颖》："今朝渔浦上，忆别对江枫。"

明末清初·陈子升《山居闻吴客来五羊多是旧游遥有此寄》："月冷吴江枫叶声，莼鲈遥慰十年情。"

明末清初·陈子升《寄黄季恒》："秋江枫落雁声繁，去岁同君深夜论。"

明末清初·彭孙贻《晚泊吴江三首·其三》："吴江枫未落，已见旅愁新。"

明末清初·彭孙贻《枫桥》（己丑作）："秋风江上送离居，正及江枫未落时。"

明末清初·彭孙贻《禹庙》："海气摇幢乱，江枫傍火明。"

明末清初·彭孙贻《秋叹四首·其二》："三年江枫青，一梦秋月黑。"

明末清初·彭孙贻《独行虎丘寺》：“我去吴江枫未落，归来采尽江南菱。”

明末清初·龚鼎孳《贺新郎·其五》：“江枫落处寒山显。更乡园、雀脂绵腻，鲈腮银扁。”

明末清初·陆求可《忆帝京·秋雨》：“晨井梧飘，晚江枫冷，惨惔巫峡连朝暮。”

明末清初·陆求可《越溪春·秋闺》：“渔火江枫钟早动，晚色入高楼。”

明末清初·陆求可《千秋岁引·晚景》：“满江枫，几村柳，鸟归矣。”

明末清初·陆求可《解连环·红叶》：“清霜初落。把江枫催变，红生寥廓。”

明末清初·尤侗《蝶恋花·其三·吊返生香》：“行到吴江枫落处，自携一叶归家去。”

明末清初·屈大均《摇落·其二》：“一夕江枫树，清霜叶叶流。”

明末清初·屈大均《送潘次耕太史·其四》：“吴江枫叶题诗满，好托天风寄二樵。”

明末清初·屈大均《雨声》：“摇落自来悲宋玉，江枫无奈更萧森。”

明末清初·徐枋《送远诗十一首·其五·同居》：“江水何弥弥，江枫何郁盘。”

明末清初·毛奇龄《相望篇送陆少参督饷江南》：“鼎湖龙去年又年，此翁归卧江枫寒。”

明末清初·王夫之《念奴娇·帆影》：“略带神鸦，时飘芦叶，曲映江枫紫。”

明末清初·王鸣雷《白门道中》：“陵谷从来桑海变，江枫何似建康红。”

明末清初·陈世祥《念奴娇·次顾庵韵，送朱近修还海昌、吴西崖往山阴。兼怀宋既庭先还吴门》：“越海云沉，吴江枫冷，何处扁舟宿。”

清·陈恭尹《壬申清明即事次杜韵同王础尘二首·其二》：“老泪只应镌楚竹，招魂空自赋江枫。”

明末清初·朱鹤龄《送棐民弟司训清河》：“秋风五两（去）片帆轻，千里江枫引客程。”

明末清初·曙光《送人》：“秋风江上送君舟，落叶江枫总别愁。”

清·张玉纶《高粱》："影全迷渭竹，色欲艳江枫。"

清·佚名《挽塔齐布联》："哭断长江枫荻，生同里，宦同寅，只因伟业难同，空悲旧雨，此日东南犹苦战，目极疮痍，更凭谁身纾国难，力挽天心。"

清·陈国士《挽张之洞联》："粤海波澄，鄂渚云飞，吴江枫冷，锁钥虚东南半壁，与学界军界工商界，同声哭公。"

清·钱福炜《避氛海陵倏又秋至感时兼以自感用杜少陵秋兴第四首第七首韵·其二》："深秋岸荻花飞白，返照江枫叶染红。"

清·叶景寅《九日同邵东林鹤栖登高口占》："江枫红似锦，洲荻白如霜。"

清·丁澎《词变·四犯令·其三十四·变滴滴金》："折花将劝双樽月。江枫映、花溪隔。"

清·万光泰《和坤一咸和四年砖歌》："嗟我将为粤行客，归期遥指江枫赤。"

清·严绳孙《秋日杂感·其二》："紫禁月沈琼树夕，沧江枫冷石城秋。"

清·伊秉绶《赈灾·其三》："鸺鹠叫月江枫殷，忍见白浪来排山。"

清·储福宗《薄幸·枫桥访旧不遇》："空弹锦泪，染就江枫红茜。"

清·华胥《夜合花·七夕前二夕遣伻返锡感赋》："无泪堪挥，有愁难寄，几番梦冷江枫。"

清·吴焯《壶山草堂观先叔父介庵公收藏历代名画卷册歌》："吴江枫冷逆雁翔，两月两度来金闾。"

清·吴雯《送六皆还里二首·其二》："江枫红隔岸，湖草碧连天。"

清·宋荦《题汪东山修撰秋帆图·其一》："暂脱朝衫觅楫师，吴江枫落卸帆时。"

清·宋荦《青玉案·余以枫香名词，漫赋》："总愧江枫句。"

清·嵇永仁《中秋次幼誉原韵》："庭桂露边头共白，江枫霜里泪俱红。"

清·宋至《送介维返歙县》："江枫衔落照，海雁下荒渠。"

清·乾隆皇帝《题仇英秋江待渡图》："瑟瑟吴江枫落时，长天秋水动涟漪。"

清·乾隆皇帝《塞上秋》："吴江枫冷已太迟，巫峡秋高较应恶。"

清·乾隆皇帝《枫》："江枫画曾看，山枫亲所睹。"

清·姚燮《泊舟维扬寄秦巡简兄芝庭六章·其五》："江枫明晚照，沙苇动初霜。"

清·姚燮《雨夜次京口驿》:"隔江枫树林,对我极霓霓。"

清·姚燮《水调歌头·太湖晓波》:"迷离树,是岭橘,是江枫。"

清·夏子鎏《题范卿倅林觅句图》:"不见诗人崔信明,吴江枫落境幽绝。"

清·张玉珍《踏莎行·重阳》:"篱菊攒金,江枫染赤。"

清·张祥河《满庭芳》:"堤柳销金,江枫攒锦,瞥眼易感秋光。"

清·彭孙遹《浪迹》:"浪迹湖山久作缘,寒江枫落思绵绵。"

清·彭孙遹《鸡冠花·其一》:"闲依水蓼枝相亚,冷压江枫叶未稠。"

清·徐元英《柬罗茎九》:"半树水痕存岸柳,一林霜信到江枫。"

清·徐釚《渔父本意》:"况有吴江枫叶红。"

清·徐釚《桂枝香·蟹》:"莼鲈共汝,吴江枫冷,洞庭橘绿。"

清·施世纶《虎丘行》:"夜半吴歌入客船,客心不乐更不眠,举杯聊醉江枫天。"

清·朱彝尊《怀郑（玥）客淞江》(庚寅):"连江枫树外,烟水隔层波。"

清·朱彝尊《将之永嘉曹侍郎饯予江上吴客韦二丈为弹长亭之曲并吹笛送行歌以赠韦即送其出塞》(壬寅):"忽作边秋出塞声,江枫岸柳纷纷落。"

清·朱彝尊《题王给事过岭诗集》:"自从判袂广武北,十载梦寐悬江枫。"

清·曹贞吉《满庭芳·闻雁》:"还堪忆,江枫渔火,只影傍人明。"

清·曾国藩《挽胡林翼联》:"哭断隔江枫荻,生同时,居同里,官同僚,自惭伟略难同,空悲旧雨,此日东南犹苦战,净扫萑符,问谁能匡扶社稷,力挽天心。"

清·朱曾传《红树》:"柿叶吾乡物,江枫色不如。"

清·李奉翰《秋日道中寄丁星墅》:"乍见江枫叶已丹,偶然别绪上眉端。"

清·李符《倾杯乐·黄雀》:"江枫未落张罗遍,怕碎霜消息。"

清·杜贵墀《月下笛·秋雾》:"想润透,彩云衣,犹倚江枫不去。"

清·柳是《出关外别汪然明》:"游子天涯感塞鸿,故人相别又江枫。"

清·查慎行《台城路·京师送李分虎南归兼怀令兄斯年武曾》:"渐淮菊催黄,江枫变紫。"

清·汪霦《喜王露湑至自三峰·其二》：“海荔乍残人散后，江枫初老雁来时。”

清·沈用济《湘江道中》：“魂返江枫哀楚些，曲终瑶瑟怨湘灵。”

清·洪升《衢州杂感》：“一片夕阳横白骨，江枫红作战场花。”

清·濮文绮《菩萨蛮·寄外》：“江枫红欲滴。醉煞浔阳客。”

清·王嘉禄《雨后怀君绣》：“枫江枫叶满，想见闭关人。”

清·王士禛《朱锡鬯自代州至京奉柬》：“燕市雪深衣褐敝，吴江枫落酒船迟。”

清·王士禛《双调望江南·本意二首·其一》：“楚塞鸿归山近远，吴江枫落雨缤纷。”

清·王思训《易隆别故人》：“塞雁呼秋旅，江枫倚暮寒。”

清·王昶《桂枝香·蟹》：“江枫欲舞。正舫泊断沙，榔歇古渡。”

清·纳兰性德《秋日送徐健庵座主归江南》：“江枫千里送浮飔，玉佩朝天此暂辞。”

清·舒位《枫桥》：“偶然渔火江枫地，记得寒山寺里诗。”

清·苏穆《渡江云》：“江枫何事，也禁它、恁样翩翩。”

清·蒋士铨《虞美人八首·其八》：“不比江枫渔火、对愁眠。”

清·蒋春霖《一萼红·舟过小村，幽景殊胜，因动莼鲈之感》：“一夜吴江枫冷，老屋霜团。”

清·薛时雨《清平乐·晚泊枫桥访寒山寺遗址》：“江枫摇落何堪。领取寒山风景，一僧补衲茅庵。”

清·薛时雨《金缕曲·丹阳阻风小集云蓝室即席留别》：“只满目、江枫渔火。”

清·蔡寅斗《挽徐澄斋太史》：“谁为元亭重载酒，满江枫叶荡寒潮。”

清·蔡礜《如梦令·秋露》：“酿与江枫为酒。”

清·谭献《长亭怨慢》：“又消受、江枫低舞。”

清·赵承光《烛影摇红·怀侄女许》：“吴江枫冷正良辰，银汉光浮练。”

清·邹方锷《月轮山》：“渺渺江枫漠漠台，珠帘绣柱拂云开。”

清·金朝觐《去官·其二》：“江枫吹叶下，流水自生波。”

清·金朝觐《路上杂咏十首·其七·红叶四首之四》:"江枫向夕宜残照,墙杏争春竟误看。"

清·金渐皋《秦淮女郎卞云装侨居半塘,八九年前曾过一面,比来湖,上见其案头有吴梅村诗册并虞山老人和章,寻览情词,不无今昔之感,因窃取二老意并云装近事,㮚括成诗三首·其二》:"辽海鹤归无主墓,吴江枫冷未栖鸿。"

清·钱廉《饮宋受谷云深草堂》:"短屏题遍江枫句,小阁呼回好鸟春。"

清·钱大昕《口占·其二》:"湛湛江枫叶未丹,相逢有约草盟寒。"

清·郑文焯《法曲献仙音·灵岩览古次韵梦窗》:"乱石牛羊,古台麇鹿,江枫黯愁霜点。"

清·陆莘行《送伯姊之姑苏》:"盼杀天涯传锦字,吴江枫落雁归时。"

清·陈诗《送罗肯堂同年归九江》:"片帆归去好,萧瑟对江枫。"

清·顾贞观《小重山·周亦庵山楼宴集,夜看塔灯》:"分携处,冷落一江枫。"

清·魏裔介《送张东山年兄参藩江宁》:"吴江枫色冷,燕岫暮云多。"

清·黄之隽《琐窗寒·咏霜》:"不信连宵,江枫叶叶,染来都媚。"

清·黄侃《江神子》:"江枫落叶送归舟。"

清·黄侃《菩萨蛮》:"江枫红冷秋垂尽。鱼书远寄天涯恨。"

清·黄蛟起《华藏雨望》:"秋老江枫健,风寒塞雁哀。"

清·黄景仁《寄蒋耘庄》:"屐齿青馀三径草,泪珠红入半江枫。"

清末近代·邱炜萱《庚辰中秋》:"银盘唤作广寒宫,照澈江枫不敢红。"

清末近代·陈匪石《雪梅香》:"如雨惊飙打林叶,满天寒色染江枫。"

清末近代·巨赞《题关山月所作画贺白虹书店开幕》:"曲岸袅秋风,江枫叶叶红。"

清·曹家达《无题四首·其二》:"最是吴江枫落夜,淡烟疏月总销魂。"

清·曹家达《苏台杂诗四首·其一》:"晚潮径送行舟过,不遣江枫照夜眠。"

清·洪炳文《浪淘沙·其一·霜林红叶》:"点缀到江枫。"

清末近代·沈曾植《霜花腴·强村示我九日词,感和》:"人间断蓬,着泪痕染遍江枫。"

清末近代·许南英《秋雁》："吊影吴江枫叶老，失群沙碛蓼花残。"

清末近代·祝廷华《次韵和松盦同年菊宴五首·其五》："昨夜新霜染，江枫叶渐丹。"

清末近代·陈锐《惜红衣·白石此词日字非韵也，叔问独以为当叶。姑徇其说，重和一首，不足以云勇》："莫但悲游事，冷落一江枫色。"

清末近代·杨玉衔《浣溪沙慢·登灵岩，依清真四声》："凭吊数兴亡，野花零、江枫又老。"

清末近代·陈步墀《菩萨蛮·其九·无题十六阕》："梧桐落尽江枫晚。心情爱寄新来雁。"

清末近代·黄浚《挽麦孺博》："忍向陈栏数陈迹，江枫千里最伤予。"

清末民初·郑孝胥《登摄山最高峰》："钟阜云开分晚照，吴江枫落入新寒。"

清末近代·金兆蕃《寿楼春·题张彦云红楼饯月图》："悲吴江枫黄。"

清末近代·周岸登《丑奴儿·其一》："年年经醉湖山惯，斜照江枫。"

清末近代·张尔田《月下笛》："甚落尽江枫，便成羁旅。"

清末近代·杨圻《南昌军幕感怀·其二》："一夜章江枫叶红，江关张翰卧西风。"

清末近代·王易《临江仙·其一》："故江枫叶乱，空吊载书船（九江熊香海先生光）。"

清末近代·汪东《侧犯·张善子与江絜生同舟入蜀，为写巫峡清秋图，絜生乞题》："对万叶、江枫弄斜照。"

清末近代·汪东《昭君怨·前年在南京，友人以女子某氏词笺属和。夹置乱帙中，偶检得之，惘然继韵》："黯黯吴江枫树。飒飒周原禾黍。"

近现代·佚名《挽陈绍勋联》："日暮乡关何处是，愿劝君更进杯酒，趁此吴江枫冷，莫误归期。"

近现代·吴梅《减字木兰花·过胥江有悼》："落月江枫，行客愁听半夜钟。"

近现代·姜胎石《安公子·舟泊枫桥，游重建寒山寺，怀张懿孙》："渔火江枫，谁省识当年愁思。"

近现代·姚鹓雏《拜星月慢·检箧得大壮词数阕，诵竟书悼》："那向落月江枫，问鱼龙归宿。"

近现代·徐炯《蜀江杂感·其三》："江枫影外楼台静，胡雁声高天地空。"

近现代·黄祝蕖《酹江月·题芙蓉吟馆图》："凭教岸柳微黄，江枫半赭，并入云蓝纸。"

近现代·汪荣宝《经悬桥巷玉符丈故宅因题所作山水长卷》（戊辰—己巳）："扁舟已负寻幽约，落月江枫付怅望。"

近现代·胡先骕《秋霁·和简庵赠癸叔之作，仍次梅溪均，律则从草窗》："天漾微云，早醉锦江枫，暗老秋色。"

近现代·汪石青《谒灵泽夫人庙·其一》："一叶轻舟趁晚凉，吴江枫落点秋光。"

近现代·李祁《高阳台》："瘦柳依桥，江枫伴岸，水乡十里帆斜。"

近现代·钱少华《言绝句·其十一》："江枫渔火似前游，天上停云水上舟。"

近现代·顾宪融《洞仙歌·其一》："姑苏城外住，梦醒江枫，重画旗亭酒家壁。"

近现代·黄公渚《虞美人·半山亭秋望》："坐来无语对江枫。相见一回憔悴一回红。"

近现代·赵尊岳《汉宫春·赋九字》："浔阳昨夜，又江枫派派流红。"

近现代·钱仲联《丙辰秋兴八首五叠少陵韵自中秋至重阳前成之·其四》："北极星高看历历，吴江枫冷苦迟迟。"

近现代·饶宗颐《浣溪沙·其五·三叠前韵》："江枫几点拂征衣。"

近现代·朱庸斋《渡江云·衡州秋夕寄怀》："江枫渔火夜，暗潮搁恨，分梦向谁边。"

近现代·朱庸斋《三姝媚》："江枫红欲悴。"

当代·伯昏子《瑞鹤仙·观永乐大钟》："忆烟帆楼上，江枫桥底，曾怕禅声急促。"

当代·冯永军《踏莎行》："隔江枫叶为谁红，扁舟又棹潇湘去。"

当代·刘峻《慰益之》："寂寞半江枫，飘零与子同。"

当代·刘峻《仲夏呈逸老》："江枫寒月白，握手泪沾裳。"

当代·卢青山《山歌》："夜见公坐邻江枫，明月淡宕浮青穹。"

当代·崔荣江《蝶恋花十一首·其六·秋江》："幸有江枫红正好，一水东流，一片浮云渺。"

当代·王蛰堪《减兰·孔凡翁属题回舟集》："鬓丝霜白，染出江枫红一色。"

当代·石任之《虞美人》："江枫气候带微腥。小坐纷来万念过流萤。"

当代·邵林《湘春夜月·听琴曲〈潇湘水云〉倚雪舟四声》："江枫自落，骊龙不起，明月孤行。"

当代·傅义《岁末有寄次和简素》："忽忆江枫方鼎盛，金陵引领最高枝。"

当代·傅义《次韵答南徐月》："池荷赏罢赏江枫，又赏寒梅眼不蒙。"

第二节 魂兮归来

一、典出

"魂兮归来"，典出宋玉《招魂》："巫阳焉乃下招曰：魂兮归来！去君之恒干。何为四方些？舍君之乐处，而离彼不祥些。魂兮归来，东方不可以讬些！长人千仞，惟魂是索些。十日代出，流金铄石些。彼皆习之，魂往必释些。归来兮，不可以讬些！"

二、简释

这段话意思是说：巫阳于是降至人间招魂说："魂啊回来吧！何必离开你的躯体，往四方乱走乱跑？舍弃你安乐的住处，遇上凶险实在很糟。魂啊回来吧！东方不可以寄居停留。那里长人身高千丈，只等着搜你的魂。十个太阳轮番照耀，金属石头都熔化变形。他们都已经习惯，而你的魂一去必定消解无存。回来吧，那里不能够寄居停留。

三、变体（或不同典形）

魂兮归来哀江南

四、历代引用与释义

📖 魂兮归来

南北朝·江淹《渡泉峤出诸山之顶》："南方天炎火，魂兮可归来。"

南北朝·江淹《山中楚辞六首·其六》："魂兮归来。异方不可以亲。"

唐·杜甫《梦李白二首·其一》："魂来枫叶青，魂返关塞黑。"

唐·谢观《招李夫人魂赋附楚词·其一》："魂兮勿复游他方，盍归来兮慰我皇。"

唐·谢观《招李夫人魂赋附楚词·其二》："魂兮勿复游四裔，盍归来兮膺万岁。"

宋·郭祥正《泛江》："辞曰：始凶终吉，魂兮归来，奚往而失。"

宋末元初·龚璛《次贡仲坚教授污湾行》："洞房蛛网镂象床，重门薜铺撼仓琅，魂兮归来知在亡。"

明·夏煜《哀孙炎》："魂兮早归来，空山不可狙。"

明·顾璘《远招十五叠·其九》："愿君亟归栖故处，鬼神呵护无龙蛇，魂兮归来乐无涯。"

明·顾璘《远招十五叠·其十》："玉山有禾瑶水液，何为默致资元神，魂兮归来孝且仁。"

明·顾璘《远招十五叠·其十一》："愿君亟归相出入，累累百福资和平，魂兮归来友爱成。"

明·顾璘《远招十五叠·其十二》："知君身后百不忧，阙里清风被裙布，魂兮归来慰朝暮。"

明·顾璘《远招十五叠·其十三》："冥漠知君爱不殊，祛除灾难通文史，魂兮归来歆世祀。"

明·戴冠（邃谷）《竞渡曲》："屈原死去不复作，魂兮千古何萧索。年年空向江中招，薄暮归来风浪恶。"

明·顾璘《远招十五叠·其八》："冰餐水饮御清虚，回厌南中独炎热，魂兮归来皎而澈。"

明·顾璘《远招十五叠·其一》："岁云暮兮风萧萧，索居远想心无聊。魂归来，江水迢，抚膺泣血歌远招。歌始倡兮天地愁，英灵秀骨当王侯。二十操觚见天子，三十驰名盖九州岛。四十金章方熠熠，长松忽萎天南头。蓍龟无灵相失验，古来贤远为神仇，魂兮莫嗟当自尤。"

明·沈周《和张光弼歌风台韵》："大风起兮云飞扬，游子归来寻故乡。乡中父老认天子，会酒击筑歌慨慷。载歌载舞未为央，留之十日未为长。畅然草木尚有感，满眼故旧情何当。丈夫志已酬咸阳，壮心何用泣数行。四海一家何论沛，猛德何法守四方。千秋万岁邈在后，魂兮不归天地荒。"

明末清初·尤侗《贺新郎·其八·中元再和》："闻地道官初放赦，想魂兮、游戏应来此。又遇着，廉纤雨。归来惟有高眠耳。"

清·吴恭亭辑《挽陈天华姚宏业联》："衡云湘树，魂兮归来，沅芷澧兰，人如可作，同此心，同此理，以歌当哭哭当歌。"

清·柳贻征《代挽李郁华联》："公之直声震天下；魂兮归来哀江南。"

清·沈铺《挽张之洞联》："魂兮归来，应有英灵翊王室。"

清·严遂成《猛总统如虎》："臣力竭矣臣应死，魂兮魂兮，归来招臣子。"

清·奕绘《蝶恋花》："松柏西冷谁与伴，魂兮何处归来缓。"

清·喻文鏊《江夏行吊熊襄愍公》："九边风雪黄云高，魂兮归来何处招。"

清·张裕钊《西湖义地》："魂兮归来，云梦潇湘，是万古伤心之地。"

清·方殿元《章贡舟中作歌六首·其六》："去日板舆素輀返，魂兮归来悄难说。"

清·李秀成《追悼阵亡将士联》："魂兮归来，三藐三菩提，梵曲依然破阵乐。"

清·梁章钜《挽林则徐妻郑夫人联》："老屋忆文笔坊，新居望文藻宅，都是文星照耀，魂兮万里定归来。"

清·郭曾炘《翁文恭公生日师郑吏部邀同人陶然亭为瓶社第一集并出遗墨传观敬赋长句》："魂兮大鸟傥归来，此举年年宜勿废。"

清·黄人《挽定君长联》："笙朝笛夜，喁喁美满名辞，荡为血泪，剩几声魂兮归来。"

清·吴锡麒《题邝湛若砚铭并洗砚池题字拓本》："归来抱琴死忠义，片石寂寞留人寰。招君魂兮渺渺，石有泪兮潸潸，云车雾驾安能攀。"

清·储欣《满江红·悼亡》："一别于今，问何处，魂兮飘泊。又早是，残年急景，天寒水落。皓月当头还似昔，空房越觉增萧索。倘归来，蝶梦不曾迷，仍香阁。"

清末近代·吴研因《悼杨师月如》："北望泪沾裾，魂兮尔安在。焉得复归来，雷音听奏凯。"

清末近代·汪东《东坡引·题线云平女士画东坡策杖行吟图》："买田阳羡曲。胡骑惊翻覆。开皇临睨归来速。魂兮游玉局。"

近代·陈三立《正月十七日探梅俞园感逝成咏》："红艳蘦初胎，依然手植梅。年年花满眼，湖海一归来。栏楯迷前赏，风香写独哀。魂兮寻月下，应伴绕千回。"

清末近代·陈匪石《挽陈其美联》："终其身与独夫为雠，魂兮归来，迅执丑虏。"

清末民初·朱祖谋《迷神引·戊戌五日半塘老人以清泉瓣香敬祀三闾大夫，依屯田体为迎神之章。率和一阕，醉醒清浊之感，未能发抒万一也》："魂兮归来些，飒风雨。"

清末近代·赵熙《三姝媚·闻乔损丈卒法源寺》："幽州天外远。望魂兮归来，武担山畔。"

清末近代·刘永济《沁园春·魂兮归来》（丁酉，1957年，七十岁，戏效苏辛隐括体，隐括楚辞招魂篇，用招台湾游魂。为和平解放台湾作）："魂兮归来，招具该备，胡为不归？"

近现代·冯振《古项王庙》："我来吊古慰不遇，魂兮归来天一方。"

近现代·刘冠雄《复辟讨逆军追悼会挽联》："闻鼓鼙而思将帅，魂兮归来。"

近现代·吴炳生《挽陈其美联》："誓师杀贼，遭蝮蛇，倾壮烈，一灵未泯，魂兮归来。"

近现代·张翅《挽陈其美联》："余事为吾党责，鸡鸣不已，故乡魂兮归来。"

近现代·佚名《挽陈其美联》："义声遍宇内，云车风马，魂兮归来。"

近现代·朱光奎《挽陈其美联》："愿雄师及早渡河，魂兮归来，忍痛且看刑白马。"

近现代·王仰之《挽马贞女联》："魂兮归来，真吾儿妇也。"

近现代·田金楠《挽彭郎轩联》："魂兮归来，吾曹忍继宋玉而作赋。"

近现代·胡君复《挽刘树屏联》："魂兮归来，北方不可止些。"

近现代·邬志豪《挽陈其美联》："在天应一笑，是处乃青天白日，江南好风景，魂兮归来。"

近现代·黄镇盘《挽陈其美联》："观此日还葬碧浪湖边，令万古英雄凭吊，把酒呼君叔，魂兮归来。"

近现代·席子研《瘗骨行》："魂兮归来，享我芬芳。毋厉我民，化疹为祥。"

近现代·袁嘉谷《北京赵撰祠堂联》："吾道南矣，望云中故山迢递，魂兮归来。"

近现代·金天羽《招国魂》："鬼雄长啸髯如戟，魂兮归来我祖国。"

当代·卢青山《魂拾迹》："魂兮归来。及予之生兮，肆游走于诸方。迨予之灭兮，怅馀怀之未忘。弃予狼犺之躯于山阿，曳予魂兮飘飘而回翔。"

当代·林恭祖《美国里根总统挽辞》："魂兮速归来，万机休博综。"

当代·成惕轩《挽王立法委员化南》："有党碑长峙瀛表，青林黑塞，魂兮归来。"

魂兮归来哀江南

清·柳诒徵《代挽李郁华联》："公之直声震天下；魂兮归来哀江南。"

第三节　巫阳招魂

一、典出

"巫阳招魂"，典出宋玉《招魂》："帝告巫阳曰：'有人在下，我欲辅之。魂魄离散，汝筮予之。'……巫阳焉乃下招曰：'魂兮归来！'"

巫阳，古时神话传说中的巫师，曾奉天帝之命招魂。唐·韩愈《陆浑山火和皇浦湜用其韵》："帝赐九河湔涕痕，又诏巫阳反其魂。徐命之前问何冤，火行于冬古所存。"

二、简释

这段话的意思是：天帝告诉巫阳说："有人在下界，我想要帮助他。但他的魂魄已经离散，你占卦将灵魂还给他。"……巫阳于是降至人间招魂说："魂啊回来吧！"

三、变体（或不同典形）

巫阳、反魂（返魂、招魂）

四、历代引用与释义

📚 巫阳招魂

宋·苏轼《澄迈驿通潮阁二首·其二》："余生欲老海南村，帝遣巫阳招我魂。杳杳天低鹘没处，青山一发是中原。"

宋·刘克庄《沁园春·答陈上舍应祥》："华发萧萧，归碧鸡坊，出金马门。把一枝色笔，掷还郭璞，些儿残锦，回乞天孙。永免朝参，更无宣锁，送老三家水竹村。休休也，任巫阳来下，未易招魂。"

宋·郑元祐《月氏王头饮器歌》："哀王之殁同智瑶，帝阍盍遣巫阳招？魂招不来守之泣，恨结玄云贯寒日。"

宋·崔敦礼《太白招魂》："予为谪仙兮，薄游人间。傲岸不谐兮，世路艰难。折芳洲之瑶华兮，采琼蕊入乎昆山。愁长安之不见兮，坐拂剑而长叹。魂一去而俗断兮，与春风而飘扬。飘扬其竟何托兮造化为之悲伤。於是帝命巫阳，若有一人，神气黯然，精魂飞散，迟尔归旋。乃下招曰：魂兮归徕，无东无西，无南无北些。碧海之东，长鲸渍涌，不可以涉些。杨波喷云，蔽天鬐鬣些。齿若雪山，挂骨於其间些。"

元·郏经《题画梅》："灵觿解点玄霜汁，粉靥冰花照人湿。返魂竟失篋中香，翠羽悲啼声转急。纷吾欲下巫阳招，楚骚遗恨湘川遥。书凭凤女双飞翼，泪掩鲛妃一尺绡。"

明·邓云霄《挽孝廉张无名二首·其二》："壮志一抔土，馀香侠骨存。平生好结客，今日几过门。赋鹏年华促，招魂怨思繁。巫阳不可问，风雨暗天阍。"

明·杨理《挽溪南公暨蒋孺人》："流云藏夜月，寒雾薄朝暾。琴瑟馀音断，杯棬旧泽存。义声留里闬，懿德著闺门。空读巫阳些，难招地下魂。"

明·赵维寰《过雄县哭任年兄甲子》："行行境入古雄州，缓辔寻盟访旧游。正拟鸿传分半榻，俄惊鹤去已千秋。投竿东海心犹壮，埋玉青山恨肯休。吾欲招魂天帝所，巫阳何处不禁愁。"

明·梁有誉《石申卿挽词·其二》："万化终有尽，如君独可伤。途穷人共惜，命促志空长。白鹤归何岁，青蝇吊异乡。愁魂招不得，几欲问巫阳。"

明·岑徵《湘阴谒三闾庙·其二》："巫阳招不返，魂气傍湘东。宿莽中洲尽，长楸故国空。悲歌荐兰芷，憔悴想形容。千里栖栖客，离忧不可穷。"

明末清初·钱谦益《哭稼轩一百十韵》："虞殡歌休矣，巫阳筮与焉。吴羹凄象设，楚些怆蝉联。魂复新遗矢，神栖旧坐毡。"

清·李穆勋《悼孝觉诗一首》："巫阳倪可下，但有招魂帛。"

清·林占梅《客有自程乡来，云黄香铁》："抚州司马青衫客，又作黄粱梦一场。巫阳促赴修文召，遗金难买返魂香。"

清·林朝崧《哭吕厚庵秀才·其二》："灵山后会尚茫茫，撒手人间此别长。入梦依然逢太白，招魂何处觅巫阳。一生迹断莺花海，数首诗传翰墨场。石子冈头篾钓落，这般结局最凄凉。"

明末清初·屈大均《秋夜恭怀先业师赠兵部尚书岩野陈先生并寄恭尹》："曾将九辩吊沉澧，长夜悠悠雪千里。招魂何处告巫阳，被发空然呼上帝。"

清·龚自珍《自春徂秋偶有所触拉杂书之漫不诠次得十五首·其八》："弱龄羡高隐，端居媚幽独。晨诵白驹诗，相思在空谷。稍长诵楚些，《招魂》招且读。陈为乐之方，巫阳语何缛。"

📚 巫阳

唐·韩愈《陆浑山火和皇甫湜用其韵》："又诏巫阳反其魂，徐命之前问何冤。"

唐·白居易《发白狗峡，次黄牛峡登高寺，却望忠州》："巴曲春全尽，巫阳雨半收。北归虽引领，南望亦回头。"

唐·高蟾《楚思》："叠浪与云急，翠兰和意香。风流化为雨，日暮下巫阳。"

唐·牛峤《菩萨蛮》："画屏重叠巫阳翠，楚神尚有行云意。朝暮几般心，向他情谩深。风流今古隔，虚作瞿塘客。山月照山花，梦回灯影斜。"

唐·孙逖《晦日湖塘》："公子能留客，巫阳好解神。夜还何虑暗，秉烛向城闉。"

宋·晏几道《风入松》："柳阴庭院杏梢墙。依旧巫阳。凤箫已远青楼在，水沈谁、复暖前香。临镜舞鸾离照，倚筝飞雁辞行。"

宋·项安世《代任阆州和人重午二首·其一》："新裁白雪罗衣润，旋剥黄金角饵香。尚想中流见荃棹，徘徊洲浦待巫阳。"

宋·杨亿《无题·巫阳归梦融》："巫阳归梦融千峰，辟恶香消翠被浓。"

宋·苏洵《神女庙》："巫阳仙子云为裾，高情杳步与世踈。微有薄酒安足献，愿采山下霜中蔬。"

宋·晁补之《夜合花·和李浩季良牡丹》："西都万家俱好，不为姚黄。谩肠断巫阳。对沈香、亭北新妆。记清平调，词成进了，一梦仙乡。"

宋·杨亿《无题》："巫阳归梦隔千峰，辟恶香销翠被空。桂魄渐亏愁晓月，蕉心不展怨春风。"

宋·杨泽民《氏州第一》："闲苑春回花枝少。漫微步、芳丛频绕。密意难窥，幽欢未讲，时把琵琶抱。但多才强傅粉，何须用、千金买笑，一枕春醒，笑巫阳、朝云易晓。"

宋·韩玉《风入松》："柳阴亭院杏梢长。依约巫阳。凤箫已远秦楼在，水沈烟暖余香。临镜舞鸾窥沼，倚筝飞雁辞行。"

宋·赵彦端《鹧鸪天》："两两青螺绾额傍。彩云齐会下巫阳。俱飞蛱蝶尤相逐，并蒂芙蓉本自双。"

宋·韩驹《十绝为亚卿作·其七》："一梦巫阳乐已穷，三年犹复怨匆匆。倏云骤雨成何事，未必三年抵梦中。"

宋·蒋捷《水龙吟·效稼轩体招落梅之魂》："醉兮琼瀣浮觞些。招兮遣巫阳些。君毋去此，飓风将起，天微黄些。野马尘埃，污君楚楚，白霓裳些。驾空兮云浪，茫洋东下，流君往、他方些。"

宋·吴文英《惜秋华·七夕》："露罥蛛丝，小楼阴堕月，秋惊华鬓。宫漏未央，当时钿钗遗恨。人间梦隔西风，算天上、年华一瞬。相逢，纵相疏、胜却巫阳无准。"

宋·谢翱《登广灵寺塔望南高峰》："灵旗萧萧卷清雨，结喉巫阳能楚语。回望人烟塔峰北，惟有空城临水浒。"

宋·蔡伸《水龙吟·重过旧隐》："画桥流水桃溪路，别是壶中佳致。南楼夜月，东窗疏雨，金莲共醉。人静回廊，并肩携手，玉芝香里。念紫箫声断，巫阳梦觉，人何在、花空委。"

宋·蔡伸《满庭芳·秦洞花迷》："秦洞花迷，巫阳梦断，夜来曾到蓝桥。洞房深处，重许见云翘。蕙帐残灯耿耿，纱窗外、疏雨萧萧。双心字，重衾小枕，玉困不胜娇。"

宋·高观国《水龙吟·云意》："朝暮如今难准。枉教他、惜春人恨。远峰依旧，前踪何在，有时愁凝。此兴飘然，不妨吹断，一川轻暝。待良宵，再入高唐梦里，觅巫阳信。"

宋·赵长卿《天仙子·眼色媚人娇欲度》："眼色媚人娇欲度。行尽巫阳云又雨。花时还复见芳姿，情几许。愁何许。莫向耳边传好语。"

宋·赵长卿《南歌子·早春》："春色烘衣暖，宫梅破鼻香。尽驱和气入兰堂。又是轻云微雨、下巫阳。"

宋·程垓《意难忘》："别来音信难将。似云收楚峡，雨散巫阳。相逢情有在，不语意难量。"

宋·洪瑹《瑞鹤仙·离筵代意》："因念。人生万事，回首悲凉，都成梦幻。芳心缱绻。空惆怅，巫阳馆。"

宋·刘边《玉女峰》："不作巫阳云雨羞，风鬟雾鬓乱萧飕。"

宋·刘镇《蝶恋花·丁丑七夕》："人在江南烟水路。头白鸳鸯，不道分飞苦。信远翻嗔乌鹊误。眉山暗锁巫阳雨。"

宋·俞德邻《梅雨》："宇密雾蒙蒙笼翠幄，轻烟冉冉散青丝。楚宫幽佩劳魂梦，西望巫阳秖自悲。"

宋·陈造《芜湖感旧》："浪凭楚些招，盍寄相思字。可能唤巫阳，且欲托双鲤。"

宋·胡寅《和用明梅十三绝·其九》："寒梅应不是甘棠，我辈为诗岂面墙。便对雪霜矜节操，未妨云雨下巫阳。"

宋·胡寅《清湖山大火》："离离点点罗星垣，灿灿烂烂披缬纹。巫阳研朱尽屈曲，盘印缭烬香氤氲。"

宋·葛郯《念奴娇·和人》："一朵巫阳休怅望，且看家山眉绿。歌罢风生，舞馀花颤，凤髓飘红烛。瑶台月冷，夜归斗挂银屋。"

宋·洪适《余吏部挽诗三首·其二》："召来仍襥被，老去但乘轺。未报蒲轮聘，巫阳已下招。"

宋·秦观《南柯子》："霭霭迷春态，溶溶媚晓光。不应容易下巫阳。只恐翰林前世、是襄王。暂为清歌驻，还因暮雨忙。瞥然飞去断人肠。空使兰台公子、赋高唐。"

宋·郑元祐《题赵子昂兰》："鸥波亭下楚香销，公子骑箕上沵寥。纵是死灰芬酷烈，巫阳谁下九重招？"

宋·胡寅《清湖山大火》："巫阳研朱尽屈曲，盘印缭烬香氤氲。山清宛然大裘尊，藻粉之间绣光焞。"

宋·葛郯《念奴娇·阳关西路》："一朵巫阳休怅望，且看家山眉绿。歌罢风生，舞馀花颤，凤髓飘红烛。瑶台月冷，夜归斗挂银屋。"

金·刘仲尹《南歌子》："榴破猩肌血，萱开凤尾黄。萧闲风簟雪肌凉。一枕浓香魂梦、到巫阳。"

金·李俊民《赠出家张翔卿》："欲驾天风朝帝阙，奈何巫阳去后九虎守关牢。养生未获一溉力，那忍遽绝平生交。"

元·张弘范《点绛唇·独上高楼》："独上高楼，恨随春草连天去。乱山无数。隔断巫阳路。信断梅花，惆怅人何处。愁无语。野鸦烟树。一点斜阳暮。"

元·陆文圭《题立斋不碍云山亭》："樵歌断岁起寒青，鸟影明边际空碧。玉莺人入巫阳梦，满榻凝尘室生白。"

金·赵秉文《惠皇后挽歌词四十首·其三十六》："冯相方观祲，巫阳忽告灾。千秋临宝殿，一夕阒泉台。"

元·姚燧《满江红·袅袅东风》："结贻憔悴笑灵均，兰盈襟袖。今代巫阳恐有。剑南呼、樵人画手。向青轩底，貌取妖妍，为司花寿。"

元末明初·贝琼《香奁八咏·其四·云窗秋梦》："关山度辽水，云雨会巫阳。不奈风铃搅，惊回月半床。"

元·张弘范《点绛唇·其五》："独上高楼，恨随春草连天去。乱山无数，隔断巫阳路。"

元·吴澄《书李伯时九歌图后》："李家画手入神品，楚贤流风清凛凛。谁遣巫阳叫帝阍，为招江上归来暾。"

元·胡天游《观莲》："天公亦解事，一雨不破块。小呼巫阳云，浣此倾国态。"

元·揭祐民《泽民分灵祠乐歌》："山为钩曲藏神宫，拂天云旗扬灵风。云何巫阳招之东，乘彼赤黑驾文熊。"

元·何中《龙雾洲》："龙雾洲，水油油，中有驿驰南越舟。庾岭瘴天云不收，直到海边天尽头。天尽头，海茫茫，金珠璀粲平斗量。鸿毛性命此难忘，槛车何事招巫阳。"

明·杨慎《菩萨蛮·其二》："梦云溶曳巫阳夜，兰台风起春寒乍。花鸟莫深愁，笙歌聊写忧。"

明·杨慎《新曲古意》:"鸾尾凤头争嬔婉,麝脐龙脑斗芬芳。巫阳台上春先到,汉月楼中夜未央。"

明·杨慎《扶南曲》:"淇上轻盈侣,巫阳缥缈仙。晚归因斗草,春困为秋千。罗帐含双笑,灯昏尚未眠。"

明·王世贞《挽歌·其一》:"束发悟生趋,往复杂忧患。但言身日短,不睹身后先。仰问巫阳师,安能为我权。"

明·欧大任《临淮侯盱眙李公挽词二首·其一》:"萧飒将军树,巫阳不可招。珥貂荣七叶,射虎壮三朝。"

明·欧大任《李宗夏挽词》:"巫阳吾欲问,魂去不堪呼。精卫沉沧海,彐灵送孟诸。阶荒珠履散,铭掩白云孤。挂剑酬心许,应知客在吴。"

明·欧大任《谒文信国祠即柴市故迹》:"白雁衔江草,黄龙逐海航。中原冠剑在,歌舞待巫阳。"

明·袁华《春夜乐》:"红玉花房玳瑁柱,锦帷屏暖春为主。天鸡喔喔鸠唤妇,梨云散作巫阳雨。"

明·范沇《贻董六遥周》:"离情泣向缄中诉,怨色偷从镜里看。咫尺巫阳峰十二,片云还往若为难。"

明·李昱《徐原父画梅歌》:"有时或写月下魂,巫阳招得来黄昏。缟衣能歌绿衣舞,月落参横何处村。"

明·韩殷《寓兴》:"神骥苍龙并头角,珊瑚玉树交枝柯。一朝翻作巫阳别,吁嗟旧约其蹉跎。"

明·赵贞吉《苏门》:"帝遣巫阳与旧魂,又骑羸马访苏门。虽逢高士不相顾,犹胜浮湘哀屈原。"

明·张子翼《依太司成忠铭韵哭伯丈孝铭暨孺子莫氏》:"滕城郁郁雨潇潇,琼海归魂万里遥。故乡恒干应栖止,帝遣巫阳不用招。"

明末清初·王夫之《广落花诗三十首·其十六》:"菡萏魂留霜粉腻,蔷薇髓滴露香浓。楚宫梦巳无寻处,祇对巫阳暮雨峰。"

明·徐熥《古意·其三》:"巫阳生绣户,春色满雕床。揉将花瓣碎,分得口脂香。"

明·袁宏道《游章台寺和小修韵·其三》:"云捲三分地,尘飞六国王。

自然归灭劫，不必问巫阳。"

明·王慎中《金山杂诗八首·其五》："兰蘅湖上疑湘浦，云雨峰头似巫阳。寂历群山花自发，为看当日倚新妆。"

明·陈吾德《秭归阻雨》："客梦易随青嶂断，乡心多共白云攒。巫阳祗在啼猿外，愁绝阴霾起树端。"

明·符锡《伏波庙》："湘山巉嵲湘水头，长林七月疑深秋。游江何处巫阳女，食庙此联新息侯。"

明·王恭《题陆太守瞿塘日暮图》："巫阳缥缈望中开，行雨行云尚有台。山花不省襄王梦，野鸟何知宋玉怀。"

明·翁万达《同张静峰诸公泊舟登钟鸣洞得钟字二首·其二》："呼酒共依丹灶湿，题名应有紫霞封。他时鱼鸟解相忆，不是巫阳云雨踪。"

明·梁柱臣《喷玉岩》："精融液泄气惨冽，万古清秋长不竭。初疑云雨暗巫阳，转讶梁园夜飞雪。"

明·皇甫汸《咏清虚殿水帘》："晴作巫阳雨，寒分太液泉。讵殊衔凤日，恍似濯龙年。"

明·朱诚泳《理发美人》："凝脂翠缕风前滑，窣地青丝镜里长。恼杀多情惊一见，似曾行雨下巫阳。"

明·徐于《春日漫兴追和六如先生韵二首》："纵有闲吟非泽畔，不劳搔首问巫阳。"

元末明初·蓝仁《题郑德彰员外所藏高彦敬画楚江春晓图》："晴岚满户渔家晓，花枝彷佛闻啼鸟。巫阳梦断三峡空，湘渚愁深九疑小。"

明·何乔新《读西台恸哭记》："帝曰巫阳汝下招，促驾青虬归玉局。铙歌骑吹世空传，月表未成竟谁续。"

明·何乔新《宋玉宅》："茂树橚槮摇落后，娇辞曨朗变风馀。巫阳歌罢秋天迥，应有遗魂返故墟。"

明·周是修《寄赠巫阳隐者歌》："金樽美酒清且香，欲饮不饮愁心长。寒云四塞南雁翔，尺书不到巫山阳。"

明·张国维《重游白云洞四首·其四·玉女盆》："却向巫阳云杳渺，转嗤汉女佩虚无。幽看萝薜深成幄，恍惚山阿降彼姝。"

明·邓铍《致道观七星桧》："六子莫囚锁，帝招遣巫阳。北株最怪异，不与群木行。"

明·李之世《见郊外掩骼慨然有赋示同社诸子》："杳杳青郊迥，萧萧白杨暮。巫阳讵可招，冥漠谁当愬。"

明·陈克侯《界亭驿雨泊》："安得横戈穿虎窟，且从高浪听龙吟。江潭渺渺魂何在，欲问巫阳泪不襟。"

明·徐熥《为屠田叔悼亡姬·其一》："黄土有情封玉骨，青铜无计铸花容。君行正近高唐路，肠断巫阳第几峰。"

明·徐熥《无题·其二》："无缘翻悔意相关，云雨巫阳一梦间。独抚朱弦琴哽咽，背流红泪烛潺湲。"

明·王缜《宫词和工科林粹夫韵二首·其二》："忙忙风信报榆秋，隐隐星河隔女牛。何似巫阳山梦稳，朝云暮雨正悠悠。"

明·郭之奇《季秋晦日暂厝五节百宜山中作秋招诗五首·其三》："郁没诸悲魂，悠悠三载矣。梦帝久难筮，巫阳今孰使。"

明·樊甫《挽李司训妻》："些死巫阳招不回，纸钱断裂成尘埃。孤鸾吊影菱花惨，机头白石生苍苔。"

清·龚自珍《己亥杂诗·其一七一》："猰㺄猰㺄厉牙齿，求覆我祖十世祀。我请于帝诅于鬼，亚驼巫阳苴鸡豕。"

清·朱彝尊《于忠肃公祠》："卜壶谁修墓，巫阳数降庭。谶还思雨帝，碑或堕江亭。"

明末清初·钱谦益《哭稼轩留守相公诗一百十韵用一千一百字》："虞殡歌休矣，巫阳筮予焉。吴羹凄象设，楚些怆蝉联。"

清·丘逢甲《西湖吊朝云墓·其四》："何年云雨散巫阳，瘴雾沉埋玉骨凉？合种梅花三百树，六如亭畔护遗香。"

清·俞樾《题刘松岚观察大观吊武虚谷先生墓诗手卷》："公已先赴巫阳招，徒留抔土埋蓬蒿。有客过此歌且谣，其声慨慷心郁陶。"

明末清初·尤侗《沁园春·其十五·题孙赤厓携孙小像》："闾阖天高，巫阳梦远，仆亦悲歌泪满缨。空凝望叹王孙桂树，芳草青青。"

清末民初·朱祖谋《清波引·其五》："盟鸥知否。身是江湖垂钓手。不梦黄粱。卷地秋涛殷卧床。　　楚宫疑事。天上人间空雪涕。谁诏巫阳。被发中宵下大荒。"

清·陶自悦《赠玉度》："秦云一夜飞千尺，药栏腻叶蟠空碧。神娥噀雨下巫阳，瑶瑟泠泠万山澈。"

清·蒋春霖《壬戌中秋四首·其一》："露席风灯乱，尘宵步屧香。酒怀乘月散，游兴得秋狂。记赠支机石，亲尝白玉浆。广寒仙乐竟，无梦达巫阳。"

清·缪焕章《题琢如中表同年遗照四首·其三》："十年紫阆任翱翔，排比天章日万行。底事银河才洗甲，除书倏又下巫阳。"

清·彭孙遹《忆旧游·病酒》："欲问盈盈翠袖，风雨暗巫阳。谁念我天涯，萧条寂寞年少场。"

清·缪仲诰《原韵和琴川萧石芗先生》："春和族被膏腴赡，秋赋人方矍铄看。惆怅巫阳招太急，临风东望有馀酸。"

清·李慈铭《贺新郎二十首·其二》："谁唤天公醉。叹人间、遍遭白眼，鬼犹如此。骇绝玉棺还未下，争说巫阳行矣。欲铲尽、穷途名字。便是王嘉偿债异，问去来、何与痴儿事。"

清·陈恭尹《次答张亦姜二首·其一》："取途自合先高足，语勇何须问败军。曾作汨罗江上客，巫阳招尽世谁闻。"

清·诸豫《七夕》："愿赊理必违，欢吝事可常。风波静银汉，云雨失巫阳。"

第四节　楚些歌

一、典出

"楚些歌"，典出宋玉《招魂》句尾多用"些"（读作 suǒ）字，如"东方不可讬些。长人千仞，惟魂是索些……彼皆习之，魂往必释些。"

二、简释

后世文人常用"楚些歌"作为《招魂》之代称，而《招魂》则是楚辞中光耀千载的名篇。东方不可以寄居停留。那里的长人身高千丈，只等着搜你的魂。十个太阳轮番照耀，金属石头都熔化变形。他们都已经习惯，而你的魂一去必定消解无存。

三、变体（或不同典形）

歌楚些

四、历代引用与释义

📖 楚些歌

唐·牟融《邵公母》："搔首惊闻楚些歌，拂衣归去泪悬河。"

宋·叶适《潘广度》："秦声呜呜何处村，楚些行歌愁断魂。"

宋·曾极《寄陈正己》："吟成楚些翻愁绝，鬓染吴霜奈老何。心铁正坚思急试，忆君中夜起悲歌。"

宋·洪咨夔《答及甫和·其二》："楚些风骨变，巴歌舌腭反。"

宋·陈造《再次林郎中韵》："几年块处断足音，日咏楚些歌常林。"

宋·陈元晋《和留少微丰湖怀坡仙韵》："吊古谁翻楚些歌，百年陈迹怆怀多。"

宋·韩淲《尹谏议秋怀昌甫以其韵赋之因亦和焉·其五》："怨缠楚些情何极，秋绝商歌意未明。"

元末明初·宋讷《挽霍元方处士七首·其二》："楚些招魂歌未彻，渡头惊起白鸥群。"

元末明初·蓝仁《哭彭副使启殡归瑞安·其二》："武夷野老扶衰病，楚些歌成泪满巾。"

明·王褒《挽云窝林处士》："欲酹吟魂招楚些，宁堪洒泪客中歌。"

明·罗亨信《挽郑金宪父（其先福建人，从军于此）》："忝联桑梓闻哀讣，楚些歌残涕泪挥。"

明·王弘诲《中秋忽得穆叔变报惊疑未信遣人再访述怀》："楚些歌残安所之，谁堪死别续生离。"

明·苏仲《慰柳中丞失宠二首·其二》："当时共和阳春调，此日休闻楚些声。燕子归来人不见，凤雏飞去月空明。花开花落年年景，人去人来世世情。酌酒为君歌一曲，水光山色岳阳城。"

明·杨士奇《挽颜子明·其一》："曾吟楚些招颜谷，凄怆伤情久不堪。忽复悲歌动行路，愁云深锁万松庵。"

明·王佐《竹溪书院》："老逐齐讴后，遥迎楚些馀。先生今已矣，风韵想歌鱼。"

明·陈琏《端午遇雨分得潇字》："汨罗空有恨，楚些竟难招。忆昔乘波浪，亲曾夺锦标。欢声喧老稚，喜气动宾僚。古庙喧鼍鼓，清歌协凤箫。"

明·袁孚《挽戴南湾》："我来此日怀高谊，楚些歌残两泪飞。"

明·邓云霄《渡白沟河》："楚些歌罢阴云起，萧飒悲风啸白杨。"

清·成鹫《病中放言·其九》："漫学招魂续楚些，出门须唱太平歌。"

清·全祖望《闻故甘抚胡复斋之赴》："蜀冈应罢社，楚些不成歌。"

清·杨葆光《疏影·题恽心耘司马落影图》："谱出荃荪，楚些歌成，只有骚魂凝聚。"

清·沈纕《青玉案·落梅，和心斋先生作》："楚些歌残招未得。翠苔深处，红茵铺个，梦与冰魂接。"

清·沈荣简《五日集孙阮亭孝廉深竹映书堂分韵》："楚些哀歌送远声，虚堂列坐午筵清。"

清·缪公恩《虞姬墓词》："重围四起楚些声，拔剑悲歌骓不行。"

清·项鸿祚《水龙吟四首·其四》："楚些歌残漏永，翠帘空，篆香温鼎。"

近现代·高颐孙《挽陈其美联》："怪沐猴别具头脑，诬众志，成独夫，后将军仅十余日死，人惜公太早，惜彼太迟，楚些大招，虞歌在旅，恨秦桧吕蒙虽已朽，终逃律法显诛。"

近现代·李祁《高阳台》："登楼却记当年意，有梦闻楚些，歌咽胡筎。"

近现代·饶宗颐《鹊踏枝·蒙夫以四印斋制石墨匜见贶，倚此报之》："漫道家山春梦里。楚些歌残，埋恨深深地。"

当代·汪茂荣《读刘梦芙先生〈啸云楼诗词〉感赋百二十韵》："方驾唯楚些，骚心感不匮。两京乐府歌，天籁滋吾愧。"

🗂 歌楚些

宋·王璪《句》："村近莫愁连竹坞，人歌楚些下苹洲。"

宋·刘挚《青山高竹楼别业昔尝题诗其壁诗故在而竹楼物故三年矣感而赋诗》："怅念同游歌楚些，风声萧飒鸟咬咬。"

宋·刘镗《观傩》："自歌楚些大小招，坐久魂魄游逍遥。"

宋·喻良能《挽处士陈容·其二》："涕洟歌楚些，已矣莫招魂。"

宋·华镇《戏呈程民老》："应是醉魂伤骀荡，大歌楚些为君招。"

宋·唐庚《送赵世泽供奉》："儿童歌楚些，婢子诵灵光。"

宋·周紫芝《次韵袁时良司理二绝·其一》："乞得闲官歌楚些，始知君德被昆虫。"

宋·周紫芝《卜公祠》："清魂不可招，聊为歌楚些。"

宋·刘过《古诗》："丈夫诗胆如斗大，摩挲笑与歌楚些。"

宋·张元干《挽李丈然明》："八十光阴无可恨，聊歌楚些为招魂。"

宋·方岳《徐仁伯侍郎挽诗》："忆曾歌楚些，忍复吊湘灵。"

宋·李彭《赴邻舍招》："自谓老于斯，晏然歌楚些。"

宋·李若水《狱平堂》："朱墨偿馀暇，不妨歌楚些。"

宋·潘良贵《和三二兄西庄书怀·其三》："痛饮不妨歌楚些，投闲何幸伴吾侬。"

宋·楼钥《陈文懿公挽词·其五》："伤心歌楚些，无地可招魂。"

宋·白玉蟾《夏五即事·其一》："遐想湘沅歌楚些，兰魂桂魄不归来。"

宋·韩淲《重午》："长歌楚些冤何有，却忆山人讽已无。"

宋末元初·仇远《拜孙花翁墓下》："欲把长箫歌楚些，却怜度曲不如君。"

金·李之翰《书呈仲孚》："魂梦吾已安，不劳歌楚些。"

元·张翥《悼太平公》："岂徒歌楚些，端欲叫天阍。"

元·王思诚《赋得云梦泽送宋显夫佥事之山南》："扣舷歌楚些，鼓瑟舞湘灵。"

元·范梈《挽刘提举》："空歌楚水巫阳些，不见蓬洲使福还。"

元·谢宗可《梅魂》："似欠灵均歌楚些，逋仙坟冷草（一作'草冷'）萧萧。"

元末明初·卢熊《吊刘龙洲墓》："欲奠椒浆歌楚些，西风落日更踟蹰。"

元末明初·蓝仁《挽赵子将三首·其三》："秋风歌楚些，山雨应猿吟。"

元末明初·蓝仁《哭婿游彦辉二首·其一》："秋风歌楚些，衣上泪千行。"

元末明初·蓝智《挽黄存斋先生》："秋风歌楚些，西北暮云横。"

元末明初·蓝智《挽卢宪副卒于海北》："欲向沧浪歌楚些，山空猿鹤易悲伤。"

元末明初·瞿佑《题和靖墓》："诗落人间有墓存，谁歌楚些为招魂。"

明·杨荣《挽王孟端》："今日凄凉歌楚些，临岐挥泪思无穷。"

明·释笑堂《秋日送二徒之京》："客路逢秋意惨凄，吴歌楚些听如迷。"

明·于谦《挽兵部柴尚书》："嗟我忝居乡曲后，谩歌楚些寄哀情。"

明·何乔新《挽孟侍郎鉴》："临风歌楚些，凄怆泪沾缨。"

明·何瑭《追挽复斋王宪副》："我欲招魂歌楚些，乾坤浩渺不胜悲。"

明·卢雍《蝶恋花·徐州晚泊》："吹罢洞庭歌楚些，坡仙恍惚相逢我。"

明·周伦《挽张直芳》："泪掩寒原歌楚些，满林松槚碧相参。"

明·夏原吉《挽故文渊阁大学士胡公光大二首·其一》："此日临风歌楚些，不堪呜咽泪横流。"

明·江源《挽高生应奎》："不堪歌楚些，临楮益凄其。"

明·王汝玉《挽金洲吴处士·其一》："何由歌楚些，荐藻谒金洲。"

明·王汝玉《哀故友》："徒然歌楚些，魂断不堪追。"

明·程通《舟次潇湘》："扁舟歌楚些，早晚下潇湘。"

明·黄淮《中秋追和亡友蘖庵去岁所赋诗韵》："忍听招魂歌楚些，空闻伐木有遗诗。"

明·金幼孜《挽邵处士》："南湖歌楚些，闻者欲伤神。"

明·金幼孜《挽兵部卢侍郎渊》："一剑未酬知己愿，忍歌楚些送孤儿。"

明·陈琏《挽广东参政况文》："欲吊英魂无问处，长歌楚些泪潺湲。"

明·陈琏《哀李江州》："坐招五老歌楚些，山光水色含馀情。"

明·罗亨信《挽静乐处士》："一束生刍何日致，长歌楚些泪潸然。"

明·程敏政《南京工部尚书常熟程公哀挽·其二》："临风歌楚些，南望一潸然。"

明·程敏政《故侍御安城钟公哀挽》："感时歌楚些，清泪欲浪浪。"

明·谢迁《哭雪湖四首·其三》："也欲招魂歌楚些，临风呜咽不成章。"

明·谢迁《哭王守溪少傅》："一束生刍两行泪，长歌楚些益凄然。"

明·谢迁《邓宪副挽诗（名名辅）》："我为故情歌楚些，悲风萧瑟动蒿莱。"

明·朱诚泳《哀娄克让方伯》："我亦临风歌楚些，还思化鹤一来归。"

明·鲁铎《哭周天兆》："我按越声歌楚些，海天愁绝昼阴阴。"

明·岑征《春日同何孟门吴山带黄葵村潘亦庶集吴琬若新楼分赋》："引杯歌楚些，留客看吴钩。"

明·谢缙《挽圆鉴中上人》："欲向禅窗歌楚些，那堪双袖泪潜潜。"

明·邓林《挽梁母李氏》："共挽灵輀歌楚些，荒郊乱起白杨风。"

明·邓林《挽福建钱参政》："招魂歌楚些，有泪湿衣襟。"

明·黄衷《挽毅斋黄奉常》："白头歌楚些，云日亦低回。"

明末清初·彭孙贻《雨怀和百旃·其二》："闷读礼魂歌楚些，幽篁山鬼暗相招。"

明末清初·屈大均《王学士亦经屈沱作诗予复和之·其二》："伏腊湘累庙，弦歌楚些声。"

清·龙锡庆《挽曾国荃联》："痛桑梓三十载中兴勋旧，寥落晨星，况复闻干州化鹤，衡岳骑箕，燕台倏惊噩耗，招魂歌楚些，又弱一个，湘江梦泽泪同倾。"

清·刘炳照《探春慢·花魂》："环佩归何处，歌楚些、料难招到。"

清·乾隆皇帝《读项羽纪》："天下不闻歌楚些，帐中唯见叹虞兮。"

清·吴藻《金缕曲四首·其一》："歌楚些，放声哭。"

清·夏淑真《乳燕飞》："歌楚些，为君吊。"

清·彭孙遹《双鹅篇》："吟魂逝后百余载，谁歌楚些陈吴羹。"

清·李振钧《五日雨》："即使招魂歌楚些，不谅丹心心更苦。"

清·蒋春霖《木兰花慢·江行晚过北固山》："梦醒谁歌楚些，泠泠霜激哀弦。"

清·许乃椿《舟泊安丰谒吴野人先生墓》："今日经过荐杯水，聊歌楚些与《招魂》。"

清·赵执信《高邮》："扣舷歌楚些，淅沥动商声。"

清末近代·李炳灵《翠楼吟·咏古烈妇关氏》："歌楚些。冢间松柏，定生连理。"

清末近代·胡薇元《貂裘换酒·题陈衡山梧月山馆图》："回首孤鸿寻爪印，据槁梧、漫掷刘蕡策。歌楚些澹将夕。"

清末近代·陈洵《减兰·寄题八泉亭》："高歌楚些。词客有灵应识我。"

清末民初·潘飞声《忆旧游·叶小凤在吴江访得午梦堂故址，并拜小鸾墓，归作分堤吊梦图》："招魂漫歌楚些，好诵返生香。"

清末民初·郑孝胥《风雨过·其一》："向夕风掀天，何人歌楚些？"

清末近代·倪星垣《挽常荫槐联》："参军愧皋羽，恨不手撼竹石，一歌楚些为招魂。"

清末近代·倪星垣《挽张翼程联》："夜月凄凉滞遗椟，招魂歌楚些，也应化鹤故乡来。"

近现代·张廷华《挽陆清如联》:"黄浦染时疴,秦缓不逢,竟歌楚些。"

近现代·张海涛《挽陈其美联》:"残局谁收,酸辛靡既,九招歌楚些,西子湖边故国魂。"

近现代·彭靖《八声甘州》:"且长歌楚些,复细理湘弦,对空蒙、琼楼玉宇,漫凭栏、相顾一欣然。"

近现代·蔡沂《挽湖南战死将士联》:"蜩螗忿争犹未已,大舞台谁持牛耳,愿普为众生忏悔,招魂歌楚些,洞庭终古咽悲潮。"

近现代·孙保圻《何寿目先生挽词四首·其一》:"春意阑珊静掩门,又歌楚些与招魂。"

近现代·洪锡爵《吊三闾大夫读书处·其一》:"何处招魂歌楚些,当年遗恨割商于。"

近现代·梁鸿志《海天梦月图二十年前象甫悼亡姬所作也属题·其二》(癸酉):"宜有词仙歌楚些,为君天上唤真真。"

近现代·吴玉如《鹧鸪天》:"歌楚些,看吴钩。"

近现代·潘受《梁披云自闽飞渝小聚旬日复将还闽》:"乡关久付愁眉外,魂断谁歌楚些招。"

当代·卢青山《诸友山行,卢智晖掘野兰,因为赋》:"忽焉右兮忽焉左,似有歌兮歌楚些。"

当代·添雪斋《律五月初一雷雨日赴京》:"爱驾雷车歌楚些,墨云敛日陷天涯。"

当代·熊盛元《临江仙·端阳感赋》:"临风歌楚些,顾曲愧周郎。"

当代·王蛰堪《玉楼春·初冬沪上偕高凉、抱琴谒石窗丈,恩恩一别十七年矣》:"梦边独许传薪火。谁唤骚魂歌楚些。"

当代·王蛰堪《减兰·挽汝伦丈》:"谁歌楚些,喜是荒原犁已破。"

当代·秦鸿《哨遍·子锋四十初度赋此为寿》:"天沕寥兮,水迤涎兮,浩歌楚些。"

当代·成惕轩《挽佚名》:"今日隔岳麓山洞庭湖万里,遥歌楚些,共吊周遗。"

第五节　层台累榭

一、典出

"层台累榭"，典出宋玉《招魂》："层台累榭，临高山些。"

二、简释

榭:建在高土台上的木屋。一层层高台，一座座建在高台上的木屋，"层台累榭"形容亭台楼榭一类的建筑高下相间，错落有致。

三、变体（或不同典形）

层楼叠榭

四、历代引用与释义

📚 **层台累榭**

宋·范仲淹《依韵和并州郑宣徽见寄二首·其二》："层台累榭皆清旷，万户千门尽郁葱。"

当代·佚名："这里高堂邃宇，槛层轩些，层台累榭。"

当代·佚名："再看场后，琼楼玉顶，层台累榭，万宝楼高耸入云，丹楹刻桷、飞阁流丹、画栋飞甍。"

当代·佚名："二百二十六年荣华富贵，层台累榭，如梦似幻地笼罩在薄纱中。"

当代·佚名："宫殿丹楹刻桷上峥嵘，碧瓦朱栏缥缈间，层台累榭，高耸入云。"

当代·佚名："中间的主峰叫做出云山，出云山上错落分布着各式层台累榭，桂殿兰宫，其中雕栏玉砌，丹楹刻桷，朱甍碧瓦，鸿图华构，画栋飞甍，不胜凡举。"

当代·佚名："玄胜大陆之上修行的阶级严明，一阶一阶层台累榭，每一阶一共九重，九为数之极，每一阶的突破都诗人变得更加强大。"

当代·佚名："京城中心的区域伫立着一座富丽堂皇的楼阁，有七层来高，碧瓦朱檐，层台累榭，彩旗飘扬，灯笼高挂。"

📚 层楼叠榭

明·李时行《七夕篇》："层楼叠榭逶迤入，飘姿流态娇非一。"

明·谢缙《枫桥歌送吴秀才之金陵》："层楼叠榭侵云起，望处人家半临水。"

明末清初·钱肃润《喜迁莺·题荆溪小隐图，赠林天友别驾》："荆南山麓，看烟树苍茫，层楼叠屋。"

清·刘鹗《老残游记·第八回》："原来并不是个集镇，只有几家人家，住在这山坡之上。因山有高下，故看去如层楼叠榭一般。"

第六节 酡　颜

一、典出

"酡颜"，典出宋玉《招魂》："美人既醉，朱颜酡些。"

二、简释

酡：酒后脸上泛起的红色。些：助词，无意义。这两句大意是：美人酒醉之后，脸上泛起红晕。此句写法上直陈其事，摹写美人微醉之态，神采飘忽，风韵十足，正是古典人物肖像描写的名句。今天"酡颜"一词还常用来表现人们醉酒后的脸色神情，原句也时常可在文学作品中读到，大体都是用作酒后朋友之间的玩笑话。

三、变体（或不同典形）

酡红

四、历代引用与释义

📚 酡颜

唐·白居易《代书诗一百韵寄微之》："酡颜乌帽侧，醉袖玉鞭垂。"

唐．刘禹锡《百舌吟》："酡颜侠少停歌听，坠珥妖姬和睡闻。"

宋·王禹偁《谪居感事》："拂面黄金柳，酡颜白玉卮。"

宋·苏轼《记梦回文二首》："酡颜玉碗捧纤纤，乱点余花唾碧衫。歌咽水云凝静院，梦惊松雪落空岩。"

宋·郑清之《和虚斋劝农十诗·酡颜醉客玉西东》："酡颜醉客玉西东，半湿尘衫上翠空。邹谷虽寒应解黍，朱车面面是春风。"

宋·曾觌《鹧鸪天·故乡寒食醉酡颜》："故乡寒食醉酡颜，秋千彩索眩斓斑。如今头上灰三斗，赢得疏慵到处闲。"

宋·刘克庄《又和八首·白首还乡铁铸关》："麻麦芃芃回秀色，茅柴薄薄暂酡颜。"

🔖 酡红

酡红，红色的一种，一般用来指代饮酒后脸上泛现的红色或没饮酒脸上泛现的红色。

近现代·钱钟书《围城·一》："也许是给太阳陶醉了，所以夕照晚霞隐褪后的夜色也带着酡红。"

当代·《十月》1981年第4期："两桶水满满地，压在她那瘦小的肩膀和纤弱的腰肢上，使得她满脸酡红，气喘吁吁。"

当代·茅盾《一个女性》："他的机警的黑眼波在酡红的琼华的颊上掠过，是十七岁的少女见了都会迷乱。"

当代·佚名："晚风带着清澈的凉意，随着暮色浸染，那是一种十分艳丽的凄楚之美，让你想流几行感怀身世之泪，却又被那逐渐淡去的酡红所慑住，而情愿把奔放的感情凝结。"

当代·佚名："酡红的夕阳，照见我孤单的身影，我却不知道该捡拾哪一条路，又该沿着谁的生命兀自行走。"

当代·佚名："少女气鼓鼓的模样，两腮酡红，煞是娇媚，看得众人一阵目眩神迷。"

当代·佚名："歌兰那娇美的脸庞上涌起一抹酡红，刚刚恢复过来的内息竟有溃乱的趋势，整个人控制不住自五六尺高的半空中摔了下来。"

当代·佚名："少女翠色短衫，藕色长裤，一身山里人的短打扮，脸颊黧黑，带着常在田间劳作形成的一抹酡红，可是从里到外都透着一股子灵气儿，绝非普通的山野村姑可比。"

当代·佚名："吕博彦走着八字步，一脸的酡红色，变成了大舌头，在梁王府这个家伙偷偷摸摸喝了一斤白酒，他还以为这白酒和普通的米酒没什么区别，当凉水喝呢！'滚犊子！'"

当代·佚名："夜仿佛纸浸了油，变成半透明体，它给太阳拥抱住了，分不出身来，也许是给太阳陶醉了，所以夕阳晚霞隐褪后的夜色也带着酡红。"

当代·佚名："最动人是秋林映着落日。那酡红如醉，衬托着天边加深的暮色。晚风带着清澈的凉意，随着暮色浸染，那是一种十分艳丽的凄楚之美，让你流几行感怀身世之泪，却又被那逐渐淡去的醉红所摄住，而情愿把奔放的情感凝结。"

参考文献

1. 专著

北京大学古文献研究所 :《全宋诗》, 北京大学出版社, 1996。

唐圭璋 :《全宋词增订简体本》, 中华书局, 1999。

唐圭璋 :《全金元词》, 中华书局, 2000。

程本兴、高志明、秦军荣 :《宋玉及其辞赋研究》, 载《2010 年宋玉国际学术研讨会论文集》, 学苑出版社, 2010。

刘刚等 :《宋玉研究资料类编》, 商务印书馆, 2015。

李骜、程本兴、胡小林 :《宋玉及其辞赋研究》, 载《第二届襄阳宋玉国际学术研讨会论文集》, 学苑出版社, 2016。

［明］黄宗羲 :《明文海》, 中华书局, 1987。

［清］彭定求 :《全唐诗》, 延边人民出版社, 2004。

［清］严可均 :《全上古三代秦汉三国六朝文》, 商务印书馆, 1999。

吴广平 :《宋玉集·集部经典丛刊》, 岳麓书社, 2001。

徐征 :《全元曲》, 河北教育出版社, 1998。

叶恭绰 :《全清诗钞》, 中华书局, 1982。

叶恭绰 :《全清词钞》, 中华书局, 1982。

曾枣庄、刘琳 :《全宋文》, 上海辞书出版社, 2006。

周绍良等 :《全唐文新编》, 吉林文史出版社, 2000。

章培恒等全明诗编纂委员会 :《全明诗》, 上海古籍出版社, 1990。

2. 期刊

刘刚 :《论五代两宋艳词使用宋玉典故对宋玉接受之影响》,《鞍山师范学院学报》2009 年第 5 期。

刘刚：《元曲中宋玉典故的语义语用分析与元代的民间宋玉接受》，《襄樊学院学报》2011 年第 1 期。

吴广平：《论从屈原到宋玉的四大转型》，《职大学报》2005 年第 1 期。

姚守亮、程本兴：《毛泽东笔下的宋玉典故探微》，《湖北社会科学》2014 年第 2 期。

3. 网站

爱如生中国基本古籍库个人版 http：//igjk.er07.com/

雕龙——中国古籍全文数据库网络版 https：//www.diaolong.net/

古诗文网 https：//www.gushiwen.cn/

汉典古籍官网 https：//gj.zdic.net/